共建"一带一路"

THE BELT AND ROAD INITIATIVE

PRACTICE AND PROSPECT

实践与展望

周英　喆儒　王飞　等

著

社会科学文献出版社

SOCIAL SCIENCES ACADEMIC PRESS (CHINA)

目　录

前　言

周　英

2013 年秋，中国国家主席习近平西行哈萨克斯坦、南下印度尼西亚，先后提出建设"丝绸之路经济带"和"21 世纪海上丝绸之路"重大倡议，二者简称"一带一路"倡议。习近平主席指出："共建'一带一路'倡议源于中国，但机会和成果属于世界。"[1] 截至 2023 年 8 月，中国已经同 152 个国家和 32 个国际组织签署 200 余份共建"一带一路"合作文件[2]。党的二十大报告指出，"共建'一带一路'成为深受欢迎的国际公共产品和国际合作平台"，提出了推动共建"一带一路"高质量发展的要求。古丝绸之路积淀的"和平合作、开放包容、互学互鉴、互利共赢"的精神成为"一带一路"倡议的核心理念。中国愿同国际合作伙伴共建"一带一路"，秉持共商、共建、共享原则，把"一带一路"建设成为和平之路、繁荣之路、开放之路、绿色之路、创新之路和文明之路。

"一带一路"倡议提出以来，中国同相关国家的经贸合作取得了巨大

---

[1] 习近平：《开放共创繁荣　创新引领未来——在博鳌亚洲论坛 2018 年年会开幕式上的主旨演讲》，人民出版社，2018，第 13 页。

[2] 《我国已与 152 个国家、32 个国际组织签署共建"一带一路"合作文件》，新华网，http://m. news. cn/2023－08/24/c_1129822163. htm。

成就。[①]

在货物贸易方面，根据联合国贸易和发展会议（UNCTAD）数据，2013～2022年，中国对"一带一路"沿线国家出口货物贸易额从0.57万亿美元扩大到1.18万亿美元，年均增长率为8.45%，占中国出口货物贸易总额的比例从25.76%上升到32.87%；中国对"一带一路"沿线国家进口货物贸易额从0.44万亿美元扩大到0.89万亿美元，年均增长8.16%，占中国进口货物贸易总额的比例从25.23%上升到32.82%。

在服务贸易方面，根据WTO数据，2013～2021年，中国对共建"一带一路"国家出口服务贸易额从385.640亿美元扩大到755.647亿美元，年均增长8.77%，占中国出口服务贸易总额的比例从75.87%扩大到78.24%；中国对共建"一带一路"国家进口服务贸易额从582.437亿美元扩大到893.962亿美元，年均增长5.5%，占中国进口服务贸易总额的比例从60%扩大到70.79%[②]。

在投资方面，商务部统计数据显示，2013～2022年，中国与"一带一路"沿线国家双向投资累计超过2700亿美元，截至2022年底，中国企业在"一带一路"沿线国家建设的境外经贸合作区累计投资达571.3亿美元，为当地创造了42.1万个就业岗位[③]。

在工程建设方面，商务部统计数据显示，2013～2022年，中国在"一带一路"沿线国家承包工程新签合同额、完成营业额累计分别超过1.2万亿美

---

① 其中包括"一带一路"沿线国家与共建"一带一路"国家，两者不是同一概念。"一带一路"沿线国家是为了统计和研究的方便而确定的，除中国外，还包括其他64个国家。共建"一带一路"国家是签署了"一带一路"合作文件的国家，截至2023年10月，已有150多个国家、30多个国际组织签署合作文件，而有的"一带一路"沿线国家并非共建"一带一路"国家。

② 根据WTO双边跨境服务贸易数据中的最终值（Final Value）计算得到，数据反统计到2021年。最终值是包括报告的数据以及为确保数据集的完全一致性而使用所有估计和调整程序获得的数据。

③ 《王文涛部长出席国新办"权威部门话开局"系列主题新闻发布会介绍"坚定信心，奋发有为，推动商务高质量发展迈出新步伐"有关情况》，中华人民共和国商务部网站，http://www.mofcom.gov.cn/article/syxwfb/202303/20230303394394.shtml。

元和 8000 亿美元，占对外承包工程总额的比重超过了一半。①

聚焦"六廊六路多国多港"主要架构，一批标志性项目取得实质性进展。铁路方面，中老铁路于 2021 年 12 月 3 日全线开通运营，雅万高铁作为东盟第一条高速铁路试验运行，中泰铁路建设稳步推进。2011 年，阿拉山口口岸正式通行中欧班列，其成为中国与共建"一带一路"国家互通互惠互联的有效载体。2016 年中国铁路正式启用中欧班列统一品牌标识以来，陆续开通霍尔果斯、二连浩特、满洲里等口岸，启动建设郑州、重庆、成都、西安、乌鲁木齐 5 个城市枢纽节点的中欧班列集结中心示范工程。2023 年 8 月，延宕至少 26 年之久的中吉乌铁路正式动工。2016～2021 年，中欧班列年开行数量由 1702 列增长到 15183 列；运输货物品类扩大到汽车配件及整车、化工、机电、粮食等 5 万余种；年运输货值由 80 亿美元提升至 749 亿美元，在中欧贸易总额中的占比从 1.5% 提高到 8%。公路方面，中巴经济走廊"两大"公路顺利完工并移交通车，中俄黑河大桥建设竣工，柬埔寨第一条高速公路正式通车。航空方面，国际民航运输航线网络不断拓展，截至2023 年 7 月，中国已与 130 个国家和地区签署了政府间航空运输协定，与东盟、欧盟签订了区域性航空运输协定。

资金融通为"一带一路"建设提供了多元化的金融支持。截至 2022年 7 月底，包括中国在内的 29 个国家的财政部门共同核准了《"一带一路"融资指导原则》。亚洲基础设施投资银行（简称亚投行）、丝路基金等多边金融合作机构相继成立。截至 2023 年 9 月，亚投行的成员数量由启动运营时的 57 个增至 109 个，成员数量仅次于世界银行。截至 2023 年6 月底，亚投行已批准 227 个投资项目，共投资 436 亿美元。截至 2022 年底，丝路基金投资项目遍及 60 多个国家和地区，承诺投资金额超过 200亿美元。②

"一带一路"倡议提出后，中国制定了《推进共建"一带一路"教育行

---

① 《王文涛部长出席国新办"权威部门话开局"系列主题新闻发布会介绍"坚定信心，奋发有为，推动商务高质量发展迈出新步伐"有关情况》，中华人民共和国商务部网站，http://www. mofcom. gov. cn/article/syxwfb/202303/20230303394394. shtml。
② 蔡彤娟：《共建"一带一路"互联互通：十年成就与展望》，《中国外汇》2023 年第 21 期。

动》。截至 2019 年末，中国已与 24 个"一带一路"沿线国家签署高等教育学历学位互认协议，共计 60 所高校在 23 个"一带一路"沿线国家开展境外办学，16 所高校与"一带一路"沿线国家高校建立了 17 个教育部国际合作联合实验室。① 2017 年共建"一带一路"科技创新行动计划启动，中国与共建"一带一路"国家在科技人文交流、共建联合实验室、科技园区、技术转移等方面开展合作。截至 2021 年末，中国与 84 个共建国家建立科技合作关系，支持联合研究项目 1118 项，累计投入 29.9 亿元，在农业、新能源、卫生健康等领域启动建设 53 个联合实验室。②

依托共建"一带一路"平台，中国大力援助共建国家治穷减贫，提供各种专业技能培训，涵盖减贫、农业等多个领域。在布隆迪布班扎省基航加县林格四村，中国农业专家组成功实施杂交水稻减贫示范村项目，帮助全村居民摆脱绝对贫困。在塞内加尔，中国提供融资实施的乡村打井工程，惠及总人口的 1/7。在阿根廷，中企承建的高查瑞 300 兆瓦光伏发电项目为该国最贫穷地区民众日常用电提供保障。

本书的创作，一是对中国参与共建"一带一路"的成绩进行总结；二是针对当前地缘政治冲突、后疫情时代、世界经济需求疲软和逆全球化思潮下，中国通过共建"一带一路"开新局，构建人类命运共同体，为中国外循环和世界经济发展提供中国方案进行经验总结。本书分为两篇，区域篇涉及中国与共建"一带一路"不同区域和国家的经贸合作问题的研究；专题篇涉及"一带一路"倡议背景下中国的主要经贸专题研究。

当今世界面临地缘政治冲突加剧、产业链供应链风险增加、世界需求疲软等新的挑战。在百年未有之大变局下，中国日益成为国际舞台上重要的"一极"，不断承担大国责任。中华文明有着大一统的民族观，有助于消解民族冲突以及"零和博弈"的对抗思维，助力"人类命运共同体"建设；新中国的工业化进程、扶贫经验以及中国式现代化的发展模式将为发展中国家

---

① 《教育部三项成果纳入"一带一路"峰会成果清单》，央广网，http://hn.cnr.cn/hngbjy/20190429/t20190429_524595618.shtml。

② 《高质量共建"一带一路"成绩斐然》，中国政府网，https://www.gov.cn/xinwen/2022-01/25/content_5670280.htm。

的可持续发展提供借鉴。"一带一路"倡议必将推动全球价值链重构和经济再全球化，其所倡导的共商共建共享理念必将为国际社会坚持真正的多边主义、推进国际关系民主化凝聚更多共识，推动全球治理朝着更加公正合理的方向发展。

区域篇

第一章　中国与东盟深化产业链供应链合作的贸易环流分析

周　英

当今世界面临百年未有之大变局，大国将为争夺全球价值链枢纽与链接而博弈和竞争。党的二十大报告指出我国要"扩大面向全球的高标准自由贸易区网络……深度参与全球产业分工和合作，维护多元稳定的国际经济格局和经贸关系"。在美国联合盟友对我国脱钩断链的情况下，中国与东盟的贸易额却不断增长，双方在 2020 年首次互为第一大贸易伙伴。东盟作为我国参与全球价值链的枢纽及其链接地位凸显。东盟国家处于中美博弈战略缓冲区。在中美博弈下，中国应与东盟国家进一步推动产业链供应链的深度合作和全方位发展。本章聚焦中国与东盟产业链供应链合作，从中国与东盟贸易的域内循环以及双方通过发展协作生产参与域外贸易循环的角度，分析中国与东盟深化产业链供应链合作的现实基础，并对未来发展进行展望和提出建议。

一　中国与东盟国家产业链供应链合作的地缘基础

（一）东盟国家概况

东南亚国家联盟，简称东盟（ASEAN），于 1967 年 8 月 8 日成立于泰国曼谷，现有 10 个成员国，总面积为 449.25 万平方公里，人口逾 6.79 亿人（截至 2022 年末）[①]。秘书处设在印度尼西亚首都雅加达。2022 年 11 月，东

[①] 《对外投资合作国别（地区）指南 东盟（2023 年版）》，商务部对外投资和经济合作司、商务部国际贸易经济合作研究院、中国驻东盟使团经济商务处，2024。

盟国家领导人在第 40 届和第 41 届东盟峰会上宣布，原则上同意接纳东帝汶为东盟第 11 个成员国。

东盟国家位于亚洲的东南部，内部存在不同的种族、族群及宗教信仰，没有形成统一的政治机制和政治认同。二战后，东南亚掀起了一股独立浪潮，但是美国和欧洲依然想保持在东南亚的经济、金融以及军事影响力，而东南亚这些国家虽然实现了主权独立，但仍然在不同程度上依附和跟随强国。从地理位置看，东盟国家属于西太平洋的一部分。菲律宾、泰国、新加坡从冷战开始至今一直奉行亲近美国的外交路线。柬埔寨则比较亲近中国。另外，冷战以后，越南、印度尼西亚、马来西亚以及其他东南亚国家都基本奉行均势外交政策，也就是说不与任何一个大国结盟。

（二）中国与东盟国家的贸易交往史

中国与东盟国家的经贸联系由来已久。《汉书·地理志》第一次明确记载了中国雷州半岛到东南亚和印度洋东海岸的航线。在宋代，中国对外贸易的发展重心转移到了东南沿海，促成了以东南亚为枢纽的南海贸易体系的形成，例如，三佛齐①就是当时海路贸易的要冲。元代之后，连成一片的欧亚大陆相互隔绝。② 与此同时，伴随着 15 世纪大航海时代海路贸易的兴起，中国与东南亚地区的政治联系、商贸往来变得更为密切。16 世纪，菲律宾就已经成为东南亚的交易中心，而在 1571 年西班牙占领菲律宾后，菲律宾更是通过大帆船贸易成为连接中国与美洲、欧洲的地区以及海上丝绸之路的交易中心。第一次世界大战后的 1918～1931 年，华人以空前高的比例成群流入暹罗（约为今天的泰国）等东南亚国家，他们从中国东南沿海的福建、广东、海南一带出发，坐船经中国南海和泰国湾，从曼谷进入泰国，形成移民高潮。华人在东南亚扎根，累积财富，成为当地的精英团队，拥有巨大的影响力③。例如，华人创办了泰国最大的商业财团——正大集团，依靠种业和

---

① 在鼎盛时期，其势力范围包括马来半岛和巽他群岛的大部分地区。
② 葛兆光：《作为一个历史世界——蒙古时代之后的东部亚洲海域》，《文史哲》2022 年第 4 期。
③ 马潇骁：《从苦力到华商：泰北华人关系网络变迁与商业发展的口述史研究》，《西北民族研究》2021 年第 3 期。

饲料起家，发展到今天，业务涉及零售、电信、地产、金融等行业，遍及 20 多个国家和地区。

（三）中国与东盟的经济合作

中国和东盟对话始于 1991 年，中国在 1996 年成为东盟的全面对话伙伴国。2002 年 11 月，《中国－东盟全面经济合作框架协议》签署，中国－东盟自贸区谈判启动。2004 年，中国与东盟签署《中国－东盟全面经济合作框架协议货物贸易协议》和《中国－东盟全面经济合作框架协议争端解决机制协议》。2007 年 1 月，双方签署中国－东盟自贸区《服务贸易协议》。2009 年 8 月 15 日，《中国－东盟自由贸易区投资协议》签署。2010 年 1 月 1 日，中国－东盟自由贸易区正式建立。2015 年，双方签署自贸区升级《议定书》。2018 年 11 月，《中国－东盟战略伙伴关系 2030 年愿景》发布。在 2021 年 11 月 22 日中国－东盟建立对话关系 30 周年纪念峰会上，习近平主席表示，"尽早启动中国东盟自由贸易区 3.0 版建设"[①]，中国与东盟正式宣布建立中国东盟全面战略伙伴关系。同时，2012 年 11 月，东盟十国发起并与中国、日本、韩国、印度、澳大利亚、新西兰的领导人正式启动《区域全面经济伙伴关系协定》（RCEP）的谈判。2019 年 11 月 4 日，除印度外的 15 个 RCEP 成员国结束实质性谈判，达成协定。2022 年 1 月 1 日，RCEP 达到生效门槛，正式生效。2023 年 6 月 2 日，RCEP 对最后一个成员国菲律宾生效，标志着 RCEP 对 15 个成员国全面生效，全球最大的自贸区进入全面实施新阶段。[②]

---

① 《习近平在中国－东盟建立对话关系 30 周年纪念峰会上的讲话（全文）》，中国政府网，https://www.gov.cn/xinwen/2021－11/22/content_5652461.htm？eqid＝e4a8001a0002002700000036476a890。

② 从 2022 年 1 月 1 日起，RCEP 对文莱、柬埔寨、老挝、新加坡、泰国、越南、中国、日本、澳大利亚和新西兰 10 国正式生效；从 2022 年 2 月 1 日起对韩国生效；从 2022 年 3 月 18 日起对马来西亚生效；从 2022 年 5 月 1 日起对缅甸生效。从 2023 年 1 月 2 日起对印度尼西亚生效；从 2023 年 6 月 2 日起对菲律宾生效。

二 中国与东盟国家货物贸易的域内循环

（一）中国与东盟国家的货物贸易状况

根据中国商务部的数据，就货物贸易来说，截至2022年，中国连续14年保持东盟最大贸易伙伴地位。同时，东盟作为中国贸易伙伴的地位不断提升，2020年以来成为中国最大贸易伙伴。早在2009年，东盟即取代日本成为中国的第三大出口市场，也是中国第三大进口市场，按进出口总额计算，东盟成为中国的第四大贸易伙伴①。2011年，按进出口总额计算，东盟成为中国的第三大贸易伙伴②，东盟是中国的第三大出口市场，是中国的第四大进口市场。2019年，按进出口总额计算，东盟超过美国成为中国的第二大贸易伙伴。2020年，中国与东盟的进出口额为4.74万亿元，同比增长7%，双方首次互为第一大贸易伙伴③。2022年，中国与东盟的进出口规模达到6.52万亿元，比上一年增长15%；占中国对外贸易总额的15.5%，排在第一位，接着是欧盟（占13.4%）、美国（占12.0%）、韩国（占5.7%）、日本（占5.7%）和澳大利亚（占3.5%）。

从单独国家和地区来看，2022年，越南、马来西亚、新加坡、泰国、印度尼西亚和菲律宾在中国所有的出口市场份额中排名靠前（见表1－1）；马来西亚、越南、印度尼西亚、泰国、新加坡和菲律宾在中国所有的进口市场份额中排名靠前（见表1－2）。东南亚不仅是中国的重要海外市场，也是原材料和半成品的重要来源地，还是中低端产业转移的主要目的地。

---

① 排在东盟之前的经济体为欧盟、美国和日本。
② 排在东盟之前的经济体为欧盟和美国。
③ 2020年，中国第一大贸易伙伴为东盟，接着为欧盟和美国。

表1-1　2022年中国对主要东盟国家出口贸易情况

单位：百万美元，%

在中国出口市场中的排名	出口目的地	出口额	占中国出口额的比例
5	越南	146959.90	4.09
9	马来西亚	93711.26	2.61
12	新加坡	81167.61	2.26
14	泰国	78479.64	2.18
17	印度尼西亚	71318.14	1.98
18	菲律宾	64679.39	1.80

资料来源：联合国贸易和发展会议。

表1-2　2022年中国从主要东盟国家进口贸易情况

单位：百万美元，%

在中国进口市场中的排名	进口来源地	进口额	占中国进口额的比例
9	马来西亚	109878.9799	4.05
11	越南	87960.626	3.24
13	印度尼西亚	77770.05806	2.86
14	泰国	56517.64888	2.08
22	新加坡	33958.35268	1.25
28	菲律宾	23046.24602	0.85

资料来源：联合国贸易和发展会议。

（二）中国与东盟国家货物贸易的域内循环

表1-3对比了中国-东盟、RCEP（15个成员国）、欧盟、NAFTA货物出口贸易的域内循环率①，表1-4对比了一些主要区域货物出口贸易的域内循环率。选取不受新冠疫情影响的2019年来看，中国（不含港澳）-东盟的货物出口贸易的域内循环率为22.62%，中国（含港澳）-东盟的货物出口贸易的域内循环率为36.26%，RCEP（15个成员国）的货物出口贸易的域内循环率为40.07%，欧盟的货物出口贸易的域内循环率为57.84%。虽

———————————

① 域内循环率指区域内出口额占区域总出口额的比例。

然中国与东盟互为最大贸易伙伴，但是相比欧盟来说，中国－东盟的货物出口贸易的域内循环率并不高，这说明中国以及东盟各国的重要贸易伙伴都比较多元化。从图1－1和图1－2可以直观地看出，中国对东盟之外的经济体的贸易依存度是相当高的。当包含港澳时，中国－东盟的货物出口贸易的域内循环率上升约14个百分点；RCEP（15个成员国）的货物出口贸易的域内循环率相比中国（不含港澳）－东盟高约17个百分点，域内循环率提升很大。这说明中国－东盟内主要是发展中国家，发展中国家之间的贸易的内循环能力相比发达经济体之间的贸易的内循环能力弱很多。并且，在2020年新冠大流行之后，中国－东盟、RCEP（15个成员国）的货物出口贸易的域内循环率有所下降，而欧盟的货物出口贸易的域内循环率则呈现上升态势。

表1－3　货物出口贸易的域内循环率之一

单位：%

产品	年份	中国（不含港澳）－东盟	中国（含港澳）－东盟	RCEP（15个成员国）	欧盟	NAFTA
全部产品	2019	22.62	36.26	40.07	57.84	49.51
	2020	22.41	35.79	39.68	58.45	49.13
	2021	22.10	35.68	38.84	59.69	49.73
制成品	2019	19.35	34.07	35.10	57.36	55.73
	2020	19.61	34.27	35.28	58.17	54.72
	2021	18.91	33.54	33.97	59.04	55.32

注：制成品代码包括SITC 5～8减去667和68。

资料来源：欧盟和NAFTA的数据由笔者从联合国贸易和发展会议网站直接查询获取，其他数据由笔者根据联合国贸易和发展会议公布的双边贸易数据测算得到。

表1－4　货物出口贸易的域内循环率之二

单位：%

年份	东南亚	ASEAN	ASEAN＋中日韩	欧盟	G20	G7	NAFTA
1995	24.20	24.20	35.00	54.57	74.79	46.00	46.03
1996	24.30	24.30	36.31	54.58	75.20	45.53	47.07
1997	23.82	23.82	34.21	53.41	75.37	45.63	48.80

续表

年份	东南亚	ASEAN	ASEAN + 中日韩	欧盟	G20	G7	NAFTA
1998	20.90	20.90	28.17	55.09	76.76	47.21	51.33
1999	21.23	21.23	30.89	60.91	80.93	48.07	54.31
2000	22.94	22.94	33.63	60.13	81.45	48.09	55.77
2001	22.28	22.28	33.79	59.33	81.38	47.58	55.15
2002	22.71	22.71	34.29	59.25	81.30	46.57	56.13
2003	22.84	22.83	34.99	61.21	81.69	45.19	55.95
2004	23.66	23.65	35.14	61.23	81.10	43.87	56.07
2005	24.24	24.23	34.88	61.35	80.68	43.17	55.91
2006	23.98	23.97	33.83	61.29	80.43	42.04	53.85
2007	24.32	24.32	33.42	61.80	79.47	40.32	51.29
2008	25.07	25.04	34.28	61.20	78.69	38.33	49.47
2009	23.94	23.91	34.92	60.63	77.62	37.62	47.96
2010	24.44	24.42	35.39	59.04	76.64	36.66	48.74
2011	24.70	24.67	36.04	58.39	76.00	36.13	48.31
2012	25.40	25.36	35.98	56.36	75.16	36.70	48.58
2013	25.78	25.75	35.75	56.33	74.18	36.18	49.21
2014	25.27	25.23	34.99	56.89	74.95	37.04	50.25
2015	24.12	24.08	34.12	56.85	74.86	37.55	50.40
2016	23.50	23.47	34.39	57.57	75.87	37.61	50.25
2017	23.11	23.08	35.56	57.91	76.24	36.92	50.06
2018	23.61	23.59	35.84	58.47	76.76	36.72	49.87
2019	22.82	22.80	35.82	57.84	76.44	37.40	49.51
2020	20.88	20.86	35.60	58.45	76.54	36.34	49.13
2021	21.65	21.63	34.75	59.69	75.95	35.47	49.73

注：①本表统计的是全部产品；②欧盟的数据不包括英国的数据。
资料来源：联合国贸易和发展会议。

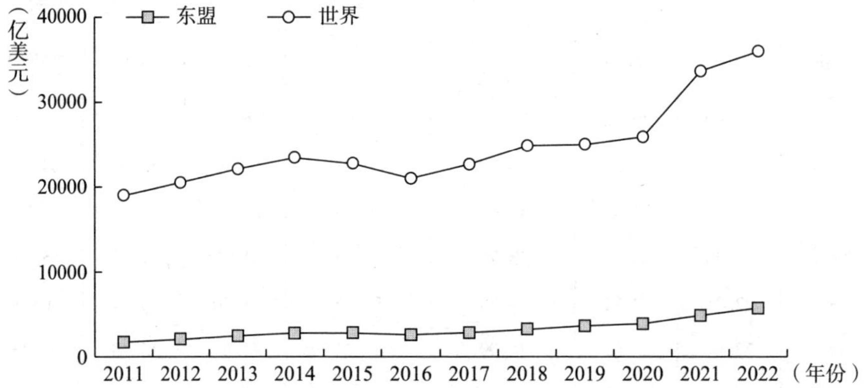

图 1 - 1　2011 ~ 2022 年中国对世界和东盟的出口额

资料来源：笔者根据联合国贸易和发展会议国际货物贸易数据库（https：//unctadstat. unctad. org/datacentre/）数据绘制。

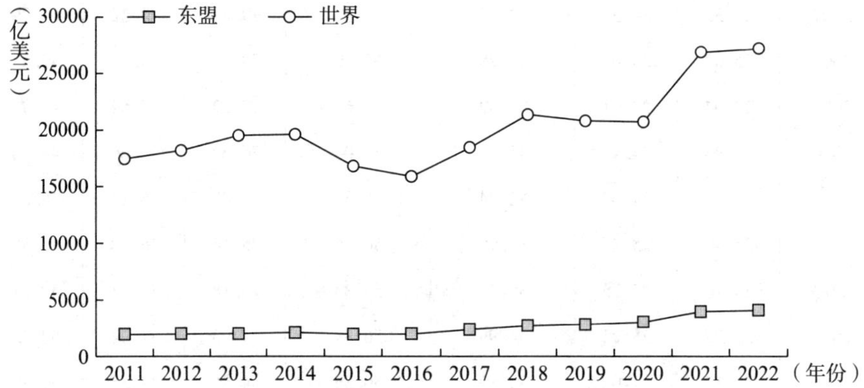

图 1 - 2　2011 ~ 2022 年中国对世界和东盟的进口额

资料来源：笔者根据联合国贸易和发展会议国际货物贸易数据库（https：//unctadstat. unctad. org/datacentre/）数据绘制。

（三）中国与东盟国家的贸易依赖程度

通过研究中国对东盟的贸易依赖程度以及东盟对中国的贸易依赖程度可以更为深入地分析中国与东盟国家的供应链合作关系。本章从出口增加值的视角测算中国与东盟各国、各行业的经济依赖程度①，即在全球价值链背景

① 陈立敏、乔治：《相互依赖、全球价值链嵌入与国际贸易利益》，《国际金融研究》2021 年第 9 期。

下，双方各自所拥有的价值链地位（计算方法见附录 1 - 1）。数据来源于
OECD 的 TiVA 数据库（2005 ~ 2018 年），该数据库包括 67 个国家和地区 45
个行业的数据。其中，制造业有 17 个细分行业。本章选取中国与东盟国家
2005 年和 2018 年的制造业数据进行分析。

1. 中国对东盟各国制造业的依赖程度

图 1 - 3、图 1 - 4 直观展示了 2005 年和 2018 年中国对东盟各国制造业
的依赖程度。横轴代表行业分类，除其他制造业行业之外，各个行业的技术
水平大体上是从左向右提升的。

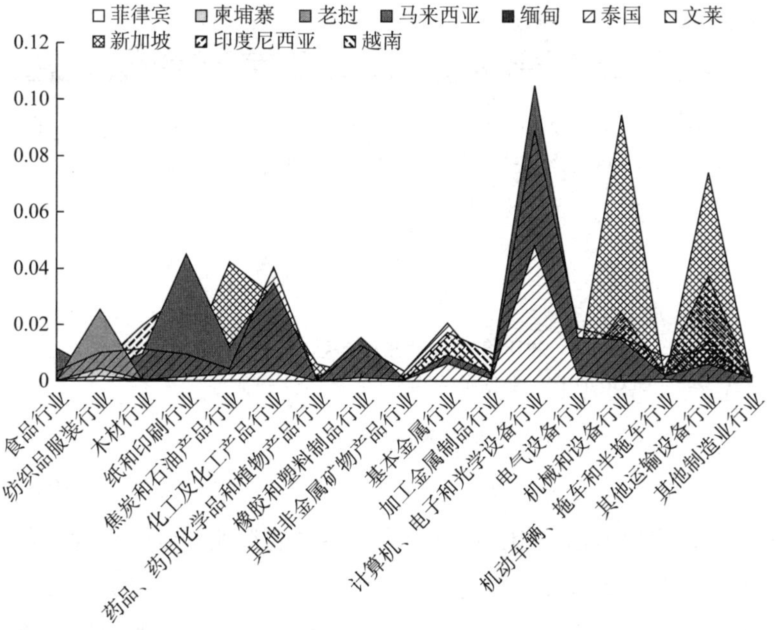

图 1 - 3　2005 年中国对东盟各国制造业的依赖程度
资料来源：OECD 的 TiVA 数据库（2005 年）。

中国制造业在整体上对东盟的依赖程度相对较低并且变化不大。与 2005
年相比，2018 年，除个别行业外，中国对东盟国家制造业的依赖程度出现了
显著的降低。具体来讲，2005 年，中国对新加坡、泰国和马来西亚三国的高
技术行业的依赖程度比对其他行业的依赖程度高，但是，到 2018 年，中国
对这三个国家各个行业的依赖程度都出现了下降，例如，高技术行业中的计
算机、电子和光学设备行业，低技术行业中的纺织品服装行业以及焦炭和石

油产品行业。此外，2018 年，中国对越南、新加坡以及泰国制造业整体的依赖程度相对比较高。

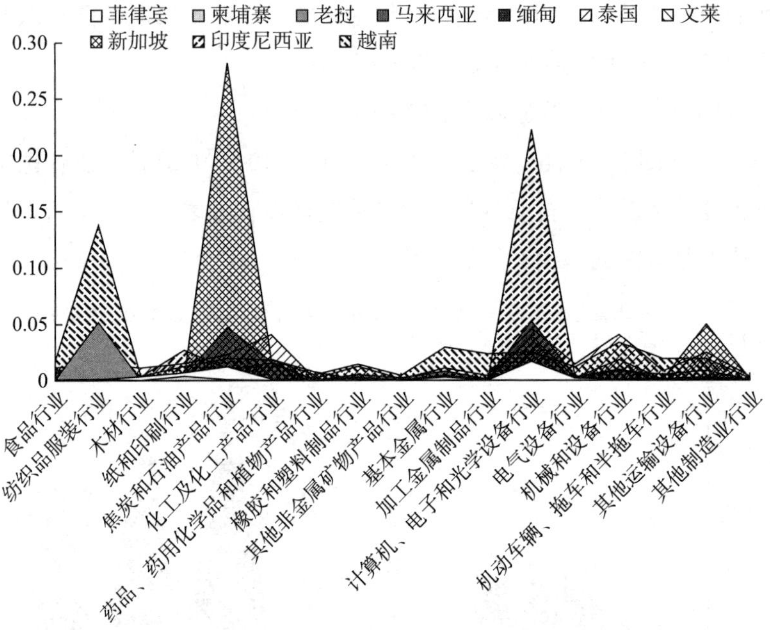

图 1 - 4　2018 年中国对东盟各国制造业的依赖程度
资料来源：OECD 的 TiVA 数据库（2018 年）。

2. 东盟各国对中国制造业的依赖程度

图 1 - 5 和图 1 - 6 分别展示了 2005 年和 2018 年东盟各国对中国制造业的依赖程度。可以看出，相比中国对东盟各国制造业的依赖程度，东盟各国对中国制造业的依赖程度明显更高。其中，越南、缅甸以及文莱对中国制造业整体的依赖程度较高。多数国家对中国制造业的多个行业的依赖程度呈现显著上升的趋势，尤其是纺织品服装行业、其他非金属矿物产品行业以及计算机、电子和光学设备行业。此外，原本东盟各国在 2005 年对中国依赖程度较低的化工及化工产品行业、基本金属行业以及电气设备行业在 2014 年之后对中国的依赖程度大幅提升。

3. 中国与东盟制造业的共同依赖程度

根据出口增加值计算得出的依赖程度可以被理解为在全球价值链背景下，双方各自所拥有的价值链地位。共同依赖程度是二者价值链地位之和，权

图例：□菲律宾　□柬埔寨　▨老挝　▨马来西亚　■缅甸　▨泰国　▨文莱
▨新加坡　▨印度尼西亚　■越南

图1-5　2005年东盟各国对中国制造业的依赖程度

资料来源：OECD 的 TiVA 数据库（2005年）。

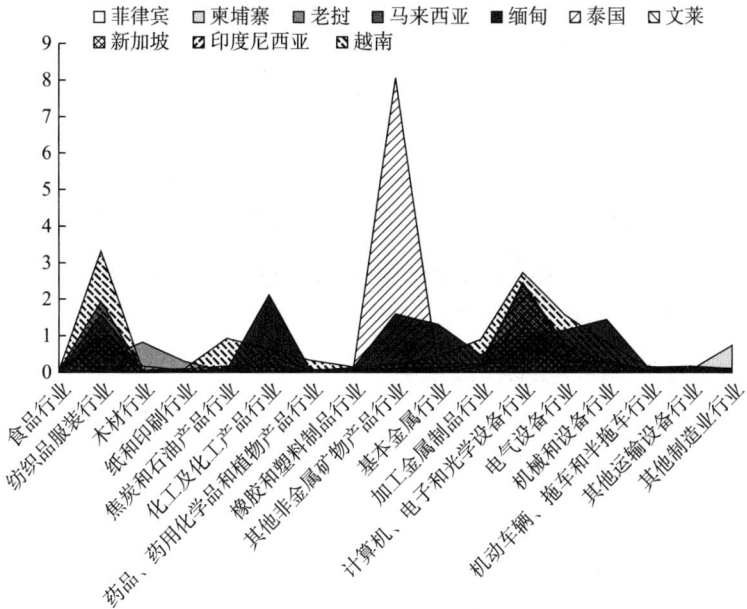

图例：□菲律宾　□柬埔寨　▨老挝　▨马来西亚　■缅甸　▨泰国　▨文莱
▨新加坡　▨印度尼西亚　■越南

图1-6　2018年东盟各国对中国制造业的依赖程度

资料来源：OECD 的 TiVA 数据库（2018年）。

力劣势是二者价值链地位之差。一般来说，中国和东盟的共同依赖程度越高，表明双方关系越紧密，双方携手参与全球价值链循环的合力越大。如图 1-7 所示，中国与东盟制造业的共同依赖程度最高的行业是计算机、电子和光学设备行业，接着是纺织品服装行业，并且这两个行业的共同依赖程度整体上均呈现明显的上升趋势。虽然其余制造业细分行业的共同依赖程度较小（为 0～0.5），但是整体上依旧在缓慢上升，这说明中国与东盟的经济联系在整体上是越来越紧密的，中国与东盟制造业的未来合作具有巨大的潜力和空间。

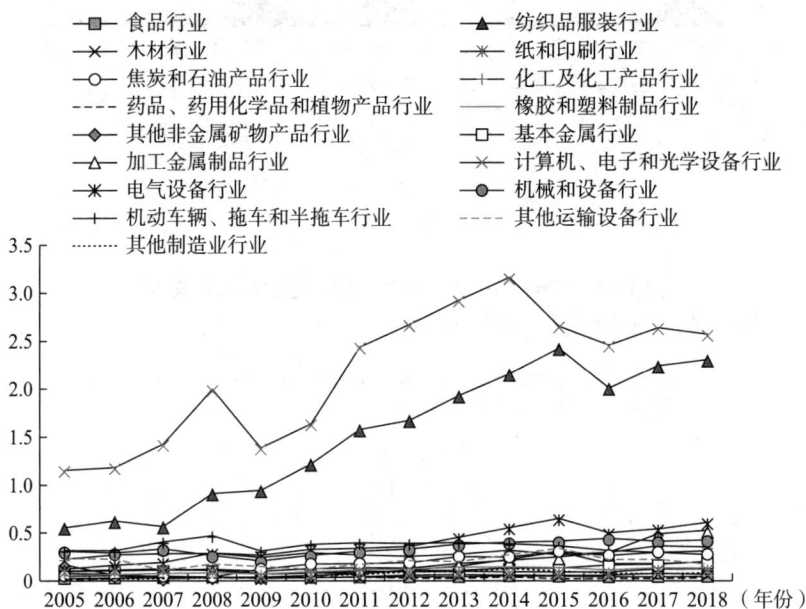

图 1-7　2005～2018 年中国与东盟制造业的共同依赖程度

资料来源：OECD 的 TiVA 数据库（2005～2018 年）。

4. 中国对东盟制造业的权力劣势

整体来看，中国对东盟制造业的权力劣势呈现下降的趋势。具体来看，在计算机、电子和光学设备行业以及纺织品服装行业，中国对东盟的权力劣势整体上是明显下降的（见图 1-8）。

5. 东盟对中国制造业的权力劣势

如图 1-9 所示，整体来看，东盟对中国制造业的权力劣势呈现上升的趋势。具体来看，在计算机、电子和光学设备行业以及纺织品服装行业，东盟图例：
- ◆ 食品行业
- ■ 纺织品服装行业
- ▲ 木材行业
- ✕ 纸和印刷行业
- ✳ 焦炭和石油产品行业
- ○ 化工及化工产品行业
- ┼ 药品、药用化学品和植物产品行业
- ── 橡胶和塑料制品行业
- ---- 其他非金属矿物产品行业
- ◆ 基本金属行业
- □ 加工金属制品行业
- △ 计算机、电子和光学设备行业
- ✕ 电气设备行业
- ✳ 机械和设备行业
- ● 机动车辆、拖车和半拖车行业
- ┼ 其他运输设备行业
- ---- 其他制造业行业

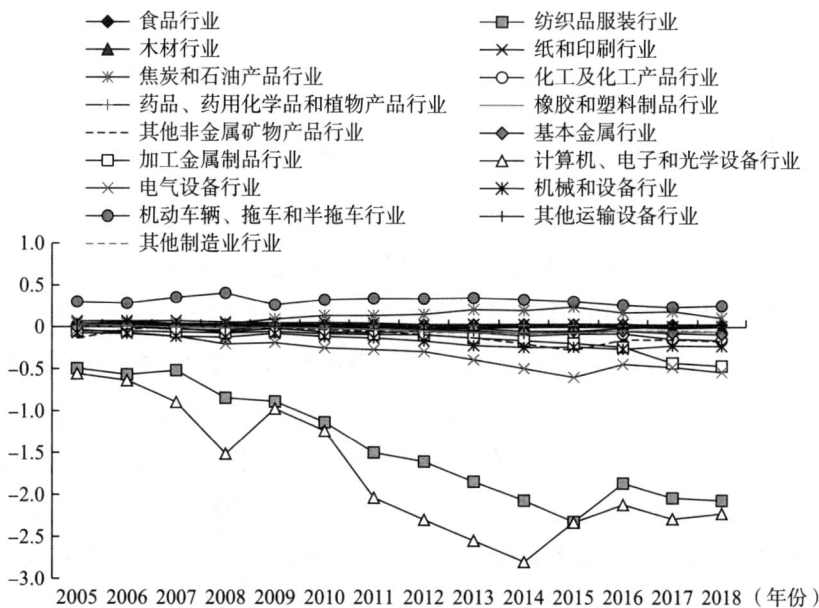

图 1－8　2005～2018 年中国对东盟制造业的权力劣势

资料来源：OECD 的 TiVA 数据库（2005～2018 年）。

图例：
- ◆ 食品行业
- ■ 纺织品服装行业
- ▲ 木材行业
- ✕ 纸和印刷行业
- ✳ 焦炭和石油产品行业
- ○ 化工及化工产品行业
- ┼ 药品、药用化学品和植物产品行业
- ── 橡胶和塑料制品行业
- ---- 其他非金属矿物产品行业
- ◆ 基本金属行业
- □ 加工金属制品行业
- △ 计算机、电子和光学设备行业
- ✕ 电气设备行业
- ✳ 机械和设备行业
- ● 机动车辆、拖车和半拖车行业
- ┼ 其他运输设备行业
- ---- 其他制造业行业

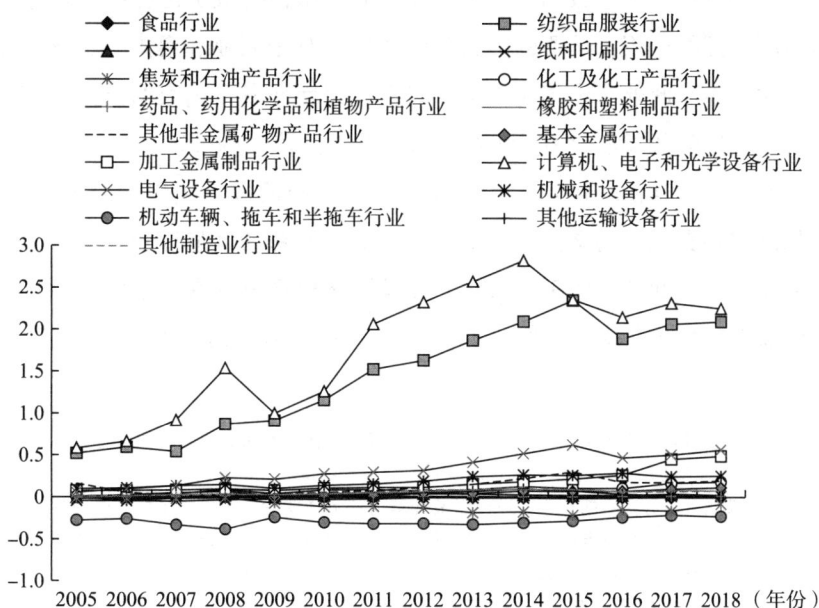

图 1－9　2005～2018 年东盟对中国制造业的权力劣势

资料来源：OECD 的 TiVA 数据库（2005～2018 年）。

对中国的权力劣势整体上较大，其中，2005~2014年，两个行业的权力劣势整体上有所恶化；2014年出现拐点后，这两个行业的权力劣势整体上有所改善。

（四）区域贸易与成员国贸易的关联情况

当多个事物形成一个系统，但是这个系统中的各个变量之间的函数关系在理论上并非那么严密和清晰时[①]，可以采用灰色关联分析方法探索在多个变量相互作用下，其中两个变量之间的非线性的关联性[②]。中国与东盟某一成员国的贸易必然受到东盟其他成员国的交互影响，因此，在考虑到中国与东盟贸易的域内循环交互影响的前提下，采用灰色关联分析方法探索中国与东盟贸易与对各成员国贸易的关联性更为科学。根据改进的灰色关联分析方法——灰色关联度计算方法[③]（见附录1-2），利用2006~2022年中国对东盟的贸易额数据[④]，计算中国对东盟出口额（作为参考序列）与中国对东盟各成员国出口额（作为比较序列）的灰色关联系数（见表1-5）和灰色关联度（见表1-6），表1-7、表1-8分别是中国对东盟进口额与对各成员国进口额的灰色关联系数和灰色关联度。对于东盟各成员国在中国对东盟的出口中所发挥的作用，重要的国家是菲律宾、马来西亚和泰国，文莱、老挝的影响比较小。此外，中国对文莱、老挝和柬埔寨三个国家的出口额与中国对东盟的出口额的关联性在2007~2022年存在较大的波动，中国对其他国家出口额的关联性比较稳定。对于在中国对东盟的进口额中所发挥的作用，重要的国家是泰国、马来西亚、新加坡、菲律宾和印度尼西亚，文莱、缅甸的影响比较小。此外，中国对缅甸、文莱、老挝和柬埔寨四个国家的进口额与中国对东盟的进口额的关联性在2007~2022年存在较大的波动。

[①] 也就是变量及其因果关系并不能被识别得很清晰，且涉及相关关系的函数形式并不确定的时候。

[②] 灰色关联分析方法中的参考序列可以被理解为被解释变量，而比较序列可以被理解为解释变量。灰色关联分析方法参见郝乐等《灰色关联分析方法的改进与应用——以中俄贸易与政治的关联分析为例》，《沈阳大学学报》（自然科学版）2019年第2期。

[③] 郝乐等：《灰色关联分析方法的改进与应用——以中俄贸易与政治的关联分析为例》，《沈阳大学学报》（自然科学版）2019年第2期。

[④] 数据来源：联合国贸易和发展会议国际货物贸易数据库数据。

表 1-5　中国对东盟出口额与对各成员国出口额的灰色关联系数

年份	文莱	柬埔寨	印度尼西亚	老挝	马来西亚	缅甸	菲律宾	新加坡	泰国	越南
2007	0.7801	0.9176	0.9792	0.7137	0.9762	0.8959	0.9779	0.9500	0.8774	0.7198
2008	0.9285	0.9549	0.8228	0.6946	0.9980	0.9408	0.9923	0.8423	0.8812	0.9145
2009	0.8240	0.8706	0.9033	0.5892	0.9798	0.7618	0.9864	1.0000	0.8971	0.8220
2010	0.3406	0.7863	0.7809	0.9785	0.8872	0.7420	0.9396	0.7530	0.7880	0.8536
2011	0.4616	0.5831	0.8727	0.7348	0.9207	0.8140	0.9950	0.8390	0.9070	0.9612
2012	0.5859	0.9573	0.9619	0.4704	0.8631	0.9666	0.9625	0.9257	0.9823	0.9656
2013	0.8049	0.9146	0.8536	0.5141	0.9165	0.8741	0.9907	0.9077	0.8242	0.7517
2014	0.8847	0.8159	0.9236	0.9366	0.8666	0.8087	0.9117	0.9357	0.9117	0.7762
2015	0.7617	0.8404	0.8301	0.6589	0.9071	0.9853	0.8542	0.9420	0.8756	0.9773
2016	0.5487	0.8502	0.9838	0.8530	0.9114	0.9019	0.7775	0.9118	0.9353	0.9980
2017	0.8139	0.8449	0.9873	0.6631	0.9785	0.9996	0.9767	0.8957	0.9259	0.8952
2018	0.3337	0.8596	0.8761	0.8492	0.9350	0.9539	0.9297	0.9447	0.9559	0.9645
2019	0.4880	0.7700	0.9130	0.8846	0.9780	0.9406	0.9458	0.9709	0.9194	0.9407
2020	0.6607	0.9226	0.8017	0.7569	0.9798	0.9353	0.9443	0.9764	0.9442	0.8777
2021	0.8608	0.7957	0.7571	0.8250	0.8357	0.6179	0.8621	0.6941	0.8589	0.9346
2022	0.8431	0.9286	0.9973	0.7473	0.9760	0.8507	0.9395	0.6968	0.9434	0.8644

资料来源：笔者根据联合国贸易和发展会议国际货物贸易数据库数据测算得到。

表 1-6　中国对东盟出口额与对各成员国出口额的灰色关联度

	文莱	柬埔寨	印度尼西亚	老挝	马来西亚	缅甸	菲律宾	新加坡	泰国	越南
灰色关联度	0.6826	0.8508	0.8903	0.7419	0.9318	0.8743	0.9366	0.8866	0.9017	0.8886

注：本表中的灰色关联度即各年灰色关联系数的平均值。

资料来源：笔者根据联合国贸易和发展会议国际货物贸易数据库数据测算得到。

表 1-7　中国对东盟进口额与对各成员国进口额的灰色关联系数

年份	文莱	柬埔寨	印度尼西亚	老挝	马来西亚	缅甸	菲律宾	新加坡	泰国	越南
2007	0.9699	0.9010	0.9630	0.8101	0.9973	0.8861	0.9586	0.9100	0.9782	0.9629
2008	0.7551	0.8744	0.9692	0.8204	0.9827	0.7771	0.9042	0.9691	0.9765	0.8928

续表

年份	文莱	柬埔寨	印度尼西亚	老挝	马来西亚	缅甸	菲律宾	新加坡	泰国	越南
2009	0.4941	0.9833	0.9816	0.5479	0.9590	0.9629	0.8808	0.9869	0.9745	0.9239
2010	0.7095	0.6701	0.9685	0.9218	0.9526	0.9800	0.9604	0.9738	0.9502	0.9904
2011	0.8486	0.7542	0.8952	0.9455	0.9932	0.8183	0.9412	0.9528	0.9688	0.8655
2012	0.8612	0.9352	0.9983	0.9726	0.9668	0.9015	0.9666	0.9998	0.9880	0.8325
2013	0.7397	0.7674	0.9847	0.8937	0.9945	0.6516	0.9597	0.9847	0.9915	0.9904
2014	0.6740	0.8861	0.8933	0.7552	0.9494	0.3334	0.9525	0.9921	0.9788	0.9427
2015	0.8467	0.8321	0.9480	0.9723	0.9897	0.7909	0.9868	0.9828	0.9843	0.7966
2016	0.6518	0.9035	0.9706	0.9443	0.9633	0.8958	0.9602	0.9711	0.9881	0.9035
2017	0.8514	0.9952	0.9437	0.9906	0.9580	0.9580	0.9586	0.9509	0.9477	0.9354
2018	0.8352	0.9072	0.9760	0.9470	0.9899	0.9578	0.9695	0.9334	0.9735	0.9439
2019	0.7393	1.0000	0.9779	0.9942	0.9626	0.8671	0.9702	0.9995	0.9906	0.9786
2020	0.5121	0.9875	0.9869	0.9532	0.9885	0.9579	0.9529	0.9287	0.9896	0.9333
2021	0.9045	0.9616	0.8481	0.9924	1.0000	0.9966	0.9864	0.9638	0.9877	0.9418
2022	0.9950	0.9468	0.9106	0.8985	0.9491	0.8563	0.9699	0.9467	0.9629	0.9793

资料来源：笔者根据联合国贸易和发展会议国际货物贸易数据库数据测算得到。

表 1-8　中国对东盟进口额与对各成员国进口额的灰色关联度

	文莱	柬埔寨	印度尼西亚	老挝	马来西亚	缅甸	菲律宾	新加坡	泰国	越南
灰色关联度	0.7743	0.8941	0.9510	0.8975	0.9748	0.8495	0.9549	0.9654	0.9769	0.9258

资料来源：笔者根据联合国贸易和发展会议国际货物贸易数据库数据测算得到。

（五）东盟国家的市场类型

1. 中国对东盟国家货物贸易的深度与广度

本章使用贸易二元边际测算方法[①]在产品层面测算中国对东盟各国贸易

---

① Hummels D., Klenow P. J., "The Variety and Quality of a Nation's Exports," *The American Economic Association* 95（3），2009, pp. 704 – 723.

的集约边际与广延边际（计算方法见附录 1-3）。集约边际反映中国与贸易伙伴国在贸易产品单一方向上量的变化，广延边际反映中国与贸易伙伴国的贸易产品种类的变化。图 1-10、图 1-11 展现了 1996~2020 年中国对东盟各国出口的集约边际和广延边际。从中国出口的集约边际，也就是原有产品

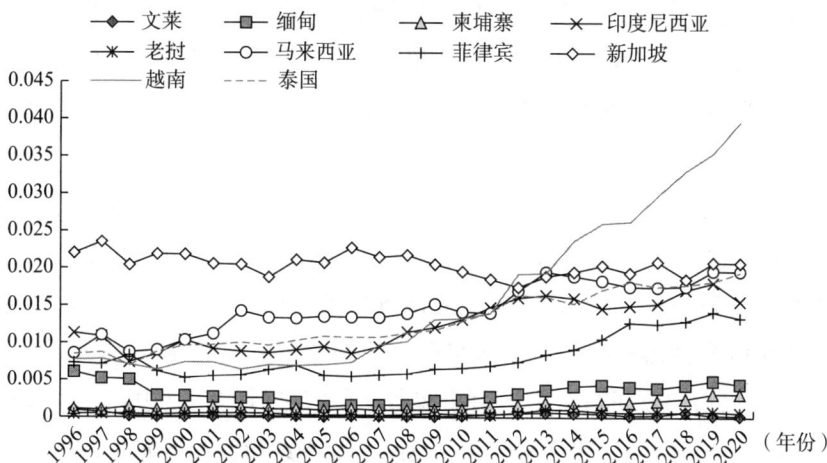

图 1-10　1996~2020 年中国对东盟各国出口的集约边际

资料来源：笔者根据 CEPII-BACI 数据库（http://www.cepii.fr/CEPII/en/bdd_modele/bdd_modele_item.asp？id=37）数据测算并绘制得到。

图 1-11　1996~2020 年中国对东盟各国出口的广延边际

资料来源：笔者根据 CEPII-BACI 数据库（http://www.cepii.fr/CEPII/en/bdd_modele/bdd_modele_item.asp？id=37）数据测算并绘制得到。

出口量的增加情况来看，整体上，中国对越南出口的集约边际一枝独秀，呈现指数级增长趋势；对泰国、菲律宾、印度尼西亚、马来西亚出口的集约边际也都有所增加，对新加坡出口的集约边际在高位徘徊，对文莱、老挝、柬埔寨和缅甸出口的集约边际则在低位徘徊。整体上，对文莱、老挝、柬埔寨和缅甸出口的广延边际，也就是出口的种类扩展则呈现上升趋势；对越南出口的广延边际在 2005 年之前有比较明显的提升，之后在整体上比较稳定；对马来西亚、新加坡、泰国、印度尼西亚、菲律宾出口的广延边际则比较稳定。

图 1-12、图 1-13 展现了 1996～2020 年中国对东盟各国进口的集约边际和广延边际。中国对不同国家进口的集约边际也就是进口的深度拓展的变化总体上比较平稳。其中，中国对越南进口的深度拓展自 2014 年起迅速上升，到 2019 年回落；中国对菲律宾进口的深度拓展在 2007 年前迅速上升，在 2007 年之后出现下滑。中国对东盟各个国家进口的广延边际呈现分化态势，泰国、马来西亚、印度尼西亚、越南、菲律宾和新加坡属于传统上中国进口的广延边际比较高的国家。

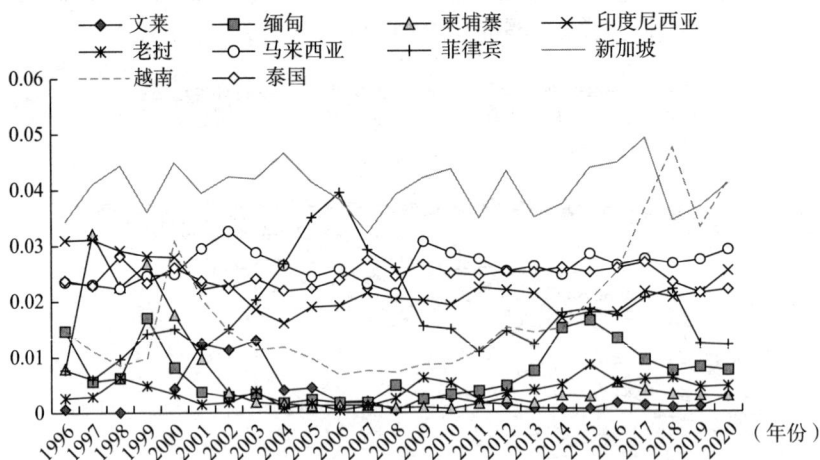

图 1-12　1996～2020 年中国对东盟各国进口的集约边际

资料来源：笔者根据 CEPII-BACI 数据库（http：//www. cepii. fr/CEPII/en/bdd_modele/bdd_modele_item. asp？id＝37）数据测算并绘制得到。

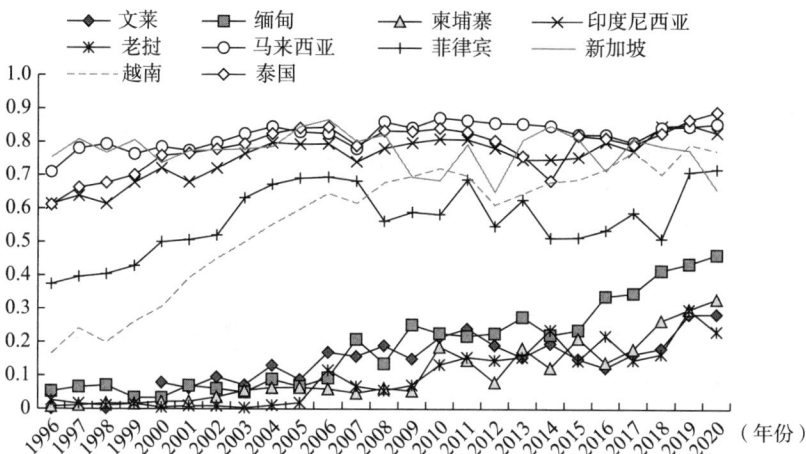

图1-13　1996~2020年中国对东盟各国进口的广延边际

资料来源：笔者根据 CEPII-BACI 数据库（http://www.cepii.fr/CEPII/en/bdd_modele/bdd_modele_item.asp? id = 37）数据测算并绘制得到。

2. 根据产品深度与广度划分东盟国家的市场类型

如图1-14所示，根据中国对东盟各成员国出口/进口的集约边际和广延边际两个维度，并基于将中位数划分为高和低两个区域，将东盟国家分成四种类型。从出口角度来看，参考 Mol 等的关于国际外包的类型学分析[1]，我们将第一象限命名为成熟型出口市场，第二象限命名为有限型出口市场，第三象限命名为幼年型出口市场，第四象限命名为机会型出口市场。对典型年份的二元边际分析发现，印度尼西亚、新加坡、泰国都是中国比较成熟的出口市场，中国对其出口的集约边际和广延边际都比较高，或者说中国对其出口的产品深度和广度都比较高。近年来，随着中越贸易的发展，越南也从中国的有限型出口市场（产品的出口深度高但是广度不够高）成长为中国的成熟型出口市场。文莱、缅甸、柬埔寨、老挝这几个国家则属于幼年型出口市场，中国对其出口产品的深度和广度都是比较低的。分析显示，菲律宾可以作为中国的机会型出口市场，即中国对菲律宾货物贸易出口的种类比较广泛，但是深度不够高。

---

[1]　Mol M. J. et al. , "A Technological Contingency Perspective on the Depth and Scope of International Outsourcing," *Journal of International Management* (10), 2004, pp. 287 - 305.

	高	有限型出口市场：越南	成熟型出口市场：印度尼西亚、马来西亚、新加坡、泰国
集约边际	低	幼年型出口市场：文莱、缅甸、柬埔寨、老挝	机会型出口市场：菲律宾
		低	高
		广延边际	

（A）2010年、2015年、2018年中国对东盟出口的二元边际类型

	高	有限型出口市场：马来西亚	成熟型出口市场：印度尼西亚、新加坡、越南、泰国
集约边际	低	幼年型出口市场：文莱、缅甸、柬埔寨、老挝	机会型出口市场：菲律宾
		低	高
		广延边际	

（B）2020年中国对东盟出口的二元边际类型

	高	有限型进口市场：菲律宾	成熟型进口市场：印度尼西亚、马来西亚、新加坡、泰国
集约边际	低	幼年型进口市场：文莱、缅甸、柬埔寨、老挝	机会型进口市场：越南
		低	高
		广延边际	

（C）2010年中国从东盟进口的二元边际类型

	高	有限型进口市场：菲律宾	成熟型进口市场：马来西亚、新加坡、越南、泰国
集约边际	低	幼年型进口市场：文莱、缅甸、柬埔寨、老挝	机会型进口市场：印度尼西亚
		低	高
		广延边际	

（D）2015年、2018年中国从东盟进口的二元边际类型

	高	有限型进口市场：无	成熟型进口市场：印度尼西亚、马来西亚、新加坡、越南、泰国
集约边际	低	幼年型进口市场：文莱、缅甸、柬埔寨、老挝、菲律宾	机会型进口市场：无
		低	高
		广延边际	

（E）2019年中国从东盟进口的二元边际类型

	高	有限型进口市场：新加坡	成熟型进口市场：印度尼西亚、马来西亚、越南、泰国
集约边际	低	幼年型进口市场：文莱、缅甸、柬埔寨、老挝	机会型进口市场：菲律宾
		低	高
		广延边际	

（F）2020年中国从东盟进口的二元边际类型

图1-14 东盟国家的市场类型（根据产品深度与广度划分）

资料来源：笔者根据 CEPII-BACI 数据库（http://www.cepii.fr/CEPII/en/bdd_modele/bdd_modele_item.asp？id=37）数据测算并绘制得到。

三　中国与东盟国家参与域外贸易环流

在国际上，RCEP 的签署为中国经济的外循环提供了巨大机遇，但是美国及其盟友对中国供应链的脱钩和围堵使中国经济的外循环面临巨大的挑战。在国内，中国制造业面临产业转型升级的压力，同时，中国国内资源承载力饱和，中国供应链出现外迁趋势。在这种背景下，中国可以在东盟发展离岸贸易，加强与东盟国家在全球价值链中的协作。

（一）RCEP 自由贸易区的建立为中国制造业外循环提供机遇

当前，商品生产价值链区域化发展趋势明显，特别是在亚欧地区。新兴市场需求的增加及其国内更加全面的供应链的形成都导致长距离进出口贸易密集度降低，而新兴经济体与其周边国家的经济协作性增强，区域贸易蓬勃发展。RCEP 的达成标志着东亚—太平洋、欧洲和北美三大贸易板块中最后一个板块自由贸易区诞生，从而出现三大自贸区鼎立之势。

RCEP 中的区域累积的原产地规则规定，区域内 15 个成员国中的任意一个或多个只要区域价值成分累积达到40%的标准，即可享受零关税。并且，传统的原产地证书认定方式需要区域内厂商去官方授权的认证机构认证，比如去贸促会或进出口检验检疫部门认证。而 RCEP 在此基础上增加了"厂商自我认证"规定，允许经核准的出口商声明以及出口商自主声明。这大大提高了原产地证明的认证效率，促进了 RCEP 区域内产业链的融合。

RCEP 自由贸易区内的国家是差异化极大的国家，成员国在发展水平、人均 GDP、经济结构和资源禀赋方面的差异巨大。柬埔寨、老挝和缅甸属于最不发达国家，中国、印度尼西亚、马来西亚和泰国属于中等收入国家，澳大利亚、日本、韩国、新西兰和新加坡属于高收入国家。澳大利亚、印度尼西亚、老挝和缅甸资源丰富。尽管成员国的多样性会给一体化带来挑战，但是这表明有更多的机会，提供了互补的区位优势，也为原本远离全球价值链的低收入国家提供了追赶发展和嵌入全球价值链的机会。在成员国中，出口额占 GDP 的比重从 10% 到 1/3 不等，FDI 存量从低于 GDP 的 5% 到 GDP 的几倍的都有。RCEP 自由贸易区是制造业的强势集团，该区域的制造业产值在全球制造业产值中的占比接近 50%，汽车产量占全球汽车产量的 50%，电子产品产量占全球电子产品产量的 70%。东盟的一些国家有着成为世界制造基地的比较优势：越南虽然尚处于价值链网络的外围，但是加工贸易发展势头强劲，成为区域加工价值链核心节点的潜力巨大；泰国、马来西亚、印度尼西亚靠近亚太高收入国家，在供应链和物流体系中不可或缺；CLMV 国家（柬埔寨、老挝、缅甸、越南）的制造业的产值在 GDP 中的比重相对较高。近些年，中国在制造业领域逐渐加强了对东盟国家的依赖，在承接产业转移过程中，东盟国家似乎比中国西部地区更有竞争力。

如图 1-15 所示，结合前文对中国与东盟国家域内循环的分析，可以看出，中国与东盟国家尚不足以支撑一个完整的内部循环生态圈，反而，中日韩可以构建一个"小循环"。由此，中国与东盟在外循环格局中应该立足协同生产的关系，共同打造更大的外循环圈的供给中心，同时依托占世界 1/3 的市场规模吸收外部供给。

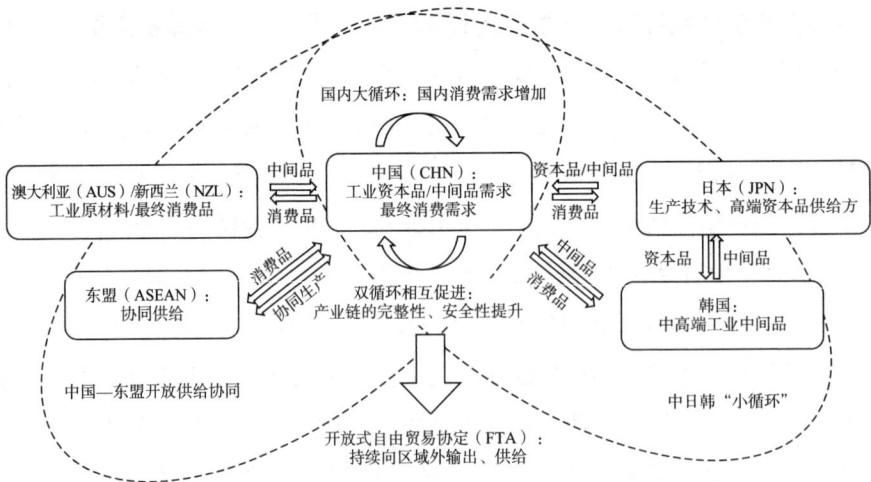

图 1-15　RCEP 其他成员国与中国的双循环关系
资料来源：申万宏源研究。

（二）中国大陆对主要国家/地区的货物出口额与中国从东盟的货物进口额的灰色关联分析

按照 2021 年中国大陆对单一国家/地区的货物出口额排序，根据"二八法则"选取货物出口额累计占中国大陆货物出口总额 80％ 的国家/地区，探索中国大陆对这些国家/地区的货物出口额与中国大陆对东盟的货物进口额的关联性，评估中国大陆对东盟的货物进口额为中国大陆的对外出口所做的贡献，由此可以分析东盟参与中国供应链协作生产的程度。根据改进的灰色关联度计算方法[①]，利用 2011～2021 年中国出口贸易额数据，计算中国对东盟的货物进口额（作为参考序列）与中国大陆对主要国家/地区的货物出口额（作为比较序列）的灰色关联度（见表 1-9）。表 1-10 展示的是针对工业制品的灰色关联度。

表 1-9　2021 年中国对东盟的货物进口额与中国大陆对主要国家/地区的货物出口额的灰色关联度

排名	出口目的地	灰色关联度	排名	出口目的地	灰色关联度	排名	出口目的地	灰色关联度
1	荷兰（7）	0.8885	10	美国（1）	0.7802	19	马来西亚（10）	0.7002
2	德国（6）	0.8182	11	中国台湾（11）	0.7789	20	英国（9）	0.6875
3	加拿大（20）	0.8154	12	日本（3）	0.7693	21	阿联酋（22）	0.6716
4	法国（21）	0.8092	13	泰国（12）	0.7682	22	新加坡（18）	0.6695
5	澳大利亚（15）	0.8063	14	印度（8）	0.7642	23	中国香港（2）	0.6634
6	西班牙（25）	0.7969	15	俄罗斯（13）	0.7627	24	菲律宾（17）	0.6531
7	韩国（4）	0.7938	16	墨西哥（14）	0.7188	25	越南（5）	0.6399
8	波兰（24）	0.7924	17	巴西（19）	0.7140			
9	意大利（23）	0.7880	18	印度尼西亚（16）	0.7137			

注：括号内数字代表该国/地区在 2021 年中国大陆货物出口额中的排序。
资料来源：联合国贸易和发展会议。

---

① 郝乐等：《灰色关联分析方法的改进与应用——以中俄贸易与政治的关联分析为例》，《沈阳大学学报》（自然科学版）2019 年第 2 期。

表1-10　2021年中国对东盟的工业制品进口额与中国大陆对主要国家/地区的
工业制品出口额的灰色关联度

排名	出口目的地	灰色关联度	排名	出口目的地	灰色关联度	排名	出口目的地	灰色关联度
1	加拿大（19）	0.8803	10	泰国（15）	0.7763	19	马来西亚（11）	0.6941
2	澳大利亚（14）	0.8353	11	西班牙（25）	0.7724	20	印度尼西亚（16）	0.6907
3	荷兰（7）	0.8337	12	韩国（4）	0.7644	21	越南（5）	0.6896
4	法国（21）	0.8308	13	印度（8）	0.7479	22	新加坡（20）	0.6565
5	波兰（24）	0.8055	14	英国（9）	0.7442	23	阿联酋（22）	0.6375
6	美国（1）	0.7863	15	意大利（23）	0.7430	24	中国香港（2）	0.6296
7	德国（6）	0.7818	16	墨西哥（13）	0.7361	25	菲律宾（18）	0.6295
8	日本（3）	0.7789	17	俄罗斯（12）	0.7187			
9	中国台湾（10）	0.7783	18	巴西（17）	0.7020			

注：括号内数字代表该国/地区在2021年中国大陆工业制品出口额中的排序。

资料来源：联合国贸易和发展会议。

2021年，中国大陆货物出口额排名前25的国家/地区的累计出口额达到了中国货物出口总额的80%；工业制品出口额排名前25的国家/地区与货物出口额排名前25的国家/地区是一致的（排序略有不同），其累计出口额也刚好达到了中国工业制品出口总额的80%。在这些主要出口目的地中，东盟国家有6个。无论从货物出口额来看还是从工业制品出口额来看，中国对东盟之外主要国家/地区货物出口额的关联度比中国对东盟国家货物出口额的关联度高，这说明东盟国家更有可能是作为中国的货物供应方参与到了中国的外循环之中。

（三）中国对东盟直接投资与东盟国家出口的灰色关联分析

2020年，中国对东盟的直接投资流量为160.63亿美元，同比增长23%，占当年中国对外直接投资总流量的10.4%，占中国对亚洲直接投资流量的14.3%；存量为1276.13亿美元，占当年中国对外直接投资总存量的4.9%，占中国对亚洲直接投资存量的7.8%。2020年末，中国在东盟设立的直接投资企业超过6000家，雇用外方员工超过55万人。从流量行业构成情况看，投资的第一目标行业是制造业，投资额为 63.38 亿美元，同比增长 11.8%，占比为 39.5%，主要流向越南、印度尼西亚、新加坡、泰国和马来西亚①。

本章选取 2011~2019 年中国大陆对东盟直接投资流量、东盟对主要国家/地区出口额（数据来源于联合国贸易和发展会议及东盟官网），采用郝乐等提出的灰色关联分析方法②进行关联分析。2012~2019 年东盟对主要国家/地区出口额与中国大陆对东盟直接投资流量的灰色关联系数见表 1-11。

表 1-11　2012~2019 年东盟对主要国家/地区出口额与中国大陆对东盟
直接投资流量的灰色关联系数

东盟出口目的地	2012 年	2013 年	2014 年	2015 年	2016 年	2017 年	2018 年	2019 年
中国大陆	0.9784	0.8507	0.9036	0.4127	0.6946	0.8986	0.8832	0.8997
美国	0.9907	0.8282	0.9875	0.4382	0.6567	0.6950	0.8087	0.7697
日本	0.9516	0.7369	0.8748	0.3893	0.7286	0.7027	0.8528	0.9916
中国香港	0.9839	0.7793	0.9434	0.4103	0.6790	0.7232	0.8056	0.9561
韩国	0.9858	0.7336	0.8708	0.3967	0.6801	0.8260	0.8723	0.9565
印度	0.8856	0.7479	0.9404	0.4088	0.7419	0.7924	0.8187	0.9967
澳大利亚	0.9368	0.7590	0.8964	0.3764	0.7477	0.6658	0.8005	0.9338
中国台湾	0.9050	0.7802	0.9458	0.3901	0.7399	0.7334	0.8196	0.9144
荷兰	0.8815	0.7917	0.9818	0.4081	0.6627	0.8081	0.9263	0.9968
德国	0.9058	0.8243	0.9559	0.4285	0.6651	0.7810	0.9812	0.9742
英国	0.9711	0.6849	0.9430	0.4325	0.6864	0.7297	0.9282	0.9310
阿联酋	0.9558	0.9738	0.9883	0.4167	0.7968	0.6249	0.9988	0.9541
法国	0.8884	0.6560	0.8154	0.4334	0.6751	0.9331	0.9797	0.9834
比利时	0.9246	0.8023	0.9358	0.4290	0.6375	0.6453	0.9361	0.9985
意大利	0.7734	0.8198	0.9659	0.4027	0.6533	0.7503	1.0000	0.8964
墨西哥	0.7705	0.7748	0.8804	0.5094	0.6422	0.7386	0.9402	0.7803
瑞士	0.9046	0.4717	0.8734	0.5500	0.3339	0.5254	0.7082	0.4730
加拿大	0.9168	0.8786	0.9387	0.4177	0.6670	0.6739	0.8179	0.7749

资料来源：联合国贸易和发展会议、东盟官网。

---

① 中华人民共和国商务部、国家统计局、国家外汇管理局编《2020 年度中国对外直接投资统计公报》，中国商务出版社，2021，第 35 页。

② 郝乐等：《灰色关联分析方法的改进与应用——以中俄贸易与政治的关联分析为例》，《沈阳大学学报》（自然科学版）2019 年第 2 期。

2012～2019 年东盟对主要国家/地区出口额与中国大陆对东盟直接投资流量的灰色关联度如表 1－12 所示。其中，中国大陆排名第二。由此可以推测，中国对东盟的直接投资主要促进了东盟对中国的出口，也促进了东盟对海外市场的出口，但是中国大市场对于东盟的吸引力更强。

表 1－12　2012～2019 年东盟对主要国家/地区出口额与中国大陆对东盟
直接投资流量的灰色关联度

排序	东盟出口目的地	灰色关联度
1	阿联酋	0.8387
2	中国大陆	0.8152
3	德国	0.8145
4	荷兰	0.8071
5	法国	0.7956
6	印度	0.7916
7	韩国	0.7902
8	比利时	0.7886
9	英国	0.7883
10	中国香港	0.7851
11	意大利	0.7827
12	中国台湾	0.7786
13	日本	0.7785
14	美国	0.7718
15	澳大利亚	0.7646
16	加拿大	0.7607
17	墨西哥	0.7545
18	瑞士	0.6050

资料来源：联合国贸易和发展会议、东盟官网。

本章按照 SITC 编码分类，从联合国贸易和发展会议数据库选取 2012～2019 年东盟不同行业的出口额，从行业角度研究中国对东盟直接投资流量与东盟对不同商品类目出口额的灰色关联度（见表 1－13）。其中，机械及运输设备方面的灰色关联度最高。

表1-13 2012~2019年中国对东盟直接投资流量与东盟对不同商品
类目出口额的灰色关联度

SITC 编码分类	灰色关联度
机械及运输设备	0.7876
食物及活动物	0.7822
矿物燃料、润滑剂及有关原料	0.7813
按原料分类的制成品	0.7741
饮料及烟类	0.7722
动植物油脂及蜡	0.7721
杂项产品/机械制品	0.7705
化学成品及有关产品	0.7686
非食用原料（染料除外）	0.7639
未分类产品	0.7179

资料来源：联合国贸易和发展会议、东盟官网。

（四）中国与东盟国家的全球价值链分析

本章根据 OECD 的 TiVA 数据库中的 "Origin of Value Added in Gross Exports" 数据，分析中国与东盟的全球价值链关系。图1-16 展示了东盟工业制品出口额中主要的海外增加值来源地。可以看出，2011 年以前，东盟工业制品出口额中主要海外增加值的来源地是日本；2011 年之后则变为中国大陆，而且所占份额整体上增加，增幅很大。图1-17 展示了中国大陆工业制品出口额中

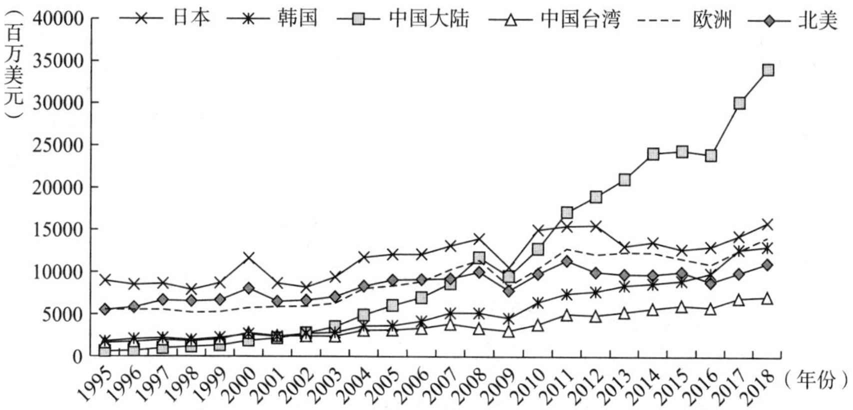

图1-16 1995~2018年东盟工业制品出口额中包含的主要来源国家/地区的增加值

资料来源：OECD 的 TiVA 数据库中的 "Origin of Value Added in Gross Exports" 数据。

主要的海外增加值来源地。可以看出，东盟是中国大陆重要的海外增加值来源地，但是其所占份额比不上韩国、欧洲、日本、中国台湾和北美这些区域。

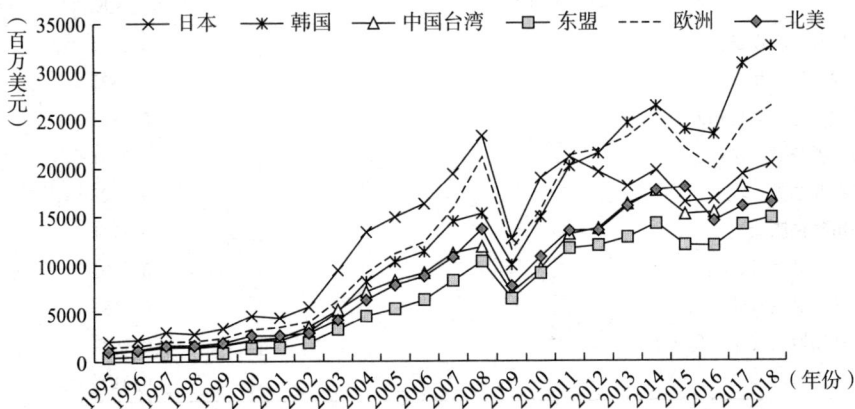

图 1-17　1995~2018 年中国大陆工业制品出口额中包含的主要来源国家/地区的增加值

资料来源：OECD 的 TiVA 数据库中的 "Origin of Value Added in Gross Exports" 数据。

图 1-18 显示了 1995~2018 年东盟从中国进口工业制成品的增加值来源情况，从中可以看出，主要来自中国。图 1-19 显示了 1995~2018 年中国从东盟进口工业制成品的增加值来源情况，从中可以看出，来自世界的增加值与来自东盟的增加值的差距较大，并在整体上呈现扩大的趋势，这说明

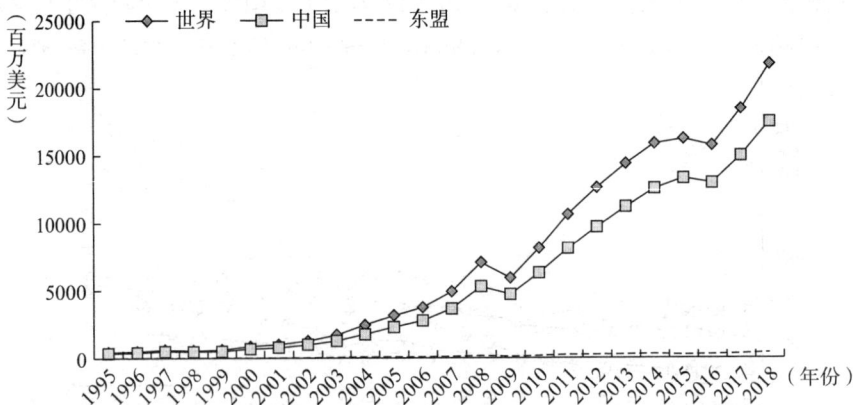

图 1-18　1995~2018 年东盟从中国进口工业制品的增加值来源情况

资料来源：OECD 的 TiVA 数据库中的 "Origin of Value Added in Gross Exports" 数据。

中国从东盟进口工业制成品的增加值主要来自第三国。

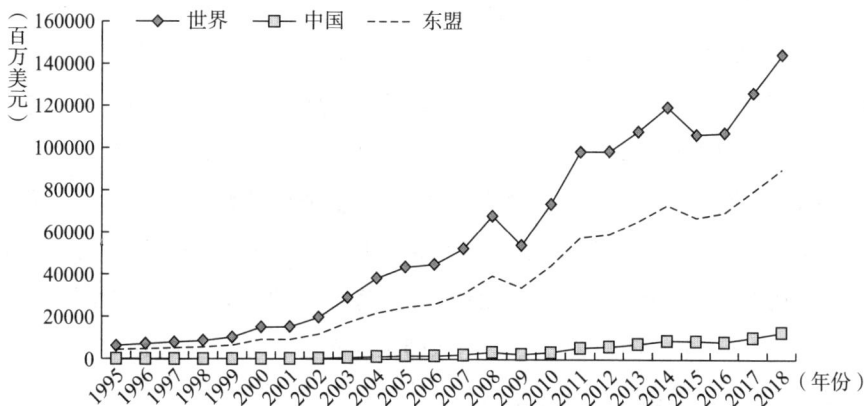

图 1 - 19　1995 ~ 2018 年中国从东盟进口工业制品的增加值来源情况

资料来源：OECD 的 TiVA 数据库中的 "Origin of Value Added in Gross Exports" 数据。

四　新发展格局下中国与东盟产业链供应链合作前景

（一）中国积极构建供应链朋友圈

中美未来的竞合格局取决于各自内循环的效率和外循环的张力，美国的供应链外交正在对中国产生冲击。中国要在战略上高度重视外循环的畅通，积极构建供应链朋友圈。《中共中央关于制定国民经济和社会发展第十四个五年规划和二〇三五年远景目标的建议》指出，中国要"构筑互利共赢的产业链供应链合作体系，深化国际产能合作，扩大双向贸易和投资"，"实施自由贸易区提升战略，构建面向全球的高标准自由贸易区网络"。党的二十大报告指出，中国要"实行更加积极主动的开放战略，构建面向全球的高标准自由贸易区网络"。

（二）中美对东盟国家的供应链争夺

在中美博弈、地缘政治局势不稳定的背景下，东盟与中美的关系更显微妙。以美国为首的西方集团形成供应链联盟，意图与中国脱钩，同时美国对东盟国家展开拉拢。2022 年 5 月 12～13 日，东盟－美国峰会召开，美国承诺向东盟提供价值 1.5 亿美元的援助。然而，对于今天的亚洲，和平稳定是大势所趋，发展繁荣是人心所向。东亚、东南亚作为亚洲经济发展较具活力的地区具有合作发展的巨大向心力。2021 年 11 月 22 日，在中国－东盟建立对话关系 30 周年纪念峰会上，习近平主席倡议"尽早启动中国东盟自由贸易区 3.0 版建设"，并且宣布建立"中国东盟全面战略伙伴关系"，宣布"在未来 3 年再向东盟提供 15 亿美元发展援助，用于东盟国家抗疫和恢复经济"[1]。2022 年是"中国东盟全面战略伙伴关系"的开局之年，中国与东盟的关系已迈上一个新的台阶。中国与东盟深化产业链供应链合作的政治和经济基础稳固，不会受到外力的破坏。

（三）中国深化与东盟产业链供应链合作的发展策略

中国与东盟国家在立足彼此区域内循环的基础上，应该合力参与更大环流的贸易循环。中国与东盟在外循环格局中形成协同生产关系，共同打造全球供应链中心。中国与东盟的供应链合作圈的性质应该是更具张力和外延性的。中方多次明确立场，宣称坚定不移支持东盟在区域架构中的中心地位，坚定不移支持东盟在地区和国际事务中发挥更大作用。[2] 中方愿意与东盟国家进一步打造"一带一路"国际产能合作高质量发展示范区，与东盟国家共建国际陆海贸易新通道[3]。中国与东盟将形成真正意义上的命运共同体，这应该成为中国与东盟合作的努力方向以及最高理想。

---

[1] 《习近平在中国－东盟建立对话关系 30 周年纪念峰会上的讲话（全文）》，中国政府网，https://www.gov.cn/xinwen/2021－11/22/content_5652461.htm? eqid = e4a8001a000200270000 0036476a890。

[2] 《中国支持东盟中心地位的立场文件》，中华人民共和国外交部网站，https://www.fmprc.gov.cn/wjb_673085/zfxxgk_674865/gknrlb/tywj/zcwj/202208/t20220804_10734026.shtml。

[3] 《习近平在中国－东盟建立对话关系 30 周年纪念峰会上的讲话（全文）》，中国政府网，https://www.gov.cn/xinwen/2021－11/22/content_5652461.htm? eqid = e4a8001a000200270000 00036476a890。

参考文献

陈立敏、乔治：《相互依赖、全球价值链嵌入与国际贸易利益》，《国际金融研究》
　　2021 年第 9 期。

郝乐等：《灰色关联分析方法的改进与应用——以中俄贸易与政治的关联分析为
　　例》，《沈阳大学学报》（自然科学版）2019 年第 2 期。

马潇骁：《从苦力到华商：泰北华人关系网络变迁与商业发展的口述史研究》，《西
　　北民族研究》2021 年第 3 期。

Hummels D., Klenow P. J., "The Variety and Quality of a Nation's Exports," *The Ameri-
　　can Economic Association* 95 (3), 2009, pp. 704 – 723.

Mol M. J. et al., "A Technological Contingency Perspective on the Depth and Scope of In-
　　ternational Outsourcing," *Journal of International Management* (10), 2004,
　　pp. 287 – 305.

附录 1 – 1　两国行业相互依赖性的计算方法

中国制造业全球采购的区位依赖性指标构建[①]：

$$MD_{C \leftrightarrow U} = D_{C_i \to U_i} + D_{U_i \to C_i}$$
$$PD_{C \to U} = D_{C_i \to U_i} - D_{U_i \to C_i}$$
$$PD_{U \to C} = D_{U_i \to C_i} - D_{C_i \to U_i}$$

其中，$D_{C_i \to U_i}$ 表示中国（C）对 U 国 i 行业的依赖，$D_{U_i \to C_i}$ 表示 U 国对中国（C）i 行业的依赖，$MD_{C \leftrightarrow U}$ 表示共同依赖程度，$PD_{C \to U}$ 为中国的权力劣势，$PD_{U \to C}$ 为 U 国的权力劣势。其中，$D_{C_i \to U_i}$ 为以下两项之和与中国面临的 i 行业全球市场集中度的乘积，这两项分别是：中国 i 行业出口中的 U 国 i 行

---

①　陈立敏、乔治：《相互依赖、全球价值链嵌入与国际贸易利益》，《国际金融研究》2021 年
第 9 期。

业增加值除以中国 i 行业出口中的全世界 i 行业增加值；U 国 i 行业出口中的中国 i 行业增加值除以全世界 i 行业出口中的中国 i 行业增加值。

本章数据来源于 OECD 的 TiVA 数据库（2005～2018 年）。该数据库包括 67 个国家和地区 45 个行业的数据，其中，制造业有 17 个细分行业。因此，本章选取 2005～2018 年中国与东盟的制造业数据进行分析处理。OECD 制造业行业分类及代码见附表 1 - 1。

附表 1 - 1　OECD 制造业行业分类及代码

TiVA 代码	行业	行业等级
D10T12	食品、饮料和烟草产品	I
D13T15	纺织面料、纺织产品、皮革和鞋类	I
D16	木材、木制品和软木	I
D17T18	纸制品和印刷品	I
D19	焦炭和精炼石油产品	II
D20	化学品及化工产品	II
D21	药品、药用化学品和植物产品	II
D22	橡胶和塑料制品	II
D23	其他非金属矿物产品	II
D24	基本金属	II
D25	金属制品	II
D26	计算机、电子和光学设备	III
D27	电气设备	III
D28	机械和设备	IV
D29	机动车辆、拖车和半拖车	IV
D30	其他运输设备	IV
D31T33	其他制造业；机械和设备的维修和安装	I

注：本章将所有制造业行业共划分为四个等级，分别是低技术等级、中低技术等级、中高技术等级以及高技术等级，并且用相应的罗马数字（I、II、III、IV）代表；"行业"采用 TiVA 代码对应的名称。

资料来源：OECD 的 TiVA 数据库（2005～2018 年）。

附录 1-2 灰色关联度计算方法

本章参考郝乐等改进的灰色关联度计算方法[1]。

原始时间序列为 x_i，$i = 0, 1, 2, \cdots, n$ 组成原始数据矩阵。令序列 x_0 为参考序列，x_1 至 x_n 为比较序列。$x_i(t_j)$ 表示时间序列 x_i 的第 j（$j = 1, 2, \cdots, m$）年的原始值。

第一步，构造相对变化率矩阵。

$z_i(t_j)$ 对应原始数据矩阵中的各个元素 $x_i(t_j)$ 在时间维度上的相对变化率：

$$\{z_i(t_1), z_i(t_2), \cdots, z_i(t_m)\} = \left\{ \frac{[x_i(t_2) - x_i(t_1)]}{x_i(t_1)}, \right.$$

$$\left. \frac{[x_i(t_3) - x_i(t_2)]}{x_i(t_2)}, \cdots, \frac{[x_i(t_m) - x_i(t_{m-1})]}{x_i(t_{m-1})} \right\} (i = 0, 1, 2, \cdots, n)$$

原始数据矩阵转化为相对变化率矩阵。注意 $j = 1$ 年的数据损失掉了，每个序列的样本变成 $m - 1$ 个。

第二步，计算灰色关联系数：

$$\xi_{0i} = \frac{z_{\min} + \lambda \cdot z_{\max}}{|z_0(t_j) - z_i(t_j)| + \lambda \cdot z_{\max}}$$

$$(j = 1, 2, \cdots, m)(i = 1, 2, \cdots, n)$$

其中，$z_{\min}$ 和 $z_{\max}$ 分别是相对变化率矩阵中的最小值和最大值。

ξ_{0i} 越大，两个变量在节点处的变化趋势（变化率）越一致，即两个变量的关联程度越高。

第三步，计算灰色关联度。

按以下公式计算灰色关联度，也就是计算每个比较序列关联系数的平均值：

$$R_{0i} = \frac{1}{m-1} \sum_{j=1}^{m-1} \xi_{0i}(t_j)$$

$$(i = 1, 2, \cdots, n)$$

---

[1] 郝乐等：《灰色关联分析方法的改进与应用——以中俄贸易与政治的关联分析为例》，《沈阳大学学报》（自然科学版）2019 年第 2 期。

附录 1 - 3　贸易二元边际测算方法

本章采用 Hummels 和 Klenow 的方法在产品层面测算贸易的集约边际与广延边际[①]，以进口为例，公式如下：

$$IM_{it} = \frac{\sum_{n \in N_a} V_{itn}}{\sum_{n \in N_a} V_{tn}^w} \qquad (1-1)$$

$$EM_{it} = \frac{\sum_{n \in N_a} V_{tn}^w}{\sum_{n \in N_t^*} V_{tn}^w} \qquad (1-2)$$

其中，i、w 和 t 分别代表贸易伙伴国、全世界和年份，V 代表贸易额。N_{it} 和 N_t^w 分别代表 t 年中国从贸易伙伴国 i 和全世界进口产品种类的集合，n 代表具体的产品种类。IM_{it} 和 EM_{it} 分别代表中国从贸易伙伴国进口的集约边际和扩展边际。式（1-1）中，分子表示 t 年中国从贸易伙伴国 i 进口的贸易额，分母表示 t 年中国从贸易伙伴国 i 进口产品种类的集合的贸易额。IM_{it} 反映了中国从贸易伙伴国 i 进口产品单一方向上量的变化。式（1-2）中，分子同式（1-1）中的分母，分母表示 t 年中国从全世界进口的贸易额。EM_{it} 反映了中国从贸易伙伴国 i 进口产品种类的变化。IM_{it} 和 EM_{it} 的取值范围为 0~1，越接近 1，说明集约边际和广延边际越大。

本章采用 CEPII 数据库的子集库 BACI（即 CEPII-BACI 数据库）的数据，该数据库集成了 UN Comtrade 按照 HS 编码的 6 位代码提供的双边贸易数据。在计算方法上，本章使用 Access 数据库软件进行了统计计算。

[①] Hummels D., Klenow P. J., "The Variety and Quality of a Nation's Exports," *The American Economic Association* 95（3），2009，pp. 704 – 723.

第二章　地缘关系视角下东北亚区域经济合作与发展

田东霞

东北亚区域位于环太平洋地区的西北部，主要国家包括俄罗斯、蒙古国、中国、韩国、朝鲜以及日本。作为丝绸之路经济带中最具发展潜力的地区之一，东北亚区域的经济发展状况影响整个东亚地区的发展态势。由于经济发展水平的差异，东北亚地区的六个国家处于不同的发展状态，包括发达国家或地区、发展中国家或地区以及经济发展相对薄弱的国家或地区。2013年以来，"一带一路"经历了从倡议到共识、从愿景到行动、从双边到多边的发展过程，现已成为反对贸易保护主义、维护多边主义和助力自由贸易的重要力量，越来越多的国家和国际组织积极响应，参与到这一经济合作倡议中来。作为"一带一路"倡议框架中的重要组成部分，东北亚各国之间的交流与合作，对落实"一带一路"倡议、加强多边合作、推动各国经济发展和促进区域经济增长具有重要意义。然而，东北亚区域的经济合作并非一帆风顺，一方面，俄乌冲突以及新冠疫情使全球经贸环境进一步恶化，东北亚六国都面临逆全球化和贸易保护主义对其经济发展、比较优势和国际分工带来的衍生风险。另一方面，拜登领导下的美国政府将中国视为美国最大的竞争对手，企图在东北亚地区继续推动"印太战略"实施，这对东北亚和平与繁荣构成重大挑战。在这样的背景下，东北亚各国间在合作中不可避免地产生冲突，面临挑战，如何通过构建不同的策略路径增加东北亚各国合作的利益契合点，为东北亚区域合作以及东北亚区域共同的繁荣发展创造有利条件成为亟待解决的重要问题。

一 地缘关系视角下东北亚各国区域合作的基础

（一）地缘关系视角下东北亚区域合作的政治基础

1. 中日关系

中日两国是东北亚区域内的重要大国。在过去几十年间，两国之间的关系经历了波折和变迁，由于日本政府长期以来的右翼倾向和对二战历史的否认、2012 年钓鱼岛争端及日美同盟多次对于涉台问题的消极表态，中日关系在近年来饱受挑战。但经过多年努力，两国经贸关系仍然取得了长足的发展。1952 年，中国与日本正式签订了第一个民间贸易协定；1962 年签署了《关于发展中日两国民间贸易的备忘录》；1978 年签订了《中日长期贸易协议》；2018 年 10 月 26 日，经国务院批准，中国人民银行与日本银行签署了中日双边本币互换协议，旨在维护两国金融稳定，支持双边经济和金融活动发展。由于双方贸易具有很强的互补性，双方已经互为重要的贸易伙伴，按国别排名，日本是中国第二大贸易对象国，这也在极大程度上构成了中日两国双边经贸合作的基础。

2. 中韩关系

中韩两国是东北亚地区的重要近邻和伙伴，自 1992 年建交以来，两国关系发展迅速，高层互访频繁。双方在政治、经贸、文化、人文等领域开展了广泛的合作，特别是在经贸领域，韩国是中国第三大贸易伙伴和最大的服务贸易伙伴，两国之间的经贸关系日益密切。2008 年 5 月，时任韩国总统李明博对中国进行国事访问，两国发表联合声明，一致同意将中韩全面合作伙伴关系提升为战略合作伙伴关系。2019 年 12 月 23 日，习近平主席会见来华参加第八次中日韩领导人会议的时任韩国总统文在寅。2019 年 12 月 24 日，时任国务院总理李克强与时任韩国总统文在寅、时任日本首相安倍晋三共同发表《中日韩合作未来十年展望》。中韩双边合作的政治基础的不断巩固和深化，有助于推动两国关系在各领域的发展，为地区和平稳定和共同发展做出更大的贡献。

3. 朝韩关系

朝鲜和韩国是"同族兄弟"，但两国关系多年来始终非常紧张。第二次世界大战后，韩国以对美、日外交为主。朝鲜核问题、战争历史等问题都曾导致两国之间出现紧张局势。近年来，随着南北对话的逐步推进，两国之间的关系有所缓和，朝鲜也逐步融入东北亚区域经贸合作中。2018 年平昌冬奥会上朝韩双方进行了合作，共同组建了女子冰球队，这一合作得到了国际社会的广泛赞誉。此外，朝韩两国还在经济领域进行了一系列合作，包括设立联合工业园区、开展跨境旅游等。这些合作不仅有利于朝韩两国的发展，也有助于推动半岛和平进程。朝韩双边合作的政治基础是建立在两国共同的政治意愿和战略利益之上的。在这一基础的支持下，朝韩双方在相关领域展开合作，这有助于东北亚区域实现共同发展与和平统一的目标。

4. 韩日关系

受日本侵略历史因素的影响，韩国同日本在 1965 年才正式建立外交关系。目前，两国在各个领域有着广泛的交流与合作，但二战后遗留的历史问题仍是干扰两国关系的重要因素。2018 年日本公布的《外交蓝皮书》称"韩国非法占有竹岛"，并表示坚决不接受韩方要求日方就慰安妇问题采取进一步措施的立场，韩方对此表示强烈抗议，两国关系降至冰点。在日韩新一届政府上台后，日韩双边关系得到极大缓和，2023 年 5 月，尹锡悦与岸田文雄出席日韩首脑峰会时达成了两国关系全面迈向正常化的共识，双方确认了重启象征日韩亲密关系的"穿梭外交"。主要成果还包括日方取消了对韩国半导体相关材料的出口限制，而韩方则承诺恢复履行韩日《军事情报保护协定》，日韩两国政府目前还处于重建政治互信的过程中，预计在美国的撮合和干预下，日韩未来在政治经济领域的合作将进一步增多。

5. 中俄关系

中俄关系是 21 世纪最重要和广泛的战略伙伴关系之一。自 2013 年以来，中国和俄罗斯一直在加强关系。中俄两国在经济、安全和外交方面实现了广泛的合作，但是未来的发展仍然面临一些挑战。经济方面，中俄两国相互依存，在能源、贸易和投资方面进行了广泛的合作。中国和俄罗斯的合作还体现在"一带一路"倡议和欧亚经济联盟之间的协调上，这为两国提供了更广阔的发展空间。安全方面，中国和俄罗斯在国际和地区事务中起着重要作用。随着国际形势日趋复杂和多样化，中俄对维护世界和平、稳定变得至关重要。近年来，在文化、教育和人民交流以及打击国际恐怖主义行动、和平解决冲突、维护网络安全等方面，中俄两国有了更广泛和深入的合作。不仅如此，在外交方面，中俄两国一致支持国家主权和领土完整，主张尊重不同国家的利益，反对干涉别国内政。在联合国、金砖国家、上海合作组织等中，中俄两国密切合作，协调行动，为促进多极化和全球化发展做出了重要贡献。总之，中俄关系虽然存在不足，但是两国的战略伙伴关系已经超越了双边范畴，具有全球战略意义。

6. 中蒙关系

中蒙两国之间的关系可以追溯到古老的丝绸之路时期。两国建交近70年以来，一直保持密切的政治、经贸、文化合作，对于地区和平稳定与共同发展都做出了重要贡献。

近年来，随着"一带一路"倡议的推动以及两国元首的高频互访，两国达成了多项合作协议，两国人文交流、教育交流及旅游业交流的规模和层次不断扩大和提升，中蒙关系达到新的高度，两国合作迈上新的台阶。

当然，中蒙关系还存在一些问题和挑战。例如，蒙古国地理位置特殊，社会条件复杂，其经济社会发展仍然面临一些瓶颈。美国是影响中蒙关系发展的一个重要因素。从20世纪末开始，美国对蒙古国的影响力增强。两国保持相当紧密的经济联系，美国在国际事务和反恐安全方面给予蒙古国巨大的支持，使蒙古国得到了更为广泛的国际认可，并且取得了一定的战略空间，但其所在的地缘位置注定了其需要与中俄两大邻国建立良好的关系。因此，蒙古国虽然同美国保持密切联系，但始终坚持重点发展同中俄的关系，尤其是同中国的友好关系。

虽然中蒙两国关系仍然面临一些羁绊，但总体而言，两国关系在过去几年出现了明显的提升，达到了新的高度。两国人民也在互利合作的基础上建立了更深层次的友谊，为区域和平稳定、共同发展做出了积极贡献。

（二）地缘关系视角下东北亚区域合作的产业基础

基于国际贸易理论，东北亚区域各国的经济合作基础主要在于资源禀赋和产业链分工上的优势互补。根据赫克歇尔—俄林定理，各国应该根据其相对的生产要素禀赋和技术水平，选择生产自己的比较优势产品，进而实现贸易的互利互惠。

1. 中国的产业基础

中国是东北亚地区最大的经济体，正处于从高速发展进入高质量发展的过渡阶段。中国和其他东北亚国家的经济合作基础主要在于资源互补和产业链分工。中国的产业主要由制造业、服务业和农业构成，其中，制造业占较大比重。此外，中国在技术创新和高端制造方面仍存在比较依赖外资集团以及技术引入等问题，比较优势产品处于全球价值链的中低地位，出口竞争力与贸易强国存在差距[①]，高端生产能力还有较大的提升空间。此外，积极参与东北亚经济合作有利于中国东北地区充分发挥地域辽阔、资源丰富、工业基础雄厚、人口众多的比较优势，深入挖掘区域内市场潜力、科技创新潜力以及拓展产业链、供应链发展空间，提升抗风险冲击和自主可控的能力。

2. 日本的产业基础

日本是东北亚地区的发达经济体，已经进入高收入国家行列。日本和其他东北亚国家的经济合作基础主要在于技术创新和高端制造。日本的产业以制造业为主，其中，汽车、电子、机械等高端制造业占据重要地位。日本拥有先进的技术和高质量的人力资源，但其自然资源匮乏。现阶段日本与中国的贸易处于"潜力开拓型"阶段，而日俄和日韩贸易均处于"潜力巨大型"阶段，作为资本大国的日本增加对东北亚其他国家的直接投资将带来可观的贸易增量效应[②]。

---

① 陈思萌、黎峰：《全球价值链分工条件下的出口竞争力：一般规律与中国特征》，《现代经济探讨》2023 年第 4 期。

② 崔健、刘伟岩：《日本与东北亚国家贸易潜力分析》，《亚太经济》2019 年第 2 期。

3. 韩国的产业基础

韩国是东北亚地区的发达经济体，已经进入高收入国家行列。韩国和其他东北亚国家的经济合作基础主要在于高端制造及对低复杂度产品的进口需求。韩国的产业以制造业为主，中高端制造业占据重要地位，这使韩国的比较优势产品相对集中，超过80%集中在半导体、电子、汽车等高复杂度产品方面[①]。韩国拥有高质量的人力资源和较为丰富的自然资源，但其面临较高的劳动力成本，自然资源受到的限制也比较严重。

4. 朝鲜的产业基础

朝鲜是东北亚地区的低收入国家。朝鲜的产业以农业和轻工业为主，具有一定的煤炭、铁矿石等矿产资源。朝鲜面临经济制裁、资源匮乏等多重困难，其经济发展基础相对较弱。因此，朝鲜和其他东北亚国家的经济合作基础主要在于资源互补和基础设施建设等。

5. 俄罗斯的产业基础

俄罗斯是东北亚地区的大国，俄罗斯的矿产资源、能源丰富，其中，石油、天然气等资源占据重要地位。但是，俄罗斯面临技术创新和现代化建设的挑战。因此，俄罗斯和其他东北亚国家的经济合作基础主要在于资源互补和基础设施建设等。

6. 蒙古国的产业基础

蒙古国是东北亚地区的内陆国家，矿产资源丰富，其中，煤炭、铜等矿产资源占据重要地位。蒙古国面临基础设施建设和技术创新的挑战。因此，蒙古国和其他东北亚国家的经济合作基础主要在于资源互补和基础设施建设等。

（三）地缘关系视角下东北亚区域合作的历史基础

早在古代时期，我国就已经和朝鲜半岛、日本等地开展贸易活动。唐朝时期，随着势力向北扩张，中国与周边国家的贸易活动逐渐增加。明清时

---

① 关书、成力为：《产品空间演化、能力积累与制造业升级——基于中韩两国的对比分析》，《大连理工大学学报》（社会科学版）2022年第1期。

期，随着东北地区的开发和边境贸易的兴起，中国与俄罗斯等国进行了更为密切的贸易合作。20世纪初至中期，由于战争等原因，中国和东北亚各国之间的交往受到限制。直到20世纪70年代末中国开始实行改革开放政策，才逐渐恢复和周边国家的经贸往来。

历史上，东北亚地区经历多次战争和冲突，这些战争和冲突对地区的政治基础造成了严重的破坏。当前，该地区还存在一些潜在的安全风险和政治矛盾，例如朝鲜半岛的和平稳定问题、钓鱼岛争端等，这些问题对地区的政治稳定和合作构成威胁。因此，东北亚地区的政治基础是多元的，既包括合作和互信，也包括冲突和竞争。在当前背景下，东北亚地区需要进一步加强合作，推动地区的和平稳定与发展。

在现代史上，东北亚地区的政治基础主要是建立在各国间的合作和互信上的。中国、日本、韩国、俄罗斯等国家在经济、文化、科技等领域开展了广泛的合作，促进了地区的繁荣和发展。中国与韩国于2015年签署自由贸易协定，与日本于2018年签署《关于加强服务贸易合作的备忘录》《关于中日第三方市场合作的备忘录》等多个文件。此外，东北亚地区还建立了许多政治和安全合作机制，例如东北亚合作对话会、东北亚经济论坛等，这些机制为地区的和平稳定提供了有力的保障。

随着"一带一路"建设的推进，东北亚地区的合作得到了进一步推动。中国历史上一直是最重要的中转站之一，横跨共建"一带一路"区域的基础设施已成为加强区域间联系的关键，东北亚地区因此而受益匪浅。例如，"一带一路"倡议推动中蒙俄经济走廊建设，使中蒙俄经贸合作规模不断扩大。首先，中国与俄罗斯开展了一系列基础设施建设和经济合作项目，如中俄东线天然气管道、中俄原油管道等，这些项目有助于提升东北亚地区的能源供应和经济互联互通水平。其次，"一带一路"倡议推动中国与日本、韩国进行自贸协定谈判，三国间的贸易总额约占全球贸易总额的20%。

中国和东北亚各国的交往始于古代，经过不同历史阶段的变革和发展。未来，随着"一带一路"倡议的不断落实和推动，东北亚地区的合作将继续深化，互利共赢的格局将逐渐形成，促进区域乃至全球繁荣稳定。

二 地缘关系视角下东北亚各国区域经济合作概况

（一）东北亚各国及中国东北地区的社会经济发展状况

作为东北亚地区经济最为发达的资本主义国家，日本近年来的经济发展状况却不尽如人意，在新冠疫情流行、政治经济形势不确定性加剧的复杂背景下，日本经济受到多重负面因素的明显冲击，正面临种种压力。2022 年 3 月下旬疫情防控政策全面放开之后的两个季度，日本 GDP 增速出现了小幅回升，然而，除去物价变动的影响，2022 年第四季度，按年率计算，日本 GDP 的增幅仅为 0.1%（见图 2-1），经济恢复情况不容乐观。

从宏观层面来看，日本经济复苏速度迟缓，消费低迷，贸易收支持续出现逆差，日本经济尚未进入稳定增长轨道，相比其他主要经济体，日本经济全年增速偏低，新冠疫情、俄乌冲突、日元贬值、人口老龄化等因素对于日本经济产生持续影响；从微观层面来看，日本企业的供应链受到零部件短缺、物流阻断的影响较为明显。面对多重压力，日本财政政策与金融政策相互掣肘，货币政策处于两难的境地。近年来，日本政府数次出台大规模经济刺激计划，基本靠财政支出托底，这导致政府债务不断累积。这些短期经济困难是长期结构性问题在特定危机环境下的集中爆发和突出体现。

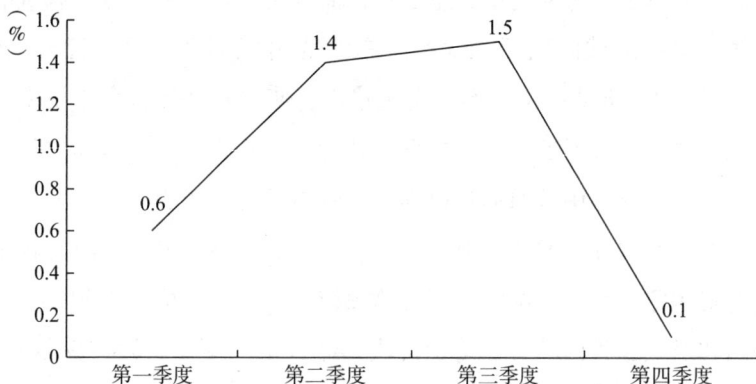

图 2-1 2022 年日本 GDP 季度增长率（按年率计算）

资料来源：日本内阁府。

　　韩国作为一个资本主义发达国家，是 APEC、世界贸易组织和东亚峰会的创始成员，也是经合组织、二十国集团和联合国等重要国际组织成员。1997 年亚洲金融危机后，韩国经济进入中速增长期。韩国央行公布的数据显示，2019 年，韩国的实际 GDP 增长率为 2.2%。2020 年，由于受到疫情影响，GDP 增长率为 -0.9%，到 2021 年则反弹至 4.3%，创十年之最。根据韩国央行的初步核算，2022 年第四季度，韩国 GDP 实际同比增长 1.4%[①]，在亚洲各国中属于比较平稳的表现。韩国的产业链相对比较完善，并且经济具有明确的出口导向型特征。韩国第二产业以及第三产业的发展速度尤为惊人，世界银行公布的数据显示，2021 年，韩国工业总产值占国内生产总值的 32.6%，主要产业为纺织业、钢铁业、汽车制造业、造船和电子业，同时，韩国已是世界上最大的半导体生产国[②]。作为新冠疫情以来亚洲第一个退出宽松货币政策的主要经济体，2023 年，韩国央行在美联储持续激进加息的裹挟下多次加息，韩元对美元汇率贬值 15%。韩国经济的高度外向型特征和对美国市场的过度依赖，让韩国央行在维持汇率稳定、货币政策的独立性和减缓资本流出之间面临多重困境。

　　俄罗斯作为苏联解体后的大国，在国际社会上仍然具备较强的政治和军事地位，但与之相反的是其经济方面的窘迫。2022 年 2 月，俄乌冲突爆发。截至 2023 年 5 月，冲突仍然在持续。以欧美为代表的主要经济体对俄罗斯的制裁事项不断增加。截至 2023 年 1 月 7 日，制裁事项累计 600 多项，其中多数集中在贸易领域（关于一些个体方面的制裁也多集中在贸易领域）。例如，对出口到俄罗斯的商品和技术进行管制，增加对俄罗斯的进口关税以及提高对俄罗斯能源产品出口价格设置上限等。由于俄罗斯是能源输出大国，贸易领域的制裁多与能源相关，例如制裁能源行业和进行能源禁运。也有较多的一部分制裁体现在金融领域，例如对俄罗斯部分居民进行财产冻结，对俄罗斯重要实体和银行等实施金融制裁，以及将俄罗斯金融机构踢出 SWIFT 等[③]。在美

---

① 数据来源于世界银行公开数据库。
② 数据来源于世界银行公开数据库。
③ 刘军梅：《俄乌冲突背景下极限制裁的作用机制与俄罗斯反制的对冲逻辑》，《俄罗斯研究》2022 年第 2 期。

西方层层加码的经济制裁下，俄罗斯通胀率再创新高，其经济发展前景蒙上了阴影。俄罗斯联邦统计局披露的数据显示，2022 年 4 月，俄罗斯的通胀率达到 17.83%，这一数据不仅高于 3 月的 16.69%，还创下了 20 年以来的新高。从 2022 年月度环比数据来看，4 月通胀环比上涨 1.56%，3 月环比上涨 7.6%，环比增速有所回落。① 自 2022 年 2 月俄乌冲突爆发以来，俄罗斯国内物价持续攀升，这是造成俄罗斯通货膨胀飙升的原因，这主要源自美国等西方国家对俄罗斯经济、金融、能源和贸易等领域的制裁。国际货币基金组织预计，2023～2024 年，俄罗斯经济增速将连续下降。

朝鲜开放程度较低，经济发展速度较为缓慢。一方面，朝鲜的经济一直受到国际制裁的影响，包括联合国禁运和多国单边制裁等。这些制裁使朝鲜金融交易、进出口、投资和知识转移等方面受到限制，也使朝鲜面临日益严重的经济困境。另一方面，由于核武器等问题，朝鲜与西方国家在政治上严重对立，在国际政治舞台上处于劣势地位。近年来，朝鲜在不违反社会主义原则的情况下，开始尝试对经济体制进行改革，想通过自身经济发展走出一条高效增长道路。

蒙古国是当今世界人口密度最小的国家，其经济发展水平不高，人均 GDP 约为 4000 美元。蒙古国矿产资源相当丰富，但对外联系不便，是世界第二大内陆国。从地理位置来看，蒙古国整体位于中国和俄罗斯之间，没有海岸线和出海口，长期以来，其国际贸易不发达。出口结构单一，主要出口商品羊绒等的国际市场价格连续几年降低。近几年，外国对蒙古国的投资力度加大，蒙古国的对外贸易环境有所改善。但对外贸易仍出现较大逆差，其在东北亚地区属于经济增速较慢的国家。

中国东北地区是中国的老工业基地，也是中国的重要粮仓，改革开放后，东南沿海地区的经济得到快速发展，对东北地区产生很大的冲击。从经济增速来看，2022 年，东北三省的 GDP 实际增速均低于全国平均水平，吉林省为全国最低；在 GDP 名义增速层面，仅有黑龙江省高于全国平均水平，

---

① 数据来源于央视新闻客户端发布的俄罗斯联邦统计局的统计资料。

吉林省仍然为全国最低①。此外，东北地区的经济体系以重工业为主，汽车、钢铁、煤炭、化工等行业占据很大比重，但这些传统产业面对市场需求萎缩、产能过剩等挑战，东北地区出现人才流失、城市收缩和创新力不足等问题，东北地区的高技术产业和新兴产业相对落后，尤其是人工智能、新能源等产业与我国其他地区相比仍较为落后②。近年来，全面振兴东北的路线图、时间表不断推出，2023 年第一季度，东北经济全面回暖，辽宁、吉林、黑龙江的经济增速（分别为 4.7%、8.2%、5.1%）均跑赢全国，东北全面振兴迎来重要节点。但在国企混改、供应链优化调整、装备制造业的智能化等方面，东北地区仍面临严峻挑战。

综上所述，东北亚地区各国尽管在发展过程中遇到难以自我化解的问题，但随着当今世界经济技术的发展，各国、各地区的经济文化联系日益紧密，经济依存度日益提高。解决区域内共同存在的现实难题的最行之有效的方法就是通过国际合作寻求新的比较优势，加强各国间的交流融合，求同存异，弥补竞争劣势。

（二）中国与东北亚地区各国双边贸易往来状况

1. 中日双边贸易

近年来，中日货物贸易的规模呈现逐年增长的趋势。但受全球政治经济形势以及新冠疫情的影响，2019 ~ 2021 年，中日贸易额出现一定波动。中华人民共和国海关总署公布的数据显示，2022 年，中国对日本出口商品总额为 11536.5 亿元，进口商品总额为 12307.3 亿元（见图 2 - 2），贸易逆差进一步缩小。随着 RCEP 的生效，中日贸易发展有望呈现新变化。目前，日本对外贸易规模持续下滑，与各大经贸伙伴的贸易额均有不同程度的减少，但日本对华贸易的依存度与疫情前相比未降反升，中日加强经贸、环保、健康和老龄化等领域的合作或能进一步挖掘经济增长潜力。日本对华进出口贸易额

---

① 国家统计局编《中国统计年鉴—2022》，中国统计出版社，2022。
② 张可云、朱春筱：《东北地区现代化经济体系建设——基于产业—空间—创新环境三维分析框架的探讨》，《吉林大学社会科学学报》2021 年第 5 期。

在其进出口贸易总额中所占比重均有所上升。

图 2 - 2　2015～2022 年中日双边货物贸易进出口额
资料来源：中华人民共和国海关总署。

中国和日本作为重要的合作伙伴，在进出口贸易方面有较为明显的互补性。在中国对日本出口方面，第 85 章（电机、电气设备及其零件等）产品最多，出口额达到 179.76 亿美元，占比为 29.5%，接着是第 84 章（核反应堆、锅炉、机器、机械器具及其零件）产品，出口额占比为 20.3%，然后是第 61 章（针织或钩编的服装及衣着附件）产品，出口额占比为 3.5%。整体来看，机械器具、化学产品、贱金属、运输设备、纺织相关产品是中日双边贸易中的主要产品。并且，中日双边贸易存在一定的竞争性，重点领域是电机、电气设备、机械器具等。从贸易产品来看，中国从日本进口的多为机电产品、化工产品和运输设备等资本、技术密集型产品，值得注意的是，中国对化工产品的进口比例不断提升。而中国向日本出口的多为机械器具、纺织原料、杂项制品等劳动、资源密集型产品，其中，纺织品及原料、鞋靴伞和箱包等低附加值产品主导日本的进口市场。

2. 中韩双边贸易

从 2004 年起，中国连续 18 年成为韩国第一大贸易伙伴，双方经贸关系十分密切。中韩自贸协定实施两年多以来，双方已经实现四次削减关税。2022 年底，双方零关税的产品的贸易额已经覆盖双边贸易额的 50%。中华人民共和国海关总署公布的数据显示，2022 年，韩国超越日本，成为中国第二大贸易伙伴国，中韩两国双边货物贸易额突破 2.4 万亿元，其中中国对韩国货物进口总额为 13255 亿元，出口总额为 10831.5 亿元（见图 2-3）。

图 2-3　2015～2022 年中韩双边货物贸易进出口额

资料来源：中华人民共和国海关总署。

在贸易结构方面，随着中国经济的快速发展以及中韩经贸关系的深化，中韩两国的进出口产品以中间品为主，产业内贸易替代了产业间贸易，两国进出口的十大产品已经相互重叠，尤其是机电产品和化工产品[①]。随着中国产业结构的调整，中韩产业之间的部分互补性转化为竞争性。韩国仍在电子电气制品、石油制品、化学制品以及金属制品等方面具有比较优势，因此相关产业所占比重仍然在增长或者维持稳定水平，但对于半导体、汽车、造船工业等，中国企业的技术水平与生产能力已经大幅提升，韩国在这些领域对中国的出口额呈现下降趋势。

总体来看，中韩建交 30 多年来，两国加强经贸合作与交流，贸易关系越来越密切。近年来，中韩双方贸易的相互依赖程度较高，但呈现非对称性依赖的特点，韩国对于中国的贸易依赖程度更高[②]，中韩双边贸易互补性有所下降，竞争性不断加强。未来，中韩贸易的增量空间不仅体现在货物贸易上，还体现在服务贸易、数字贸易、双边投资等方面。尤其是现在，中国服务贸易的增速远远大于货物贸易的增速，未来两国有望拥有很大的合作空间。

---

① 李天国：《中韩贸易 30 年：站在新的历史起点上》，《全球化》2023 年第 1 期。

② 冯晓玲、赵鑫：《RCEP 背景下中韩贸易发展潜力研究》，《东北亚经济研究》2022 年第 4 期。

3. 中俄双边贸易

近年来，中俄两国地方合作机制逐渐完善。2018 年和 2019 年是中俄地方合作交流年，两国积极鼓励地方中小企业开展合作，使双方的经贸合作内涵更加丰富。中俄远东开发合作总体上进入贸易与投资相互促进、相辅相成、良性互动的新阶段。中俄"东北—远东"委员会、"长江—伏尔加河"地方合作理事会等合作机制也在顺利运行。在此基础上，中俄经贸合作克服诸多困难，实现了跨越式发展。中华人民共和国海关总署公布的数据显示，2022 年，中俄货物贸易总额达到 12763.1 亿元，中国连续 12 年稳居俄罗斯第一大贸易伙伴国地位。其中，中国对俄罗斯进口总额为 7642.8 亿元，出口总额为 5120.3 亿元（见图 2-4）。

中俄双边贸易结构在近年来进一步优化。2021 年，中俄机电产品贸易额为 434 亿美元，同比增长 40.7%，高出双边贸易额增幅 4.8 个百分点[①]；中国出口至俄罗斯的汽车、家电、工程机械等快速增长，中国从俄罗斯进口牛肉、乳品等农产品和食品保持良好势头。中国主要从俄罗斯进口能源、原材料，而出口产品则以纺织品及附加值较低的日用消费品和机械设备为主，中俄两国贸易合作的质量有待提升[②]。

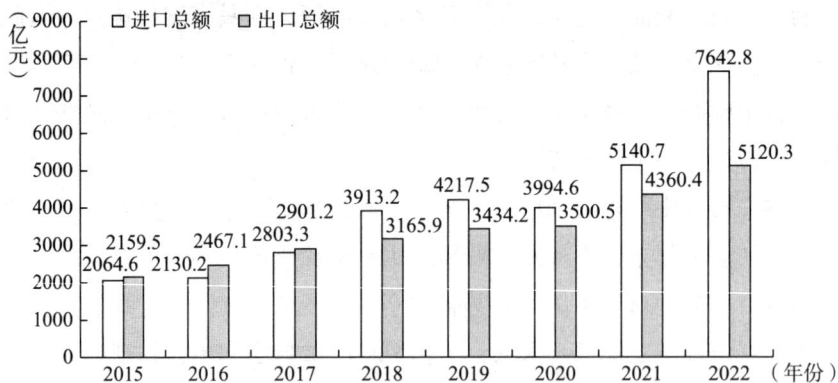

图 2-4 2015~2022 年中俄双边货物贸易进出口额
资料来源：中华人民共和国海关总署。

---

① 数据来源：中华人民共和国商务部。
② 华默然：《新时代背景下中俄贸易的发展态势及建议》，《商场现代化》2021 年第 23 期。

4. 中蒙双边贸易

蒙古国是中国重要的邻国，不仅是"一带一路"北线的重要支点，更是中蒙俄经济走廊的重要国家，具有重要的战略地位。由于中蒙特殊的地理位置，两国贸易关系日益密切。中国已经连续 18 年是蒙古国第一大投资来源国和贸易伙伴国，中国对蒙古国的贸易额占蒙古国对外贸易总额的 60% 以上。中华人民共和国海关总署公布的数据显示，2013 ~ 2017 年，中蒙货物贸易总额达 290 亿美元，占蒙古国对外贸易总额（为 488.8 亿美元）的 59.3%，对蒙古国经济发展（同期 GDP 为 592.3 亿美元）的贡献率近 50%。2022 年，中蒙贸易额达 822 亿元，其中，蒙古国对中国的出口额为 628.2 亿元，自中国的进口额为 193.8 亿元（见图 2 - 5）。[①]。

中蒙经济具有互补性，尤其是在矿产资源、劳动力和技术等方面形成供需关系，这有利于双边贸易的发展。中国对蒙古国的投资主要集中在矿产勘探开发、畜产品加工和纺织服务等领域。蒙古国对中国出口的产品主要集中在矿产品、毛皮原料及其制成品等方面，蒙古国从中国进口的产品则集中在机电产品及其零配件，化学、化工产品与汽柴油，植物产品以及食品，钢材及机械设备等方面。

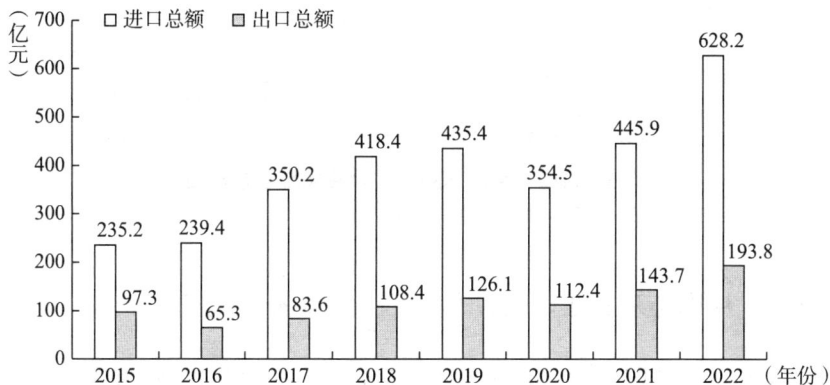

图 2 - 5　2015 ~ 2022 年中蒙双边货物贸易进出口额

资料来源：中华人民共和国海关总署。

---

① 数据来源于中华人民共和国海关总署网站。

5. 中朝双边贸易

中朝双边贸易额在新冠疫情发生以后下降，2022年往返中国丹东和朝鲜新义州的货运列车重启运行后，双边贸易额环比逐渐增加，但距离恢复至2019年以前的贸易规模仍有较大距离。目前，中朝货运列车仍在正常运行。中国对朝鲜出口的主要产品是五大类商品，即矿产品、活动物及动物产品、机电音像设备及零部件、贱金属和纺织原料及制品，其出口额占中国对朝鲜的出口总额的55%以上。中国从朝鲜进口的主要产品是活动物及动物产品、贱金属、矿产品、纺织原料及制品、木材及木材制品，其进口额占中国从朝鲜的进口总额的75%以上。2015～2022年中朝双边货物贸易进出口额见图2-6。中国的矿物燃料和工业制成品是朝鲜所需要的，而朝鲜的活动物及动物产品、钢铁和矿物燃料在中国市场上具有较强的竞争力。

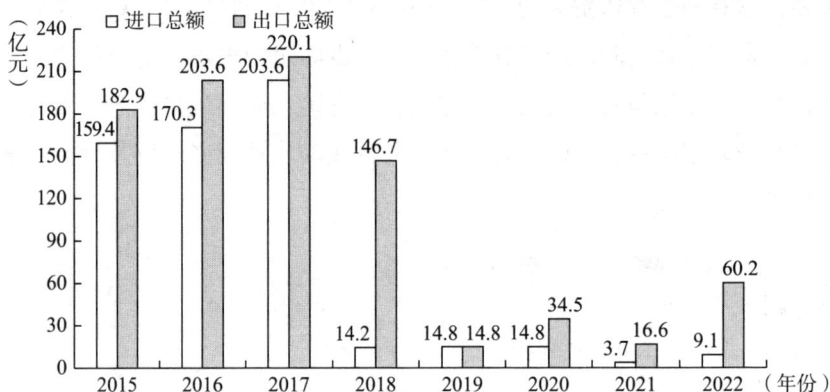

图2-6 2015～2022年中朝双边货物贸易进出口额
资料来源：中华人民共和国海关总署。

（三）中国与东北亚地区各国相互投资情况

东北亚地区各国之间的直接投资是区域经济合作的重要组成部分，一方面，东北亚地区国家间的双边投资直接推动双边贸易额增长，促进贸易合作与产业合作，促进区域产业链构建，进而加快东北亚经济一体化的进程。另一方面，国家间的投资往来是国际关系改善的经济基础，在"一带一路"倡议下，中国与东北亚地区各国在近年来通过投资建立了牢固的经济合作关系，经济合作不断深化，给东北亚地区各国人民带来了切实的利益。

1. 中国与东北亚地区各国投资合作概况

联合国贸易和发展会议发布的《2021 年世界投资报告》显示，2020 年，全球对外直接投资流量为 0.74 万亿美元，年末存量为 39.25 万亿美元。① 以此为基数计算，2020 年，中国对外直接投资分别占当年全球对外直接投资流量、存量的 20.2% 和 6.6%。从全球国家（地区）排名来看，流量列第一位，存量列第三位。中国已成为当今世界的投资大国。2012~2021 年中国对东北亚五国的直接投资流量见图 2-7。2012~2021 年中国对东北亚五国的直接投资存量见图 2-8。

2021 年，中国对外直接投资继续保持两位数增长，对外直接投资流量达 1788.2 亿美元，位列世界第二，占当年全球对外直接投资流量的 10.5%，实现"十四五"良好开局。自我国从 2003 年开始发布对外直接投资公报以来，我国已连续 10 年列全球对外直接投资流量前三位，对世界经济的贡献日益凸显。

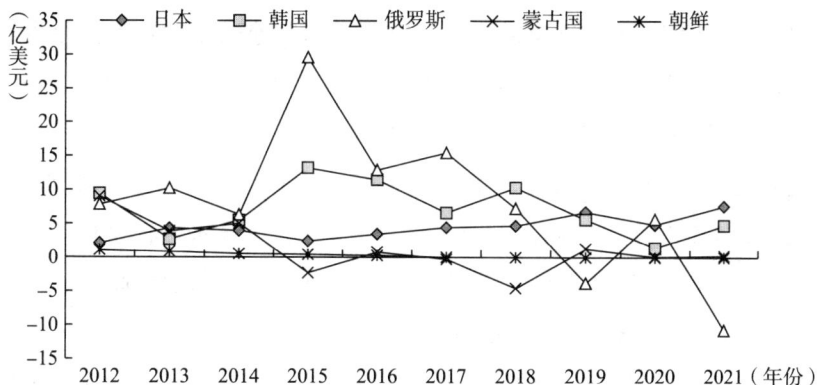

图 2-7　2012~2021 年中国对东北亚五国的直接投资流量

资料来源：中国对外直接投资统计公报（2012~2021 年）。

---

① 数据来源于联合国贸易和发展会议数据库。

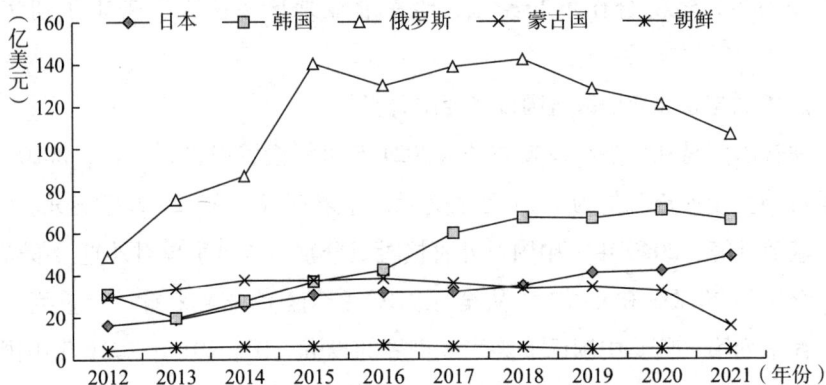

图 2 - 8　2012～2021 年中国对东北亚五国的直接投资存量

资料来源：中国对外直接投资统计公报（2012～2021 年）。

2. 中日双边投资情况

相较于日本对华投资，中国对日投资虽然起步时间较晚，但是投资额在日本引进外资总额中的比重在不断扩大。日本贸易振兴机构（JETRO）相关代表在介绍中国企业对日投资情况时指出，2010 年以来，中国对日投资存量保持增长趋势；2015 年，中国对日投资存量在世界主要国家和地区的投资存量排名中进入前 20 名。近年来，中国以及亚洲其他国家对日本的投资所占比重呈现上升态势。从对日投资项目的分布情况来看，中国企业对于旅游服务、制造业以及研究开发等领域更感兴趣。

受到疫情影响，中国对日投资流量下降。2020 年，中国企业对日本直接投资流量为 4.9 亿美元，同比下降 27.7%。① 从长远来看，在疫情的影响渐渐淡化之后，中国对日投资的规模预期依然是扩大的，伴随着中国加入 RCEP 等协定，中日双边投资关系将更加密切。

日本对华直接投资自中国改革开放后就对中国经济的发展起到重要的推动作用。通过分析投资存量数据可以发现，近年来，日本对华投资总体较为平稳。相较于中国对日投资，日本对华投资的规模更大。长期以来，日本企业对中国有较强的投资意愿，这在一定程度上表明中国的营商环境在不断

---

① 数据来源于中国各年度对外直接投资统计公报。

改善。

然而，由于新冠疫情对国际经济的冲击，2020 年第一季度，日本对外投资总额同比减少 50.6%。2020 年，日本对华投资项目为 799 个，同比减少 20.1%；实际使用金额为 33.7 亿美元，同比下降 9.3%；但是日本对华投资占对外投资的份额从 2018 年的 3.8% 升至 6.2%。[①] 整体来看，日本对华直接投资流量相对稳定，未出现大幅下降的现象。中日双方互为重要的投资合作伙伴。

3. 中韩双边投资情况

在 1992 年中韩两国建交之时，两国之间的对外直接投资就开始进行了，2015 年，两国正式签订自贸协定。随着中国经济的稳步发展、中国对外投资规模的扩大，中国对韩国的直接投资呈现增加的趋势。据韩国知识经济部统计，2018 年，中国对韩直接投资申报额为 27.4 亿美元，申报项目数量为 508 个，占韩国引进的外国直接投资总额的 1% 和申报项目总量的 19%。[②]从对申报项目数量和申报额所占比重来看，申报项目数量所占比重远远高于申报额所占比重，这表明中国对韩投资以小额投资为主，其中，对贸易和批发领域、小企业的投资占大多数。

总体而言，韩国对华投资与中国对韩投资呈现增加态势。据韩国进出口银行统计，中国已成为韩国最大的海外直接投资市场。随着中国经济近年来飞速发展，中国国内消费市场在扩大，韩国企业加大了针对中国国内消费市场的投资力度，韩国对中国出口的生产资料和消费资料明显增加。然而，近年来，我国吸引韩国投资的规模变化较大，这可能是由于受到国际经济形势的变化以及疫情冲击的影响，韩国对中国进行投资的积极性下降，但总体而言双方依然是重要的投资合作伙伴。

4. 中俄双边投资情况

中俄两国有着悠久的交往历史，自建交以来，两国维持友好的国际关系。2019 年，两国建立"新时代中俄全面战略协作伙伴关系"。中国

---

① 数据来源于中国各年度对外直接投资统计公报。

② 数据来源于中国各年度对外直接投资统计公报。

多年以来基本上稳居其贸易伙伴国的首位，两国贸易日益密切。2020 年，中国对俄罗斯的投资流量为 57 亿美元（2019 年为负流量），占总流量的 0.4%，占对欧洲投资流量的 4.5%。2020 年末，中国对俄罗斯的投资存量为 120.71 亿美元，占中国对外直接投资存量的 0.5%，占对欧洲投资存量的 9.9%。① 从行业分布来看，中国对俄罗斯的投资主要集中在采矿业等能源产业方面。

俄罗斯对华投资始于 1992 年，近 30 年来，中国吸引俄罗斯投资的速度相对其他外资引进大国来说较为缓慢。在 2010 年中国成为俄罗斯最大的经贸合作伙伴之后，两国的经贸往来日益频繁，然而，相对于中国在俄罗斯经贸来往国中的重要地位，俄罗斯在中国众多的经贸伙伴国中却并不突出。俄罗斯对中国进行投资的地区较为集中，主要在黑龙江、吉林、内蒙古等边境地区，规模相对较小。中俄之间可以进一步探讨以找到投资与合作的契合点。

5. 中蒙双边投资情况

中国对蒙古国的投资主要集中在矿产资源方面，贸易与餐饮等服务业也吸引了部分中国投资者。2020 年，中国对蒙古国的投资流量约为 832 万美元，较 2019 年中国对蒙古国的投资流量（约为 1.2 亿美元）下降 93.1%，受疫情和国际经济形势的影响较为明显。2020 年，中国对蒙古国的投资存量约为 32 亿美元，相较于 2019 年中国对蒙古国的投资存量（约为 34 亿美元）呈现下滑态势②。观察近十年来的数据，总体上，投资存量趋于稳定，但是，投资流量呈现下降的趋势，我国对蒙古国的投资减少。

2019 年，蒙古国对中国的投资为 79 万美元，同比增长 92.7%。总体而言，蒙古国对我国的投资规模较小，相关统计数据也较少，蒙古国自然资源与矿产资源丰富但资本缺乏的情况使中蒙投资以中国投资蒙古国为主，中国投资蒙古国带动了当地相关产业的发展。

---

① 数据来源于中国各年度对外直接投资统计公报。
② 数据来源于中国各年度对外直接投资统计公报。

6. 中朝双边投资情况

中朝两国交往历史久远，在 1950 年就开始进行经贸合作，观察中国对朝投资相关数据发现，自 2012 年开始，中国对朝投资流量呈下降的趋势，从 1 亿美元左右下降到 2018 年的 28 万美元，投资存量没有较大波动，维持 4 亿 ~ 6 亿美元[①]，两国之间的投资规模都十分小，且以中国投资朝鲜为主，朝鲜的资源较为匮乏，粮食供给问题尤为突出，中朝未来可以在农业领域进行合作，以帮助朝鲜解决粮食短缺的问题。

三　地缘关系视角下东北亚区域合作机制的构建

（一）中日韩自贸区的现状与未来

1. 中日韩自贸区的历史沿革

2002 年 11 月，时任国务院总理朱镕基在中日韩三国领导人峰会上首次提出"中日韩三国自贸区"的设想。在中国加入 WTO 后，中日之间的贸易额激增，2002 年已经达到 1000 亿美元[②]。当时北美、欧洲、非洲先后成立了区域经济合作组织，而东亚地区在这方面完全空白，游离于区域集团之外，因此《人民日报》曾用"孤家寡人走到一起"形容这一设想，这显示出了三国进行合作的必要性。在提出这一设想之后，三国进行了大量的研究与论证工作[③]。2009 年和 2010 年的三国领导人会议对中日韩自贸区议题进行研究，并且发表了共同声明。在对中日韩自由贸易区的可行性进行大规模探索和谈判后，中日韩三国初步得出一致的积极结论。

2013 年，中日韩自贸区第一次谈判开始。至 2019 年 11 月，三方围绕货物贸易、服务贸易、对外投资等共进行 16 轮谈判。其中，2014 年 6 月，由

①　数据来源于中国各年度对外直接投资统计公报。
②　数据来源于 WTO 官方网站。
③　《〈中日韩合作（1999 - 2012）〉白皮书（全文）》，中华人民共和国外交部网站，http://foreignjournalists. fmprc. gov. cn/wjb_673085/zzjg_673183/yzs_673193/dqzz_673197/zrhhz_673255/zywj_673267/201205/t20120509_7606222. shtml。

于日本方面以"自由化率的水平过低"为由，不打算在谈判中对中韩做出让步，中日韩自贸区谈判一度陷入僵局。2016 年 10 月，中日韩三方决定加强政治互信，三方一致认为，建立中日韩自贸区有助于充分提升三国间的产业互补性，挖掘三国贸易投资的潜力，促进区域价值链进一步融合，这符合三国整体利益，有利于本地区的繁荣与发展，中日韩自贸区谈判重新进入正轨，并于 2017 年举行了第 11、12 轮谈判。

从 2018 年起，中日韩自贸区谈判进入稳步发展阶段。2018 年 11 月，国家主席习近平在首届中国国际进口博览会开幕式主旨演讲中强调加快中日韩自贸区的谈判进程。同年 12 月，中日韩三方进行了第 14 轮谈判。在 2019 年 4 月的第 15 轮谈判中，三方计划打造"RCEP +"中日韩自贸区。同年 11 月，第 16 轮谈判进行，12 月发布《中日韩未来合作十年展望》。2020 年 5 月，时任中国外交部长王毅提出要加快中日韩自贸区谈判进程。在这一阶段的多次谈判中，中日韩三方就货物贸易、服务贸易、竞争、知识产权等领域进行了广泛讨论。三方一致同意在 RCEP 已取得共识的基础上，进一步提高贸易和投资自由化水平，纳入高标准规则，按照三国领导人达成的共识，加快谈判进程以打造高质量的中日韩自贸区，进一步挖掘三国经贸合作潜力，为世界经济发展注入动力。

2020 年，由于新冠疫情在全球蔓延及中日韩三国的内部分歧等原因，推进中日韩自贸区谈判面临更为复杂的国际形势，自贸区谈判停滞，进一步谈判的日程尚处于未知状态。2020 年 11 月，RCEP 正式签署，RCEP 不仅是中日、日韩间的第一个自贸协定，而且在关税减让、市场准入、区域供应链调整等方面为中日韩自贸区谈判的突破奠定了重要基础，中日韩自贸区的谈判将迎来新的机遇。中日韩自贸区谈判的发展脉络见图 2 - 9。

2. RCEP 助推中日韩三国间经济贸易合作

（1）RCEP 框架可能改善中日韩三国间的贸易不平衡状态

长期以来，中日韩三国贸易处于不平衡状态。中国对日本长期处于逆差状态，增加了中国外汇管理压力，并且还要面临日元贬值的风险。同时，日本为平衡贸易逆差带来的负面影响，会采取提高对中国的关税水平、增加对中国的贸易壁垒等措施，这会造成两败俱伤的后果。

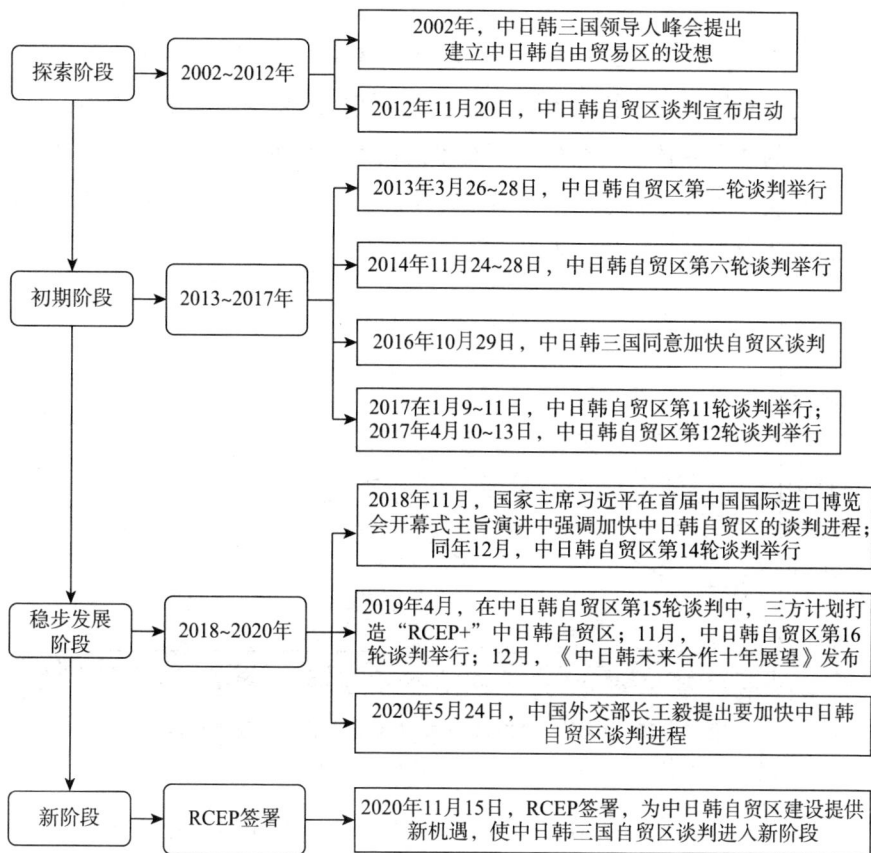

```
┌─────────┐     ┌───────────┐     ┌──────────────────────────────┐
│ 探索阶段 │────▶│ 2002~2012年│────▶│ 2002年，中日韩三国领导人峰会提出 │
└─────────┘     └───────────┘     │ 建立中日韩自由贸易区的设想        │
     │                            └──────────────────────────────┘
     │                            ┌──────────────────────────────┐
     │                            │ 2012年11月20日，中日韩自贸区谈判宣布启动│
     │                            └──────────────────────────────┘
     ▼
┌─────────┐     ┌───────────┐     ┌──────────────────────────────┐
│ 初期阶段 │     │           │────▶│ 2013年3月26~28日，中日韩自贸区第一轮谈判举行│
└─────────┘     │           │     └──────────────────────────────┘
     │          │           │     ┌──────────────────────────────┐
     │          │ 2013~2017年│────▶│ 2014年11月24~28日，中日韩自贸区第六轮谈判举行│
     │          │           │     └──────────────────────────────┘
     │          │           │     ┌──────────────────────────────┐
     │          │           │────▶│ 2016年10月29日，中日韩三国同意加快自贸区谈判│
     │          └───────────┘     └──────────────────────────────┘
     │                            ┌──────────────────────────────┐
     │                            │ 2017在1月9~11日，中日韩自贸区第11轮谈判举行；│
     │                            │ 2017年4月10~13日，中日韩自贸区第12轮谈判举行│
     ▼                            └──────────────────────────────┘
```

图 2-9 中日韩自贸区谈判的发展脉络

资料来源：笔者根据中国政府网等资料整理得到。

图 2-10 表明韩国与日本间的贸易也处于失衡状态，这对日韩国内经济会产生一定影响。中日韩三国均为 RCEP 的成员，RCEP 顺利签署意味着三方愿意对彼此降低关税水平、减少贸易壁垒等，这些都将缩小三国间的贸易不平衡差距，为中日韩三国未来的友好合作奠定基础。

（2）RCEP 框架有助于优化中日韩三国的产品结构

中国"入世"前，日韩的经济发展走在中国的前面，因此日韩的资金、技术、人才优于中国，而中国地大物博，人口较多，在劳动力方面具有比较优势，使三国的产业结构互补性很强。随着中国经济的快速发展，中国与日韩的产业互补性开始下降，甚至在汽车、机电等行业呈现竞争态势，这意味着三国未来在国际市场的竞争将愈演愈烈。RCEP 签署后，中国通过大量进口日韩的高新技术产品及三国间的人才交流间接提高本国的创新能力，日韩面对中国的技术追赶也会加快对新技术的研发。另外，RCEP 的签署可以加强三国在农产品方面的合作，三国可以通过进行有关农产品机制化建设，达到优化三国农产品结构的效果。

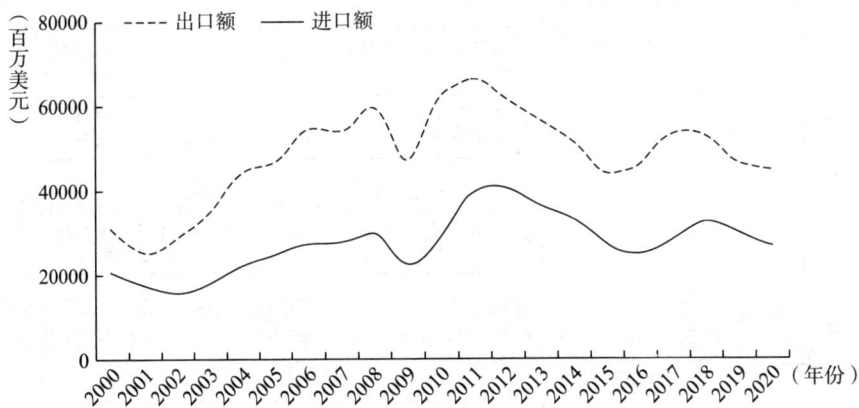

图 2-10　2000～2020 年日本对韩国进出口额变化趋势

资料来源：国别报告网（https://countryreport.mofcom.gov.cn/）。

在全球经济面临复苏困难的背景下，RCEP 成为加快中日韩自贸区谈判进程的催化剂。在疫情的推动下，RCEP 加快了签署步伐，并在 2020 年底成功签署，这意味着 RCEP 将带给成员乃至域外国家恢复已停滞乃至衰退的经济的信心。RCEP 使中日韩三方首次在同一个区域内开展合作，为中日韩三国加强沟通提供平台和机遇，为携手共渡难关创造条件，使中日韩自贸区谈判进程进入快车道和新阶段。

3. 中日韩自贸区的前景与未来

就目前来看，中日韩自贸区谈判面临的阻力依然很大，其中包括政治障碍、安全障碍、经济障碍、区域外部因素障碍、社会文化障碍等。中日韩自贸区谈判取得根本突破的关键在于三国能否在复杂的国际形势下对自贸区的战略价值进行重新评估，积极平衡各方利益诉求，突破重重障碍和限制，求同存异，实现三方共赢。

经过八年的谈判，中国、日本和韩国在自贸协定内容方面达成了很多共识。虽然日韩两国对中国经济的关切程度不同，但对加强中日韩经济合作的必要性已达成共识。即使在新冠疫情在全球蔓延的背景下，中国仍然对稳定日韩外贸发挥重要作用。2020年，日本整体出口额萎缩11.1%，而对中国的出口额增长2.7%。同期，韩国出口额萎缩5.4%，对中国出口额萎缩2.8%。中国、日本和韩国之间密切的生产联系决定了日本和韩国很难在短期内降低对中国的依赖程度。中国在全球价值链体系中的关键地位及在人力资源和产业支撑方面的优势，显然不会轻易被东南亚市场所取代。更重要的是，随着"中欧投资协定"的谈判完成，中国发出了扩大高水平对外开放的明确信息，这使中国市场更具吸引力。另外，中国推动以服务贸易为重点的高水平开放，为中日韩经贸合作拓展市场空间，预计疫后中国服务进口额仍将保持快速增长，特别是旅行、医疗健康、知识产权、电信、金融保险等服务将成为进口的重点领域。与此同时，中国推动进行制度型开放，这将为中日韩高水平经贸合作提供重要条件。

三方要抓住RCEP正式生效的机遇，争取实现中日韩自贸区谈判的重大突破。2020年，中日韩三国GDP占RCEP区域内GDP的82.44%。可以说，中日韩经贸合作对RCEP的实施效果具有重大影响。努力实现中日韩自贸区建设的突破，加快形成更高水平、更广范围的三边合作机制，不仅有利于巩固RCEP合作成果，也将推动形成区域经济一体化的新格局。

中国、日本和韩国应有效利用降低关税的措施和促进投资的机制，鼓励商品和生产要素流动。我们必须充分利用更灵活的原产地规则，在RCEP框架内建立更可持续、更有活力的产业链和供应链，重点关注设备生产。实现中国的"一带一路"倡议、日本的高质量基础设施伙伴关系计划和韩国的"新南方政策"在RCEP框架内对接，形成更加协调有效的三国合作机制。

（二）中蒙俄经济走廊建设的现状和未来

2014年9月11日，中国国家主席习近平在出席中蒙俄三国元首会晤时，提出可以将"丝绸之路经济带"与俄罗斯"跨欧亚大铁路"、蒙古国"草原之路"倡议对接，三方打造中蒙俄经济走廊。[①] 2015 年 7 月 9 日，习近平主席在乌法同俄罗斯总统普京、蒙古国总统额勒贝格道尔吉共同进行三国元首第二次会晤，此次会晤更加明确了"建设中蒙俄经济走廊规划纲要"的总体框架。2016 年 9 月 13 日，中国国家发改委正式公布《建设中蒙俄经济走廊规划纲要》，这标志着在"一带一路"倡议下，第一个多边合作规划正式启动。

中蒙俄经济走廊发展逐年向好，三国之间的合作交流日益密切，蒙古国和俄罗斯与中国进出口贸易总额逐年增长。中蒙俄的合作优势体现在战略互补方面，在能源资源领域的依存度高。蒙古国的煤炭、金属矿产资源丰富，俄罗斯的石油、天然气、林木储量大，与中国产业具有互补性。中国的优势则体现在消费需求和市场，以及轻工业的产品供应方面。三国共同进行资源勘探、采掘、开发和利用，显然，这样有利于三方主体。但国际合作的获益程度影响国家（地区）的合作意愿，外部国际环境不稳定因素也给中蒙俄合作带来影响。

1. 中蒙俄经济走廊建设回顾与动向

频繁的首脑会晤为中蒙俄经济走廊的建设开启新局。2013 年，"一带一路"倡议成为共建各国促进经济合作与发展的新举措，也为中蒙俄区域经济合作提供了新方式。2014 年 3 月，俄罗斯提出西伯利亚和远东地区的战略合作方案，提出"跨欧亚发展带"构想。同年 8 月，中国与蒙古国关系上升为全面战略伙伴关系；9 月，中国提出建立中国—蒙古国—俄罗斯经济走廊，简称中蒙俄经济走廊。在 2014 年中蒙俄三国元首首次会晤达成建设中蒙俄经济走廊的共识后，2015 年，三国对具体内容进行了实质性推进，之后，三国首脑在 2016 年 3 月 23 日、2017 年 3 月 24 日、2018 年 6 月 9 日、2019 年 6 月 14 日进行会晤，力求进行三国经济走廊建设，推动"一带一路"倡议目标实现。2016 年 3 月 24 日，中蒙俄三国牵头部门在京召开《建设中蒙俄经济走廊规划纲要》（以下简称《规划纲要》）推进落实

---

① 吕文利：《中蒙俄经济走廊与"冰上丝路"》，《中国青年报》2018 年 12 月 17 日第 2 版。

工作组司局级会议，其成为"一带一路"框架下第一个正式启动实施的多边合作规划纲要。2022年9月16日，三国元首进行会晤，三方确认《规划纲要》延期5年，并正式启动中蒙俄经济走廊中线铁路升级改造和发展可行性研究，商定积极推进中俄天然气管道过境蒙古国铺设项目。

中蒙俄经济走廊的合作包括交通基础设施发展及互联互通，口岸建设和海关、检验检疫，产能与投资合作，经贸合作，人文交流合作，生态环保合作，地方及边境地区合作共七大方面[①]。目前，中蒙俄地区已有多个项目在稳步推进，在经贸领域，中蒙二连浩特—扎门乌德跨境经济合作区、满洲里综合保税区等已建成投入使用；在交通领域，滨洲铁路完成电气化改造，实现了经满洲里向北延伸至赤塔与俄罗斯西伯利亚大铁路相连；在能源领域，中俄原油管道、中俄天然气管道均已投入运行；在人文交流领域，中蒙俄智库国际论坛、中蒙俄经贸合作洽谈会和中蒙俄国际绿色有机产品博览会等大型论坛及博览会为各个国家和地区的展商提供了良好的展示交流、经贸洽谈国际性开放平台，共同促进中俄蒙三边多元文化交流。

2. 中蒙俄经济走廊建设面临的困境

（1）中蒙俄贸易结构不合理[②]

近年来，中蒙、中俄的贸易结构不合理现象较为严重：在全球产业供应链贸易流量网络中的主导作用不同，贸易地位不对等，且经济联系相对较弱。中蒙贸易往来以初级产品为主，贸易结构比较单一[③]。蒙古国凭借自身资源优势及地理位置优势，将本国大量原材料出口到中国，如萤石、铁矿砂、煤炭等矿产品，蒙古国向中国出口资源密集型产品合计占比一直保持在95%以上。相应地，中国主要向蒙古国出口工业制成品，工业制成品出口额占比高达80%。在俄罗斯对中国出口产品类别中，矿产品、木材和化工产品占比较大。中俄双边贸易产品主要是原料类和能源类产品，双边贸易中存在

---

① 《建设中蒙俄经济走廊规划纲要》，2016。
② 数据来源于 UN Comtrade 数据库，选取 SITC 中的 Rev 4 分类数据进行统计分析。
③ 温柔等：《中蒙俄贸易对内蒙古物流业发展的影响研究——基于传统引力模型实证分析》，《商展经济》2023 年第 8 期。

产业链条短、科技含量少、附加值较低以及深加工产品占比低的现象①。由此可见，中蒙俄三国由于自身经济发展速度的差异，参与全球贸易的体量与程度不同，三国的贸易结构并不合理，这不利于三国长期进行经贸合作和市场开拓。

（2）基础设施缺乏

中蒙俄的大多数基础设施项目建设周期较长，收益率低，缺乏可持续的盈利模式，项目供资成本相对较高，因此难以吸引私人资本②。中俄蒙三国幅员辽阔，将传统的华北通道与东北通道以铁路和公路延伸至西伯利亚与蒙古高原需要投入大量的运营和维护资金，途经地区往往缺乏财力和人力，这导致在推进基础设施建设项目时进度较慢，外国公司面临"困难而昂贵的融资"问题，目前，俄罗斯和蒙古国的项目资金大部分来自能源和资源方面支持的贷款。

基础设施缺乏直接导致三方在边境地区的运输能力差，口岸过货能力和效率偏低，部分区域拥堵严重。很多公路建设标准低，不具备大宗物资运输能力，横贯蒙古国南北的"千禧公路"的建设标准仅相当于我国的三级公路。俄罗斯东部地区基础设施建设水平也远远落后于西部地区，无论是交通设施还是供电通信等设施均不足以满足中蒙俄经济走廊建设的需要。因此，远东地区的基础设施状况不仅限制货物运输物流体系的建设，造成地区之间发展的孤立，而且无法保证中俄蒙经济走廊高质量发展。

（3）中蒙俄三国之间的文化差异较大

"中俄蒙经济走廊"覆盖区域广阔，是一条全长2127公里的经济合作走廊，涉及的人口众多，俄罗斯有176个民族，中国有56个民族，各民族间都有自己独特的观念，从整体来看，民族传统理念扩大了文化冲突的时限宽度，中蒙俄经济走廊所覆盖的地区有着不同的文明体系，文化上的巨大差异大大阻碍了三国间的经济合作。三国虽然互为邻国，但是由于属于不同的文

---

① 刘斯琴高娃：《新时代中俄贸易高质量发展对策分析》，《现代营销》（下）2021年第8期。
② 蔡振伟、林勇新：《中蒙俄经济走廊建设面临的机遇、挑战及应对策略》，《北方经济》2015年第9期。

明体系，各国的语言、习俗、宗教等都存在差异，在多元文化的碰撞与融合背景下，三国在沟通过程中会出现语言壁垒与理念偏差的社会表象，进而在政治、经济、军事、服务业等领域出现差异，这在一定程度上给三国的经济合作造成阻碍。

3. 中蒙俄经济走廊建设前景分析

中蒙俄经济走廊提出以来，三国积极响应，经贸合作稳步发展。中蒙俄经济走廊建设需要从以下几个方面推进。

（1）拓宽合作领域，提升合作层次，促进贸易结构合理化

中国、蒙古国和俄罗斯应改善目前的贸易和投资结构，充分发掘合作潜力，推动贸易额增长。以能源和资源贸易为基础，继续拓展贸易合作领域，进一步完善贸易结构，拓展中蒙俄贸易合作的广度和深度，以达到调整和改善贸易结构的目的。此外，随着铁路、油气管道等基础设施的完善，三国可以在金融、跨境旅游、新兴产业和高新技术产业等领域寻求新的发展机会，推动进行新的合作，开创新的合作方式。特别是在深化中蒙俄科技领域合作方面，新型合作方式能够使中蒙俄贸易合作水平和质量有较大的提升。

（2）加大对中蒙俄基础设施建设项目的投资力度

基础设施的互通互联是国际合作需要具备的硬件基础，中国、蒙古国、俄罗斯在积极探索合作新途径，完善合作机制，建设产业集群。在改善利益分配的过程中，第一步应当促进基础设施建设。只有道路联通，才能够顺利开展除经济合作之外的其他合作。中国、蒙古国和俄罗斯可以讨论利用公私伙伴关系，促进公私合作，利用丝路基金或亚投行的涉及基础设施的低息贷款政策为中蒙俄经济走廊的基础设施建设项目提供资金支持。通过联合投资，三国可以商讨启动一批试点项目，并推进其他相关项目建设。例如，加快建设连接中国、蒙古国、俄罗斯的天然气管道和运输渠道，为其他项目创造基础条件，为中国、蒙古国、俄罗斯在其他领域的合作提供良好范例。

（3）加强各国技术人员的往来交流，建立更多的沟通渠道

人民群众的支持与理解是三国之间互联互通和经贸合作顺利开展的基

石，在人文领域加强交流和合作有助于增进民众之间对不同文化与习俗的了解，进而减少疑虑，推动三国之间建立更深层次的互信关系。首先可以借助三国外交磋商平台，出台针对三国公民的签证便利政策，简化三国公民的签证手续，方便技术人员往来和民众跨境旅游。其次要加强各国之间的人文合作，通过建立政府间的人文合作委员会、学校互派留学生与积极举办文化交流活动、企业建设中俄蒙文化创意产业园和国家之间共同举办文化节等方式，加深三国对彼此文化的了解。

（4）加快发展中蒙俄自贸区，完善区域合作格局

中蒙俄双边良好的贸易合作为建设自由贸易区奠定了坚实的基础。因此，中蒙俄三国应不断加强战略合作伙伴关系，继续推进自由贸易区建设。在这个过程中，中国要充分发挥自身优势，助力中蒙俄三国自贸区建设。中蒙俄自由贸易区选址必须以三国领土主权原则为基础，尽可能体现地区优势以及特色，通过优惠政策吸引当地商户进驻自贸区，积极发展跨境电商，实现特色产品产业发展，推动自贸区经济快速发展，促进三国经济发展。

（5）构建"点驱动"产业体系，促进中蒙俄共商共建共享

在实施"一带一路"倡议的过程中，把工业综合体模式作为推动其他产业发展的焦点的方式被称为"点对点引擎"，这种方式逐渐成为国际产业合作的新趋势，对于构建中蒙俄经济走廊具有重要的参考意义。一方面，中国、蒙古国和俄罗斯建设跨境工业园区等平台，为三边合作搭建桥梁；另一方面，以产业链为纽带，鼓励三方企业共同发展，如企业集聚优势资源，促进上下游企业整合，促进跨行业资源共享。

（6）加强金融市场建设

要推动人民币跨境使用并构建相关风险防范机制，中国应推动利率市场人民币国际化，建立市场利率稳定机制，推动人民币跨境使用并保证其安全性，使人民币能够充分发挥推动中蒙俄进行经济合作的纽带作用。一方面，中国应增加与俄罗斯卢布、蒙古国货币互换协议的规模。另一方面，中国应建立针对蒙古国、俄罗斯的跨境自由贸易账户体系，构建完善的资本项目可兑换操作体系，使"分类管理"的资本账户可兑换。此外，三国应积极商讨

建立共同的金融资产交易平台、创新型的金融领域管理模式，构建金融监管和风险防范机制。

（三）"一带一路"倡议下中国东北地区经济振兴与东北亚区域合作

1. 中国东北地区经济振兴的主要限制因素

（1）中国东北地区的工业结构偏向重工业

中国东北地区长期以来拥有得天独厚的自然条件。过去，国家的优惠福利政策使东北地区出现工业化的辉煌时期，东北地区的工业结构偏向重工业。在器械、炼钢、煤炭、航空航天制造等方面，东北地区都取得了非常伟大的成就。在"一带一路"背景下，抓住新的产业升级机遇，通过促进产业升级而采用多元化的方式发展工业或其他产业，不再拘泥于发展单一的重工业，是东北工业重振辉煌必须考量的方面。

（2）中国东北地区的国有经济占比过大

中国东北地区的国有经济体系对东北地区经济发展具有根深蒂固的影响，国有企业所占权重较大。东北地区曾借助资源优势与国家政策大力发展经济，成为我国重要的重工业基地和粮食生产区域。在振兴东北政策发布之后，为了保持东北地区长期以来在全国的工业和农业的地位，中央给予东北地区的国有企业大量优惠政策，然而，国有企业依然存在一些问题。与此同时，东北地区的中小型企业面临资金融通困难、政策扶持力度较小、生存空间狭小以及所在地区劳动力数量减少等涉及发展方面的困境与难题。

2. 中国东北地区经济振兴的有利条件

（1）高校人才为发展提供软实力

就全国范围而言，东北地区教育资源相对丰厚，如东北地区设有东北大学、吉林大学、哈尔滨工业大学等一系列"985 工程"、"211 工程"及"双一流"高等学府，东北地区每年都会有相当一部分出类拔萃的毕业生和高校科研联盟资源。在"一带一路"倡议背景下，可以加快建设高校联盟，让高校联盟能够扮演"统帅"的角色，合理调度各个高校的优势资源，呈现高校相辅相成、齐头并进的发展态势。具体操作形式如增加人才间的访问、交流数量，设立跨高校间的竞赛或计划，实现科研成果的互通等，进而共同营造欣欣向荣的学术氛围，为"一带一路"建设与推动东北地区经济振兴提供优秀的人才及学术资源，为东北地区的振兴与区域合作提供必要的软实力基础。

（2）资源禀赋优势

中国东北地区具有丰富的农业和能源资源禀赋优势。农业资源方面，东北地区在粮食、蔬菜、水果、畜禽肉类和水产品等产品的生产和运输方面始终具有优势地位。能源资源方面，东北地区的焦炭、天然气、电力和原油具有遥遥领先的产量。这些资源禀赋优势为东北地区的现代农业和能源产业发展提供了有力的支持。东北地区的资源禀赋优势与"一带一路"建设的紧密结合具有重要意义。东北地区可以通过与共建"一带一路"国家和地区在农业产业和能源产业方面的合作，实现资源优势互补和共赢。同时，东北地区的现代农业和能源产业的发展也可以为"一带一路"倡议下东北老工业基地的全面振兴提供新的突破点。

（3）工业基础雄厚

新中国成立之初，东北地区便背负重要的历史使命，作为中国的重工业基地，为中国的工业化做出了不可磨灭的贡献。同时，由于地理位置原因，东北地区与俄罗斯之间重视经济合作、技术探索、人才交流。虽然近些年东北地区的经济呈现疲软态势，但不可否认其取得的辉煌成就。传统重工业以及丰富的矿产、石油、林木资源，依旧是东北地区具有发展潜力的"底气"。

3. "一带一路"背景下中国东北地区积极融入东北亚区域合作

中国东北地区应平衡发展各个产业，既要继续重视重工业，也要把轻工业和其他产业，如第三产业，放在重要位置。"一带一路"给振兴东北经济带来了新的突破口，东北地区应积极抓住这次历史机遇，调整产业结构及进行转型升级，构建一种全新的、可持续发展的经济体系。

应适当削减一部分政府冗余的权力，把更多配置资源的任务交给市场，让政府监测与市场运行相结合。同时，重视中小企业的发展问题，扶持民营企业发展，鼓励社会资本参与国有企业的运营，解决民营企业融资困难的问题，构造统一的、充满活力的东北区域市场体系。

重视对高新技术的开发，抓住"一带一路"倡议及新时代背景下的"工业4.0"带来的机遇，即借助互联网和物联网实现新一代"工业革命"的目标，配合已有的传统深厚的工业基础，构建更为互通、新颖、外向的经济模式。利用各个高校的优质人才供给，解决东北地区人才流失问题，通过高校联盟带来的综合科技、文化、经济效益，为"一带一路"建设提供源源不断的年轻力量。

中国东北地区位于东北亚的核心地带，其在地缘上的优势毋庸置疑，可以作为整个东北亚区域的贸易枢纽，促进整个区域的贸易流通、产业改造。例如，吉林省的图们市举办东北亚投资贸易博览会以及召开政府间会议。珲春市因所处地理位置特殊，能够有效连接朝鲜和俄罗斯，作为三国间的一个重要中枢，并以此为基础发展边境贸易区、边境经济合作区和出口加工区，大大加快次区域合作建设的步伐。黑龙江省主要选择与俄罗斯进行次区域经济合作，拥有大量国家一类口岸、境外经贸合作区、边境贸易区、边境自贸试验区，这是黑龙江省开拓对外贸易的优势，大大提高了其进行次区域合作的能力。辽宁省位于东北亚的中心位置，拥有如大连这样的港口城市，能够在很大程度上提升货物的运输水平，增强贸易能力，在次区域合作中具备发展海上贸易的潜力。

四　地缘冲突视角下东北亚区域合作的机遇与挑战

（一）东北亚区域合作的机遇

疫情后，世界经济发展面临的不确定性增加。一些国家奉行保护主义、单边主义，这对经济全球化和区域经济合作产生了严重的负面影响。对东北亚各国来说，加快推进区域经济一体化具有必要性，东北亚各国迎来区域经贸合作的新机遇。

1. 区域内外五大关系回暖

2018年以来，中日、中韩关系相继走出低谷。从中朝关系来看，2018

年，朝鲜最高领导人金正恩四次访华，中方对朝方许下三个不变承诺。两国之间不仅达成维护东北亚区域稳定的共识，还重新建立了友好往来关系。从朝韩关系看，朝韩领导人之间的三次会谈和《板门店宣言》的签署，为朝鲜半岛指明了和平发展的方向。从朝美关系看，经历两次会谈，双方在无核化问题等方面持有不同意见，尚未取得实质性进展，但短期内爆发激烈冲突的可能性不大。中日关系方面，日本前首相安倍晋三访华，两国关系在曲折中前进。中韩关系方面，韩国总统在 2017 年底访华，两国对朝鲜半岛局势有相同的认识，中韩关系不断改善。在 RCEP 下，各国在诸多领域加强合作，共同打造的合作范围在不断扩大。

2."一带一路"倡议带动区域内国家战略和区域通商机制完善

中国的"一带一路"倡议得到各国的广泛关注和赞赏，一些国家提出相应的政策对接"一带一路"倡议。随着东北亚区域多边关系的曲折发展，各国融入区域合作的期望水平进一步提高，区域内国家战略和区域通商机制更加完善，中国的"一带一路"倡议、俄罗斯的"欧亚经济联盟"、蒙古国的"草原之路"、日本的"安倍经济学"、韩国的"新北方政策"和"新南方政策"等的对接，朝鲜转向以经济建设为中心的发展方向等为地区经济合作注入了新的动力，促进了地区互联互通，东北亚经济论坛、东北亚合作对话等机制为地区经济合作提供了平台和保障。

3.后疫情时代，各国合作极具潜力

2023 年 5 月 5 日，世界卫生组织宣布新冠疫情不再是"国际关注的突发公共卫生事件"。中日韩等东北亚国家在过去几年间承受了较大的疫情防控压力与经济损失，相关的经济与文化交流一度停滞。随着各国逐步解除疫情防控的相关限制，东北亚各国在多边合作上维护多边主义和推进区域自由化具有极大潜力。

（二）东北亚区域合作的挑战

1.地缘矛盾与利益冲突交织

东北亚区域各国政治环境错综复杂，各国间存在诸多历史遗留问题，矛盾与利益相互交织。中国和日本之间除了存在钓鱼岛的主权归属之争外，还有专属经济区和东海大陆架划界问题。朝鲜半岛问题是冷战遗留问题，进入21世纪后，美国政府对朝鲜采取强硬姿态，半岛局势再度趋紧。日韩作为美国的盟友，两国之间的关系却起伏不定，一方面，二战期间，日本法西斯对韩国实行侵略和压迫；另一方面，在独岛（日称竹岛）问题上，朝鲜、韩国、日本都宣称对独岛（竹岛）拥有主权，日韩两国关于独岛（竹岛）的矛盾更是激发了两国人民之间不断增长的仇恨情绪。由此可见，东北亚区域存在诸多不安定因素，矛盾可能会由于一些敏感事件而被激活，中日、中韩、日韩、朝韩复杂的双边关系中的结构性矛盾并没有被彻底解决，地缘矛盾与利益冲突严重阻碍东北亚地区开展高水平、深层次的经贸合作。

2. 外部势力介入

多年以来，美国通过在亚太地区施加影响力，阻碍东北亚区域经贸交流与合作，以维护其霸权主义。干涉他国主权、提供政治援助、进行政治施压以及意识形态渗透，是美国影响东北亚局势的主要政治手段。在美国介入下，东北亚区域遗留了诸多政治问题，这成为美国牵动东北亚区域局势的引线。美国通过政治、军事、经济等手段对东北亚局势持续产生影响，在区域争端上不断变换政策立场，大大增加了东北亚区域合作的难度。

3. 贸易保护主义卷土而来

2011年，全球共有251起反倾销案立案，略高于过去10年平均每年232起的数字。然而，2022年，反倾销案立案数量猛增到创纪录的348起。这表明贸易保护主义正在迅速蔓延，并日益成为国际贸易中的严重问题。美国等西方国家的"逆全球化"做法在一定程度影响中日韩自贸区的谈判进程，使中日韩自贸区的前景更加不确定，并会干扰亚洲已有的RCEP等合作框架，增加企业成本、降低经济效率，使供应链更加脆弱，也会使世界经济雪上加霜，恶化亚洲的地缘政治形势，推高东亚地区的政治经济风险。

（三）东北亚区域经济合作的展望与建议

截至2023年6月，中国与152个国家和32个国际组织签署了200余份共建"一带一路"合作文件①，其中既有发展中国家，也有发达国家，还有不少发达国家的企业、金融机构与中国合作开拓第三方市场，取得了丰硕的成果。"一带一路"倡议在基础设施建设、金融合作、节能环保、贸易便利化、国际产能合作和全球治理体系建设等多个方面都取得了重大成就，中国加强了与共建国家的友好合作关系。在东北亚地区，俄罗斯和蒙古国对"一带一路"倡议非常关注，并已正式成为共建国家，在基础设施建设、金融合作和贸易便利化等方面取得了丰厚的成果，极大地推动了经贸交流与政治互信水平的提高。虽然日本、韩国和朝鲜并未明确表态参与"一带一路"倡议或成为共建国家，但都对"一带一路"倡议所带来的发展机遇持肯定态度，例如，日本方面提出了"自由开放的印度洋-太平洋战略"，韩国方面提出了"新北方政策"和"新南方政策"。

展望未来，随着"一带一路"倡议的不断推进和发展，其影响力日渐提升。对东北亚地区而言，"一带一路"倡议为推动各国的合作与发展提供了绝佳机遇。在"一带一路"倡议框架下，各国可以不断探讨与研究合作领域，拓宽合作思路，搭建合作平台，积极推进中日韩自贸区的谈判和中蒙俄经济走廊的建设，为区域内的经济繁荣和人民福祉带来更多机会和动力。在贸易保护主义和逆全球化盛行的今天，"一带一路"倡议不仅能够修补东北亚经贸合作圈上的缺口，还能形成东北亚经济共同体和命运共同体，成为全球经济一体化进程的助推器。

1. 推动"一带一路"倡议在区域内各国落实

"一带一路"倡议的落实对于推进东北亚经济合作、构建东北亚命运共同体具有重要意义。首先，东北亚区域内各国可以通过"一带一路"倡议探索合作逐步升级的模式，注重拓展多边外交关系网络，搭建区域命运共同体的外交支撑点，进而加强政治互信，巩固外交关系，根据各国实际情况构建双边和小多边合作机制，打造高质量、高层次的经济合作关系。其次，推进"一带一路"倡议下的务实合作，夯实构建命运共同体的物质基础。在"一带一路"倡议框架内，中国应秉持"和平合作、开放包容、互学互鉴、互利

---

① 《我国已与152个国家、32个国际组织签署共建"一带一路"合作文件》，新华网，http://m. news. cn/2023-08/24/c_1129822163. htm。

共赢"理念，全方位推进务实合作，打造政治互信、经济融合、文化包容的利益共同体、命运共同体和责任共同体①。因此，推动"一带一路"倡议在区域内各国的落实有助于各国发挥比较优势，实现合作共赢，共同发展，打造和谐稳定的东北亚政治经济环境。

2. 将"一带一路"倡议与各国战略、构想对接

中国东北地区在经济交流方面具有非常重要的地位，在地理位置上向西北有中蒙俄，向东南有日韩，是"一带一路"倡议下我国向各国开放的一个至关重要的出口。可以经西伯利亚铁路，加强中国东北地区与俄罗斯之间的经济往来，打开整个欧亚大陆沿线的经济贸易市场。与此同时，中国东北地区不再是独立的个体，在"一带一路"背景下，加强各区域、各部分之间的紧密联系，打造协同一体的有规模效应的产业至关重要。

作为国家与国家之间的分界线，中国东北沿边地区的重要程度不言而喻，这些地区是发展出口经济的重要纽带，蕴藏着极大的发展潜力。发挥中国东北沿边地区的地缘优势和经济长处，通过杠杆作用，提高中国东北地区的整体经济水平是东北沿边地区的重要职责。

3. 利用亚投行完善区域内基础设施

在"一带一路"倡议下，亚洲基础设施投资银行（简称亚投行，AIIB）对于共建国家经济合作及基础设施建设具有重要意义。作为一个多边金融机构，亚投行的成员来自不同国家和地区，因此能够为各国和各地区的基础设施建设提供广泛的资金来源和渠道。同时，亚投行能够通过广泛的国际联系，促进各国和各地区之间的交流与合作，"一带一路"倡议旨在打造完善的交通运输网络，在这个过程中，亚投行可以通过向各国和各地区提供贷款、股权等方式支持相关项目建设，为东北亚地区的高速公路、铁路、管道等交通基础设施建设奠定基础，并运用信息化技术优化各类运输线路和工具，整合资源和物流运输方式，从而实现东北亚地区贸易效率提升。未来，亚投行将继续发挥重要作用，为东北亚地区经济合作和基础设施建设注入新动力。

---

① 《推动共建丝绸之路经济带和21世纪海上丝绸之路的愿景与行动》，国家发展改革委、外交部、商务部，2015。

参考文献

刘斯琴高娃：《"一带一路"与东北亚区域经济合作研究》，《中阿科技论坛》（中英文）2021 年第 8 期。

丁卓越：《一带一路与东北亚区域经济合作研究》，《企业改革与管理》2018 年第 11 期。

张向前、黄种杰：《当前中日产业经济合作分析》，《理论探讨》2007 年第 1 期。

刘蕾、刘桂清：《韩国对华投资分析》，《石河子大学学报》（哲学社会科学版）2006 年第 2 期。

张东明：《关于中朝产业开发与合作问题的几点思考》，《东北亚论坛》2011 年第 5 期。

金香丹：《区域全面经济伙伴关系协定背景下中日韩自由贸易区建设：影响与前景》，《当代韩国》2021 年第 3 期。

周永生：《中日韩自由贸易的现实障碍与前景展望》，《人民论坛·学术前沿》2020 年第 18 期。

马博：《中国沿边地区区域经济一体化研究》，中央民族大学博士学位论文，2011。

汤晓丹：《中蒙俄经济合作走廊建设的现状及前景分析》，《对外经贸实务》2017 年第 6 期。

刘德权、邢玉升：《"一带一路"战略下东北地区产业结构转型升级研究》，《求是学刊》2016 年第 3 期。

孙秀：《"一带一路"经济大发展下东北振兴与供给侧改革之路》，《现代营销》（创富信息版）2019 年第 6 期。

李天籽：《中国东北地区参与东北亚次区域合作的边界效应》，《学习与探索》2014 年第 7 期。

邹辉：《东北东部经济带区域合作要义》，《开放导报》2019 年第 3 期。

沈颂东等：《东北振兴的产业重构与空间布局——基于振兴目标、资源优势和物流成本的综合分析》，《经济纵横》2020 年第 6 期。

第三章 "一带一路"倡议下中国
与独联体各国的合作与发展

谢文心

独联体是独立国家联合体（Commonwealth of Independent States，CIS）的简称，是苏联解体时由多个原苏联加盟共和国组成的一个地区性组织。[①] 目前有阿塞拜疆、亚美尼亚、白俄罗斯、吉尔吉斯斯坦、摩尔多瓦、哈萨克斯坦、俄罗斯、乌兹别克斯坦、塔吉克斯坦共 9 个成员国。这些国家大部分是共建"一带一路"国家，且与中国的政治经贸往来一直都较为密切，有些国家甚至是中国的重要经贸伙伴。2013 年，习近平主席在哈萨克斯坦纳扎尔巴耶夫大学提出"丝绸之路经济带"倡议，在之后 10 年的发展中，其取得了令世人瞩目的成绩。本章将围绕独联体各国近年在"一带一路"倡议下与中国的经贸活动展开论述。

一 中国与俄罗斯的合作与发展

（一）俄罗斯近况

在政治方面，2022 年，俄乌冲突爆发后，俄罗斯融入西方秩序的意愿大大降低，对于同亚洲国家一道重塑国际格局和秩序表现得更为进取。

在经济方面，2022 年俄乌冲突爆发后，西方国家对俄罗斯实施了多轮严厉的经济制裁，再加上疫情持续蔓延，虽然俄罗斯不断采取应对措施，但经

[①] 本书中独联体国家仍旧沿袭原有的 12 个国家，即俄罗斯、乌克兰、白俄罗斯、格鲁吉亚、阿塞拜疆、亚美尼亚、摩尔多瓦、吉尔吉斯斯坦、哈萨克斯坦、土库曼斯坦、塔吉克斯坦、乌兹别克斯坦。

济仍受到极大冲击。西方国家对俄罗斯的经济制裁内容见表 3 - 1。

表 3 - 1　西方国家对俄罗斯的经济制裁内容

经济制裁	具体内容
金融制裁	将俄罗斯排除出国际资金清算系统（SWIFT），西方国家将俄罗斯外贸银行等 7 家银行排除在 SWIFT 之外，但保留部分银行的能源支付渠道
	西方国家禁止俄罗斯从国际货币基金组织、世界银行和欧洲复兴开发银行等全球主要多边金融机构融资，维萨（VISA）和万事达国际组织（Mastercard International）宣布停止在俄罗斯的业务以及禁止俄罗斯政府、央行等银行以及国有股份占 50% 以上的俄罗斯大型金融机构在欧洲资本市场发行、买卖或使用债券和其他信用工具
	西方共冻结俄罗斯总价值高达 3000 亿美元的黄金和外汇储备。欧盟冻结了俄罗斯价值 295 亿欧元的资产，其中包括银行账户资产、直升机、游艇、房产和艺术品等
进出口限制	美国对俄罗斯的进出口限制措施：取消了对俄罗斯关键产品实行的最惠国待遇，进一步限制俄罗斯关键商品和技术的进出口贸易；联合盟友对俄罗斯国防、航空航天、海洋等行业进行出口管制；对出口至俄罗斯的油气开采设备实施管制；禁止从俄罗斯进口鱼类等海鲜制品、酒精饮料、非工业钻石及其他产品；禁止从美国境内或由美国人以任何形式对俄罗斯出口、销售或供应奢侈品及其他产品；暂停与俄罗斯的正常贸易关系，禁止从俄罗斯进口包括石油、天然气和煤炭在内的能源
	欧盟对俄罗斯的进出口限制措施：禁止向俄罗斯出口通信产品、电子产品、半导体、飞机及其零部件、航天元器件等产品；禁止向俄罗斯出口奢侈品；取消俄罗斯的最惠国待遇；禁止从俄罗斯进口钢铁行业的关键商品；禁止从俄罗斯进口煤炭。截至 2022 年 9 月，欧盟对俄罗斯已实施 8 轮制裁
	其他国家对俄罗斯的进出口限制措施：英国暂停军用卡车、半导体、石油生产设备等零部件对俄罗斯的出口许可，在 2022 年底前停止自俄罗斯进口石油及其产品，禁止向俄罗斯出口航空航天产品和技术；加拿大取消了所有对俄罗斯公司的出口许可，禁止从俄罗斯进口石油产品；韩国禁止向俄罗斯出口战略物资，严格审批出口手续；新加坡禁止向俄罗斯出口"可对乌克兰人造成伤害"的电子、电信和信息安全等产品；日本将控制对俄罗斯半导体及其他类似产品的出口许可，禁止向俄罗斯出口半导体、通信设备、传感器、雷达和密码设备等 31 类产品和 26 项技术，禁止向俄罗斯联邦安全局、软件和通信技术公司、联合航空制造公司、伊尔库特、苏霍伊、喀山直升机厂、米格、图波列夫等 49 家实体出口相关产品，禁止向俄罗斯出口炼油设备，禁止从俄罗斯进口煤炭

资料来源：笔者根据俄罗斯商务部资料整理得到。

　　西方制裁将对俄罗斯经济造成以下几个方面的影响。①经济陷入衰退。俄乌冲突对全球经济造成的损失累计可能达到 1 万亿美元。即使是没有直接卷入冲突的国家，损失也将有数百亿美元乃至数千亿美元。国际货币基金组织预测，2022年，俄罗斯经济规模将下降8.5%，2023年将下降2.3%，世界银行预测，2022年，俄罗斯经济将大幅萎缩，下降幅度达11.2%。然而，截至2023年，俄罗斯联邦统计局公布的初步统计数据显示，2022年，俄罗斯的GDP下降2.1%，较预期略好。②能源出口受到限制。一方面，在俄乌冲突背景下，各国恐慌情绪上升，导致国际油价高企；另一方面，受西方国家能源进口和结算限制，俄罗斯能源出口出现较大波动。③卢布汇率起伏不定。2022年1~3月，卢布兑美元平均汇率为1卢布兑换0.01168美元（1美元兑换85.592卢布），到5月逐步反弹至1美元兑换57卢布。俄乌冲突爆发以来，俄罗斯与西方国家展开了一场激烈的金融战，俄罗斯实行卢布结算令不但防止了金融体系崩溃，而且实现了卢布汇率稳定。④居民消费价格上涨。截至2022年4月，食品和饮品价格普遍上涨，部分药品价格微弱上浮，卫生用品和生活必需品价格小幅上涨，消费品价格上涨，服务价格略有上涨。⑤资本大量外流。2022年第一季度，俄罗斯资本外流金额高达642亿美元，截至3月底，超过600家外国企业撤出俄罗斯市场①。这些企业涉及能源、金融、汽车、通信、医疗、日用品、软件、物流等多个行业。一方面，俄罗斯资本外流严重，外资企业快速撤离；另一方面，俄罗斯吸引西方外资的可能性大幅降低。⑥科技被封锁。俄乌冲突爆发以来，西方国家对俄罗斯实施了力度空前的多轮科技制裁，美国商务部工业和安全局将俄罗斯49家军工企业、科技公司和科研机构列入实体清单，美国政府对向俄罗斯出口特定产品和技术进行严格管控（包括"次级制裁"）。欧盟、英国、日本、韩国、加拿大限制对俄出口敏感高科技产品。

在这样的政治和经济背景下，俄罗斯将加快"东转"进程，提升亚洲在对外布局中的地位，将在军事、经济、政治、外交领域与亚洲国家和组织展开史无前例的合作，在国内、国际层面形成联动的发展格局。而"一带一路"的建设有两个重点方向与俄罗斯有关。一是北部方向，从中国西北、东北经中亚、俄罗斯至欧洲、波罗的海。这条北方经济带沿途经过10多个国

---

① 数据来源：俄罗斯中央银行。

家，俄罗斯是其中最重要的枢纽。二是中蒙俄三国领导人倡导共同建设的中蒙俄经济走廊，是丝绸之路经济带的六条走廊之一。除了中蒙俄经济走廊外，新欧亚大陆桥也直接经过俄罗斯，还有一条走廊与俄罗斯间接相关，即中国—中亚—西亚。所以，仅从地缘位置来看，俄罗斯是"一带一路"建设中一个十分重要、关键的国家。伴随着国际形势的发展和中俄关系的不断加强，"一带一路"倡议越来越受到俄罗斯各界的重视与肯定。越来越多的俄罗斯人将"一带一路"看成俄罗斯经济重新起飞的战略机遇。普京总统高度评价"一带一路"倡议，称这是一项"重要的"且"切合实际的"倡议。他认为，"一带一路"倡议不仅符合现在全球经济的发展趋势，也表达了协调欧亚大陆乃至全世界在一体化进程中的共同需求，符合俄罗斯在欧亚经济方面建立联盟的努力方向①。对俄罗斯而言，"一带一路"建设的推进给其带来巨大利益和保障。依托"一带一路"向东转已经成为当前俄罗斯社会的认识主流。

（二）俄罗斯与中国的经济合作

随着"一带一路"倡议的不断深化，中俄经贸合作发展态势良好，经贸合作机制逐步建立并完善。中俄合作是全方位、多领域、宽层次的，涉及贸易、投资、能源、农业、核能、航空航天、科技等多个方面。近年来虽然受到新冠疫情和俄乌冲突的影响，但是中俄的合作仍然不断走深走实，双边经贸潜力得到进一步激发，更有利于双方继续推动贸易高质量发展。

1. 中俄经贸合作新进展

受疫情影响，2020 年，中俄贸易额下降；2021 年，两国克服不利影响，双边贸易额突破 1400 亿美元大关，向 2024 年实现 2000 亿美元的目标又迈进了一步，能源合作稳步推进。2020 年和 2021 年是中俄科技合作年，两国在科技创新合作领域取得丰硕成果。

（1）双边贸易。受疫情影响，中俄双边贸易受到严重冲击，贸易额出现下降。中华人民共和国海关总署公布的统计数据显示，2020 年，中俄双边贸

---

① 引自普京在欧亚经济联盟第二届欧亚经济论坛讲话。

易额为 1083.49 亿美元，同比下降 2.9%。^①进入 2021 年后，随着限制政策的放宽，两国贸易额实现突破性增长。中华人民共和国海关总署公布的统计数据显示，2021 年，中俄双边贸易额为 1465.21 亿美元，同比增长 35.8%^②，俄罗斯仍然是中国第 11 大贸易伙伴国，中国已经连续 11 年稳居俄罗斯第一大贸易伙伴国。2012～2022 年中俄双边贸易情况见图 3-1。2017～2021 年中俄双向投资情况见表 3-2。

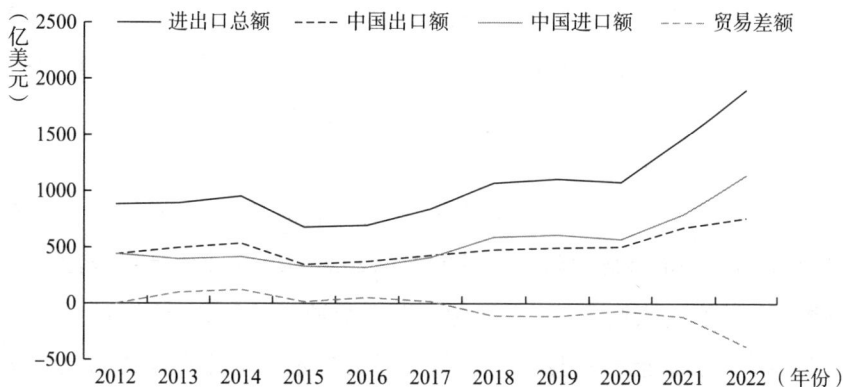

图 3-1　2012～2022 年中俄双边贸易情况

资料来源：联合国贸易和发展会议数据库。

表 3-2　2017～2021 年中俄双向投资情况

单位：亿美元

年份	俄罗斯对中国的投资		中国对俄罗斯的投资	
	年度流量	年末存量	年度流量	年末存量
2017	0.2	9.5	15.5	138.7
2018	0.6	10	7.3	142.1
2019	0.5	10.6	-3.8	128
2020	0.1	10.8	5.7	120.7
2021	0.1	10.8	-10.7	106.4

资料来源：中华人民共和国商务部。

---

① 《2020 年中俄贸易额下降 2.9%》，中华人民共和国商务部网站，http://www.mofcom.gov.cn/article/i/jyjl/e/202102/20210203035817.shtml。

② 孙壮志主编《俄罗斯发展报告（2022）》，社会科学文献出版社，2022。

（2）能源合作。能源是中俄经贸合作所有领域中成果最多、范围最广的领域，2020年，受国际能源价格暴跌影响，中俄能源贸易额大幅下降，但中俄能源的贸易量保持相对稳定。近年来，俄罗斯稳居中国能源进口来源国第一位，保持第二大原油进口来源国、第一大电力进口来源国地位。受新冠疫情影响，中俄在能源领域的一些重要合作项目的整体进展相对缓慢。但中俄原油管道、中俄东线天然气管道、亚马尔液化天然气、田湾核电站1~4号机组等重大合作项目稳定运行；中俄东线天然气管道南段工程、田湾核电站7号和8号机组以及徐大堡核电站3号和4号机组等新开工项目进展顺利；能源绿色低碳转型、人工智能、新能源发展、绿色金融、本币结算等领域的全方位合作驶入快车道。

（3）科技创新合作。中俄在科技领域一直有广泛的合作，于2020~2021年举办"中俄科技创新年"并制定《2020—2025年中俄科技创新合作路线图》。数字、大数据、人工智能、无人交通系统、新材料与纳米技术、能源与新能源、节能与环保技术、信息通信技术、绿色农业技术、地球科学、海洋技术、精准医疗、生命科学、生物医学与工程、认知和神经科学等成为中俄科技合作的主要方向。在中俄科技创新年期间，两国共同策划实施1000余个合作项目，是两国开展主题年以来最长的"合作清单"，充分体现出两国在该领域合作的强大内生动力和巨大潜力。

（4）数字经济合作。中俄两国都已将数字经济的发展提升至国家战略层面，两国在该领域的合作日益密切。近年来，两国签署《关于进一步加强科技人文交流与合作的谅解备忘录》，成立中俄数字经济研究中心并启动"中俄数字经济示范项目"，举办了35场专项活动，百余名专家围绕数字经济开展技术交流。

2. 中俄自由贸易区

构建中俄自由贸易区对于"一带一路"建设有着举足轻重的地位。其将使政府干预措施被取消，削减关税，充分实现自由贸易；同时，由于俄罗斯的产品在自由贸易区内享受其他非缔约国所没有的关税减免等保护优待政策，大量企业自然会在自由贸易区内投资建厂，可以通过生产技术和管理经验的引入调整俄罗斯产品结构,改善中国出口商品的类型,促进人力资本市场有效运作和基础设施建设。因此,加快构建中俄自由贸易区是大势所趋,也是众望所归。

目前,中俄自由贸易区的构建仍有一定困难,主要集中在以下几个方面。第一,两国经贸合作结构不合理。从中俄两国的进出口结构来看,由于中国人口数量及经济结构的特点,中国从俄罗斯进口的主要是大量的能源、资源,如天然气、木材等,中国向俄罗斯出口的主要是轻工业产品。两国之间缺乏高端技术、核心技术方面的合作,经济贸易中的产品附加值都比较低,以劳动密集型与能源密集型产品为主。第二,两国经济发展思路存在明显的差异。目前,中国轻纺织工业发达,重工业的发展水平有待进一步提高;且中国人口众多,对能源、资源需求量大。俄罗斯受苏联时期的影响一直重视工业尤其是重工业,希望中国能够大量进口其重工业产品,不想成为中国的"原材料基地",双方的进出口结构有一定的差异,需要不断调整以保障贸易良性发展。第三,中俄投资存在局限性。双方在经贸方面的投资均比较单一,由于双方都处于经济发展的转型时期,更加需要吸引外资而不是进行投资,因此两国都很难对对方进行大量的投资。第四,中俄构建自由贸易区存在阻碍。在自贸区的建设过程中,政策及规章制度的成熟和完善起着举足轻重的作用,政策沟通的不及时或者不畅通都会阻碍自贸区的建设进程。中俄法规机制均有不健全的地方,俄方程序烦琐,导致货物过境周期过长;中方在交通基础设施建设方面有待改善,与俄罗斯邻近的中国东北地区的铁路运输网线落后,基础设施建设还没有一个详细的规划,导致自贸区建设迟迟不能推进。

(三)中俄经贸合作展望

在中俄双方发展目标与利益契合、大项目顺利开展的背景下,双边经贸合作仍将不断发展。未来,中国有望与俄罗斯进一步扩大双边贸易规模,拓展双向投资领域和进行战略性大项目合作,全力落实两国元首达成的重要共识,深化战略性大项目合作,扩大双向投资规模,促进产业链供应链融合,打造科技创新、生物医药、绿色低碳等新的增长点，推动中俄经贸关系加速提质升级，这将为实现中俄"后1000亿时代"目标奠定较为坚实的基础。

1. 深化"一带一路"合作

目前，"一带一路"已从最初的相互了解、彼此研判的阶段进入务实对接、密切合作的阶段，必将有力地推动中俄全面合作，同时对推动欧亚区域经济发展乃至促进整个世界的经济发展将发挥积极作用。今后一个时期，中俄双方应该继续加强货运通道建设，在水陆空基础交通建设方面仍有很大发展空间，如在蒙东、黑龙江、吉林边境地区铺设宽轨专用线，在滨海1号线、滨海2号线铺设国内标轨专用线，使货物运输更加便利，降低成本。此外，中俄双方应联合开发"冰上丝绸之路"，加快推进同江铁路大桥到俄罗斯北极圈及北美的陆海通道建设。

2. 加快中俄能源合作多元化与开展科技合作

面对当前俄乌冲突和国际形势的变化，在原油、天然气合作的基础上，中俄两国亟待推进能源合作多元化和开展科技合作。与俄罗斯加强能源合作有助于中国加快形成能源供应多样化格局，这也是保障供应链安全的关键。中俄两国企业不仅在能源运输和建设天然气管道方面，而且在整个油气产业上中下游，在电力、煤炭、新能源等领域，都有广阔的合作前景。中方在同俄方积极推进重大战略性项目合作的同时可以开展中小项目合作，务实推进能源技术装备、可再生能源、储能等领域的合作，同时稳妥地使用本币开展能源贸易结算和项目投融资。中俄双方应提升原料经济的有效性、可持续性，中方发挥在能源加工领域的技术与工艺优势，中俄双方可以在推动发展现代绿色能源等方面探讨能源合作的新形式。

3. 提升中俄产业内贸易合作水平

中国对俄罗斯的出口产品以劳动密集型产品为主，资本和技术密集型产品的竞争力较弱，出口额占出口总额的比重较低。应进一步拓展中俄贸易市场，推动中国产业结构调整和优化升级，促进主导产业、高新科技产业发展。同时，中俄两国企业应根据自身比较优势，实现差异化与专业化生产，体现规模经济优势，提升中俄产业内贸易合作水平。

4. 推进中俄农业合作

加强中俄农业科技合作，在联合成立中俄农业科技合作创新中心的基础上，把寒地农作物、林下经济作物、寒地畜牧产品、水产品列为中俄农业科技合作的重点产品。通过大力提升中俄农业科技合作水平，联合研发高产、安全、健康的农业新品种，维护中俄两国粮食安全。两国农业合作应保持常态化、制度化，中方可以对俄罗斯农业加大投资力度，从而激发俄罗斯农业的发展潜力，拓展两国合作的深度。

5. 加强中俄科技创新合作

科技创新一直是中俄务实合作的重点领域。俄罗斯在基础研究和原始创新方面独具优势，中国在信息通信、卫星导航、无人机、超级计算机等方面逐步走向世界前列。两国可以取长补短，彼此借力，共同提高技术能力和国际竞争力。未来，中俄可以继续加强在信息通信技术、人工智能、物联网等领域的研发合作。

6. 加强中俄次区域经贸合作，推动中俄自由贸易区构建

随着中俄间高水平经贸合作的不断深化，全方位、多领域的地方合作正不断深化。中国国内自贸区可与俄罗斯自由港和超前发展区开展贸易便利化合作，促进资本、土地、人才、劳动力、技术、服务等要素自由流动。自贸区在转口贸易、保税增值、融资租赁、货物担保、现货期货交易、商品展览展示、外籍人员就业、服务外包、国外分部分公司设立等方面具有突出优势，应充分加以利用，进而推动中俄经贸关系不断向前发展。俄乌冲突发生之后，俄罗斯调整了对西伯利亚和远东地区经济发展方面的规划，加强俄罗斯远东地区与中国东北地区的合作，这将进一步加快中俄自贸区建设的步伐。

二 中国与乌克兰的经济贸易与投资合作

（一）乌克兰概况

乌克兰是最早响应"一带一路"倡议的国家之一，两国于2015年签订"丝绸之路经济带"合作协议并制定了投资合作机制。

乌克兰经济在 2008 年全球金融危机之后一直停滞，2014～2015 年，国内颜色革命和大宗商品价格暴跌使其面临严重的经济和安全挑战。国内颜色革命后，乌政府进行了重大的财政整顿，转向采用灵活汇率，改革能源关税，并努力提高透明度。从表 3-3 可以看出乌克兰货物贸易进出口总额在 2019 年上升，受新冠疫情的影响，2020 年，进出口总额下降，在 2021 年又一次实现大幅增加，但 2022 年俄乌冲突发生之后，进出口总额出现明显的下降。乌克兰长期处于贸易逆差状态，这说明乌克兰对其他国家的经济有较大的依赖，俄乌冲突无疑会加剧这一情况。

表 3-3　2018～2022 年乌克兰货物贸易进出口情况

单位：亿美元

	2018 年	2019 年	2020 年	2021 年	2022 年
进出口总额	1041.9	1105.2	1035.3	1406.0	994.2
进口总额	568.2	604.4	543.4	725.3	552.7
出口总额	473.7	500.9	491.9	680.8	441.5
贸易顺差	-94.5	-103.5	-51.5	-44.5	-111.3

资料来源：联合国贸易和发展会议数据。

从表 3-4 可以看出，由于土地资源、矿产资源丰富，乌克兰出口商品主要是金属产品和农产品，同时出口额较上一年有较大的提升。其主要进口的是化工用品和机械设备，这说明乌克兰能源领域发展不充分，能源产品依赖进口。

表 3-4　2021 年乌克兰进出口金额（商品种类前三名）及增长情况

单位：亿美元，%

出口商品	出口额	同比增速	进口商品	进口额	同比增速
黑色金属	139.5	81.4	矿物燃料、石油及其蒸馏产品	143.3	79.5
谷物	123.4	31.2	机械设备	142.0	22.9
动植物油脂	70.4	22.5	化工及相关行业产品	97.4	32.8

资料来源：联合国贸易和发展会议数据。

（二）中乌贸易情况

自"一带一路"倡议提出以来，中乌两国的贸易规模不断扩大，尤其是近年来中乌贸易额有了显著增长，但两国的进出口贸易规模存在一定差距。2021年，中乌货物贸易额达190亿美元，同比增长23.2%。其中，中国对乌克兰出口额破百亿大关，同比增长32%，中方自乌克兰的进口额为81.3亿美元，同比增长14.3%（见表3-5）。

表3-5 2015~2021年中国与乌克兰货物贸易额情况

单位：亿美元

	2015年	2016年	2017年	2018年	2019年	2020年	2021年
贸易总额	70.7	67.1	73.8	96.7	119.1	154.2	190.0
中国对乌克兰出口额	35.1	42.2	50.4	70.2	74.0	83.1	109.7
中国自乌克兰进口额	35.6	24.9	23.4	26.5	45.1	71.1	81.3
中国对乌克兰的贸易差额	-0.5	17.3	27.0	43.7	28.9	12.0	28.4

资料来源：联合国贸易和发展会议数据。

2020年，中乌货物贸易总额为154.2亿美元，同比增长29.5%，中国自乌克兰的进口额为71.1亿美元，同比增长57.6%。2021年，乌克兰与全球235个国家开展了对外贸易，中国继续保持乌克兰第一大贸易伙伴国地位。

从表3-6可以看出，中国不仅在贸易总额上是乌克兰最大的贸易伙伴，也是乌克兰第一大进口国和出口国，出口额和进口额都分别远远超过排名第二的波兰和德国。

表3-6 2021年乌克兰进出口金额（国别前三名）及增长情况

单位：亿美元，%

出口地	出口额	同比增速	进口地	进口额	同比增速
中国	81.3	12.7	中国	109.7	31.9
波兰	52.3	59.7	德国	62.8	17.7
土耳其	41.4	70.0	俄罗斯	60.8	33.9

资料来源：联合国贸易和发展会议数据。

（三）中国在乌克兰的基础设施建设情况

近年来，中乌两国经贸关系深入发展，由于乌克兰政府一直实施"大型基建"倡议，积极推动交通、电力等领域基础设施升级改造，因此双方在基础设施领域的合作呈现良好的发展势头。中国企业在乌克兰承包工程市场新签合同额已连续两年超过 20 亿美元，为乌实施经济发展项目做出积极贡献。

根据商务部发布的《2020 年度中国对外承包工程统计公报》，2008～2020 年，中国每年在乌克兰承包工程完成营业额、新签合同额均高于 1 亿美元，13 年累计完成营业额为 42.41 亿美元，新签合同额为 95.5933 亿美元，接近 100 亿美元。截至 2020 年在乌克兰实际经营的中资企业有 54 家，主要集中在通信、电子产品、基础设施、农业、加工业、制造业等领域。乌克兰是中国进入欧洲的枢纽，中国对乌克兰的投资涉及能源、交通、农业、加工业、制造业等行业，其中，较大三笔投资来自中国机械工业集团、中国水电、国家电网，投资金额都超过 10 亿美元。

1. 新能源领域的合作情况

近年来，中国在乌克兰新能源领域的投资增加，市场占有率不断提高。

表 3-7 和表 3-8 分别列举了截至 2022 年中国在乌克兰的风能投资项目情况、光伏电站投资项目情况。

表 3-7　中国在乌克兰的风能投资项目情况

投资公司名称	项目投资详情
中国电建	2021 年 4 月，中国电建与乌克兰风场有限公司签署了乌克兰尼克尔斯克和曼古斯区 800MW 风电项目合同，合同金额为 9.99 亿美元，折合人民币约为 67.16 亿元。该项目是截至 2022 年乌克兰在这一领域的最大合作项目
金风科技	金风科技在 2019 年正式进入乌克兰市场，于 2021 年 9 月与乌克兰相关方签署佐菲亚 337.5MW 风电项目和奥恰科夫 288MW 风电项目的合同，总装机容量为 625.5MW。佐菲亚项目和奥恰科夫项目分别位于乌克兰南部的扎波罗热地区和乌克兰南部的尼古拉耶夫州奥恰科夫地区。项目建成后，金风科技在乌克兰的市场占有率将超过 20%

投资公司名称	项目投资详情
龙源电力	2019 年 8 月，龙源电力投资并购建设乌克兰尤日内风电项目，该风电项目的总装机容量为 76.5MW，使用 17 台 NORDEX 4500 - 149 风机，项目计划总投资为 92503 万元，2022 年 1 月，发电量已经达到 28777 兆瓦时；另一个项目是乌克兰南方风电项目，于 2021 年 6 月底开工建设，南方风电项目位于乌克兰南部尼古拉耶夫州，靠近黑海，与龙源电力尤日内风电项目的直线距离仅为 60 公里，项目拟安装 60 台 4.8 兆瓦风机，总装机容量为 28.8 万千瓦

资料来源：笔者根据《每日经济新闻》及公开网络资料整理得到。

表 3 - 8　中国在乌克兰的光伏电站投资项目情况

投资公司名称	项目投资详情
中国机械设备工程股份有限公司	中国机械设备工程股份有限公司于 2019 年在乌克兰中部 Dnipropetrovsk 地区 Nikopol 附近与乌克兰能源公司（Donbas Fuel and Energy Company）完成了一座 200MW 太阳能发电项目，项目的 2.16 亿欧元（当时约合 19.59 亿元）的实际投资额中的 60% 来自中国
中国能建国际公司	中国能建国际公司与安徽电建一公司组成的联合体与乌克兰 Energo Impulse 公司签署了乌克兰卡洛吉斯特 100 兆瓦光伏项目 EPC 合同，签约金额为 1 亿美元
中利集团	中利集团在乌克兰设立了全资子公司进行光伏电站项目投资。其中，中利集团下属子公司腾晖光伏在乌克兰当地市场的出货排名位居前五

资料来源：笔者根据中华人民共和国商务部和《每日经济新闻》等资料整理得到。

2. 通信技术领域的合作情况

中国与乌克兰在通信技术领域的合作主要集中在两个方面。一方面，中国深入参与乌克兰通信网络建设。乌克兰虽地处欧洲，但通信行业发展缓慢，到 2018 年乌克兰移动运营商才拿到 4G 运营许可证，正式启动 4G 网络建设，乌克兰网络建设非常依赖其他国家尤其是中国。乌克兰三大移动电信运营商分别是基辅之星（Kyivstar）、沃达丰乌克兰（Vodafone Ukraine）、小蜜蜂（Lifecell），此外还有第一大固网运营商乌克兰电信，以及一些规模较小的电信运营商。目前，华为、中兴、爱立信和诺基亚为三大移动电信运营商的主要设备供应商；其中，Kyivstar 的 4G 网络设备由华为公司（占 60%）和中兴通讯（占 40%）提供，Vodafone Ukraine 由中兴、华为、诺基亚提供，Lifecell

由爱立信、华为提供；在乌克兰固网设备上，华为与中兴合计占78%以上的供货份额。另一方面，中国终端产品的市场份额较高，占有率高达60%，小米已是第一大手机品牌，拥有乌克兰市场33.3%的市占率，接着是OPPO、VIVO和华为①。

（四）中乌农业合作情况

农业是乌克兰经济的支柱产业之一，由于乌克兰土地资源丰富，拥有世界1/4的黑土地，是全球的农业出口大国。前几年，乌克兰粮食连年丰收，年产量超过7000万吨，出口量超过4000万吨，其是世界第三大粮食出口国、第一大葵花籽油出口国、第三大大麦出口国②。

与乌克兰农业出口的情况不同，乌克兰农业投资始终缺乏活力，国家农业投资不足已经成为农业发展面临的最大障碍。2019年，乌克兰农业投资约为20.2亿美元，同比下降15.8%，2020年同比下降5%。乌政府为改变农业投资状况，不断出台新政，刺激农业投资。这些政策使乌克兰农业市场有很高的开放程度，国际大型机构投资活跃。中国"一带一路"倡议为两国深化农业合作带来机遇，双方签署了一系列合作协议：2013年签署了双边农业合作协议，2017年签署了"中乌农业投资合作规划纲要"等。这为双边农业合作奠定了牢固的基础。

目前，中乌农业合作项目大多由中国大型国企牵头，主要的合作项目如下。

（1）中粮集团。中粮集团有限公司（简称"中粮集团"）是乌克兰最主要的中方农业合作商，在其境内已经有7个战略支点、4个沿第聂伯河东西方向分布的粮仓③。2016年旗下的全资子公司中粮农业在尼古拉耶夫海运商业港

---

① 《对外投资合作国别（地区）指南 乌克兰（2020年版）》，商务部国际贸易经济合作研究院、中国驻乌克兰大使馆经济商务处、商务部对外投资和经济合作司，2020。
② 《对外投资合作国别（地区）指南 乌克兰（2020年版）》，商务部国际贸易经济合作研究院、中国驻乌克兰大使馆经济商务处、商务部对外投资和经济合作司，2020。
③ 《中粮集团在乌克兰投资建成当地最先进粮油中转码头》，中国对外承包工程商会网站，https://www.chinca.org/CICA/info/65628。

投资 7500 万美元建设的 DSSC 码头正式投产，码头总吞吐量为 250 万吨/年，仓储能力为 14.3 万吨。DSSC 码头由中粮农业全资持有和运营，出口经营品种为玉米，目前，其是乌克兰最先进的农产品中转设施。此外，其收购了乌克兰来宝集团的全部股权，在当地建设葵花籽油加工厂，成为乌克兰第二大植物油出口商，年经营量为 30 万吨，市场份额为 25%。目前，中粮集团在乌克兰进行玉米、小麦、大麦等的收购和贸易，并将其出口至北非和地中海、伊朗、东南亚、欧洲，年经营量为 150 万~200 万吨，市场份额约为 8%①。

（2）苏垦农发。江苏省农垦农业发展股份有限公司（简称"苏垦农发"）在 2019 年做出收购乌克兰农作物种植公司 PROMIN—12 的计划，围绕种植、贸易、加工、仓储物流等寻求在乌克兰进行相关业务合作的机会，以进一步增强全产业链发展优势。

（3）中国进出口银行。中国进出口银行、中国成套工程有限公司与乌克兰财政部、乌克兰国家食品集团共同签署《中乌农业领域合作框架协议》，协议融资金额为 30 亿美元。

除此之外，在乌克兰投资合作的中方企业还有很多，但目前由于受到新冠疫情及俄乌冲突的影响，很多项目不得不中止或暂停。

（五）中乌医疗合作情况

中国与乌克兰医疗器械方面的合作成果颇丰。受新冠疫情影响，乌克兰对于医疗设备的需求大大增加，新冠疫情加强了中乌两国的医疗合作。目前，乌克兰从中国大量进口保健用品、生物制品、西药、医疗器械、中药等医疗用品，中国与乌克兰医疗器械方面合作的空间较大。2020~2023 年乌克兰医疗器械市场规模见表 3-9。2020 年，中国出口到乌克兰的光学、照相、医疗等设备及零附件的金额达 13.52 亿元，相较于 2019 年 8.26 亿元的出口额增长 64%。俄乌冲突对中国向乌克兰出口光学、照相、医疗等设备及零附件方面的贸易造成了沉重打击。

---

① 《尼古拉耶夫海港货物吞吐量超过 1500 万吨，中粮码头将扩建》，中华人民共和国商务部网站，http://ua.mofcom.gov.cn/article/jmxw/201907/20190702879192.shtml。

表 3 – 9　2020～2023 年乌克兰医疗器械市场规模

单位：百万美元

	2020 年	2021 年	2022 年	2023 年
本地总产值	165.3	170.2	181.5	200.5
出口总额	33.0	36.0	42.0	46.0
进口总额	529.4	536.9	596.3	658.7
总市场规模	661.7	671.1	735.8	813.2

注：2022 年、2023 年数据为预测数据。
资料来源：思宇医械观察报告。

（六）俄乌冲突的影响及中国的应对举措

俄乌冲突对中国与乌克兰的经贸合作产生很大的影响。

第一，能源和粮食进口价格大幅度上升，导致中国输入性通胀压力陡增。中国是全球石油和粮食第一大进口国，俄罗斯则是石油和粮食第二大出口国。石油方面，中国与俄罗斯签有长期协议，石油供应量不会有太大变化，但是价格可能大幅度上涨，中国需要承担高额的成本。受俄乌冲突的影响，中国从乌方进口粮食受阻，进口成本大幅上升，这对 CPI 有更加直接的传导作用。能源、粮食和其他大宗商品价格大幅上涨，使输入性通胀压力与国内通胀压力叠加，导致 2022 年下半年中国控制通胀的任务更加艰巨。

第二，俄乌冲突不断升级，恶化了经贸合作环境，致使在乌投资的中方企业无法正常开展商业活动，不得已中止了很多项目。

俄乌冲突对乌克兰各个领域都造成沉重打击，战后必然会有大规模的重建工作。对于与乌克兰的经贸合作，中国应积极采取相应的对策应对未来的一些不确定性，以减少相应的损失，可从以下三个方面确定未来中乌经济合作方向，制定相应对策。

第一，出台相关配套政策改善贸易环境。稳定关系、促进合作，推进互利共赢新发展。乌克兰危机长期化可能会使中乌经贸关系发生较大变化。要始终保持健康稳定发展势头，深化中乌政治互信，深化各领域交流合作，推动中乌关系和双方各领域合作取得更多成果。同时，在选择项目时做好评估工作，以避免政治波动带来的风险。积极搭建合作平台，完善机制体制，构建互惠互利、安全可靠的战略合作关系。将中方优势产能和乌克兰资源相结合，进行产能对接，创造更多的经济利益，实现共赢发展。

第二，调整经贸结构和国内市场。首先，鉴于俄乌冲突结束时间的不确定性，中国政府及各相关企业应尽快调整贸易的结构和规模，尤其是农产品等重要的大宗商品贸易。面对复杂严峻的形势，中国政府应密切关注国际大宗商品价格、国内大宗商品价格的变化与走势，出台相关措施，加强对大宗商品价格的管控。其次，对受大宗商品价格上涨影响较大的企业，特别是中小企业给予一定的关注和扶持，稳定国内市场。

第三，中国企业应提高投资风险防范意识。在对乌克兰进行投资之前，首先，企业要对自身的财务状况进行评估，全面充分地评估俄乌冲突对投资领域造成的不利影响，化挑战为机遇。其次，企业要聘请专家顾问对投资领域进行市场调查和可行性分析。在确定投资领域后还要注意选择合适的合作方式和支付方式，全面降低风险。最后，投资方应对可能出现的风险进行预测，并建立全面的风险防控体系，针对可能出现的风险采取合适的应对措施，如提前购买保险，减少风险造成的财产损失。

三 中国与中亚各国的经贸合作

（一）中亚地区概况

1. 中亚五国概况

在本书中，中亚五国指的是狭义的中亚，包括哈萨克斯坦、乌兹别克斯坦、塔吉克斯坦、吉尔吉斯斯坦以及土库曼斯坦。中亚五国是重要的战略缓冲地带，战略意义凸显。

五国的共同特点大致为：矿产资源、土地资源及水利资源丰富，许多矿物和农产品产量在世界上占有一席之地；以采矿业为代表的重工业尤为强大，但加工制造业较为薄弱；在世界贸易中长期扮演矿产品、农畜产品等原料生产者和供应者的角色，本国的日用消费品多数依赖进口。

中亚五国经济发展模式相近，但各国经济发展程度差异明显。按照2021

年中亚五国 GDP 占比（见图 3-2），可将中亚五国中哈萨克斯坦列为第一梯队，将乌兹别克斯坦、土库曼斯坦列为第二梯队，将吉尔吉斯斯坦、塔吉克斯坦列为第三梯队。

2. 苏联解体后中亚五国的发展情况

从地缘位置看，中亚五国地处亚欧大陆的接合部，位于俄罗斯、中国、印度、伊朗、巴基斯坦等大国或地区性大国中间，是贯穿亚欧大陆的交通枢纽，历来是东进西出和南下北上的必经之地，古丝绸之路途经此地。

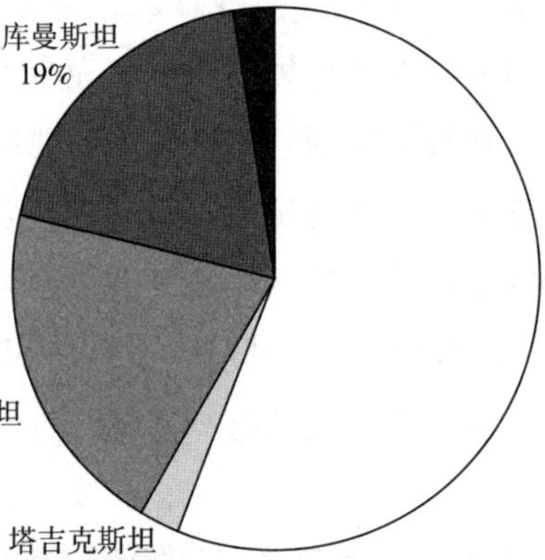

图 3-2　2021 年中亚五国 GDP 占比

资料来源：笔者根据世界银行的数据整理得到。

1991 年苏联解体后，中亚五国相继独立，走上各具特色的发展道路。哈萨克斯坦顺应时代潮流，实行总统共和制度。其在维护国内稳定的基础上，依托丰富的资源储备，分阶段推行市场经济和私有化，积极引进外资，采用自由浮动汇率。哈萨克斯坦采取灵活的外交政策，不参与大国纷争，使其获得了较为稳定的发展环境。土库曼斯坦所走的道路与众不同，成为亚洲唯一的永久中立国，赢得了有利的发展环境。近些年，为了扩大能源消费市场，土库曼斯坦同相关国家规划了三条新的输气通道：第一条是跨里海油气管道，将土库曼斯坦天然气经阿塞拜疆的巴库输往欧洲；第二条是将天然气经土库曼斯坦里海港口经哈萨克斯坦输往俄罗斯；第三条是将天然气经阿富汗、巴基斯坦输往印度。这三条输气通道建成后，土库曼斯坦将向欧盟、中国、印度三大经济体供应天然气。乌兹别克斯坦、塔吉克斯坦则基本维持苏维埃体制，强调国家控制，减少产品进口和确保能源自给。乌兹别克斯坦在20世纪90年代后期饱受极端主义的严重困扰，国内长期的高度管制拖累了经济发展。但在2016年，米尔济约耶夫总统上台后，进行经济改革开放，令该国在世界银行发布的营商环境排名中由2015年的第141位升至2020年的第69位，经济逐渐摆脱了封闭保守的状态。塔吉克斯坦自身的地理条件较差，轻工业极为落后，重工业并不发达，其在苏联时期享受苏联政府较大政策倾斜，但在苏联解体之后的1992~2000年，国家战火连绵，战争结束后仅有8亿美元的国内生产总值。在战后重建中，中国给予其大量援助，这为今后中塔合作打下了良好的基础。吉尔吉斯斯坦是中亚五国中政局最不稳定的，由于其试图以激进手段实现"西化"，反而激化了民族、地域与利益集团间的矛盾。在外部势力的渗透下，吉尔吉斯斯坦独立仅30年就更换了8任总统。其在此情况下更无力进行经济发展建设，2022年，该国人均GDP仅为1607美元。

（二）俄乌冲突影响中亚地区社会经济稳定

2020年3月中旬，新冠疫情在中亚地区蔓延，对当地的政局稳定、经济发展以及人民生活等方面造成巨大冲击。

在中亚地区疫后经济平稳复苏的过程中，俄乌冲突的爆发及战事的持续对整个地区的经济形势产生负向影响。俄乌冲突爆发前，中亚地区在2022年有望实现3%左右的经济增长，然而，俄乌冲突的爆发使该地区的经济或将萎缩4.1%[①]。俄乌冲突成为新冠疫情之后影响该地区经济发展的一个重大因素，世界银行表示"这将是过去几年间，中亚地区经济第二次出现萎缩，且本次萎缩的程度有可能比2020年疫情导致的萎缩更加严重"。

虽然截至目前中亚五国已经独立几十年，但是中亚各国在政治、经济、军事、生活以及思想文化等方面依旧深受俄罗斯的影响，国家间关系仍十分紧密。西方制裁后，卢布暴跌对整个地区都造成不利影响。对于中亚国家而

---

① 《世行：中亚国家2022和2023年GDP增速将超过3%》，俄罗斯卫星通讯社网站，https://sputniknews.cn/20221103/1045234139.html。

言，其最担心的是，俄乌冲突会影响双边贸易。俄罗斯不仅是中亚五国最大的贸易伙伴，而且中亚地区国家大多需要通过俄罗斯的管道实现能源出口，它们对俄输油管道的依赖性很强，美国如果继续制裁俄罗斯的输油系统及经贸活动，这些国家就将不可避免地遭受重大打击。

（三）中国与中亚地区经贸现状分析

1. 中国与中亚地区经贸现状

从中亚地区整体来看，2013 年在中国提出"一带一路"倡议时，中国与中亚地区的贸易额达到了一个峰值（见图 3-3）。2014~2016 年，中国与中亚五国的贸易额进入了稳步下降阶段，在此期间，由于国际市场上的大宗商品价格经历了暴跌，在低位徘徊，全球经济持续低迷，导致双边贸易额大幅下滑。在此后的时间里，随着中亚国家逐步融入并积极参与"一带一路"建设，中国与中亚五国的贸易额在 2017 年增长，只是在 2020 年，由于全球受到新冠疫情的冲击，贸易额有所回落。总体而言，2017~2021 年，中国与中亚五国的贸易额整体上呈现上升趋势。

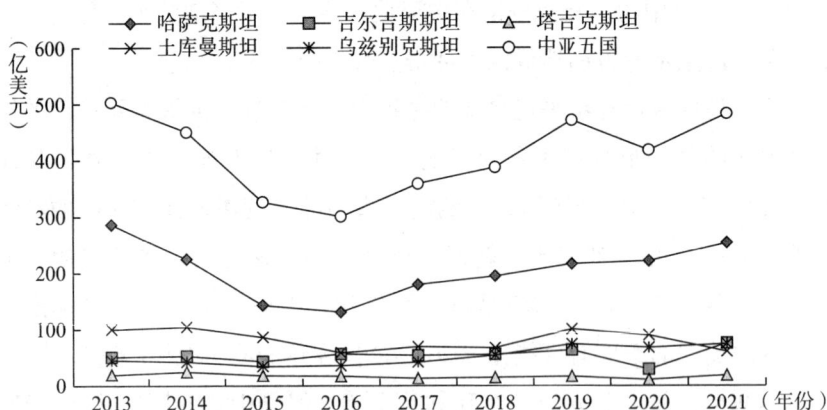

图 3-3　2013~2021 年中国与中亚五国贸易额变化趋势

资料来源：UN Comtrade。

分国别看，哈萨克斯坦一直是中亚地区与中国贸易规模最大的国家，其贸易额为中亚地区与中国贸易额的 50% 以上。在其余四国中，土库曼斯坦的贸易额总体上略高于其他三国，塔吉克斯坦一直是与中国贸易额最低的国家。

（1）中哈贸易

哈萨克斯坦拥有巨大的自然资源潜力，被誉为"能源和原材料基地"，是中国重要的资源进口来源国。

哈萨克斯坦矿产资源非常丰富且种类较为齐全（见表3-10）。主要矿产包括石油、天然气、铀、煤、铬、铜、金、银、铅、锌、镍、钨、钼、铁、锰、铝土矿、磷等。据统计，哈萨克斯坦多种矿产储量处于世界前列。

表3-10 哈萨克斯坦主要矿产资源储量

类别	矿产	储量	世界排名	占世界总量比重（%）
能源矿产	石油	39亿吨	11	1.7
	天然气	2.7万亿立方米	14	1.3
	煤	375亿吨	8	3.8
	铀（成本<130美元/千克）	84.2万吨	2	14
金属矿产	金（金属）	2400吨	6	4.8
	银（金属）	49000吨	4	8.7
	铜（金属）	3900万吨	12	4.5
	铬铁矿（矿石）	>3.66亿吨	2	40
	铅（金属）	1700万吨	5	14.7
	锌（金属）	3500万吨	5	10.5
	钨（氧化钨）	>200万吨	1	
	钼（金属）	13万吨		
	铁（矿石）	160亿吨	11	6
	锰（矿石）	6.8亿吨	6	7.3
	镍（金属）	282万吨	7	3
	钴（金属）	10万吨		1.4
	铝土矿（矿石）	3.6亿吨	10	
	锡（金属）	30万吨		
非金属矿产	磷（矿石）	>40亿吨		
	重晶石（矿石）	8500万吨	1	28

资料来源：世界银行。

2021 年，中国与哈萨克斯坦双边贸易额为 252.5 亿美元，较 2020 年的双边贸易额增长 17.4%。其中，对哈萨克斯坦的出口额为 139.8 亿美元，同比增长 19.5%；自哈萨克斯坦的进口额为 112.7 亿美元，同比增长 14.9%。贸易顺差为 27.1 亿美元，扩大 42.9%。

总体来看，哈萨克斯坦对中国出口的主要产品是矿产品、贱金属及其制品，近几年，中国出于实现环保等目标，关闭了大量化工厂，故对化工产品的进口依赖性提高。2021 年中国对哈萨克斯坦主要出口商品情况见表 3-11。2021 年中国从哈萨克斯坦主要进口商品情况见表 3-12。

表 3-11　2021 年中国对哈萨克斯坦主要出口商品情况

单位：亿美元，%

商品	金额	同比增速
劳动密集型产品	61.1	14.7
机电产品	59.1	24.0
钢材	3.4	29.5
农产品	3.2	34.9

资料来源：中华人民共和国海关总署。

表 3-12　2021 年中国从哈萨克斯坦主要进口商品情况

单位：亿美元，%

商品	金额	同比增速
金属矿及矿砂	25.2	22.1
未锻轧铜及铜材	24.5	33.6
原油	24.3	109.8
天然气	11.2	-18.2
农产品	2.5	-32.8

资料来源：中华人民共和国海关总署。

（2）中土贸易

土库曼斯坦拥有丰富的矿产资源，主要有天然气、芒硝、碘、有色及稀有金属等，其中天然气的储量丰富，总储量排在伊朗、俄罗斯和卡塔尔三国之后，位居世界第四。

丰富的天然气储量使土库曼斯坦在中土双边贸易中长期保持大幅顺差的

地位。2020 年，受新冠疫情影响，中国与土库曼斯坦货物贸易进出口额为
65.16 亿美元，同比下降 28.5%。2021 年，随着各国经济逐渐复苏，两国进
出口总额有所回升。自 2011 年以来，中国已经连续 10 年保持土库曼斯坦最
大贸易伙伴地位。

从表 3-13 可以看出，中国自土库曼斯坦进口的天然气的量占据了中国
自中亚地区进口的天然气的量的较大份额。截至 2023 年，土库曼斯坦对华
稳定供气已近 14 年，在中国调整能源消费结构、促进节能减排、生态建设
等方面发挥了重要作用。同时，天然气项目也给土库曼斯坦带来了巨大的溢
出效益，为土库曼斯坦现代化转型提供了强劲动力。

表 3-13　2021 年中国的能源进口情况

	石油（万吨）	天然气（亿立方米）	煤炭（万吨）
哈萨克斯坦	449	63	54
土库曼斯坦	0	331	0
乌兹别克斯坦	0	45	0
中亚地区	449	439	54
"一带一路"共建国家和地区	36392	1018	27793
世界	51288	1675	32322
中亚地区/世界（%）	0.9	26.2	0.2

资料来源：UN Comtrade。

（3）中乌贸易

2021 年，中国与乌兹别克斯坦双边贸易额为 80.5 亿美元，同比增长
21.6%。其中，对乌兹别克斯坦的出口额为 59 亿美元，同比增长 14.8%；自
乌兹别克斯坦的进口额为 21.5 亿美元，同比增长 45.3%。贸易顺差为 37.5 亿
美元，扩大 2.3%。自 2016 年起，中国就已经连续五年保持乌第一大贸易伙伴
国地位[1]。

从进出口商品结构看，中国对乌主要出口机电产品、塑料及其制品、钢
材以及农产品等；自乌进口天然气、棉纱线、农产品、铜及其制品等。两国
矿产资源方面的合作集中在油气领域，中石油与乌方合作建设并运营中国一

[1] 数据来源：中华人民共和国海关总署。

中亚天然气管道 A、B、C 三线，总长度为 1688 公里。此外，乌兹别克斯坦是中国农业合作的重点国家，近年来，乌方加快参与共建"一带一路"步伐，多座中国城市与乌首都塔什干之间开通空中航线。2022 年 6 月，延宕长达至少 25 年之久的中吉乌铁路传出即将动工的消息。未来，中国—吉尔吉斯斯坦—乌兹别克斯坦国际货运路线的开通将为乌向中国乃至国际市场出口农产品进一步提供物流运输便利。

（4）中吉贸易

2022 年，中国与吉尔吉斯斯坦双边贸易额为 155 亿美元，同比增长 105.6%。其中，对吉尔吉斯斯坦的出口额为 154.2 亿美元，同比增长 106.7%，主要商品为纺织原料及纺织制品，机器、电气设备及其零件，车辆等有关运输设备；自吉尔吉斯斯坦的进口额为 8166.1 万美元，同比增长 2.4%[①]，主要商品为矿产品、烟草、生皮及其他皮制品、蔬菜水果等农产品。

从表 3-14 可以得出，中吉贸易结合度指数[②]远大于 1，这表明吉尔吉斯斯坦对中国商品的需求很大。吉方工业基础薄弱，需要大量的纺织品等轻工业制成品，而中国的轻工业制成品在全球具有较强的竞争优势。吉中贸易结合度指数小于 1，这说明中国对吉尔吉斯斯坦商品的需求量较小。从经济体量来看，中国是一个规模超大的经济体，吉尔吉斯斯坦对中国的出口额占中国进口总额的份额较低；近年来，吉尔吉斯斯坦对矿产资源的开采进行了一定的管控，出口的矿产品等没有达到应有的规模。

表 3-14   2013~2021 年中吉两国贸易结合度指数

	2013 年	2015 年	2017 年	2019 年	2021 年
中吉贸易结合度指数	7.24	7.90	9.32	9.78	9.09
吉中贸易结合度指数	0.34	0.34	0.47	0.31	0.32

资料来源：笔者根据联合国商品贸易统计数据库的数据计算整理得到。

吉尔吉斯斯坦作为与中国南疆地区相接的国家，又是"一带一路"共建

①　数据来源：中华人民共和国海关总署。
②　贸易结合度指数是指一国对某一贸易伙伴国的出口额占该国出口总额的比重，与该贸易伙伴国进口总额占世界进口总额的比重之比。其越大，表明两国在贸易方面的联系越紧密。

国家与上合组织成员，具有关键的战略及地理位置。但是，在中吉两国贸易中，中国对吉尔吉斯斯坦的出口额占双边贸易总额的98%以上。近年来，吉尔吉斯斯坦民众对中国工业制成品的认可度不断提高，对中国的高附加值、高科技产品的进口额不断增加，因此中国应顺势调整对吉尔吉斯斯坦出口商品的结构，从轻工业产品转向高附加值产品。同时，扩大从吉尔吉斯斯坦进口农产品、贵金属及制品、矿产品等的规模，优化两国贸易结构，促进两国贸易持续发展。

（5）中塔贸易

2021年，中国与塔吉克斯坦的双边货物进出口额为186121万美元，相比2020年增长了79811.05万美元，同比增长75.2%。其中，中国对塔吉克斯坦出口的商品总额为168574.3万美元，相比2020年增长了66790.9万美元，同比增长65.8%；中国自塔吉克斯坦进口的商品总额为17546.95万美元，相比2020年增长了13020.15万美元，同比增长287.4%。[①]

塔吉克斯坦是中亚五国中与中国双边贸易额最低的国家，这与塔吉克斯坦经济结构简单、市场规模小有一定的关系。塔吉克斯坦农业耕地少，粮食不能自给自足，畜牧业发展缓慢。工业基础落后，第三产业设施也不完备，银行业和金融业不发达，缺少资本市场。目前，中国与塔吉克斯坦主要的贸易产品是附加值较低的轻工业产品。由于塔吉克斯坦正处于工业化初期，建立基础工业体系是其实现工业化的必经道路，中国在装备制造业与钢铁、化工等重工业领域具有一定优势，因此，今后两国的贸易产品可能主要是重工业产品。

2. 中国与中亚国家贸易竞争性、互补性

RCA指数是衡量一国出口某种商品国际竞争优势的主要指标。其计算方式为：

$$RCA_{ij} = \left(\frac{X_{ij}}{X_{tj}}\right) \bigg/ \left(\frac{X_{iw}}{X_{tw}}\right)$$

RCA 值大于1，表示该国的此产品在国际市场上具有比较优势，具有一

---

① 数据来源：中华人民共和国海关总署。

定的国际竞争力；*RCA* 值小于 1，则表示该国的此产品在国际市场上不具有比较优势，国际竞争力相对较弱。

从表 3-15 看，中国与中亚国家在不同的商品上有自己的比较优势。中国具有比较优势的产品包括 SITC 6（主要按原料分类的制成品）、SITC 7（机械及运输设备）和 SITC 8（杂项制品）三类产品，主要是工业制成品。中亚国家具有比较优势的产品为 SITC 2（燃料以外的非食用粗原料）和 SITC 3（矿物燃料、润滑油及有关原料）两类产品，主要是资源类产品。因此，中国与中亚国家的贸易竞争性相对较低，具有合适的贸易基础。

表 3-15　中国与中亚国家的 RCA 指数

国家	SITC	RCA 指数			
		2010 年	2013 年	2016 年	2020 年
中国	0	0.46	0.45	0.44	0.38
	1	0.14	0.1	0.18	0.12
	2	0.17	0.17	0.19	0.17
	3	0.14	0.08	0.14	0.26
	4	0.05	0.05	0.05	0.19
	5	0.52	0.54	0.52	0.49
	6	1.32	1.33	1.35	1.34
	7	1.55	2.45	1.27	1.24
	8	2.31	0.04	1.99	1.67
	9	0.05	0.01	0.07	0.2
中亚五国	0	0.64	0.5	0.76	1.52
	1	0.31	0.22	0.54	0.26
	2	2.74	1.61	1.88	0.99
	3	4.61	4.01	5.5	1.22
	4	0.08	0.07	0.26	0.62
	5	0.24	0.47	0.67	0.31
	6	1.18	0.88	1.41	1.61
	7	0.08	0.07	0.06	0.09
	8	0.05	0.07	0.12	0.35
	9	0.52	0.71	0.54	8.83

资料来源：笔者根据联合国商品贸易统计数据库的数据计算整理得到。

（四）中国对中亚地区的直接投资

1. 哈萨克斯坦

哈萨克斯坦资源禀赋良好，在中亚地区，其经济发展速度较快、政局稳定、人文条件和投资环境相对好于其他国家。2013~2015 年，中国对哈萨克斯坦的直接投资流量呈现明显的下降趋势；2016~2017 年，虽然投资额呈现上涨趋势，但是在 2020 年变为负数，直至 2021 年才得到一定程度的缓解。2021 年，中方对哈萨克斯坦全行业的直接投资为 8.59 亿美元，同比增长 48%。

中国目前对哈萨克斯坦的投资主要集中在能源矿产、交通运输等领域。中国在哈萨克斯坦注册的企业大多进行能源领域开发和利用，例如中石油、中石化及中海油等大型石化企业。同时，哈萨克斯坦是中欧班列的重要节点国家，中国十分注重对其交通运输方面的投资。

2. 土库曼斯坦

据中国商务部统计，2020 年，中国对土库曼斯坦的直接投资流量约为 2.11 亿美元；截至 2020 年末，中国对土库曼斯坦的直接投资存量约为 3.36 亿美元（见表 3-16）。

表 3-16 2016~2020 年中国对土库曼斯坦的直接投资情况

单位：万美元

	2016 年	2017 年	2018 年	2019 年	2020 年
流量	-2376	4672	-3830	-9315	21104
存量（截至各年末）	24908	34272	31193	22656	33647

资料来源：中华人民共和国商务部、国家统计局、国家外汇管理局编《2020 年度中国对外直接投资统计公报》，中国商务出版社，2021。

可以看出，尽管 2020 年全球各国都受到新冠疫情的巨大冲击，但土库曼斯坦在 2020 年实现了吸收直接投资流量由负值转为正值，出现正向增长的情况。这与土库曼斯坦政府近年来加大吸引外资的宣传力度有较大关系。土库曼斯坦的外资来源国主要为土耳其、中国、日本、韩国等，主要投资方向为能源、化工、交通和通信等。

中国企业在土库曼斯坦的投资领域以油气产业为主，投资区域主要集中在达绍古兹州等地区，其中主要企业有中国石油天然气集团、中国石油技术开发公司等。中石油阿姆河天然气在此所开发的阿姆河项目是中石油迄今最大的海外陆上天然气勘探开发项目，也是土库曼斯坦政府唯一授予外国企业陆上天然气开采权的项目。该项目在2009年建成投运，成为中国天然气陆上进口主要来源，带动土库曼斯坦经济社会发展。

3. 乌兹别克斯坦

2021年上半年，中国在国家和地区投资项目框架内对乌投资超过10亿美元，比2020年同期增长25%。目前，正在实施的长期投资项目有284个，总额为304亿美元。从投资领域看，中国企业投资的领域主要有轻工业产品的生产、农产品加工、石油和天然气、化工、制药、纺织工业、运输、建筑和电信。从区域分布看，中资企业主要分布在塔什干市、塔什干州和撒马尔罕。近年来，中国企业在乌兹别克斯坦进行了一系列工程项目建设：中国珠海仕高玛机械设备有限公司参与的合资企业正在纳曼干州纳林斯基区和帕普区建设年产能分别为10万吨和20万吨混凝土的液态混凝土工厂；中国兴达集团正在纳曼干州楚斯特区建设一座水泥厂，耗资1.08亿美元，该企业M600水泥的年产能为130万吨；中工国际工程股份有限公司与上海寰球工程有限公司联合承建的乌兹别克斯坦聚氯乙烯、烧碱和甲醇生产综合体项目在2019年底在乌中部工业城市纳沃伊全部竣工投产；多个中小型水电站建成投产。此外，许多中国公司正在实施由国际金融机构资助的项目，其中包括泵站的现代化建设项目、发电厂的建设项目、运河和公路的改造项目以及铁路的电气化项目等。

4. 吉尔吉斯斯坦

根据吉尔吉斯斯坦国家统计委员会数据，2020年，吉尔吉斯斯坦国内外商投资总额为65.2亿美元，投资领域主要包括农业、基础设施、交通、能源、矿山开采等。2020年，中国对吉投资额为2.9亿美元，占比为4.4%，中国为吉尔吉斯斯坦第四大投资来源国。中国在吉尔吉斯斯坦投资的企业主要有中国路桥公司、特变电工公司、中兴通讯公司、华为公司、紫金矿业、中国黄金以及中国石油公司等。

5. 塔吉克斯坦

据中国商务部统计，2020 年，中国对塔吉克斯坦的直接投资流量为 -2.64 亿美元；截至 2020 年末，中国对塔吉克斯坦的直接投资存量为 15.68 亿美元，主要投向公路修复、能源开发及贵金属矿开采和加工、食品加工业、中小企业等领域（见表 3 – 17）。

表 3 – 17　中国在塔吉克斯坦大型投资项目情况

公司名称	主要大型工程项目	中外方股比
塔中矿业股份有限公司	铅锌银矿开采	中方占 100%
金色谷地农业有限公司	中塔农业合作示范园区	中方占 100%
特变电工杜尚别矿业公司	艾尼地区金矿开采	中方占 100%
中泰新丝路纺织产业有限公司	塔吉克斯坦农业纺织产业园	中方占 70%，外方占 30%
中石油中塔天然气管道有限公司	中亚天然气管道 D 线项目	中方占 50%，外方占 50%
中塔泽拉夫尚有限责任公司	金矿开采	中方占 75%，外方占 25%
华新水泥有限公司	亚湾、索格特水泥生产线	中方占 75%，外方占 25%

资料来源：中华人民共和国驻塔吉克斯坦共和国大使馆经济商务处。

（五）中国与中亚地区的合作展望

2013 年，习近平主席访问哈萨克斯坦时提出"丝绸之路经济带"，其体现了共同发展、合作发展、互利发展、联动发展的时代需求，中国与中亚各国的睦邻友好关系在不断巩固和发展，在经济贸易方面的务实合作也在持续推进。未来，中国应当依托"一带一路"平台，加深与中亚五国的交往合作。

1. 深化能源合作

在当今世界局势紧张的背景下，中国应当深化与中亚国家的能源合作。一方面，与传统油气资源国拓展上游合作范围，加强与哈萨克斯坦油气上中下游企业的合作，进一步推动中亚天然气管道、中哈原油管道、中哈南部天然气管道建设；加强与土库曼斯坦在能源综合基础设施建设与技术创新方面的合作，持续推进格尔库努斯巨型气田项目的稳定合作；积极推动与乌兹别克斯坦在石油和天然气勘探开发、储运设施与运营、天然气供应、天然气化工、碳捕集与利用等多个方面的高质量合作。另一方面，与可再生能源丰富的国家加大技术合作与项目投资建设力度，协助塔吉克斯坦开发建设水电站，与吉尔吉斯斯坦加强光伏发电和水电项目建设，推动与中亚可再生能源领域的深度合作。

中国与中亚毗邻，可再生能源领域的合作潜力巨大，加强区域合作非常必要。推行部署零碳解决方案，包括建设光伏发电和水电等设施，推动发电低碳化；推广零碳技术，包括发展储能、可持续燃料、氢能，促进碳捕集利用或吸收技术等在能源领域的利用，实现优势互补，为应对全球气候变化贡献积极力量。

2. 推动农业合作高质量发展

在农产品贸易中，中国不仅要加大从中亚五国进口稀缺的农产品的力度，还需推动自身优势资源的出口，争取构建双赢局面。

首先，加强中国与中亚五国间的对话协调，共同营造有利的国际环境。加强多双边交流与合作，做好农业政策沟通，将农业农村发展放在国际议程的优先地位，共同构建更加公平的农业贸易秩序，提高农业投资贸易自由化、便利化水平。其次，各方应基于各自农业资源禀赋与比较优势，不断提升农产品贸易和便利化水平，结合"丝路跨境电商"等新业态，通过中欧班列（中亚）物流大通道，加强粮食、棉花、蜂蜜、乳制品、水果等优质绿色农产品贸易合作，不断扩大彼此农产品贸易规模。推动农业产业链深度融合，打造绿色、安全、可持续的农产品供应体系，造福各国人民。最后，进一步进行农业科技创新合作，开展良种繁育、品种技术试验示范和推广，突出高效农业节水技术、水肥一体化管理技术、土地沙化治理和盐碱地改良技术等方面的合作，在中亚国家建立农业科技研发中心、联合实验室等。

3. 共建"数字丝绸之路"

"数字丝绸之路"作为数字经济发展与"一带一路"倡议相结合的产物，依托互联网技术，以跨境电商为基础推进数字基础设施、智能支付和物流体系建设，成为"一带一路"国际合作的新引擎。因此，加快与中亚国家共建"数字丝绸之路"势在必行。

首先，中国应当加强与中亚地区数字基础设施硬件和软件两个方面的合作，在硬件方面，积极参与中亚国家拟建的多个互联网、物联网、光纤光缆等硬件设施项目。在软件方面，哈萨克斯坦目前正在研究 5G 移动通信新技术标准，乌兹别克斯坦正处在 5G 建设的初级阶段，中国在 5G 方面研发领先的企业都可以积极参与。另外，中国还可以与中亚国家共同建设中亚数字管道等油气行业信息化项目，将 5G 技术和物联网技术应用到中亚国家的能源开采领域。

其次，中国应当与中亚国家加大跨境电商领域的合作力度。中亚地区对新能源车的需求量逐步攀升，这对于中国加强与中亚国家的跨境电商合作是一个较好的机会。目前，中国与包括中亚国家在内的"一带一路"共建国家共同推出中欧班列多式联运"一单制"跨境区块链平台、跨境电商报通关结算一站式服务，中国乌鲁木齐国际陆港区跨境电子商务试点产业园区为跨境电商企业提供全方位的清关、保税等服务，探索"商贸 + 互联网 + 物流"融合发展新模式。中国可与中亚国家共同探索试点境内制造企业至其境外分支机构至境外消费者（M2B2C）业务模式、境内外贸企业至其境外分支机构至境外消费者（B2B2C）业务模式，在跨境电商 B2B2C 出口业务模式认定规范、业务流程、技术标准和监管模式等方面取得突破，提高运营效率。

4. 共建绿色"一带一路"

中亚国家丰富的绿色能源潜力与中国绿色技术和市场规模形成互补发展态势，绿色合作可以作为中国与中亚合作新的增长点和亮点。推动国家间基于绿色合作进行多边对话，加强顶层规划设计与布局，这有利于从政治层面提供有力的政策保障；结合中亚各国绿色发展的特色需求规划和实施的重点项目，将中国与中亚国家的绿色生态环境合作提升到新的水平。结合当地项目的需求和特点，根据实际情况落实项目个性化实施方案，积极制定产品和管理运营方面的标准细则，真正实现绿色合作本土化和标准化相结合。最后，要重视绿色金融产品的开发和风险管理，确保绿色融资能力能够持续为绿色合作输送"血液"。中方企业对当地金融和绿色合作市场需求进行充分调研，运用当地绿色经济发展过程中实行的财税优惠政策，以细化操作流程、建立分析工具和运用金融保险产品等方式主动管控融资风险。

四 中国与外高加索地区的经贸合作与风险分析

（一）外高加索地区概述

外高加索地区指高加索山脉以南地区，西临黑海，东向里海，北接俄罗斯，南与土耳其和伊朗毗邻，是欧亚大陆东西向交通要道的关键环节之一。外高加索三国拥有不同的资源禀赋和发展基础，并对欧亚大陆腹地的形势和格局产生重要的影响。

从总体经济运行状况角度来看，格鲁吉亚农业较为发达，而矿产资源匮乏；阿塞拜疆能源禀赋优异，石油、天然气储量丰富，经济发展速度较快，油气工业为支柱产业，奉行多元外交政策，在中亚地区的话语权较强；亚美尼亚经济基础较差，能源资源禀赋薄弱，并受到阿塞拜疆及土耳其的封锁，对俄罗斯有较强的依赖性。2021 年，世界银行公布的数据显示，格鲁吉亚、阿塞拜疆、亚美尼亚人口分别约为 371 万人、1015 万人及 296.8 万人；GDP 分别为 187.0 亿美元、546.2 亿美元及 138.6 亿美元（见图 3－4）；GDP 增长率分别为 10.4%、5.6% 及 5.7%。总体来看，外高加索三国人口少并且经济规模较小，处在联通欧亚的核心节点，因此能够通过物流国际通道以及第三国转口贸易基地的重要地位发展对外贸易。

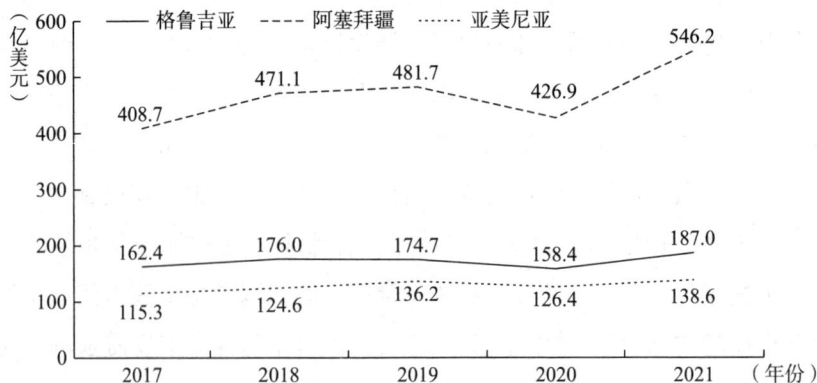

图 3－4 2017～2021 年外高加索三国 GDP

资料来源：世界银行。

外高加索三国脱离苏联加盟共和国之后经历了三个发展阶段。第一阶段是1991~1995年的剧烈震荡时期，格鲁吉亚、阿塞拜疆政局不稳，受到苏联时期的计划经济弊端影响，各国经济几近崩溃；由于外高加索地区的宗教矛盾和领土争端，频发的局部战争导致地区安全局势急剧恶化。第二阶段是1995~2003年的相对稳定时期，格鲁吉亚与阿塞拜疆先后制定了宪法并恢复了总统制，外高加索地区政局趋向稳定，各国经济开始恢复性增长。第三阶段是2003年至今，以2003年格鲁吉亚爆发"玫瑰革命"为标志，外高加索地区较为平静的局面被打破，地区冲突甚至一度激化和失控，阿塞拜疆和亚美尼亚连续爆发大规模武装冲突，极端组织"伊斯兰国"势力成为中亚及外高加索地区内部及周围国家乃至世界的不稳定因素。

（二）中国与外高加索地区各国经贸现状分析

1. 中国与外高加索地区经贸情况

中国与外高加索三国的贸易总额在波动中攀升（见图3-5）。2009年，受到2008年国际金融危机以及俄罗斯与格鲁吉亚局部冲突影响，其出现波动。2012~2015年，受到世界资源类产品价格波动影响，中国与外高加索三国贸易总额由18.8亿美元降至17.6亿美元。在2015年前后，外高加索地区国家陆续与中国签订"一带一路"合作协议，双方贸易被注入强劲动力，中

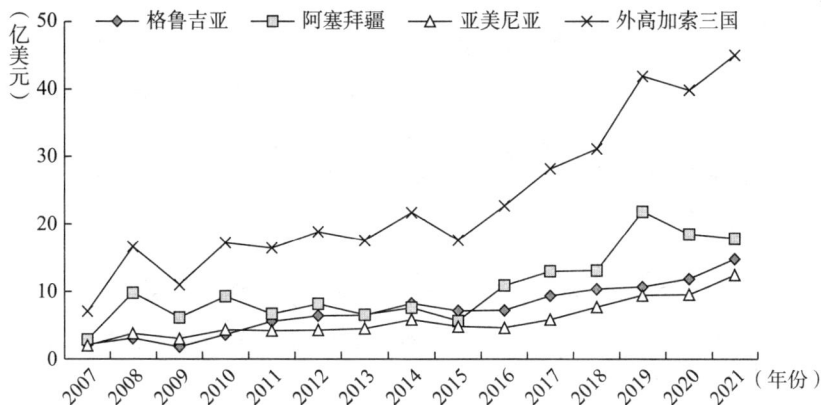

图3-5 2007~2021年中国与外高加索三国贸易总额变化趋势

资料来源：UN Comtrade。

国与外高加索三国贸易总额由 2015 年的 17.6 亿美元升至 2021 年的 45.1 亿
美元，增幅达 156.3%。

分国别看，阿塞拜疆是中国在外高加索地区最大的贸易伙伴。2013 ~
2015 年，受到支柱产业能源价格进入下行周期以及国内通货膨胀危机影响，
中阿贸易规模下滑。2008 年俄罗斯与格鲁吉亚爆发地区冲突，中格贸易额短
暂下滑但之后逐步提升，并一度超越阿塞拜疆，其成为中国在外高加索地区
的最大贸易国。中国对亚美尼亚的主要出口产品为机电产品、钢铁、家电、
建材家具和轻纺产品等；主要进口产品为矿产品、食品饮料等。亚美尼亚早
期极为依赖欧亚经济联盟，与中国的总体贸易规模较小。

整体来看，中国与外高加索三国的贸易长期保持顺差状态（见图 3 - 6）。
2016 年前后，受到国际油价波动影响，外高加索三国对中国的商品需求持续
减少，贸易差额在恢复至 2018 年的 22.7 亿美元之后再次下滑，2020 年，在
疫情的冲击下降幅巨大，贸易差额在 2021 年得到扭转。在外高加索三国之
中，亚美尼亚的人口规模最小并且人口流失严重，导致消费市场有限，对中
国商品的需求规模不大。而随着其产业体系的逐步建立和经济转型，亚美尼
亚出口规模逐步扩大，中国逐步由商品供应地转变为商品销售市场。

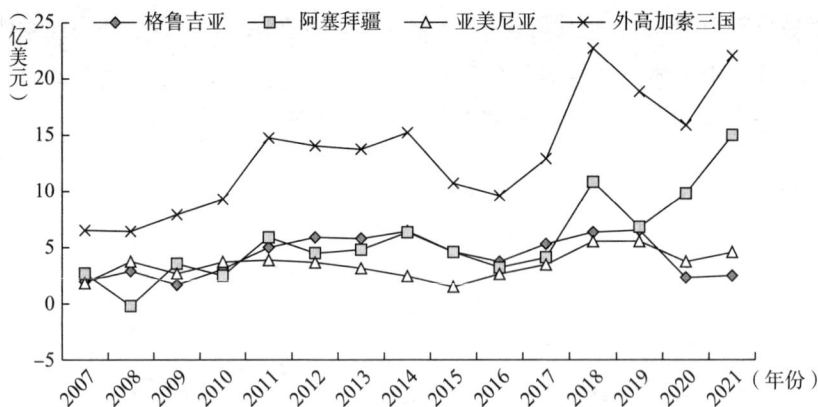

图 3 - 6 2007 ~ 2021 年中国与外高加索三国贸易差额变化趋势

资料来源：UN Comtrade。

2. 中国与外高加索地区贸易强度指数

贸易强度指数（Trade Intensity Index，TII）是用于衡量贸易伙伴间贸易

联系紧密程度的指标，通常用于衡量国家间贸易相互依赖情况。图 3 – 7、图 3 – 8 显示了 2007～2021 年中国向外高加索地区进口和出口贸易强度指数。

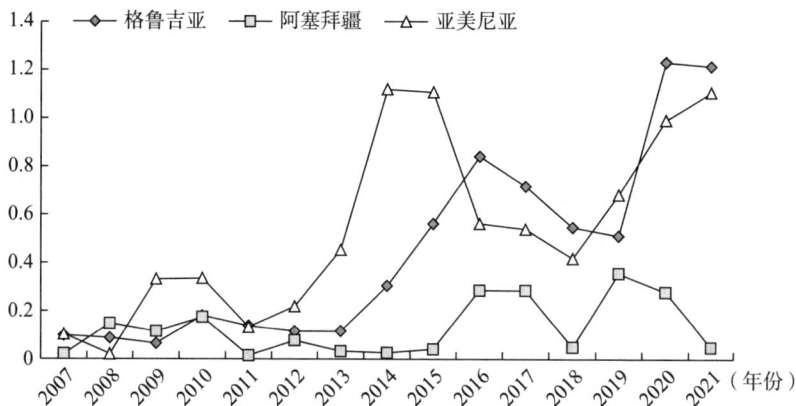

图 3 – 7　2007～2021 年中国自外高加索三国进口贸易强度指数
资料来源：UN Comtrade，WTOStats。

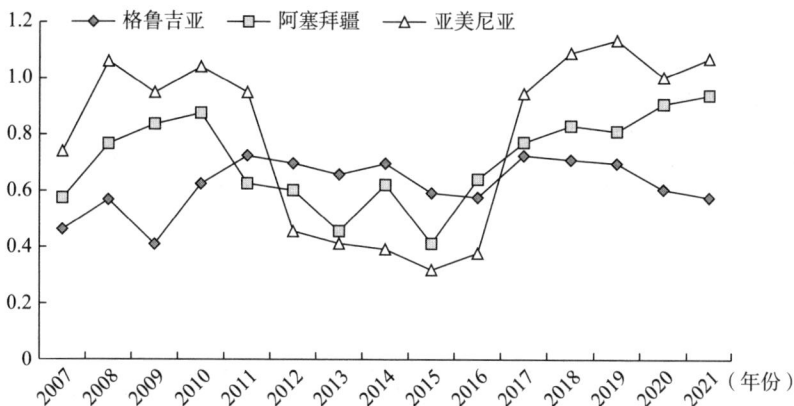

图 3 – 8　2007～2021 年中国向外高加索三国出口贸易强度指数
资料来源：UN Comtrade，WTOStats。

从图 3 – 7、图 3 – 8 可以看出，由于发展水平和地区争端等因素影响，中国与外高加索三国的进出口贸易强度指数波动较大。从进口贸易强度指数来看，中国自格鲁吉亚和亚美尼亚进口贸易强度指数在波动中上升，并且在2020 年之后攀升至赋值 1 以上，这表明贸易流量水平大于预期；而阿塞拜疆进口贸易强度指数始终低于预期水平，可能的原因包括由于资源禀赋的优越性，阿塞拜疆对外贸易流量整体偏大。从出口贸易强度指数来看，中国对外高加索三国的出口贸易强度指数呈倒 U 形走势。中国对外高加索三国尤其是格鲁吉亚的进出口潜力并没有得到完全的发掘，基于"一带一路"相关平台的建设，中国与外高加索地区的贸易依然有较大的增长空间。

（三）外高加索地区风险

1. 外高加索三国国内问题

外高加索三国内部始终存在复杂的社会、经济和政治问题。

亚美尼亚国内屡次爆发示威游行，且失业率居高不下，世界银行公布的统计数据显示，2009 年失业率在达到 18.4% 之后始终保持在 15% 以上，更是在 2020 年达到 21.2%；人口流失严重，2010 年以前，人口始终保持负增长，2021 年（296.8 万人）才勉强恢复至 2006 年（295.8 万人）水平（见图 3-9）。人口流失问题会影响市场发展预期与国内市场规模的扩大。

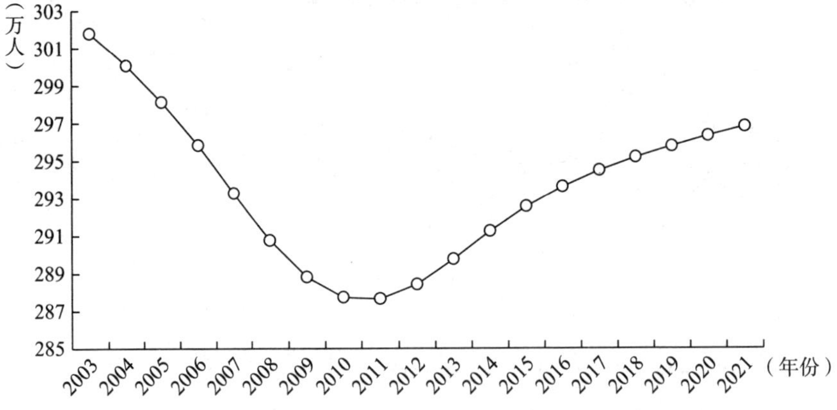

图 3-9　2003~2021 年亚美尼亚人口数量变化趋势

资料来源：世界银行。

阿塞拜疆拥有丰富的能源资源（见表 3-18），经济增速较快，不存在严重的人口问题（见图 3-10）。2013 年之后，阿塞拜疆失业率长期保持在 5% 以下。[1]

---

[1] 《对外投资合作国别（地区）指南 阿塞拜疆（2023 年版）》，商务部对外投资和经济合作司、商务部国际贸易经济合作研究院、中国驻阿塞拜疆大使馆经济商务处，2024。

但由于阿塞拜疆国内严重的政府腐败问题，国民贫富分化较为严重，经济发展水平极为不平衡。国内通货膨胀指数波动剧烈，2008 年通胀率达到 20.8%，2016 年及 2017 年再次提升至 12% 以上，国民生活水平受到极大影响。

表 3-18 1995~2018 年外高加索地区能源状况

单位：焦耳，百万美元

年份	亚美尼亚		阿塞拜疆		格鲁吉亚	
	能源产量	净进口额	能源产量	净出口额	能源产量	净进口额
1995	11	58	628	91	50	37
2000	27	57	803	319	55	65
2005	37	69	1155	547	53	82
2010	39	70	2759	2239	58	82
2015	45	92	2474	1891	55	143
2016	43	88	2429	1842	58	146
2017	45	94	2308	1682	56	150
2018	37	94	2349	1735	52	153

资料来源：UNdata。

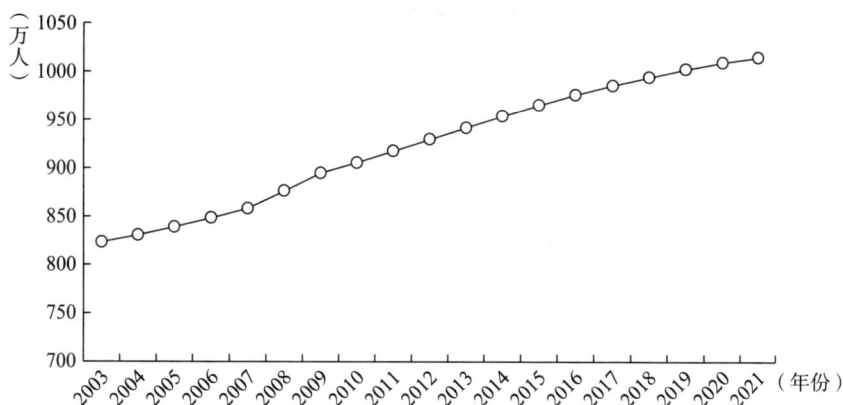

图 3-10 阿塞拜疆人口数量变化趋势

资料来源：世界银行。

格鲁吉亚同样面临严峻的人口流失问题，除极个别年份为 0.5% 以内的正增长之外，近 20 年，格鲁吉亚人口增长率始终为负值。2003~2021 年格鲁吉亚人口数量变化趋势见图 3-11。格鲁吉亚失业率同样居高不下，并于

2009 年达到 20.7% 的极高点。为了发展经济，吸引外资，格鲁吉亚政府出台了一系列针对外商投资的鼓励政策。但是格鲁吉亚尚未解决通胀严重、生活成本高昂等内部问题，这给营商环境带来很大的不确定性。2003~2021 年外高加索三国通货膨胀率见图 3-12。

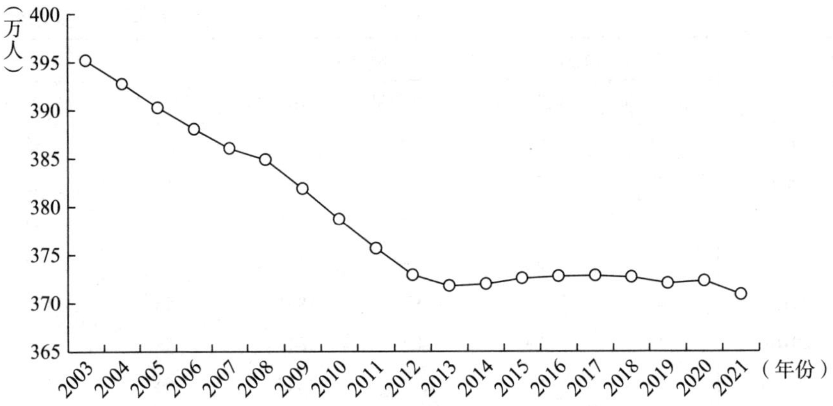

图 3-11　2003~2021 年格鲁吉亚人口数量变化趋势

资料来源：世界银行。

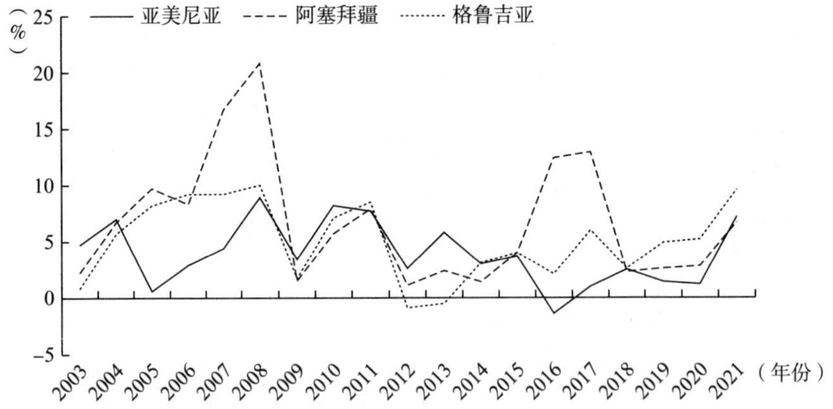

图 3-12　2003~2021 年外高加索三国通货膨胀率

资料来源：世界银行。

2. 外高加索国家相互关系

（1）纳卡冲突

"纳卡"指纳戈尔诺—卡拉巴赫地区，位于南高加索地区，阿塞拜疆和亚美尼亚持续为该地区的归属问题争执不下，其成为两国关系中的矛盾焦点。1988 年，阿塞拜疆与亚美尼亚爆发武装冲突，1994 年双方虽签订了停火协议，但地区争议仍未调和。主要原因有二：一是地区冲突事实上是民族不信任等深层意识形态问题的显化；二是纳卡地区地理位置的重要战略意义和天然资源的丰沛，导致多重国际因素介入，冲突变得更加复杂。独立后的阿塞拜疆奉行亲土耳其及西方的政策。随着国际形势的变化，纳卡冲突（亚美尼亚和阿塞拜疆领土冲突）再起波澜，其成为外高加索地区不稳定的风险因素。

（2）亚美尼亚与格鲁吉亚纠葛

亚美尼亚与格鲁吉亚的纠葛由来已久，最早可以追溯至"两国教会分裂而致使宗教与文化割裂"。在外高加索三国相继独立之后，格鲁吉亚与亚美尼亚两国的外交取向大相径庭。格鲁吉亚与阿塞拜疆和土耳其建立了紧密的经济联系；而亚美尼亚则由于纳卡冲突与阿塞拜疆积怨颇深，并与插手地区争端的土耳其的关系紧张。2008 年，俄罗斯与格鲁吉亚爆发冲突，亚美尼亚采取亲俄罗斯的外交政策，与格鲁吉亚的关系进一步恶化。近年来，随着阿塞拜疆对亚美尼亚产品进出口通道的封锁，面临现实生存问题的亚美尼亚与格鲁吉亚的贸易往来日趋密切，双方关系逐渐正常化。

（四）外部势力对外高加索地区的影响

苏联解体之后，由于自身极高的地缘战略意义，外高加索地区一直是俄罗斯、土耳其及西方大国争夺的重要节点之一。三国被迫与外部大国合作甚至结盟，在追求制衡地区势力的同时在一定程度上沦为大国博弈的棋子。2022 年俄乌冲突爆发后，欧美相关国家针对纳卡冲突双方积极进行调解并加强与亚美尼亚的联系，增加在外高加索地区的活动，和俄罗斯等国进行博弈。

（五）"一带一路"倡议下中国与外高加索地区经济合作建议

1. 扩大贸易规模，促进贸易优势深度结合

抓住市场机遇，进一步扩大贸易规模，促进转口贸易便利化。除了进一步扩大与外高加索地区的贸易规模之外，需要重点发挥外高加索三国在欧亚

交通方面的作用以及地区贸易方面的优势。根据当地的贸易需求，结合中国现有的贸易结构，有效结合三国的资源禀赋优势和比较优势实现其与中国的生产、加工、转口贸易目标，进行贸易优势结合。

2. 建设境外经贸园区，发挥贸易引领作用

各类境外经贸合作区提供了优惠的税收政策、便利的贸易条件以及良好的营商环境，是"一带一路"倡议落地时进行经贸合作的重要平台，也是中国对外投资的重要名片。对于中国"走出去"企业而言，境外经贸合作区能够节约企业自身基建所需投资，强化企业风险抵御能力，是推动国际产能和制造业合作的重要平台和载体。结合外高加索地区特点，可以在当地重点布局建材、轻纺、化工和汽车等生产加工型合作园区。

3. 利用本地资源，分层次制定差异化的外贸策略

结合格鲁吉亚目前优越的营商环境，可以优先推动中国与格鲁吉亚进行经贸合作，将其打造成中国在外高加索地区经贸合作的支点。对于阿塞拜疆，需要优化与阿塞拜疆的进出口贸易结构，促进非能源贸易领域的发展；但由于中方与阿塞拜疆双方银行间尚未建立结算合作关系，需要经营者在支付保障条款上多加注意，降低风险。亚美尼亚本地劳动力资源丰富，素质较高，成本较低，中国承包工程企业应充分利用这一优势，加强属地化管理，根据需要增加雇用当地员工的数量，在节省成本的同时加强与当地居民的联系。

4. 严格树立防范意识，规避地区政治风险

中国以及各经营主体要谨慎处理涉及政治立场偏向的合作问题。在提升经贸可能性的同时，需要继续秉承不干涉他国内政的原则，保证与外高加索地区国家及周围国家关系的平衡性，不偏袒任何一方，不介入内部纷争，并且避免主动打破地区现有的地缘政治格局。作为具有重大国际影响力的国家，中国秉承不干涉他国内政的原则，避免介入当地大国博弈的纷争之中。

五　结语

"一带一路"倡议共建国家尤其是独联体各国的资源禀赋不同，经济互

补性较强，彼此合作潜力和空间很大，在加强双边合作，开展多层次、多渠道沟通磋商，推动双边关系全面发展的同时也要注意国际形势。2022年发生了最大的"黑天鹅"事件——俄乌冲突。俄罗斯与乌克兰是共建"一带一路"的重要节点，两国发生冲突必然会对共建"一带一路"国家的经贸活动造成直接冲击。从短期来看，主要体现为影响"丝绸之路经济带"背景下的陆路及航空运输。更为值得关注的是，俄乌冲突可能会在中长期内给共建"一带一路"国家的地缘政治、经贸格局带来多个方面的影响，这会加剧多边格局的复杂性，可能在增加其发展方向变数的同时带来新的机遇。其中，中欧、中俄、中亚之间的双边及多边合作格局将更加复杂，这会影响中国与共建"一带一路"国家经贸、投资合作的推进情况。如果俄乌冲突进一步恶化，预期中国与欧洲的长期合作格局会受到一定影响，同时，中国与俄罗斯将在能源和金融领域进一步密切合作关系，并带动中蒙俄、中国—中亚合作迈上新的台阶。

第四章　中俄天然气合作研究

周　英

俄罗斯是世界上最大的天然气出口国之一，天然气出口长期依赖欧洲市场。然而，2014 年克里米亚事件后，俄罗斯面临来自美国、欧洲和其他西方国家的经济制裁，美国的油气出口、全球的新能源革命也给俄罗斯的天然气出口带来了重大挑战，俄罗斯与中国开展天然气合作有助于减轻压力。2022年 2 月，俄乌冲突爆发，俄罗斯面临来自以美国为首的西方国家 6000 多项制裁，寻找替代欧洲的能源出口市场成为维持俄罗斯经济和国家存续的更为稳妥的出路。中国是俄罗斯能源最具潜力的进口国，两国的能源贸易可能是决定俄罗斯能源转向亚洲市场的关键点。随着经济的快速发展，中国对石油、天然气和其他能源的需求量不断增加，并且中国为了改变环境质量，重点发展天然气行业，天然气消耗量大幅增加，国内天然气产量远远不能满足市场需求。中俄边境线长度为 4300 多公里[①]，两国在能源贸易方面具有地缘优势。本章将全面回顾中俄天然气的合作历程，剖析中国和俄罗斯在合作中面临的机遇和挑战，从而为进一步的合作提出建设性意见。

一　中俄天然气合作的发展历程

中俄天然气合作起步时间比较早，经历了长时间的谈判与周旋，中间不免处于搁置状态，进展相对较慢。直到 2014 年 5 月 21 日俄罗斯总统普京访华，双方才最终签署条约，这充分说明双方达成合作意向的困难和复杂。

---

① 基于 1994 年 9 月 3 日签字并于 1995 年 10 月 17 日生效的《中华人民共和国和俄罗斯联邦关于中俄国界西段的协定》以及 2004 年 10 月 14 日签字并于 2005 年 6 月 2 日生效的《中华人民共和国和俄罗斯联邦关于中俄国界东段的补充协定》得到。

（一）中俄天然气合作的发展阶段

1. 起步阶段①

1994 年，中国石油天然气集团公司和俄罗斯西丹科石油公司对科维克金天然气凝析气田开展了可行性研究。1997 年 11 月，中俄两国签署了《中俄关于铺设俄罗斯东西伯利亚到中国的天然气管道和开发俄罗斯天然气凝析气田项目基本原则的谅解备忘录》。同年 12 月，俄罗斯天然气工业股份公司与中国石油天然气股份有限公司签订了《关于实施向中国东部地区供应俄罗斯天然气项目》的备忘录，这奠定了两国在天然气领域的合作基础。1999 年，俄天然气集团和中石油达成意向性天然气出口协议，同年 11 月，韩国天然气公司加入该协议。2000 年，俄、中、韩三方签署了新的初步可行性研究协议。按照当初的开发方案，科维克金气田年产 300 亿~350 亿立方米天然气，每年供应中国 200 亿立方米，供应韩国 100 亿立方米。管道路线安排的计划，是从俄罗斯的伊尔库茨克经满洲里到达北京，总长约为 410 公里，再从大连修建海底管道将天然气输往韩国。如果进展顺利，这个亚洲最长的天然气管道工程应在 2005 年动工，2008 年投产，成为中、韩、俄三方合作共赢的典范。在当时已经谈好的协议里，中石油已经拿到科维克金气田的勘探、开采权。由于各种原因，最终项目停滞流产。

2. "慢+停滞"阶段②

2004 年 10 月，俄罗斯天然气工业股份公司与中石油签署战略协议。2006 年 3 月，中俄签署《关于从俄罗斯向中国供应天然气的谅解备忘录》，双方计划建设东、西两条天然气管道。但双方对线路规划、购销价格存在分歧，谈判受阻。

俄罗斯视西线为优先方面，这是因为俄罗斯 70% 以上的天然气探明储量集中在西西伯利亚地区，而且因为这里的天然气供应欧洲，各种基建项目开发得很成熟，可以从供应欧洲的管道里拉一条支线出来，通往中国新疆。这

---

① 杨雷：《中俄天然气合作的历程与前景》，《欧亚经济》2014 年第 5 期。

② 孙璐、胥江成：《中俄天然气合作博弈分析》，《黑龙江对外经贸》2007 年第 9 期。

样俄方的投资最少，很快就能建成通气。但新疆远离中国东部消费端，在中国国内还需要长距离运输，成本大幅增加。

围绕天然气购销价格，中俄双方僵持不下。在此背景下，中国采取了多元化进口战略，寻找替代产品。不久以后，中国与土库曼斯坦进行合作，以相对较低的价格签订了天然气的购销协议：土方每年向中方供应300亿立方米天然气。借助世界市场的力量，中国吸引了中东、北非、里海和澳大利亚的天然气供应商，它们与俄罗斯形成竞争之势。

2008年，全球金融危机爆发，俄罗斯经济遭受重创。面对欧洲方向不断上升的交易成本和不稳定的市场份额，俄罗斯开始转向与亚洲国家合作。2008年，中国与俄罗斯建立副总理级常规天然气谈判机制，并于2009年达成谅解，签署《关于在天然气领域合作的谅解备忘录》。在俄罗斯总统梅德韦杰夫于2010年9月访华期间，俄罗斯天然气工业股份公司与中石油签署《俄罗斯向中国供气主要条款框架协议》①，以书面形式说明出口量、投产时间以及保证付款的各项条件。此时双方天然气合作的重点放在西线。天然气将通过阿尔泰管道从俄罗斯西西伯利亚穿越中俄西段边界，与中国的西气东输工程相连，管道总长为2700公里，造价为140亿美元，年运输能力为300亿立方米。2011年，中俄继续讨论天然气合作问题、技术性分歧，不过，天然气价格问题很难谈拢。俄主张以每千立方米约300美元的价格输出天然气，而中国则期望把价格控制在每千立方米200美元以下。此外，俄罗斯天然气工业股份公司对于中国以天然气做担保，向远东天然气管道建设提供信贷的条件不满意。中国则要求改变天然气供应的条件：减少为了保护供应商利益而设定的天然气最低损失率，提高天然气的质量规格，并希望把从远东地区供应天然气作为谈判的优先事项等。2011年5月30日至6月3日，国务院副总理、中国能源谈判代表王岐山前往俄罗斯进行中俄能源谈判第七次会晤，但依旧未能在此问题上达成一致。2011～2014年，中俄双方继续推动天然气合作进程，除供气价格外，其他条件逐步统一。

---

① 《中俄签署油气合作协议》，新浪财经，https://finance.sina.com.cn/chanjing/gsnews/201009 28/18003467904.shtml。

3."进展+快速发展"阶段

2012年6月，俄罗斯时任总统普京访华，重启天然气谈判。2012年12月，中俄双方针对"西线"项目展开对话。2013年，国家主席习近平访问俄罗斯，中石油天然气集团公司与俄罗斯天然气工业股份公司签署了初步共识协议。同年10月，中俄双方基本就供气的价格公式达成一致。2014年，乌克兰危机使俄罗斯遭到美国和欧盟的经济制裁，影响了国际能源供需格局，俄罗斯迫切需要与中国扩大能源合作以应对外部压力。普京在2014年5月访华，并与中国签署了天然气东线管道项目的合作协议，计划自2018年开始向中国输送天然气，最终达到380亿立方米/年的输送规模，合同期限为30年，总价格达到4000亿美元。主供气源地为俄罗斯东西伯利亚的伊尔库茨克州科维克金气田和萨哈（雅库特）共和国恰扬金气田；俄罗斯天然气工业股份公司负责气田开发、天然气处理厂和俄罗斯境内管道的建设；中石油负责中国境内输气管道和储气库等配套设施建设。

4.战略合作新阶段

在国际形势日益严峻的背景下，中俄之间不断加深政治联系和经济合作。两个大国之间的对话日益频繁。一方面，俄罗斯急需开拓东方市场；另一方面，中国在未来一段时间还需大量进口天然气。双方合作有诸多需求契合点支撑。目前运营的中俄天然气东线管道起自俄罗斯的东西伯利亚地区。据塔斯社报道，普京总统已签署法令，批准了通过远东线路向中国供应天然气的协议。该协议在2023年1月31日签署，在5月31日获得国家杜马批准，并在6月7日获得联邦委员会批准。协议中概述了俄罗斯向中国供应天然气的条件，具体内容如通过管道运输（从达廖诺夫斯克地区到中国虎林地区）。在俄境内的管道建设和运营由俄罗斯天然气工业公司Gazprom负责。

（二）中俄天然气合作开采项目的发展情况

当前，中俄天然气合作方面的较大项目主要是东线天然气管道项目、阿穆尔天然气加工处理厂项目、北极亚马尔LNG项目和北极LNG 2项目。北京燃气收购了俄石油下属上乔纳斯科油气田开发公司20%的股权,这是一个小项目(见表4-1)。

表4-1 中俄主要天然气合作开采项目

项目名称	启动时间	输送量	说明
东线天然气管道项目	2014年5月	380亿立方米/年	从2018年起,开始向中国供气,累计30年
阿穆尔天然气加工处理厂项目	2017年8月	380亿立方米/年	加工生产天然气
北极亚马尔LNG项目	2014年5月	400万吨/年	中国为该项目的第二大股东
北京燃气收购上乔纳斯科油气田开发公司20%股权	2017年6月	—	—
北极LNG 2号项目	2019年6月	—	中海油持股10%,中石油持股10%
"西伯利亚力量-2号"天然气过境蒙古国输华工程	—	500亿立方米/年	目前搁置谈判

资料来源:笔者根据中国能源网和《中国能源报》的数据整理得到。

1. 东线天然气管道项目

在中俄天然气合作项目中,东线天然气管道项目是中俄天然气合作的重特大项目,总长为3371千米,起自俄罗斯的东西伯利亚地区,由布拉戈维申斯克进入中国黑龙江省黑河市,包括俄罗斯境内的"西伯利亚力量"管道和中方境内的中俄东线天然气管道,年运输能力达380万立方米。在中国境内的中俄东线天然气管道分为北段(东北地区)、中段(京津冀地区)和南段(长三角地区),并根据管道连接网络,均衡全国各地气路布局。2019年12月2日,俄罗斯天然气工业股份公司(以下简称俄气)启动"西伯利亚力量"管道的对华输气工作。东线天然气管道项目依托的油气田如下。[①]

(1)恰扬金气田

恰扬金气田发现于1989年,位于西伯利亚地台南部萨哈(雅库特)共和国列纳区内,证明天然气储量为1.2万亿立方米,氦气储量为74亿立方米;天然气、石油、凝析油年设计产量分别为250亿立方米、190万吨和40万吨。

---

① 《俄罗斯天然气通过中俄东线天然气管道正式进入中国》,新华网,http://www.xinhuanet.com/world/2019-12/02/c_1125299431.htm。

（2）科维克金气田

科维克金气田发现于 1986 年，不仅是伊尔库茨克州也是东西伯利亚和远东地区最大的已探明气田；可采天然气工业储量为 2.72 亿立方米；证明天然气储量为 1.5 万亿立方米，氦气储量为 77 亿立方米；天然气、凝析油年设计产量分别为 250 亿立方米、140 万吨。[①]

2. 阿穆尔天然气加工处理厂项目

阿穆尔天然气加工处理厂是中俄东线天然气管道的源头，建成后将成为世界最大的天然气加工处理厂之一。完工后每年将向中国出口天然气 380 亿立方米。该工厂建设分为 3 个标段，葛洲坝集团承建了其中的 P1 标段，该项目也是葛洲坝集团承建的首个国际大型油气项目。[②]

3. 北极亚马尔 LNG 项目

该项目是在北极地区开展的特大型天然气勘探开发、液化、运输、销售一体化项目，由俄罗斯诺瓦泰克股份公司、中国石油天然气集团有限公司（中国石油）、法国道达尔公司和中国丝路基金（丝路基金）合作开发。中国石油和丝路基金以 29.9% 的持仓使中国变成第二大控股股东。中国公司承包了全部项目的 85%，有 45 家公司参与建设，该项目是中俄初次完成的全产业链合作的项目。[③]

4. 北京燃气收购上乔纳斯科油气田开发公司20%股权

2017 年 6 月 29 日，俄罗斯石油公司向北京市燃气集团有限责任公司交付了 20% 上乔纳斯科石油天然气公司的股权，完成了中俄关于该股权的交易，交易总金额共计 11 亿美元。[④] 双方将构建一个纵向一体化合作系统。东

---

① 恰扬金气田、科维克金气田相关内容参见马秀明《俄罗斯远东供气源地科维克金气田及恰扬金气田概述》，《内蒙古石油化工》2014 年第 22 期；《庞昌伟：中俄天然气合作及东线、西线及远东天然气管道建设》，中国海洋发展研究中心网站，https://aoc.ouc.edu.cn/2018/0716/c9821a207133/pagem.psp。

② 《中国能建参建俄罗斯最大天然气加工厂首列生产线投产》，国务院国有资产监督管理委员会网站，http://www.sasac.gov.cn/n2588025/n2588124/c19135077/content.html。

③ 《中国首船亚马尔 LNG 运抵国内》，国新网，http://www.scio.gov.cn/gxzl/ydyl_26587/jmwl_26592/jmwl_26593/202207/t20220728_269201.html。

④ 《北京控股集团完成入股俄石油》，人民网，http://paper.people.com.cn/zgnyb/html/2017-07/17/content_1791781.htm。

西伯利亚一处拥有先进基础设施的最大型油气田项目的股权将交付到中国企业手中，并且，该项目能够接入东西伯利亚—太平洋石油管道。而中方则给予俄罗斯石油公司未来进入中国天然气市场的可能，包括以第三国中转的方式把天然气供应给终端消费者。

5. 北极 LNG 2 号项目

2019 年 6 月，位于俄罗斯吉丹半岛的主要 LNG 开发项目北极 LNG 2 号项目的最终投资决定获得法国道达尔公司、俄罗斯诺瓦泰克股份公司和其他项目股东的批准。法国道达尔公司直接持有北极 LNG 2 号项目 10% 的股权，俄罗斯诺瓦泰克股份公司持股 60%，中海油持股 10%，中石油持股 10%，日本三井—Jogmec 财团持股 10%。[①] 除了持有俄罗斯诺瓦泰克股份公司19.4% 的股份外，法国道达尔公司还持有该项目 11.6% 的间接参与权。此项目的天然气可采储量达到 1.3 万亿立方米，凝析油可采储量达到 6000 万吨，年产能将达到 1980 万吨。预计该项目 80% 左右的产量将出口到亚太地区。

6. "西伯利亚力量-2号"天然气过境蒙古国输华工程

"西伯利亚力量-2号"天然气过境蒙古国输华工程从毗邻北冰洋的亚马尔天然气田出发，横穿整个西伯利亚，初步规划途经蒙古国，到达中国内蒙古自治区阿拉善盟，预计全长 3550 公里。其中有 950 公里穿越蒙古国领土。该项目完工后，俄罗斯对中国的管道天然气出口量每年可能再增加 500 亿立方米。[②]

二 中俄两国的天然气生产、消费及进出口状况

从天然气储量、产量和消费量来看，中俄都是天然气大国，然而，中国的天然气消费量远远大于产量，必须依赖进口，相比之下，俄罗斯的天然气消费量低于自身的储量和产量，这使其成为主要的天然气出口国。中俄天然气总探明储量情况见表 4-2。2011~2021 年中俄天然气产量情况见表 4-3。

---

① 《中俄再次合作开发北极大型液化天然气项目：中石油中海油入股》，澎湃新闻，https://www.thepaper.cn/newsDetail_forward_3634171。

② 《中俄仍未敲定新天然气管道的开工时间》，联合早报中文网，https://www.quzaobao.com/news/china/202401/2911584.html。

表4－2 中俄天然气总探明储量情况

	2000年	2010年	2019年	2020年		
	总探明储量（万亿立方米）	总探明储量（万亿立方米）	总探明储量（万亿立方米）	总探明储量（万亿立方米）	世界占比（％）	R/P（储备/生产比）
俄罗斯	33.2	34.1	37.6	37.4	19.90	58.6
中国	1.4	2.7	8.4	8.4	4.50	43.3

注：在现有的经济和操作条件下，天然气总探明储量通常指地质和工程信息表明的那些储量，将来可以从已知的储层中获得天然气；R/P（储备/生产比）指任何一年末剩余的储量除以该年的产量，其结果代表如果生产以该速度继续，剩余储量将持续的时间。

资料来源："Statistical Review of World Energy 2020 ｜ 69th Edition," https：//www. bp. com/en/global/corporate/energy-economics. html。

表4－3 2011～2021年中俄天然气产量情况

单位：10亿立方米，%

	2011年天然气产量	2012年天然气产量	2013年天然气产量	2014年天然气产量	2015年天然气产量	2016年天然气产量	2017年天然气产量
俄罗斯	616.8	601.9	614.5	591.2	584.4	589.3	635.6
中国	106.2	111.5	121.8	131.2	135.7	137.9	149.2
	2018年天然气产量	2019年天然气产量	2020年天然气产量	2021年天然气产量	2021年天然气产量同比增长率	2011～2021年年均增长率	2021年占比
俄罗斯	669.1	679	637.3	701.7	10.4	1.3	17.4
中国	161.4	176.7	194.0	209.2	8.1	7.0	5.2

注：不包括燃烧或回收的气体，包括用于气液转换的天然气。

资料来源："Statistical Review of World Energy 2022 ｜ 71th Edition," https：//www. bp. com/en/global/corporate/energy-economics. html。

（一）俄罗斯的天然气储备、生产及出口现状

1. 俄罗斯的天然气储量和产量

根据2020年的数据，俄罗斯天然气总探明储量达37.4万亿立方米，占世界总探明储量的19.90％，排名世界第一，其后为伊朗、卡塔尔、土库曼斯坦、美国和中国。俄罗斯每年的天然气产量比较稳定，2011～2021年年均增长率为1.3％。2021年，产量达7017亿立方米，开采潜力巨大。[1]

---

[1] "Statistical Review of World Energy 2022｜71th Edition," https：//www. bp. com/en/global/corporate/energy-economics. html.

2.俄罗斯天然气的消费与出口现状

俄罗斯对于天然气的消费量是比较大的，增长也比较稳定，2021 年达 4746 亿立方米，2011～2021 年年均增长率为 0.9%（见表 4-4）。俄罗斯天然气具有很大的出口潜力，2021 年的总出口量达 2413 亿立方米（见表 4-5）。

表 4-4 2011～2021 年中俄天然气消费量情况

单位：10 亿立方米，%

	2011 年天然气消费量	2012 年天然气消费量	2013 年天然气消费量	2014 年天然气消费量	2015 年天然气消费量	2016 年天然气消费量	2017 年天然气消费量
俄罗斯	435.6	428.6	424.9	422.2	408.7	420.6	431.1
中国内地	135.2	150.9	171.9	188.4	194.7	209.4	241.3
中国香港	2.9	2.6	2.5	2.4	3.0	3.1	3.1

	2018 年天然气消费量	2019 年天然气消费量	2020 年天然气消费量	2021 年天然气消费量	2021 年天然气消费量同比增长率	2011～2021 年年均增长率	2021 年占比
俄罗斯	454.5	444.3	423.5	474.6	12.4	0.9	11.8
中国内地	283.9	308.4	336.6	378.7	12.8	10.9	9.4
中国香港	3.0	3.1	4.9	4.8	-2.1	5.4	0.1

注：不包括转化为液体燃料的天然气，包括煤的衍生物以及气液转换过程中消耗的天然气。上面的数据代表标准立方米数据（在 15℃ 和 1013 mbar 条件下测量），因为它们是直接通过平均能量的转换因子对能量含量进行测量得到的，并且依据总热值（GCV）40 MJ/m³ 进行了标准化。它们不一定等于特定国家所报告的天然气的体积。这些世界消费的统计数据与世界生产的统计数据之间存在差异是由储存设施和液化厂的库存不同，以及天然气供需数据的定义、测量或转换方面不可避免的差异所致。

资料来源："Statistical Review of World Energy 2022 | 71th Edition," https://www.bp.com/en/global/corporate/energy-economics.html。

表4-5 2011~2021年中俄天然气贸易量情况

单位：10亿立方米，%

		2011年天然气贸易量	2012年天然气贸易量	2013年天然气贸易量	2014年天然气贸易量	2015年天然气贸易量	2016年天然气贸易量	2017年天然气贸易量	2018年天然气贸易量	2019年天然气贸易量	2020年天然气贸易量	2021年天然气贸易量	2021年天然气贸易量同比增长率	2011~2021年年均增长率	2021年占比
俄罗斯	管道进口	41.2	39.7	32.9	33.1	26.5	24.3	28.6	24.6	30.3	10.4	15.1	45.6	-9.5	1.5
	总进口	41.2	39.7	32.9	33.1	26.5	24.3	28.6	24.6	30.3	10.4	15.1	45.6	-9.5	1.5
	管道出口	210.6	201.5	210.7	189.6	194.2	202.0	219.7	222.4	220.7	197.1	201.7	2.6	-0.4	19.7
	LNG出口	14.3	14.3	14.5	13.6	14.6	14.6	15.4	24.9	39.1	41.8	39.6	-4.9	10.7	3.9
	总出口	224.9	215.8	225.2	203.2	208.8	216.7	235.2	247.3	259.8	238.9	241.3	1.3	0.7	23.6
中国	管道进口	13.6	20.8	26.4	30.3	32.4	36.8	39.9	47.9	47.7	45.1	53.2	18.5	14.6	5.2
	LNG进口	16.9	20.1	25.1	27.3	27.0	36.8	52.9	73.5	84.7	94.0	109.5	16.8	20.6	10.7
	总进口	30.5	40.8	51.5	57.5	59.4	73.5	92.8	121.3	132.5	139.1	162.7	17.3	18.2	15.9
	LNG出口*	—	—	—	—	—	—	—	—	0.1	—	—	—	—	—
	总出口	—	—	—	—	—	—	—	—	0.1	—	—	—	—	—

注：*包括再出口数据；上面的数据代表标准立方米数据（在15°C和1013 mbar条件下测量），并且依据总热值（GCV）40 MJ/m³进行了标准化。

资料来源："Statistical Review of World Energy 2022 | 71th Edition," https://www.bp.com/en/global/corporate/energy-economics.html。

（二）中国的天然气储备、生产、消费及进口现状

1. 中国的天然气储量和产量

中国的天然气储备和生产主要集中在鄂尔多斯、塔里木、川渝和南海海域四大气区。截至 2020 年末，中国天然气总探明储量为 8.4 万亿立方米，占世界天然气总探明储量的 4.5%，排名世界第六。中国天然气产量增长较快，2011～2021 年年均增长 7%。2021 年，中国天然气产量达 2092 亿立方米，同比增长 8.1%，开采潜力也比较大。

2. 中国天然气的消费与进口现状

2021 年仅中国内地天然气消费量就达到 3787 亿立方米，同比增长 12.8%，2011～2021 年年均增长 10.9%，消费规模居世界第三。天然气被确定为"培育成为中国现代清洁能源体系的主体能源之一"。2020 年 9 月，中国国家主席习近平在第 75 届联合国大会一般性辩论上提出中国将力争二氧化碳排放于 2030 年前达到峰值，努力争取 2060 年前实现碳中和，今后中国对清洁天然气的需求将更为旺盛。一方面，天然气是一种低碳环保的优质能源，在含碳元素的常见化石能源中，天然气所含的碳元素最少，碳排放量相应最小；另一方面，天然气的使用给"无碳环保能源"，诸如风、光及核能等的替换留下了成长空间。2017 年，中国国家发改委发布的《加快推进天然气利用的意见》提出，到 2030 年，在一次能源消费中将天然气的比例提高到 15%。根据海通证券研究报告，2020 年，中国天然气消费量在一次能源消费量中的占比为 8.4%；在天然气下游消费中，城市燃气和工业燃料为最主要的用途，分别占 37% 和 35%，发电和化工用气分别占 18% 和 10%。在"碳中和"背景下，预计 2021～2030 年天然气消费量将维持较快增长，预计 2030 年的消费量达到 6900 亿立方米，年均复合增速为 7.8%，占一次能源消费量的比例达 15%，城市燃气和发电用气增长空间较大。

2011～2021 年，中国天然气进口量从 305 亿立方米增长到 1627 亿立方米。天然气进口依存度①持续上升，2013 年天然气进口依存度首次突破

---

① 天然气进口依存度为当年天然气进口量与消费量之比。

30%，自 2018 年开始连续多年超过 40%，2021 年进口依存度仍旧处在高位，达到 42.96%。2018 年，中国天然气进口量达 1213 亿立方米，中国超过日本成为世界第一大天然气进口国。2021 年，中国天然气进口量达 1627 亿立方米，同比增长 17.3%，占世界进口总量的 15.9%，中国仍为天然气进口第一大国；其中管道天然气进口量为 532 亿立方米，同比上升 18.5%，LNG 进口量为 1095 亿立方米，同比增长 16.8%，占世界 LNG 进口量的比例达到 10.7%。2020 年，中国 LNG 进口来源国共 24 个，天然气进口来源呈现多元化特点，其中自澳大利亚的进口量仍居首位，进口量占比为 46%，卡塔尔居第二位，其后是马来西亚、印度尼西亚和美国。中国管道天然气进口的前五个来源国分别为土库曼斯坦、乌兹别克斯坦、哈萨克斯坦、缅甸和俄罗斯。[1]

（三）中俄两国天然气贸易情况

根据英国石油公司的统计数据，2021 年，中国从俄罗斯进口管道天然气 76 亿立方米，同比增长 96%，占进口管道气的 14.29%。根据 UN Comtrade 的数据，2022 年，中国从俄罗斯进口管道天然气约 293.37 万吨，同比增长 12.41%，CIF 贸易额约为 398085.7 万美元，同比增长 340.57%；LNG 进口量为 650.48510 万吨，同比增长 43.97%，CIF 贸易额约为 674633.93 万美元，同比增长 144.17%（见表 4-6）。2021 年，俄罗斯在对华管道气供应国中位列第二，排在土库曼斯坦之后；在 LNG 供应国中位列第四，排在澳大利亚、卡塔尔和马来西亚之后；两项合计，俄罗斯在中国天然气供应量排名中位列第三，排在澳大利亚和卡塔尔之后。当前，中俄正在商谈西线管道天然气合作，如果东西双线都投产，俄罗斯在成为中国原油进口第一大供应国之后，就将成为中国天然气最大供应国。

表 4-6 中国从俄罗斯进口天然气情况

年份	商品 HS 码	商品	净重（千克）	同比增长率（%）	CIF 贸易额（美元）	同比增长率（%）
2020	271121	管道气	3538503171	—	796147656	—

---

[1] 数据来源：UN Comtrade。

年份	商品 HS 码	商品	净重（千克）	同比增长率（%）	CIF 贸易额（美元）	同比增长率（%）
2021	271121	管道气	2609774142	−26.25	903564264	13.49
2022	271121	管道气	2933669194	12.41	3980856658	340.57
2014	271111	LNG	129669600	−95.58	86174124	−97.84
2015	271111	LNG	191122000	47.39	107885728	25.20
2016	271111	LNG	264278768.4	38.28	84212042	−21.94
2017	271111	LNG	444947000	68.36	175922076	108.90
2018	271111	LNG	734297300	65.03	402171927	128.61
2019	271111	LNG	2505790700	241.25	1132810475	181.67
2020	271111	LNG	5047064000	101.42	1718703134	51.72
2021	271111	LNG	4518115000	−10.48	2763024026	60.76
2022	271111	LNG	6504851000	43.97	6746339282	144.17

资料来源：UN Comtrade。

三　中俄天然气合作的地缘政治分析

从 20 世纪 90 年代末开始，能源地缘政治的影响随着能源国际贸易的急速发展逐渐彰显。2019 年 6 月 5 日，中俄元首决定将两国关系提升为"新时代中俄全面战略协作伙伴关系"，这为中俄深化天然气合作奠定了坚实的政治基础。

（一）基于俄罗斯角度的地缘政治分析

俄罗斯能源战略转向亚太国家的原因主要有以下四个。

第一，欧盟采取能源多元化措施。俄罗斯一直是欧盟最重要的天然气进口来源国，面对日益增加的国际不确定性，欧盟必须采取措施降低对俄罗斯的能源依赖程度。2015 年 2 月，欧盟正式宣布能源联盟的总体框架，将欧盟成员国的能源政策统一为欧盟能源政策，希望在能源大力依靠俄罗斯的背景下，打破俄罗斯天然气垄断，建立一个具有竞争力的内部能源市场。2 月 25 日，欧盟公布能源联盟的总体架构。3 月 4 日，西班牙、法国和葡萄牙政府签署了《马德里能源合作方案宣言》，这是加快欧盟内部能源互联互通、逐步降低能源对外依存度的一个重要步骤。另外，欧盟长期以来是俄罗斯最大的贸易合作伙伴，也是俄罗斯能源出口的首要目标。俄罗斯的能源几乎都出口到欧洲市场，对欧洲市场形成了极大的依赖。2022年俄乌冲突发生以来，美国对俄罗斯展开新一轮制裁。俄罗斯通往欧洲的天然气管道也因为俄乌冲突受到不小的影响，欧洲国家在短时间内不可能恢复到和之前持平的从俄罗斯进口天然气的量。对于俄罗斯来说，新建管道需要一定的时间与成本，短期内找到完全替代的出口国不可能。并且，随着欧盟能源战略调整，其对俄罗斯能源的需求量呈现下降趋势，国际能源市场处在极大的不确定性之中。俄罗斯不得已进行能源战略调整，转向亚太地区无疑是一个最佳的选择。

第二，世界的能源规则因为美国页岩气开采商业化的成功而发生改变，这极大地影响了俄罗斯天然气的出口。自1990年起，美国开始了页岩气的研究开发并取得了重要成果。2009年以来，受"页岩气革命"影响，美国天然气产量大幅增长，美国已经连续几年成为世界上最大的天然气生产国。到2035年，美国的能源供应将实现自给自足。在这种情况下，此前向美国出口天然气的西亚和北非国家被迫转向欧洲和亚太市场。随着墨西哥湾沿岸出口设施的开通，美国开始向欧洲出口天然气，美国和俄罗斯在天然气供应方面将成为主要竞争者，其斗争日益激烈。2022年，俄乌冲突爆发，美国在制裁俄罗斯的同时，也为本国的天然气寻求更大的出口市场。在这样的政治背景下，俄罗斯希望以亚太和南亚为主要方向扩大能源出口市场，以达到能源出口多元化的目的。

第三，亚太地区飞速发展的经济，使其对俄罗斯能源的需求量逐年增加。东亚是世界上最大的能源消费市场，中国、日本、印度、韩国等亚太国家是较为重要的能源消费国，2021年，其天然气消费量分别为3787亿立方米、1036亿立方米、622亿立方米和625亿立方米，在世界消费量中的占比分别为9.4%、2.6%、1.5%和1.5%①。作为重要的能源生产国，俄罗斯应

---

① 数据来源："Statistical Review of World Energy 2022 | 71th Edition," https://www.bp.com/en/global/corporate/energy-economics.html。

根据全球经济重心向亚太地区转移的大趋势，与亚太地区国家特别是中国进行能源合作，以获得更多的能源红利。

第四，能源出口国和管道过境国能够依托中国能源市场实现经济增长。对俄罗斯天然气出口商来说，中国天然气消费市场规模庞大，距离俄罗斯近，运输成本低，国家信誉好，并且中国消费能力强，不仅是俄罗斯能源出口增长的安全港，也可以成为俄罗斯应对西方经济制裁的避风港。俄罗斯能够得到中国提供的资本、技术、人才等资源以及强劲的市场保障，从而为经济的可持续发展提供保障。对远东地区石油和天然气资源的开发，也能够有效缩小俄罗斯东西部地区经济发展的差距，帮助俄罗斯实现区域均衡发展的目标。

（二）基于中国角度的地缘政治分析

天然气是高效且经济的能源。由于产量不足以满足需求，中国天然气消费量的40%以上依赖进口①，且呈逐年增长的趋势。能源需求增加和"碳中和"目标的确立的结合将促使中国增加清洁能源天然气的进口量，加快实现进口渠道多元化。

地缘关系是中俄开展油气合作的内在优势。对中国而言，俄罗斯东部地区的能源具有诸多优势，如距离中国近、成本低、天然气供应充足等，对保障中国能源安全、实现天然气的大量供应尤为重要。目前，中国主要从中东、非洲、东南亚等地区进口油气，采取海上集中运输的方式，运输距离长，运输量饱和，运输成本高，风险大，能源安全存在较高脆弱性。中俄边境线长度为4300多公里，陆路交通十分便利。俄罗斯的西西伯利亚、东西伯利亚和远东地区三个石油和天然气资源丰富的地区毗邻中国。俄罗斯可以利用安全系数高的陆地管道，以高效的方式向中国输送石油和天然气，这将使中国的能源安全水平大幅提升。

---

① "Statistical Review of World Energy 2022 | 71th Edition," https://www.bp.com/en/global/corporate/energy-economics.html.

四　中俄天然气合作的地缘政治影响

长期以来，中国和俄罗斯之间呈现"政热经不热"的状态，中俄之间展开天然气合作使双方的关系更加稳固，并且双方在能源领域的合作一定是互利共赢的。

（一）中俄天然气合作对中国的影响

目前，中国已成为全球最具潜力的市场之一，但中国是一个"富煤贫油少气"的国家，中国的天然气供需缺口不断上升。中俄东线天然气管道的建设能够填补中国在天然气上的供需缺口，进一步促进中国天然气消费。

从目前来看，虽然中国天然气的进口来源已经实现多元化，但还存在很多风险，例如，成本较高，运输风险与政治风险较大，管道气进口来源单一。中国在天然气贸易中的议价能力还面临诸多限制。从俄罗斯进口天然气使中国不再强烈依赖中亚的一些国家，在天然气议价上具有更多的自主权。作为两个独立的大国，俄罗斯与中国的合作会把地缘上的优势发挥到极致，运输风险与政治风险大大降低。2020 年，俄罗斯通过中俄东线天然气管道为中国提供了 50 亿立方米天然气，并且希望于 2025 年将其提高到 380 亿立方米，大力推进中国实现管道气进口来源多元、总量丰富以及完善管道气和 LNG 结构的目标，帮助中国建成结构化的天然气供需网，以保障能源安全。

长期以来，中国都把绿色发展和环境保护作为发展的重中之重，中俄东线天然气管道是绿色环保项目，与俄罗斯的合作将加快中国"煤改气"进程，能够极大地缓解环境压力。

中俄两国天然气合作文件充分展现出中俄对国际能源治理现代化与法治化的追求。中俄天然气合作有利于中国加快能源转型，促进能源体制改革。

（二）中俄天然气合作对俄罗斯的影响

俄罗斯拥有非常丰富的能源，欧洲一直是俄罗斯天然气最大的买家。但

21 世纪以来，国际形势日益复杂，大国间展开了长期博弈，不仅包含经济博弈，还包含能源、政治等各个方面的博弈。首先，俄罗斯在欧洲的天然气市场份额受到美国页岩气供应的挑战。美国天然气不仅能做到自足，还能够出口，而欧洲市场正是美国所期盼的买家，欧洲国家希望快速推进绿色转型，并摆脱对俄罗斯的能源依赖。其次，俄罗斯对欧盟出口天然气的陆地输气线的沿途有很多中欧国家①，政治博弈使俄罗斯在向欧洲供应天然气时面临风险。2014 年，俄罗斯"北溪－2"天然气管道建设一波三折②，先后被美国、欧洲制裁。德国在当地时间 2021 年 11 月 16 日宣布暂停对"北溪－2"天然气管道项目运营的认证审批。2022 年 2 月，俄乌冲突爆发后，美国对俄罗斯展开新一轮制裁，欧洲一些国家紧随其后，途经乌克兰的天然气管道被切断。2022 年 9 月 26 日，"北溪－1"和"北溪－2"在波罗的海海底的天然气管道被炸，发生多处泄漏。俄罗斯的能源布局被打乱，美国趁机抢占俄罗斯在欧洲的能源市场。虽然俄罗斯对此做出一系列对应反制措施，但在这样的地缘政治形势下，俄罗斯的能源战略、出口市场受到不小的冲击，俄罗斯必须实现能源出口多元化来抗击所有的外部冲突。与中国的能源合作能够改变俄罗斯长期以来以欧洲为主的市场结构，降低对欧洲市场的依赖，这不仅有利

---

① 主要有四条通道：一是经白俄罗斯、波兰的亚马尔—欧洲管道；二是经土耳其、保加利亚的蓝溪管道；三是经乌克兰、斯洛伐克、捷克的联盟线；四是通过海底直接到达德国的"北溪－1"。

② "北溪－2"是俄罗斯与 5 个欧洲国家之间的国际项目，旨在绕过乌克兰，通过德国向欧洲国家输送天然气，每年大约提供 550 亿立方米天然气，原本预计在 2019 年底竣工。项目一旦建成，对美国有很大的影响。第一，"北溪－2"的建成会减少欧洲国家从美国购买天然气的规模。第二，基于"北溪－2"建立的合作关系会让欧洲其他国家和俄罗斯走得更近。第三，俄罗斯在欧洲的话语权将提升。此外，对于乌克兰和波兰来说，"北溪－2"将降低陆上管道的输气量，而乌克兰和波兰正是俄罗斯和欧洲国家的陆上天然气管道的途经国。2019 年 12 月 20 日，美国开始制裁"北溪－2"的建设公司，第二天就有两家公司退出这一项目。2020 年，美国扩大制裁规模，制裁对象包括所有的原材料供应方、贷款公司、担保公司以及保险公司。不久，俄罗斯反对派纳瓦尔尼在俄罗斯被人投毒，之后，德国外长针对此事向俄罗斯发出威胁，一天之后，德国总理默克尔表示，支持德国外长的观点，还强调可能会对俄罗斯进行制裁。美国将"北溪－2"作为阻止中国与欧盟达成"中欧投资协定"的筹码，2021 年 5 月 19 日，美国拜登政府宣布放松对"北溪－2"相关公司的制裁。5 月 20 日，欧洲议会全会通过决议：在中方解除对欧洲议会议员等的反制裁前，将"冻结"关于批准"中欧投资协定"的有关讨论。

于对抗美国对俄罗斯的打压，提升俄罗斯对欧洲外交的话语权及主动权，还有助于俄罗斯开辟亚太市场，运用中国的资源、市场来发展产业，加快经济发展。

（三）中俄天然气合作对世界经济的影响

美国页岩气革命让全球天然气的供应不再紧张，天然气因此成为独立的能源品种，全球天然气定价与石油价格相关联的模式已经无法适应现实发展的需要，天然气市场竞争更为激烈，市场机制得以发挥作用。中俄东线天然气管道通气后，俄罗斯能源出口到中国的占比进一步增大，供应市场与需求市场的对接更为均衡，"大资源"通往"大市场"，更有利于市场机制发挥作用，形成新的全球能源格局。

随着天然气在世界范围内的消费占比逐渐升高，天然气将成为最主要的大宗商品之一。中俄天然气合作有力地推动了天然气基础设施的互联互通，有利于稳定双边天然气现货交易，推动形成东北亚天然气交易中心，进而推动形成中国天然气市场基准价格，并形成以人民币计价的贸易机制。2020年，中俄两国贸易中本币结算的比例提高到 25%，作为参考，这一数据在2013 年、2014 年只有 2%～3%。① 在能源贸易领域，中俄两国本币结算比例不断提高。2022 年 9 月 6 日，俄罗斯天然气工业股份公司宣布，已与中国石油天然气集团公司签署一项协议，俄罗斯供应给中国的天然气的付款方式由美元和欧元改为人民币和卢布（各占 50%）。② 美元霸权的形成与美国掌控石油生产国（在石油贸易中推行以美元结算）息息相关，但是作为天然气的出口国，美国需要掌控天然气的消费国以维持美元霸权。中俄两国天然气合作提高本币结算比例，有利于化解美元体系的风险，对抗美元霸权，促进两国货币国际化。

中俄通过加强以天然气为代表的能源合作，进一步夯实和深化两国的战

---

① 《俄驻华大使：中俄贸易本币结算达 25% 对华农产品出口增势迅猛》，腾讯网，https://new. qq. com/rain/a/20201231A0CPZG00。

② 《俄对华天然气出口，以卢布和人民币 50：50 比例结算》，中国网，http://news. china. com. cn/2022－09/08/content_78410163. htm。

略合作。面对新冠疫情全球蔓延的态势和世界整体经济下滑的冷酷现实，中俄能源合作展现出极为强大的韧性和活力，能源贸易规模大幅增长，重大合作项目稳步推进，新合作成果不断涌现。"后疫情时代"的中俄能源合作前景更加光明，两国将在国际舞台上对全球和地区局势发挥稳定性作用。

五　中俄天然气合作的发展建议

在评估双边能源合作前景时，应该指出，这一趋势总体上是有利的。这是因为两国在许多外交问题上的战略利益是一致的。从经济角度看，应注意俄罗斯的能源政策为积极发展东方市场和向亚太国家出口能源份额的增加提供了条件。《中华人民共和国国民经济和社会发展第十四个五年规划和2035年远景目标纲要》旨在实现经济可持续发展，确定增加天然气和石油进口量，并确保国家能源安全，这与俄罗斯在能源发展领域的政策是一致的。今后中俄除了加强两国经济方面的合作外，还要关注以下领域。

第一，不仅要建立以能源为基础的贸易关系，还要加强能源技术和装备领域的合作，提升合作的层级，在天然气供应链的上下游深化合作，包括勘查与开发设计、管道建设和燃气商品精细化工等领域的合作。应着眼于页岩气、LNG等新技术方面的资金投入和产品研发，深化全产业链合作，拓展合作领域。

第二，深化银行间合作，在支付系统、金融市场和保险领域开展合作，更多使用本币开展天然气等能源贸易结算和项目投融资。2018年，中国原油人民币期货合约问世，这是中国首个国际化期货品种。中国也应加快天然气人民币期货合约问世的步伐，探索形成东北亚天然气交易中心，形成合理的市场定价机制。

第三，依托天然气管道建设，推动落后地区的社会经济发展，例如中国东北和中西部地区、俄罗斯远东和西伯利亚地区。加快连接这些地区的发展战略，充分运用互利共赢特性，加强中国与俄罗斯次区域的经济合作。

第四，为维护中俄稳定的合作关系，双方应建设属于项目的"公关部"。

当前的能源市场整体平稳，局部动荡。美国在争夺能源主要出口国的地位。俄罗斯在开发新能源市场方面不尽如人意，在欧洲市场与相关国家的合作不平稳。几个发达国家的变动随时都会影响到发展中国家。中国和俄罗斯应建立属于天然气合作项目的"公关部"，切实关注各国舆情，为项目做好公关，助力双方的深入合作。

第五，提升高层会晤级别，进一步利用两国高层对话机制，讨论两国天然气合作面临的难题与采取的方式，为解决争端提供平台。

参考文献

孙璐、胥江成：《中俄天然气合作博弈分析》，《黑龙江对外经贸》2007 年第 9 期。

杨雷：《中俄天然气合作的历程与前景》，《欧亚经济》2014 年第 5 期。

第五章　中国与西亚产业合作分析

时保国

西亚地区局势动荡，各国贫富差距大，由于特殊的地理位置、优质的石油资源和历史渊源问题，一直被世界各国所关注。21世纪以来，人类面临一系列的全球公共安全威胁和挑战：2003年的非典疫情、2008年的全球金融危机、2020年的新冠疫情、2022年的俄乌冲突。各个国家均采取因地制宜的措施，这些都反映了全球对安全治理的新思考。近年来，中国与西亚国家的关系稳中有进，经济合作基础更加坚实，新兴合作领域蓬勃发展，在世界百年未有之大变局背景下推动中国和西亚国家的友好发展是应对全球安全治理问题的迫切需要，也是双方促进产业发展、提升经济合作水平的相互需要。本章介绍西亚20国的地理位置、人口规模、经济发展和经贸状况，并从产业结构合理化和产业结构高级化两个方面对比分析各国的产业结构变迁情况，最后基于中国与西亚各国的产业合作现状，对双方的未来发展提出展望。

一　西亚20国经贸概况

（一）西亚20国地理位置

西亚，是指东起阿富汗西迄土耳其的亚洲广大西部地区，共有20个国家，分别为阿富汗、伊朗、土耳其、塞浦路斯、叙利亚、黎巴嫩、巴勒斯坦、以色列、约旦、伊拉克、科威特、沙特阿拉伯、也门、阿曼、阿联酋、卡塔尔、巴林、亚美尼亚、格鲁吉亚、阿塞拜疆，总面积约为700万平方公里。西亚处于欧亚非三大洲的连接地带，南、西、北三面分别濒临阿拉伯海、红海、地中海、黑海和里海，故其常被称为"三洲五海之地"。西亚也被称为"世界石油宝库",其石油和天然气探明储量分别占世界总储量的65.3%和35%。在近代和现代,由于苏伊士运河的开凿和波斯湾地区巨大石油资源的开发,其地理位置更加重要,其中,霍尔木兹海峡、曼德海峡、黑海海峡和苏伊士运河更是具有世界性战略意义。①

(二)西亚20国人口规模及经济发展状况

表5-1展现了中国和西亚20国的人口总数、国内生产总值、第一产业产值、第二产业产值和第三产业产值,从2020年数据可以看出,西亚20国总人口超过4亿人;土耳其和伊朗人口总数均超过8300万人,也是西亚人口较多的国家。而西亚人口总数最少的国家是巴林,约为170万人,卡塔尔和亚美尼亚的人口总数也仅仅将近300万人。由此可见,西亚国家的人口总数规模相差较大,这导致有些国家人口分布较为密集,有些较为稀疏。

表5-1　2020年中国与西亚国家人口总数、国内生产总值和三次产业产值

单位:万人,百万美元

国家	人口总数	国内生产总值	第一产业产值	第二产业产值	第三产业产值
阿富汗	3892.834	19153.96	6163.26	1766.13	11224.56
阿联酋	989.040	358868.77	3296.60	113253.45	242318.71
阿曼	510.662	65913.55	1425.32	29220.08	35268.15
阿塞拜疆	1011.012	46634.73	4049.47	16289.19	26296.07
塞浦路斯	1237.54	25227.19	454.09	3304.76	21468.34
巴勒斯坦	480.327	11856.80	999.80	1811.60	9045.40
巴林	170.158	34674.19	108.15	10766.11	23799.93
格鲁吉亚	371.400	13916.44	1171.17	2200.33	10544.94
卡塔尔	288.106	169729.31	413.78	71869.38	97446.15
科威特	427.056	122253.81	580.77	52924.05	68748.99
黎巴嫩	682.544	61071.78	1591.42	3000.19	56480.17

---

① 杨青山、韩杰、丁四保主编《世界地理》,高等教育出版社,2004。

续表

国家	人口总数	国内生产总值	第一产业产值	第二产业产值	第三产业产值
沙特阿拉伯	3481.387	701255.90	17941.03	244601.13	438713.75
土耳其	8433.907	898784.12	67770.91	202552.90	628460.31
叙利亚	1750.066	22908.87	5199.02	6873.19	10836.66
亚美尼亚	296.323	10987.37	1378.56	2415.76	7193.06
也门	2982.597	20274.86	3831.41	3207.66	13235.79
伊拉克	4022.250	168833.17	9828.86	62777.41	96226.90
伊朗	8399.295	868018.27	127993.04	249053.09	490972.14
以色列	921.690	365135.39	4560.16	51807.44	308767.79
约旦	1020.314	39636.62	2273.24	9301.41	28061.97
中国	140211.200	14670226.58	1141805.37	4821685.21	8706736.00

资料来源：EPS 数据库。

在西亚 20 个国家中，2020 年的人均 GDP 在 1 万美元以上的有 9 个国家，其中，卡塔尔的人均 GDP 约为 5.89 万美元，阿联酋和以色列的人均 GDP 在 3 万美元以上。值得一提的是，以色列位于地中海沿岸，而卡塔尔和阿联酋位于波斯湾沿岸。而人均 GDP 不足 5000 美元的国家共有 10 个，其中，阿富汗人均 GDP 约为 492.03 美元，在西亚国家中居最后一位。人均 GDP 最高的国家（卡塔尔）的人均 GDP 约为人均 GDP 最低的国家（阿富汗）的 120 倍，由此可以看出，西亚地区存在严重的两极分化情况，部分国家常年受到战乱的影响，经济无法持续健康地发展。

2020 年，中国 GDP 约为 14.67 万亿美元，是西亚 20 国 GDP 的 3.64 倍，以表 5-1 中中国人口总数约为 14.02 亿人计算，中国 2020 年的人均 GDP 约为 10463 美元，比西亚 20 国人均 GDP 高出 500 多美元，人均 GDP 高于伊朗、黎巴嫩、阿塞拜疆、伊拉克等 12 个国家。

（三）西亚20国经贸状况

根据西亚 20 国的经济特征，将西亚国家分为两类国家，即石油输出国和非石油输出国，石油输出国包括伊朗、伊拉克、科威特、沙特阿拉伯、巴林、卡塔尔、阿联酋和阿曼 8 个国家，主要分布在波斯湾沿岸。其他国家为非石油输出国。

石油是石油输出国的命脉，石油工业对这些国家的各行各业都产生了十分重要的影响，在国内生产、进出口贸易中都占有绝对优势，而这些国家单一的经济模式很容易受到外来经济的冲击，国际能源价格波动对其的影响也十分严重，因此，这些国家一直在探索经济多样化的发展模式。

非石油输出国的产业大多以农业和畜牧业为主。西亚农业发展历史悠久，受气候影响，灌溉农业发挥重要作用。主要粮食作物是小麦、大麦和豆类，接着是小米和水稻；经济作物如棉花、烟草和甜菜；畜产品和干鲜果品是重要的出口产品，如椰枣、橄榄、紫羊羔、安卡拉山羊等。集中耕地位于沿海、河谷和绿洲地区，山地和高原的草地牧场以发展畜牧业为主。这些国家的农产品自给率低，它们已成为世界上主要的农产品和畜产品进口地区之一。一些国家的采矿业和加工业较弱，但其充分利用区位优势，从石油运输、加工和提供劳务方面获取可观的利润，收取高额的过境费，收入非常可观。因此，各国的发展水平的差异很大。

二　西亚产业结构变迁

虽然西亚国家产业结构较为单一，但对西亚国家产业结构发展变迁加以研究具有重要意义，可为西亚探索多样化经济发展模式提供借鉴。本章参考周振华教授的观点，将产业结构变迁划分为产业结构合理化和产业结构高级化两个方面，分别对西亚各个国家的产业结构指标进行测量，再对其产业结构的时空演变趋势进行具体分析。[①]

（一）产业结构合理化

产业结构合理化指数具有多种构建方法，本章选择产业结构偏离度加权法进行测算，以体现产业结构合理化的程度（计算方法见附录 5 - 1）。

① 周振华：《产业结构优化论》，上海人民出版社，2014。

数据来源于世界银行数据库。ISO 数值越趋近于 0，表明产业结构合理化越趋向均衡状态，产业结构越趋向最合理的程度；ISO 数值越大，表明产业结构合理化越不均衡，资源在各产业部门的分配越不合理，资源越亟待充分配置。

通过产业结构偏离度公式计算出 2000～2020 年西亚各个国家的产业结构合理化指数，本章选择 2000 年、2005 年、2010 年、2015 年和 2020 年五个时间点，对西亚国家的产业结构进行空间格局分析。

2000 年，产业结构合理化指数较高的西亚国家有阿塞拜疆、伊拉克、科威特、沙特阿拉伯、卡塔尔、也门和阿曼，这些国家的产业结构存在不合理现象，这七个国家的产业结构合理化指数处于 0.81～3.54 的高位水平，其中，阿曼的产业结构不合理现象尤为突出，其产业结构合理化指数为 3.537，是西亚国家中产业结构最不合理的国家。2000 年，产业结构合理化指数处于较低水平的国家有叙利亚、约旦和以色列，这三个国家的产业结构合理化指数为 0.04～0.16，产业结构分布较为合理。

2005 年，西亚国家的产业结构合理化均在一定程度上得到改善，其指数的最高值与最低值均有所降低，产业结构极不合理的国家的数量由 2000 年的 7 个减少为 6 个，并且不合理程度也有较大的改善。2005 年，产业结构合理化指数较高的国家有阿塞拜疆、格鲁吉亚、伊拉克、科威特、沙特阿拉伯和阿曼，这些国家的产业结构合理化指数范围为 0.80～1.97。除阿塞拜疆和格鲁吉亚外，其他国家均位于波斯湾沿岸，是著名的产油大国，产业结构和其单一的经济模式有着十分紧密的联系。而产业结构合理化指数较低的国家有叙利亚、约旦和以色列，与 2000 年相比没有变化，但其产业结构合理化指数有所降低，范围为 0.02～0.10。由此可见，西亚国家产业结构正在逐步改善，但其空间分布格局的变化并不十分明显。

相比 2005 年，2010 年，西亚国家的产业结构得到进一步改善，但极个别国家的产业结构在朝着不合理方向发展。2010 年，产业结构极不合理的国家为阿塞拜疆，其产业结构合理化指数为 1.794，这在西亚国家是最高的。值得注意的是，在近 10 年的发展过程中，波斯湾沿岸的国家不断改善单一的产业结构，其合理化程度在不断提高，其中，阿曼的产业结构变化最为明显。但是，在西亚国家产业结构合理化进程中，阿富汗出现严重的"后退"现象。2010 年，产业结构合理化指数处于较低水平的国家有叙利亚、约旦、以色列、巴林、卡塔尔和阿联酋，相比过去 10 年，增加了巴林、卡塔尔、阿联酋三个国家，这三个国家在过去还处于产业结构不合理状态，由此可见，这些国家在 10 年间的产业结构的改善幅度很大。

2015 年，西亚国家的产业结构整体较为合理，大部分处于中间层次水平，比如土耳其、亚美利亚、叙利亚、伊拉克、伊朗。西亚国家的产业结构得到进一步改善，整体的产业结构合理化指数为 0.02 ~ 0.71。在西亚国家中，产业结构合理化不均衡的国家有格鲁吉亚、阿塞拜疆、科威特和阿富汗，这些国家可以分为三部分，即高加索地区的格鲁吉亚和阿塞拜疆、波斯湾沿岸的科威特，还有阿富汗。通过以往的分析可以推断出产业结构和其地理位置具有较大的关联性，也可以推断出通过发展可以改变国家的比较优势，例如波斯湾沿岸的其他国家，这些国家的产业结构均有较大的改善。

西亚国家的产业结构合理化保持在较高水平，但产业结构合理化指数排名靠后的区域的分布情况没有发生显著变化，只是国家略有不同。2020 年，西亚国家的产业结构合理化不均衡的国家是阿塞拜疆和伊拉克，紧接着是格鲁吉亚、阿富汗和科威特，但这三个国家的产业结构合理化指数范围为 0.41 ~ 0.60，由此可见，在西亚国家 20 年的发展中，产业结构合理化程度迅速提高，整体产业结构较为合理。盛产石油的波斯湾沿岸国家中的一些国家的产业结构较为合理，比如沙特阿拉伯、巴林、阿联酋等，它们的产业结构合理化指数为 0.05 ~ 0.11。

（二）产业结构高级化

在分析产业结构合理化情况之后，需要进一步分析产业结构高级化情况，国家需要协同推动产业结构合理化与高级化发展，这样才能保证一国经济的持续发展。只有先实现产业结构的合理化，产业结构才能实现高级化。合理化是基础，只有在此基础之上，不断发展高新技术产业，推动产业革新与发展，国家经济才会持续散发活力。

由于计算产业结构高级化指数的方式有许多种，本章参考付凌晖对产业结构高级化进行度量的方法①，采用空间向量夹角法进行衡量，这也是目前学术界普遍采用的方法（计算方法见附录 5－2）。ISU 数值越大，表明国家的产业结构高级化水平越高。该指标在不同产业中加上相应的权重，能更好地反映产业结构高级化的趋势。

依托空间向量夹角公式，本章选取 2000 年、2005 年、2010 年、2015 年和 2020 年的西亚国家数据进行计算，得到西亚国家在这五年的产业结构高级化指数。

2000 年，在西亚 20 国中，产业结构高级化指数处于较高水平的国家有黎巴嫩、约旦、以色列和巴勒斯坦，这四个国家主要位于地中海沿岸。阿富汗的产业结构高级化指数在西亚国家中较低，这说明阿富汗还需要进一步提高本国的产业技术。2000 年，西亚国家的整体产业结构高级化水平处于中等层次，例如伊朗、科威特、埃及、沙特阿拉伯和阿联酋，这些国家还有较大的进步空间，争取将产业结构高级化指数达到 7。

2005 年，西亚国家的产业结构高级化指数得到一定程度的提升，例如，2000 年最低的产业结构高级化指数为 5.297，而 2005 年最低的产业结构高级化指数为 6.093，同样最高的数值也有一定程度的提高，这说明西亚国家在往产业高级化方向发展，产业间的资源分配方式和产业技术正在不断革新。2005 年，产业结构高级化指数较高的国家有 4 个，分别是黎巴嫩、约旦、以色列和巴勒斯坦，这些国家的指数范围为 7.38~7.58。第二梯队为土耳其、格鲁吉亚和阿联酋，其指数范围为 6.98~7.10，这些国家的产业高级化水平均较高。而产业结构高级化水平较低的国家有叙利亚、伊拉克和阿塞拜疆，这些国家的产业结构可能受到本国战乱的影响，其对本国产业结构的转型和升级产生巨大的阻碍。

2010 年，西亚国家的产业结构高级化情况与 2005 年相比变化不大，相比 2005 年，2010 年的产业结构高级化水平略有提升。西亚产业结构较为合

---

① 付凌晖：《我国产业结构高级化与经济增长关系的实证研究》，《统计研究》2010 年第 8 期。

理并保持比较优势的国家依旧没有发生变化，但产业结构高级化处于中等层次的国家的数量在增多，例如，沙特阿拉伯、科威特、伊朗和阿曼的产业结构高级化指数范围为 6.92 ~ 7.08。产业结构高级化指数为 6.55 ~ 6.65 的国家较少，只有阿塞拜疆、叙利亚。

西亚国家一直在摸索实现产业结构高级化，产业结构高级化指数达到 7 的国家越来越多。2015 年，以色列的产业结构高级化指数首次突破 7.6，很多国家的产业结构高级化指数较高，例如格鲁吉亚、土耳其、黎巴嫩和阿联酋的产业结构高级化指数为 7.24 ~ 7.60。除叙利亚外，其他国家的产业结构高级化指数在 6.59 以上，这说明这些国家进行了产业转型和升级。地中海沿岸的国家的产业结构高级化指数较高，波斯湾沿岸的国家中只有阿联酋的产业结构高级化指数较高，高加索地区的格鲁吉亚的产业结构高级化指数较高。埃及一直保持中等层次产业结构高级化水平，目前并未出现较高或者较低的情况。

2020 年，西亚国家的产业结构高级化水平的分布情况并未发生明显的变化。在这一年，西亚 20 国中有两个国家的产业结构高级化指数突破 7.6，分别是黎巴嫩的 7.724 和以色列的 7.645。通过上述分析可以清楚地发现，地中海沿岸国家的产业结构高级化指数明显高于其他西亚国家，它们具有明显的产业竞争优势。除叙利亚和阿富汗外，其他国家的产业发展速度较为平缓。可能由于战争的原因，叙利亚和阿富汗经济和产业的发展受到严重的影响。

（三）西亚国家产业结构变迁的比较分析

从上文分析的西亚国家的产业结构变迁中的产业结构合理化指数和产业结构高级化指数可知，一国的产业结构首先要实现合理化，在此基础之上，才能实现高级化，这一顺序不能颠倒，因为合理化是一国产业结构的基石，合理的产业结构可以实现良好的投入和产出比，这样才能促进产业转型和升级。西亚国家中的一些石油输出国具有单一的经济和产业模式，由此它们受到国际能源价格的影响十分强烈，它们不断改进依靠石油的单一产业模式，探索新的产业结构和经济发展模式。而一些非石油输出国充分利用自身地理优势发展产业，让产业间的劳动分配达到一个合理的状态。多样化的产业结构和合理的第一、第二、第三产业配比能让一国经济持续健康的发展。

结合上述分析和表5-2可知，产业结构合理化指数和高级化指数存在一定相似的空间分布特征，地中海沿岸国家的产业结构合理化指数较低，产业结构高级化指数较高，这表明地中海沿岸国家的产业发展较好；波斯湾沿岸国家的产业结构合理化指数总体上降低，但产业结构高级化指数较高的国家较少，只有阿联酋的产业结构高级化指数较高，这表明波斯湾沿岸国家的产业间劳动力投入、资源投入和产出分配比例较为合理，但产业结构需要转型和升级；外高加索地区国家的产业结构合理化指数较低，产业结构高级化指数较高。除了这三个地区的国家外，受到战争的影响，叙利亚和阿富汗各个产业的发展并不是很好。

在后疫情时代，各个国家的发展道路如何？应该如何在国际市场中找准自身的定位，发挥本国的比较优势？通过分析西亚国家的产业结构变迁情况发现，国家可以利用自身地理优势、产业优势、资源优势等参与国际市场的竞争。由于新冠疫情对国际市场的冲击十分剧烈，新兴产业不断出现，国家可以抓住这一时机，调整本国的产业结构，学习国外的先进技术和经验，带动产业转型和升级。

表5-2 西亚国家产业结构变迁指数

国家	产业结构合理化指数					产业结构高级化指数				
	2000年	2005年	2010年	2015年	2020年	2000年	2005年	2010年	2015年	2020年
阿富汗	0.256	0.583	0.623	0.709	0.418	5.297	6.093	6.546	6.892	6.608
阿联酋	0.412	0.215	0.104	0.034	0.052	6.920	7.091	7.200	7.340	7.380
亚美尼亚	0.378	0.337	0.421	0.298	0.322	6.437	6.664	6.949	6.875	7.047
阿塞拜疆	1.086	1.968	1.794	0.703	0.819	6.415	6.480	6.648	7.011	6.933
巴林	0.197	0.091	0.040	0.049	0.067	7.279	7.332	7.291	7.378	7.417
塞浦路斯	0.203	0.124	0.011	0.079	0.218	7.814	7.875	7.763	7.864	7.962
格鲁吉亚	0.631	0.808	0.781	0.664	0.570	6.740	6.989	7.355	7.376	7.352

续表

国家	产业结构合理化指数					产业结构高级化指数				
	2000 年	2005 年	2010 年	2015 年	2020 年	2000 年	2005 年	2010 年	2015 年	2020 年
伊朗	0.243	0.278	0.198	0.253	0.204	6.925	6.933	7.080	7.020	6.774
伊拉克	2.696	1.384	0.743	0.306	0.775	6.275	6.516	6.813	7.085	7.030
以色列	0.063	0.028	0.054	0.021	0.008	7.553	7.565	7.545	7.608	7.645
约旦	0.048	0.092	0.057	0.054	0.112	7.508	7.453	7.420	7.327	7.314
科威特	1.306	1.258	0.702	0.642	0.595	6.826	6.886	7.053	7.120	7.178
黎巴嫩	0.276	0.447	0.452	0.401	0.334	7.391	7.573	7.579	7.596	7.724
阿曼	3.537	1.422	0.346	0.204	0.283	6.661	6.818	6.927	7.108	7.070
巴勒斯坦	0.413	0.289	0.209	0.259	0.259	7.258	7.388	7.375	7.385	7.362
卡塔尔	0.816	0.596	0.080	0.193	0.221	6.654	6.707	6.848	7.151	7.208
沙特阿拉伯	0.866	1.231	0.817	0.390	0.100	6.844	6.749	6.933	7.161	7.240
叙利亚	0.153	0.051	0.117	0.286	0.287	6.224	6.532	6.571	6.534	6.332
土耳其	0.378	0.328	0.337	0.321	0.169	7.022	7.099	7.169	7.247	7.255
也门	0.767	0.613	0.319	0.203	0.172	6.673	6.785	6.806	6.966	6.935

资料来源：笔者根据世界银行公布的 2000～2020 年世界各国相关经济发展数据整理得到。

三　中国与西亚的产业合作与未来展望

（一）进出口概况

自 20 世纪 90 年代中期以来，中国对西亚原油和 LNG 的进口需求量不断增加，特别是随着改革开放以来中国经济快速发展，中国与西亚国家之间的经济互补性加强，这为中国与西亚双边贸易合作的深入发展打下了基础。

中国在西亚的主要贸易伙伴一般是经济发展水平较高、石油资源丰富和城市基础设施需求增长较快的国家。近十多年，沙特阿拉伯一直是中国在西亚国家中最大的贸易伙伴，阿联酋、伊朗和阿曼则基本维持在第二位至第四位。中国从西亚进口的原油量占原油进口总量的 50% 以上。在中国进口的西亚的主要商品中，原油、成品油、天然气、初级塑料、化肥等较多。随着经济持续稳定增长，中国将成为西亚各国能源相关产品的主要购入国。

中国的出口商品包含西亚地区所需要的大部分工业制成品、制造业材料和轻工业产品等。中国的优势出口产品恰恰是西亚各国急缺的产品。中国的服饰、纺织品、鞋类、家具及零部件等主要传统劳动密集型产品的出口势头强劲，同时，机电产品和高新技术产品的出口规模增长明显。中国与西亚国家在资源禀赋和产业结构方面的互补性强，一方面，西亚国家需要质优价廉的生活用品和生产资料，它们可以进口大量价格便宜、品质优良的"中国制造"物资；另一方面，中国为维系制造业体系运转，服务全球消费者和生产者，需要进口大量能源资源，而西亚国家拥有巨大的能源储量和产量，同时，中国过剩的产能也可借助西亚广阔的市场得以消化。

（二）重点产业合作情况

西亚国家能源丰富，特别是石油资源，其是世界上能源出口的主要地区，大多数西亚国家的主要出口产品为能源产品，出口受国际能源价格的影响较大，因此各产油国在积极探索新的贸易产品，促进贸易产品多元化。这就为中国与西亚国家之间的能源合作打下了基础。西亚国家在能源资源的冶炼加工环节比较薄弱，中国在能源的加工制造环节具有较为成熟的技术以及专业人才，随着冶炼加工能力的不断提升，中国已经出现产能富余的情况，因此中国完全具备参与相关项目的能力。

目前，中国与西亚国家特别是波斯湾沿岸国家的合作主要集中在石油、天然气和电力领域。中国主要参与沙特阿拉伯、阿联酋、伊拉克、伊朗、阿曼等国的油气勘探开发项目，主要参与伊朗等国的电力项目，主要参与以色列等国的新型能源项目，参与的中游的冶炼加工等高附加值环节的项目较少，规模较小，其处于整个产业链合作的"凹陷"区。由于经济落后，西亚国家能源加工技术不成熟，能源加工方面的项目很少，而且规模小，加工成本高，这导致贸易双方的经济效益不显著。中国与西亚国家在能源贸易方面的合作主要采用政府引导、企业积极参与的方式。近年来，通过共建"一带一路"，中国与西亚国家的能源贸易规模在不断扩大，西亚国家成为中国能源加工制造品出口的主要国家。

（三）未来展望

由于新冠疫情和俄乌冲突的影响，全球经贸关系面临巨大冲击，面对外部的不确定性，中国与西亚国家只有通过合作才能增强自身发展动能，增强经济发展韧性，形成优势和掌握主动权。

一是把握后疫情时代经济社会发展的新特点和投资合作发展的新机遇。在后疫情时代，国际经济社会的组织模式可能发生巨大的改变。这种改变不仅伴随着风险，也蕴含着机遇。中国与西亚国家应把握后疫情时代的发展机遇，开展更为广泛的合作，为企业投资相关领域以及其他领域提供更加良好的环境和保障，从而增强发展的韧性。

二是继续推进中国与西亚国家参与"一带一路"合作项目。中国与西亚国家基于"一带一路"倡议达成了广泛共识。许多西亚国家提出加强参与"一带一路"合作项目的议题。不少西亚产油国十分重视实现经济发展的多元化，与中国企业在非石油领域展开合作。例如阿联酋提出在人工智能、数字经济、可再生能源和生物医药等领域加大与中国合作的力度。中国与西亚国家应发挥各自比较优势，促进经济多元发展，共建"一带一路"。

三是加强金融与实体经济融合发展及创新合作。以有效的金融措施增强经济社会发展的动能，减少金融资源缺乏对中小企业创新的制约是各国都面临的挑战。中国与西亚国家应以金融为引导，吸引和鼓励符合可持续发展要求的产业，在绿色低碳、智慧城市等领域增强发展动力。为区域内的知识扩散和技术创新合作创造新的条件，把握这一历史机遇，以合作促进相互理解，减少冲突和对抗，使参与各方都能获利。

四是继续推动中国与西亚国家自由贸易区等的制度性建设。除了中国—海合会平台以及中国—以色列双边推动自由贸易协定谈判外，还可以探索中国与西亚国家各种形式的经贸合作制度性安排。中国与西亚国家自由贸易区对中国与西亚开展合作、便利中国投资具有良好的社会效应，能提供充分、有效的保障，减少外部环境变化对投资的不利影响。

五是协同发力，共同提高能源可持续保障能力。近年来，气候变化给各国都造成了严重的冲击和负面影响，西亚国家和中国都在积极采取措施加强应对。在生产、供应和消费端，中国与西亚国家可以开展更多富有成效的合作，调整能源的供应方式，降低化石能源在生产、生活中的使用比重，减少经济社会活动对环境的破坏。西亚国家是全球最为重要的油气资源提供者，经过几十年的发展已形成了较为稳定的格局。近年来，中国不断发展可再生能源产业，可以为西亚国家实现相关目标提供支持。

参考文献

付凌晖：《我国产业结构高级化与经济增长关系的实证研究》，《统计研究》2010 年第 8 期。

孙攀等：《产业结构变迁对碳减排的影响研究——空间计量经济模型实证》，《经济经纬》2018 年第 2 期。

陶长琪、彭永樟：《经济集聚下技术创新强度对产业结构升级的空间效应分析》，《产业经济研究》2017 年第 3 期。

佟昕等：《中国碳排放空间格局的时空演化——基于动态演化及空间集聚的视域》，《东北大学学报》（自然科学版）2016 年第 11 期。

杨林京、廖志高：《绿色金融、结构调整和碳排放——基于有调节的中介效应检验》，《金融与经济》2021 年第 12 期。

Yu N., De Jong M., Storm S. et al., "Spatial Spillover Effects of Transport Infrastructure: Evidence from Chinese Regions," *Journal of Transport Geography* (28), 2013, pp. 56 – 66.

Zhang C. G., Lin Y., "Panel Estimation for Urbanization, Energy Consumption and CO_2 Emissions: A Regional Analysis in China," *Energy Policy* (49), 2012, pp. 488 – 498.

Zhang J., Jiang H., Liu G. et al., "A Study on the Contribution of Industrial Restructuring to Reduction of Carbon Emissions in China during the Five Five-Year Plan Periods," *Journal of Cleaner Production* (176), 2018, pp. 629 – 635.

附录 5-1

本章用产业结构偏离度加权法测算产业结构合理化，其公式如下：

$$ISO = \sum_{j=1}^{3} \left(\frac{Y_j}{Y}\right) \left| \frac{Y_j}{L_j} \frac{Y}{L} - 1 \right| = \sum_{j=1}^{3} \left(\frac{Y_j}{Y}\right) \sqrt{\left(\frac{Y_j}{Y} \frac{L_j}{L} - 1\right)^2} \qquad (5-1)$$

其中，Y_j 表示一个国家第 j 产业的增加值，Y 表示总产值，L_j 表示一个国家第 j 产业的就业人数，L 表示就业总人数。$\frac{Y_j}{Y}$ 表示产出结构，而 $\frac{L_j}{L}$ 表示就业结构。当两者协调发展时，$\frac{Y_j}{Y} = \frac{L_j}{Y}$ 成立，这时 ISO 数值为 0。

附录 5-2

本章用空间向量夹角法衡量产业结构高级化，空间向量夹角公式如下：

$$\theta_j = \arccos\left(\frac{\sum_{i=1}^{3}(x_{i,j} x_{i,0})}{(\sum_{i=1}^{3}(x_{i,j}^2)^{1/2} \sum_{i=1}^{3}(x_{i,0}^2)^{1/2})}\right) \qquad (5-2)$$
$$j = 1, 2, 3$$

在测算一国第一、二、三产业产值与 GDP 的比重时，使其比重作为空间向量中的一个分量，从而构成一组三维向量 $X_0 = (x_{1,0}, x_{2,0}, x_{3,0})$。分别测度 X_0 与产业由低到高排列的向量 $X_1 = (1, 0, 0)$，$X_2 = (0, 1, 0)$，$X_3 = (0, 0, 1)$ 的夹角 θ_1、θ_2、θ_3。

产业结构高级化指数的计算公式如下：

$$ISU = \sum_{k=1}^{3} \sum_{j=1}^{k} \theta_j \qquad (5-3)$$

第六章　中国与南亚地区的贸易发展现状与展望

舒燕飞

从古至今，中国与南亚国家的贸易往来和文化交流不断。南亚地理条件优越，南临印度洋，东邻东南亚，对于共建"一带一路"具有重要意义。自"一带一路"倡议提出以来，南亚国家积极响应，建设了中巴经济走廊、汉班托塔港、瓜达尔港及孟中印缅经济走廊等，双边发展前景良好，贸易联系日益紧密。本章首先回顾南亚国家的概况，并概括、总结其与中国的经贸现状及发展情况。

一　南亚总体概况

（一）南亚国家概况

当代南亚区域呈现如下特点：一是地理条件优越；二是人口红利优势显著；三是经济水平低下但发展迅速；四是不稳定因素较多。从总体上看，南亚至今没有任何国家完成工业化。

南亚区域包括尼泊尔和不丹两个内陆国，印度、巴基斯坦和孟加拉国三个临海国，以及斯里兰卡、马尔代夫两个岛国，总面积约为 500 万平方公里。在陆上交通方面，南亚大陆地处第三亚欧大陆桥沿线地区，是未来世界最有潜力的陆上枢纽地区。在海上交通方面，南亚的地理辐射范围包括整个北印度洋，仅印度就有 7600 多公里的海岸线和 200 多万平方公里的专属经济区。[①]

---

① 《对外投资合作国别（地区）指南 印度（2022 年版）》，商务部国际贸易经济合作研究院、中国驻印度大使馆经济商务处、商务部对外投资和经济合作司，2023。

南亚国家人口为 19.19 亿人（截至 2022 年）①，按人口情况可分为四档，分别为"十亿级别"的印度，"亿级别"的巴基斯坦和孟加拉国，"千万级别"的斯里兰卡、尼泊尔，还有低于百万人的不丹与马尔代夫。在人口红利方面，南亚各国均有过半人口低于 35 岁，人口基数最大的印度的人口平均年龄只有 29 岁，相比之下，中美两国人口的平均年龄已达到 37 岁，日本更是达到 48 岁。庞大的青年人口造就了普遍低廉的人工成本，比如印度一线工人的工资仅是我国工人的 1/4 到 1/3，而尼泊尔、孟加拉国一线工人的工资更低。②

从经济发展水平来看，南亚大部分地区属于世界上的贫困和落后地区。据世界银行统计，2022 年，南亚地区国内生产总值合计为 43616 亿美元，约是我国国内生产总值（179631 亿美元）的 1/4。根据世界银行对南亚 7 国年均 GDP 的统计数据，大部分南亚国家的经济稳步增长。其中印度、斯里兰卡、尼泊尔、巴基斯坦、孟加拉国 5 国在过去 10 年的 GDP 平均增长速度都高于 2.76%。③

南亚有印度斯坦族、锡克族、泰米尔族、僧伽罗族、尼泊尔族、摩尔族、孟加拉族、夏尔巴族等上百个民族，每个大的民族都有自己独特的语言和文化。南亚地区主要的宗教是印度教和伊斯兰教，也有民众信仰基督教、佛教、锡克教等。尽管经济快速发展，但边界、领土争端和政治、军事、宗教冲突仍然对南亚造成巨大威胁。

（二）中国与南亚的外交关系

中国与南亚国家的外交关系的建立可分为两个阶段。在反殖民、反压迫运动风起云涌的 20 世纪 50 年代，中国与印度、巴基斯坦、尼泊尔、斯里兰卡建立了外交关系，确立了"和平共处五项原则"这一外交关系准则。在美苏冷战最为激烈的 20 世纪六七十年代，马尔代夫与孟加拉国分别从英国和巴基斯坦独立，并在不久后与我国建立了外交关系。由此，我国与除不丹外

---

① 2023 年世界银行统计数据。
② 汪戎主编《印度洋地区发展报告（2017）》，社会科学文献出版社，2017，第 74 页。
③ 《2021～2022 年全球竞争力报告》，世界经济论坛，2022。

的所有南亚国家建立了现代外交关系。不丹是中国陆上 14 个邻国中，除印度之外迄今仍与中国尚未划定边界的邻国，也是亚洲唯一未与中国建交的国家。截至 2023 年 10 月 23 日，中国与不丹两国围绕约 1200 平方公里的争议领土进行了 25 轮会谈与友好协商。两国虽未建交，但长期保持友好往来。我国与部分南亚国家的外交关系的概况见表 6 - 1。

2013 年至今，我国与南亚国家的关系在"一带一路"背景下实现了质的飞跃。经贸上，我国与南亚所有国家的贸易量均大幅提升，在多个年份成为印度、巴基斯坦的最大贸易伙伴。政治上，我国与马尔代夫建立了伙伴关系，并实现了与印度、巴基斯坦、孟加拉国、尼泊尔、斯里兰卡 5 国伙伴关系的全面提升。

表 6 - 1　我国与部分南亚国家的外交关系的概况

国家	与中国建交时间	"一带一路"提出前建立伙伴关系	伙伴关系提升/建立时间	新时期伙伴关系的提升/我国对其国家的定位	时间
印度	1950 年 4 月	面向和平与繁荣的战略合作伙伴关系	2005 年 4 月	更加紧密的发展伙伴关系	2014 年 9 月
巴基斯坦	1951 年 5 月	更加紧密的战略合作伙伴关系	2005 年 4 月	全天候战略合作伙伴关系；新时代更紧密中巴命运共同体；深化中巴全天候战略合作伙伴关系	2015 年 4 月；2018 年 11 月；2020 年 3 月
孟加拉国	1975 年 10 月	长期友好、平等互利的全面合作伙伴关系	2005 年 4 月	更加紧密的全面合作伙伴关系；战略合作伙伴关系	2014 年 6 月；2016 年 10 月
尼泊尔	1955 年 8 月	世代友好的全面合作伙伴关系	2009 年 12 月	面向发展与繁荣的世代友好的战略合作伙伴关系	2019 年 10 月
马尔代夫	1972 年 10 月	未建立伙伴关系	2014 年 9 月	面向未来的全面友好合作伙伴关系	2014 年 9 月
斯里兰卡	1957 年 2 月	真诚互助、世代友好的战略合作伙伴关系	2013 年 5 月	深化中斯战略合作伙伴关系	2014 年 9 月

资料来源：参见《习近平同马尔代夫总统亚明举行会谈 携手构建中马面向未来的全面友好合作伙伴关系》，中华人民共和国外交部网站，https://www.mfa.gov.cn/web/zyxw/201409/t20140915_329498.shtml；《中华人民共和国和斯里兰卡民主社会主义共和国关于深化战略合作伙伴关系的行动计划（全文）》，中华人民共和国外交部网站，https://www.mfa.gov.cn/web/zyxw/201409/t20140917_329537.shtml；等等。

二　中国与南亚国家货物贸易状况

（一）中国与南亚整体货物贸易规模

1. 中国对南亚货物贸易出口总规模

如图 6-1 所示，根据联合国贸易和发展会议数据，从货物贸易出口额来看，中国向南亚国家的出口额整体呈现上升趋势，由 2013 年的 749.19 亿美元上升到 2022 年的 1744.27 亿美元，增长速度较快，增长了 132.82%。中国向南亚国家出口额发展趋势基本分为三个阶段，第一阶段为 2013~2018年，这一阶段的出口额稳步增长，原因是 2008 年全球金融危机后各国经济逐渐恢复；第二阶段为 2018~2020 年，这一阶段的出口额呈下降趋势，原因是全球经济增速放缓；第三阶段为 2020~2022 年，这一阶段处于疫情期间，中国对南亚各国的出口额增加，交往更为紧密。

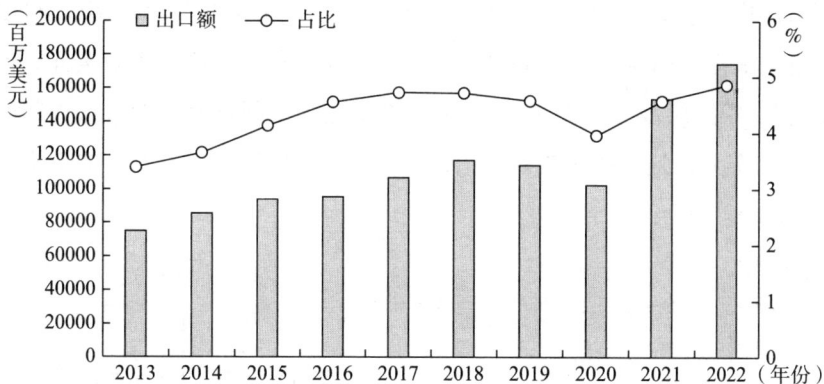

图 6-1　2013~2022 年中国与南亚国家的出口货物贸易情况
资料来源：联合国贸易和发展会议。

从增长率来看，中国向南亚国家出口额增长率整体呈下降趋势，由 2014年的 14.14% 变为 2020 年的 -10.32%，之后才有所改善。这一发展趋势同样分为三个阶段：第一阶段为 2013~2018 年，此阶段的出口额增长率为正值，其中，2014 年我国经济发展进入新常态，出现增长率呈现下降的趋势；第二阶段为 2018~2020 年，此阶段的出口额增长率为负值；第三阶段为

2020～2022 年，此阶段的出口额增长率猛增。

就贸易规模占比而言，中国对南亚国家的出口额占中国出口总额的比重在 2013～2022 年整体上呈上升趋势，从 2013 年的 3.39% 增长到 2022 年的 4.85%，[①] 其中，2020 年，受新冠疫情影响，出口额有所减少。

2. 中国自南亚进口货物贸易总规模

基于联合国贸易和发展会议数据，从货物贸易进口额来看，中国自南亚国家的进口额发展趋势同样经历三个阶段，如图 6－2 所示，第一阶段为 2013～2016 年，进口额由 2013 年的 209.96 亿美元下降至 2016 年的 148.42 亿美元，这主要是因为 2011～2016 年中国自印度的进口额持续减少，而印度是中国在南亚地区最主要的商品进口来源国。第二阶段为 2016～2021 年，此阶段的进口额整体上呈上升趋势，从 2016 年的 148.42 亿美元增加到 2021 年的 334.50 亿美元，原因可能是"一带一路"倡议在南亚的推进以及 2017 年 9 月金砖国家领导人会晤产生的利好效应逐步释放，特别是自 2017 年起，中国自印度的进口额增加。其中，中国自马尔代夫的进口额的增长幅度最大，进口额由 2016 年的 23.85 万美元增长到 2020 年的 577.11 万美元，增长了 23 倍。第三阶段为 2021～2022 年，2022 年，中国自南亚的进口额骤降为 223.97 亿美元，这是由于受到疫情影响，中国自印度的进口额大幅下降，从

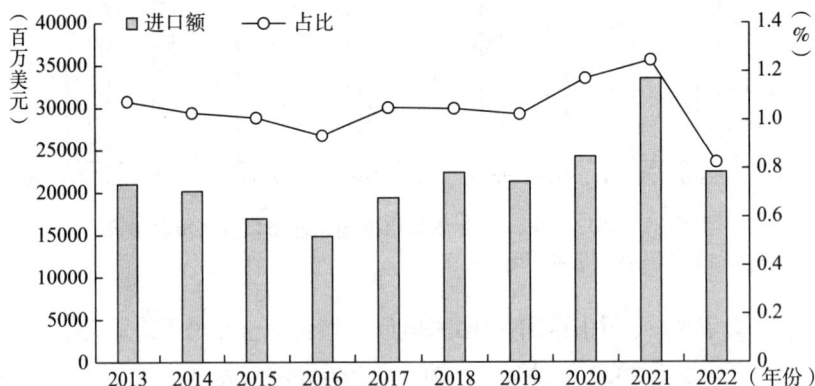

图 6－2 2013～2022 年中国与南亚国家的进口货物贸易情况

资料来源：联合国贸易和发展会议。

_____

① 联合国贸易和发展会议。

2021 年的 281.37 亿美元下降到 2022 年的 174.83 亿美元。

从增长率来看，中国自南亚国家的进口额的增长率波动明显。2015 年后增长率急剧变化，到 2017 年达到峰值，2017~2020 年平稳波动，直至 2021 年骤增，随后降低。

就贸易规模占比而言，中国从南亚国家的进口额占中国进口总额的比重从 2013 年的 1.08% 变为 2022 年的 0.82%。[①]

（二）中国与南亚各国货物贸易概况

1.中国与南亚各国的货物贸易规模

2013~2022 年中国与南亚各国的货物贸易总额见表 6-2。根据联合国贸易和发展会议数据，2013~2022 年，印度始终为中国在南亚的最大货物贸易伙伴，巴基斯坦和孟加拉国紧随其后。2022 年，中国与印度、巴基斯坦和孟加拉国的货物贸易总额分别为 1359.84 亿美元、265.03 亿美元和 277.89 亿美元，同比增长率分别为 8.23%、-4.76%、10.53%，分别占我国同期对南亚国家货物贸易总额的 69.09%、13.47%、14.12%（见图 6-3）。

斯里兰卡、尼泊尔、马尔代夫和不丹在 2013~2021 年与中国的货物贸易额在南亚国家中排在后四位，2022 年双边货物贸易额分别为 42.50 亿美元、16.76 亿美元、4.51 亿美元和 1.68 亿美元，同比分别增长 -27.99%、-15.18%、9.75%、55.09%，分别占我国同期对南亚国家货物贸易总额的 2.16%、0.85%、0.23%、0.09%。

表 6-2　2013~2022 年中国与南亚各国货物贸易总额

单位：亿美元

贸易伙伴	2013 年	2014 年	2015 年	2016 年	2017 年	2018 年	2019 年	2020 年	2021 年	2022 年
孟加拉国	103.07	125.43	147.11	151.70	160.44	187.37	183.59	158.75	251.41	277.89
不丹	1.74	0.11	0.8	0.4	0.6	0.12	0.10	0.13	1.08	1.68
印度	654.02	705.76	715.96	701.61	843.87	955.09	928.11	876.96	1256.47	1359.84
马尔代夫	0.97	1.04	1.72	3.20	2.96	3.97	3.81	2.81	4.11	4.51

---

① 联合国贸易和发展会议。

贸易伙伴	2013 年	2014 年	2015 年	2016 年	2017 年	2018 年	2019 年	2020 年	2021 年	2022 年
尼泊尔	22.54	23.30	8.64	8.88	9.84	10.99	15.16	11.83	19.76	16.76
巴基斯坦	142.16	159.98	189.16	191.45	200.84	191.05	179.73	174.82	278.25	265.03
斯里兰卡	36.19	40.41	45.62	45.60	43.98	45.76	44.87	41.60	59.02	42.50

资料来源：联合国贸易和发展会议。

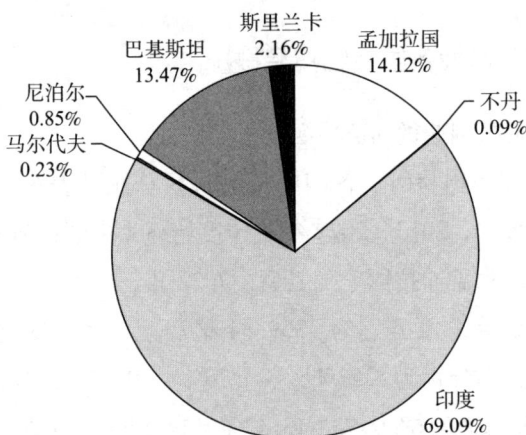

图 6-3　2022 年中国与南亚各国货物贸易额所占比重

资料来源：联合国贸易和发展会议。

如图 6-4 所示，从 2013~2022 年中国与南亚各国的货物贸易额来看，

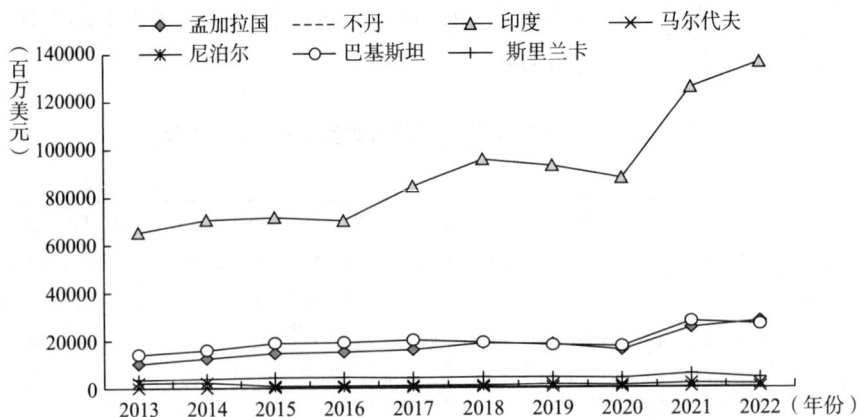

图 6-4　2013~2022 年中国与南亚各国货物贸易额

资料来源：联合国贸易和发展会议。

除个别贸易额较小且不稳定的国家外，中国与南亚各国的贸易额在 2020 年前整体上波动上涨，2020 年有所下降，2021 年增加。

2. 中国与南亚各国的货物贸易差额

根据联合国贸易和发展会议数据，2022 年，中国与南亚所有国家的双边货物贸易额均为顺差，其中与印度、孟加拉国和巴基斯坦的贸易顺差额位列前三，分别约为 1010. 19 亿美元、258. 27 亿美元和 196. 76 亿美元（见图 6 - 5）。中国对斯里兰卡、尼泊尔、马尔代夫和不丹 4 国也存在贸易顺差，但顺差额远远小于印度等国。其中，对不丹的贸易顺差额最小，约为 1. 63 亿美元；对马尔代夫的贸易顺差额次之，约为 4. 51 亿美元；对尼泊尔的贸易顺差额约为 16. 33 亿美元；对斯里兰卡的贸易顺差额约为 32. 60 亿美元。

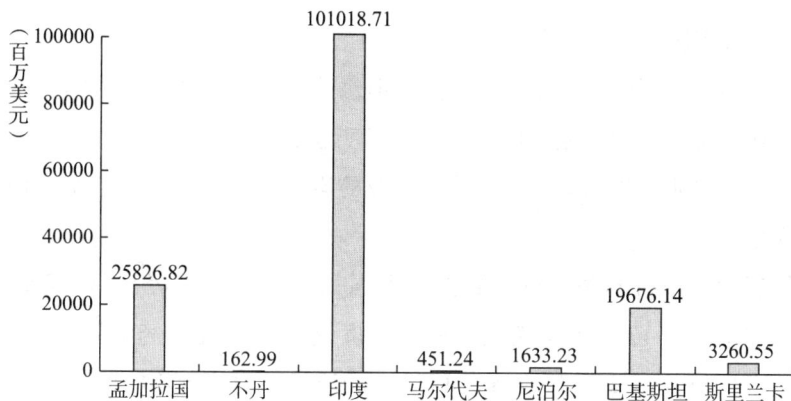

图 6 - 5　2022 年中国与南亚各国货物贸易差额

资料来源：联合国贸易和发展会议。

（三）中国与印度的经贸合作基础

由前文可知，无论从货物贸易总额、进出口额的占比还是多年来的货物贸易顺差来衡量，印度始终是中国最大的贸易伙伴。2013 ~ 2022 年中国与印度进出口贸易差额见图 6 - 6。值得注意的是，2022 年，中印贸易顺差首次超过1000 亿美元。中印两国作为世界上人口最多的发展中大国，目前都处于快速发展阶段。当前，面对百年未有之大变局，中印两国应积极参与构建世界经贸新秩序，立足自身优势，发挥重要作用，并在共同发展中形成一定的竞合关系。

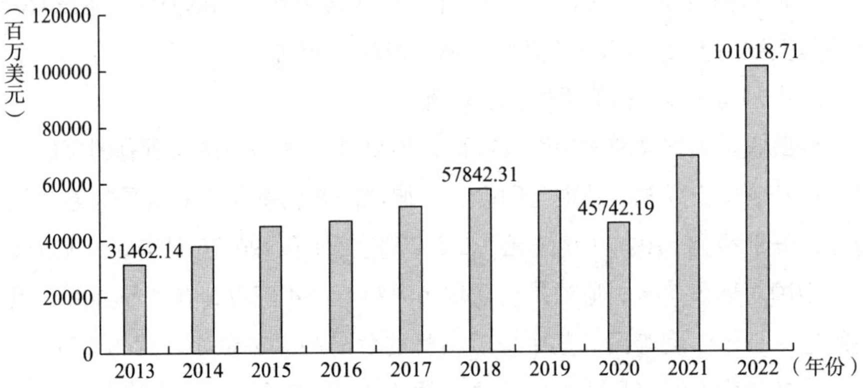

图 6 - 6　2013 ~ 2022 年中国与印度进出口贸易差额
资料来源：联合国贸易和发展会议。

1. 中印两国经贸发展水平比较

尽管中印两国同为金砖国家成员，但经济结构不尽相同。中国优先发展第二产业，特别是制造业，然后促进第三产业发展；而印度直接从主要发展第一产业的农业跨越到大力发展第三产业的服务业，而第二产业至今仍以手工业为主。

根据世界银行的经济总量数据，中国是世界第二大经济体，2021 年，国内生产总值为 17.7 万亿美元，同期印度是世界第五大经济体，2021 年，国内生产总值为 3.2 万亿美元。1978 ~ 2022 年，中国 GDP 年均增长率为 9.2%，印度为 5.5%。2023 年第一季度，即便全球经济仍处于低迷状态，中国经济增长率达到 4.5%，印度却为 -7%。中国是世界产品门类最齐全的国家，为世界第一大出口国、第二大进口国，印度则是世界第 18 大出口国、第 10 大进口国。

从贸易政策看，2001 年中国加入世界贸易组织后，大幅降低关税，同时，中国作为 RCEP 创始成员国，是地区贸易谈判的关键参与者。相比之下，印度贸易政策相对保守，行业关税和非关税壁垒比较高。印度虽然是 RCEP 创始成员国之一，却被外界解读为基于产业保护等因素退出了 RCEP。总之，中印两国经贸发展各有明显的特点，两国政府都表达了应对经贸领域挑战和参与构建国际经贸新秩序的决心。

2.印太经济框架

印太地区是全球最具活力和发展潜力的地区，也是中美利益最为集中的地区之一。印太区域秩序的变动和重组将对国际政治经济秩序产生重要影响。印太经济框架（IPEF）是拜登政府在 2021 年 10 月提出的美国深化印太经济参与的构想，此后，美国高级官员在与亚洲各方接触时多次强调这一理念。2022 年 2 月，拜登政府正式将印太经济框架纳入"印太战略"中。美国高级官员表示，启动印太经济框架是白宫未来 1~2 年的九大核心事项之一。同年 5 月，拜登政府在东京正式启动印太经济框架，澳大利亚、文莱、印度、印度尼西亚、日本、韩国、马来西亚、新西兰、菲律宾、新加坡、泰国和越南成为初始成员国。随后，太平洋岛国斐济加入，成为第 14 个成员国。

IPEF 可被视为拜登政府对美国缺席 CPTPP 的回应，但其中缺少一个市场准入的重要环节，即取消关税。而且当前并没有任何迹象表明美国实质性地参与了 IPEF，美国也没有寻求通过贸易促进授权法案。因此，IPEF 很有可能会采取贸易行政协议的形式，这可能会引发各国对透明度和持久性的担忧。而 IPEF 的内容是否具有法律约束力仍然是悬而未决的问题。从形式上看，IPEF 没有实质性的贸易组成部分，还未形成贸易协定，而这很可能会削弱 IPEF 深化与整个太平洋经济联系的效果。

在此背景下，虽然目前中印关系依然可控，但是两国关系的不确定性、反复性和复杂性将增加。在这个经济框架下，印度与美国、日本和澳大利亚的联动增多，这样的话，印度对华政策的牵绊也相应增多，这增加了两国关系的不确定性。印度一方面想通过印太经济框架提升地位、获得利益；另一方面不想与中国交恶，这导致印度对华政策出现矛盾，中印关系的反复性增加。美国作为印太经济框架的主导国，必然会对中印外交政策的制定，尤其是印度对华政策的制定产生较大影响，这进一步增加了中印关系的复杂性。

印度在我国外交总体布局中具有非常重要的地位，在美国不断推进"印太战略"的背景下，我国应当未雨绸缪，及时提出应对之策，并积极探索促进中印发展的新机会。同时，在印度支持我国参与"印太战略"的前提下，应及时给予正面反馈，寻求渐进参与的新方式。鉴于印度与美国在"印太战略"下的利益并不完全一致,我们可以抓住其中的突破口,进一步减少其对中印关系的冲击。此外,我国应积极塑造对我有利的话语权,提出中国方案,把握中印关系发展的主动权。对印度一贯坚持的战略自主的外交做法,我们应大力鼓励,并使之成为中印关系的稳定器,从而减少"印太战略"对两国关系的冲击。

三 中国与南亚国家服务贸易状况

(一)双边服务贸易规模与增速

自"一带一路"倡议提出以来,中国与南亚国家的服务贸易稳步发展。根据联合国贸易和发展会议双边服务贸易数据,如图6-7、图6-8和图6-9所示,2005~2021年,中国对南亚7个国家的服务贸易出口总额和进口总额虽有波动,但整体增速突出,贸易规模呈现扩大趋势,特别是在南亚国家签署"一带一路"合作协议以后,服务贸易规模增速大幅度提高。其中,中国对南亚国家服务贸易出口总额由2013年的16.99亿美元增长至2021年的36.40亿美元,增长了1.14倍;进口总额由2013年的18.75亿美元增长至2021年的25.15亿美元,增长了34.13%,服务贸易进口总额受新冠疫情影响在2020年出现短暂减少的情况。总体上,2013~2021年中国同南亚7国的服务贸易进出口规模均实现大幅增长。

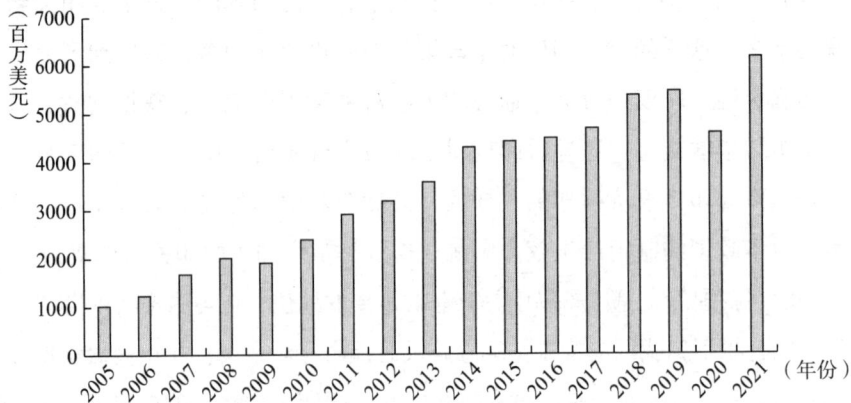

图6-7 2005~2021年中国与南亚7国服务贸易总额
资料来源:联合国贸易和发展会议。

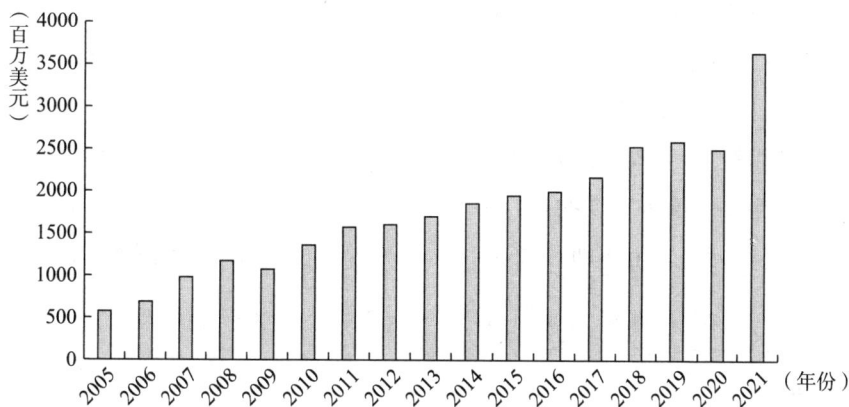

图 6 - 8 2005～2021 年中国对南亚 7 国服务贸易出口总额
资料来源：联合国贸易和发展会议。

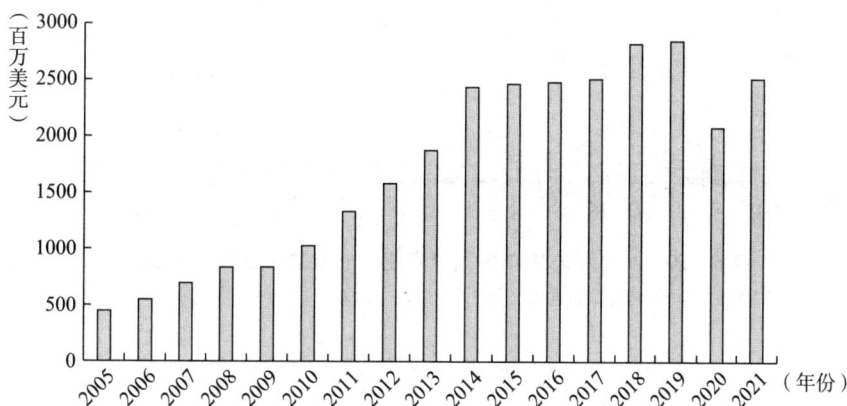

图 6 - 9 2005～2021 年中国对南亚 7 国服务贸易进口总额
资料来源：联合国贸易和发展会议。

分国家来看，根据联合国贸易和发展会议数据，中国服务贸易出口规模较大的对象国是印度、巴基斯坦、孟加拉国，2021 年的服务贸易出口额分别为 14.37 亿美元、9.58 亿美元和 7.20 亿美元，对其他国家的服务贸易出口额相对较小（见图 6 - 10）。

根据联合国贸易和发展会议服务贸易进口规模数据，如图 6 - 11 所示，2005～2021 年，中国自南亚 7 个国家的服务贸易进口额最高的国家是印度，且在 2019 年前呈现持续增长的趋势，从 2005 年的 2.54 亿美元增长到 2019 年的 16.16 亿美元，在 2020 年降到 10.63 亿美元，2021 年有所改善，达到 12.14

亿美元。2005~2021 年年均增长率为 10.27%，尤其是 2014 年的同期增长率高达 35.97%，这主要得益于"一带一路"倡议的推进。接着是巴基斯坦，2021年，中国自巴基斯坦的服务贸易进口额为 6.51 亿美元，同比增长 11.07%。排第三的是斯里兰卡，2005~2021 年年均增长率为 15.04%，且进口额变化相对较为平稳。值得注意的是，2019 年，中国自马尔代夫的服务贸易进口额为 2.38 亿美元，较上年增长 265.18%。另外，由图 6-9 和图 6-11 可见，

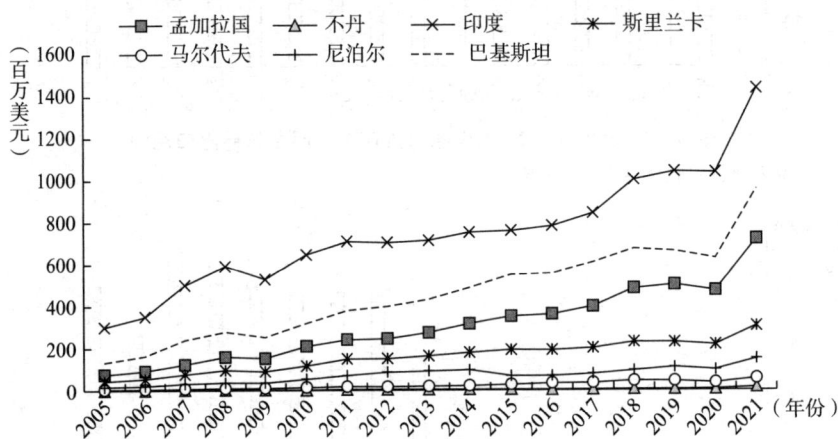

图 6-10　2005~2021 年中国对南亚 7 个国家的服务贸易出口额
资料来源：联合国贸易和发展会议。

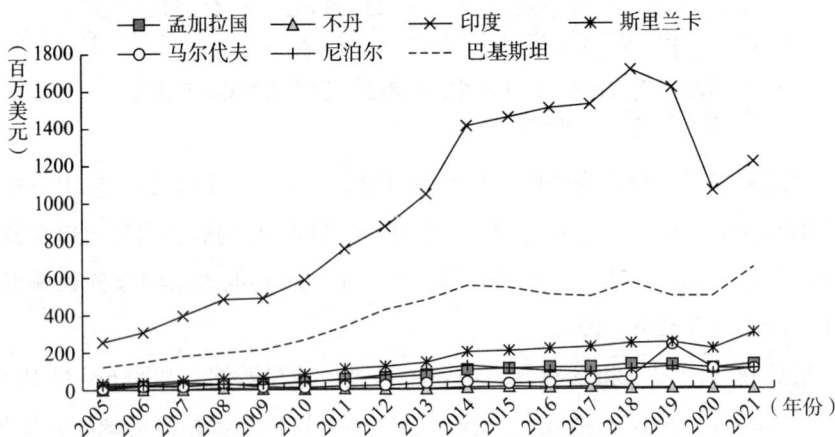

图 6-11　2005~2021 年中国对南亚 7 个国家的服务贸易进口额
资料来源：联合国贸易和发展会议。

对于中国与南亚国家进口服务贸易，无论是从总额来看还是分国别来看，服务贸易进口额在 2020 年均有较大程度的下降，这应该是受新冠疫情的影响所致。

根据联合国贸易和发展会议数据，由图 6 – 12 可知，在中国与南亚主要国家间的双边服务贸易中，中国对孟加拉国的顺差最大，2005～2021 年，中国对孟加拉国的顺差额稳步增长，并在 2021 年达到最大值 5.89 亿美元。接着是中国对巴基斯坦的顺差额，在 2015 年之前顺差额总体变动不大，呈波浪式变化，但在 2015～2021 年整体上增加，2021 年时增加到 3.07 亿美元。此外，值得注意的是，中国对印度的服务贸易起初处于顺差地位，在 2010 年之前，顺差额约为 1 亿美元，2010～2020 年则一直表现为贸易逆差，最高时达到 7.24 亿美元，但在 2021 年出现贸易顺差 2.23 亿美元。总体来看，对于中国与印度的服务贸易，中国在较长时间内处于逆差状态；对于中国与极少数国家的服务贸易，中国在较长时间内处于顺差状态，且顺差额较小。2021 年，中国与除马尔代夫外的南亚国家的服务贸易呈现顺差状态。

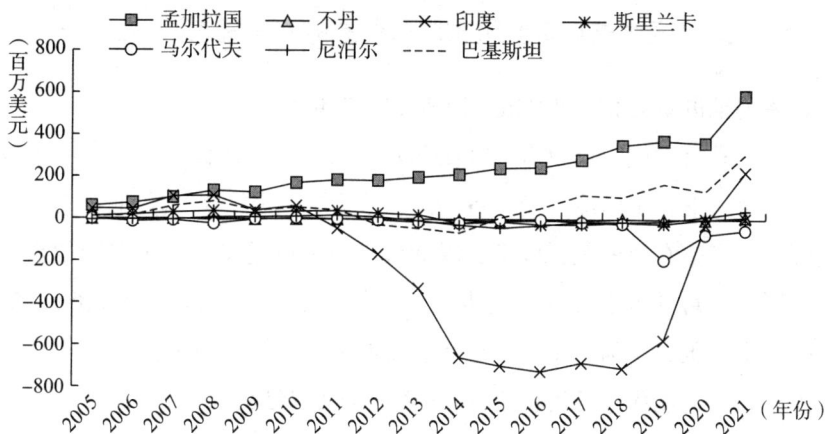

图 6 – 12　2005～2021 年中国对南亚 7 个国家服务贸易差额
资料来源：联合国贸易和发展会议。

（二）中国与南亚各国的服务贸易发展态势

中国一直非常重视与南亚地区的贸易往来，"中巴经济走廊"和"孟中印缅经济走廊"等合作机制的出台，为双方提供了更多的发展机遇，促进了双方的经济合作，推动了双方的发展。中国与南亚各国的服务贸易总额整体上呈现上升的趋势，且增速高于中国对世界的服务贸易总额增速。从南亚国家自身服务贸易的发展情况来看，近些年来，其增长势头强劲，引起全球的关注，《世界经济形势与展望》中的数据显示，南亚已成为全球发展最快的地区，成为全球关注的焦点。在"一带一路"沿线国家中，南亚国家在知识密集型服务领域内，无论是在比较优势方面还是在竞争优势方面，抑或是综合优势方面，都排名前三。

南亚区域总人口数量超过全球人口数量的1/5，市场巨大，印度人口数量已经超过中国[1]，市场需求旺盛，服务业以及服务贸易都具有很大的发展潜力。而且印度作为南亚国家，在服务贸易方面取得了惊人的进步，这在全球服务贸易的发展史上堪称一个里程碑。印度服务贸易的重点放在了高科技、高附加值产品方面，并且正在朝着更加完善的方向发展，其成功经验可为我国高质量发展服务贸易提供启示与借鉴。

（三）对我国发展与南亚国家服务贸易的政策建议

1. 着力推进服务业对外开放，创造良好的环境

提升贸易自由度，可以有效抑制非效率因素，从而促进双边贸易持续增长。在此背景下，中国应向南亚各国进一步开放市场，缩减负面清单，优化营商环境。实施有效的关税政策，降低或取消关税壁垒，减少对外商投资的限制、取消经营许可证要求、逐步放开工作签证以及修改专业服务标准等，以进一步提升服务贸易自由度，逐步实现服务贸易进出口平衡。

2. 加快推进现代服务贸易发展，改善服务贸易结构

中国服务贸易的出口集中度虽然较高，但出口层次较低。以中印两国服务贸易为例，中国服务贸易出口额占比较大的是旅游、其他商业服务及运输，金融、保险、专利权服务及个人、文化、娱乐服务等知识密集型的新兴

---

[1] 根据联合国人口司的预测数据，当地时间2023年4月14日，印度人口达到14.24775850亿人，印度人口超越中国，印度成为世界上人口最多的国家。

服务贸易出口额占服务贸易出口额的比重相对较小；而计算机和信息、其他商业服务和旅游则是印度每年服务贸易出口额占比较大的类别。可见中国的服务贸易出口主要依托自然资源和劳动力资源优势，而印度的出口更多依托技术服务，相比之下，我国出口层次较低，因此，中国应优化对外服务贸易结构，重视活跃度和劳动生产率都较高的服务部门，尽快提升自身的比较优势，重点解决"卡脖子"的关键技术问题，掌握数字技术领域的主动权。这不仅仅是面向南亚各国，更是面向全世界，实现增加中国服务贸易在国际市场的竞争优势的有效途径。

3. 推动传统服务贸易转型升级，找到发展突破口

中国向南亚各国出口的服务贸易内容以运输、旅游等传统的服务为主。中国从南亚各国进口的服务贸易内容起初以金融、保险、计算机及信息服务等知识密集型的现代服务为主，近些年逐步转变为传统的服务。因此，中国应加强具有比较优势的服务出口，推动传统服务贸易转型升级，增加服务贸易出口的国际竞争优势。

4. 加强基础设施建设，促进服务贸易便利化

中国拥有丰富的基础设施建设经验，可以充分利用这些经验，加强与南亚国家的交流与合作，特别是完善机场、公路、铁路等交通运输系统，实现区域间互联互通，推动服务贸易发展。譬如，在高铁领域，无论是工程建造、装备制造还是运营管理，中国都拥有先进的技术和丰富的经验，可以进一步推动与南亚各国在高铁建设项目上的合作，同时可以带动运输、旅游等传统服务贸易以及相关商品贸易发展。

5. 融入新发展格局，实现服务贸易高质量发展

我国当前正在构建以国内大循环为主体、国内与国际双循环相互促进的新发展格局，这给中国服务贸易的对外开放提出了更高的要求。从国际环境来看，一方面，加强与沿线各区域的服务贸易的高质量合作，例如，由中国企业承担全线咨询监理工作的斯里兰卡南部高速公路延长线就是一个典型案例，应继续推动中国国际咨询服务"走出去"，完成更多的高质量合作项目；另一方面，与"一带一路"沿线国家进行基于服务贸易规则的治理，积极主动

地参与国际服务贸易规则的制定，推进服务贸易进一步发展。

四　中国与南亚贸易发展前景展望

在中国与南亚各国贸易自由化程度提高、经贸合作不断深化的背景下，中国与南亚各国在降低贸易壁垒、提高通关效率、改善政府营商环境、促进金融服务和跨境电商发展等方面都面临新的挑战，这将进一步激发中国与南亚的贸易潜力。

（一）进一步发掘贸易潜力

中国与南亚各国应进一步挖掘资源禀赋优势，加强产业间的分工与合作，促进国际产业转移和对接，开放市场，鼓励国家间资源、技术和资本流动，改善贸易结构不平衡的状况，用中国的技术经验推动南亚国家的基建和相关产业发展。深化与"一带一路"沿线国家在旅游、文化、金融等服务领域的交流与合作，建设一批基础设施和惠及民生的重大项目。例如，中国已经连续多年位居马尔代夫客源国之首，中国近年来一直积极参与、投资马尔代夫旅游、基础设施、青年发展等领域的重要项目。

（二）改善营商环境

改善营商环境对促进贸易畅通的作用十分重要，政府应最大限度地为实现贸易畅通提供全面的体制机制保障。首先，中国应与南亚国家加强机制性及标准化等方面的建设。其次，中国应与南亚国家相关政府部门建立长效工作机制，旨在重点解决影响双边贸易的问题，加强双边贸易投资引导。再次，加强知识产权保护，为对外投资营造高标准的营商环境。最后，打造双边经贸合作智库平台，继续办好中国—南亚合作论坛等对话交流平台。

（三）拓宽产品贸易流通渠道

跨境电商、跨境物流将推动中国与南亚国家的贸易畅通进入"快车道"。

首先，跨境电商将极大降低交易成本，简化交易程序，提高交易效率；其次，支持企业在交通枢纽建立仓储物流基地和分拨中心，打造电子商务样品展示、选择、营销、物流、供应链管理、海外仓等跨境电商交易与服务平台；最后，充分利用南博会、昆交会等诸多平台，开展线上线下相结合的活动，为各国产品和服务提供展示和交易平台，增加产品的营销渠道。譬如，2022 年 11 月 2 日，中国与巴基斯坦签署电子商务合作谅解备忘录，两国将建立电子商务合作机制，定期进行政策沟通，分享最佳实践，促进优质产品贸易发展，加强物流、电子支付等领域的合作，共同为双边经贸关系注入新动力。

（四）提升通关便利化效率

通关效率将较大程度降低贸易成本和贸易壁垒，使贸易发展更加高效。首先，应推动海关、税务、交通运输、资金结算等领域的标准衔接，为报关、集装箱货运、海关后续检查、仓库和配送管理等提供便利；其次，运用大数据、云计算、物联网、人工智能等新技术，实现智能联通，搭建中国与南亚国家海关信息交换共享平台；最后，提升海关透明程度、海关制度威信，在原产地规则、海关程序、贸易救济、技术性贸易壁垒等多个领域加强沟通与合作，提高通关便利化效率。

参考文献

李晓：《打造"中国—南亚命运共同体"的理论与实践》，云南大学博士学位论文，2020。

李敬、雷俐：《中国和南亚四国货物贸易关系网络分析——基于进出口、贸易竞争和贸易互补三个维度》，《西部论坛》2019 年第 5 期。

任姝：《中印服务贸易结构变化研究》，《产业与科技论坛》2023 年第 10 期。

李盼雪：《中国与南亚国家服务贸易的效率和潜力》，《中国外资》2022 年第 22 期。

曾兴：《中国与南亚国家贸易畅通的影响因素及潜力实证研究》，《南亚研究季刊》2020 年第 3 期。

第七章 中国—中东欧国家"一带一路"建设：现状与前景

喆　儒

　　中东欧国家北起波罗的海，南至地中海，与土耳其接壤，东邻俄罗斯、白俄罗斯、乌克兰，西接德国、奥地利、意大利，地处欧亚大陆要冲，是通向西欧和北欧的重要中转站，是"一带一路"向西延伸的关键环节。本章所讨论的中东欧国家包括维谢格拉德集团四国（波兰、匈牙利、捷克、斯洛伐克）、波罗的海三国（爱沙尼亚、拉脱维亚和立陶宛）和东南欧十国（罗马尼亚、保加利亚、斯洛文尼亚、克罗地亚、塞尔维亚、北马其顿、波黑、黑山、阿尔巴尼亚、希腊）。本章对中东欧 17 国的基本情况加以梳理，总结其与中国开展合作的基础和条件，着重分析中国与中东欧在"一带一路"框架下开展商品贸易和服务贸易的规模、潜力、竞争性与互补性，并考察中国与中东欧国家间的投资合作情况，探究百年未有之大变局为中国与中东欧共建"一带一路"带来的机遇与挑战。

一　中东欧各国概况

　　中东欧国家是最早承认新中国的一批欧洲国家，中国同中东欧国家之间有着深厚的传统友谊，双方合作有着坚实的民意基础。迄今为止，双方已经在经济、文化、教育、科技等领域展开了深入的合作。

　　（一）中东欧国家参与"一带一路"倡议的情况

　　1. 中国与中东欧的外交关系

　　自新中国成立以来，中国与中东欧 17 国均建立了外交关系，并与部分国家的关系逐步发展为全面战略伙伴关系（见表 7 - 1）。2012 年 4 月 2 日，中国—中东欧国家合作（"16 + 1 合作"）正式启动，最初成员国包括中国、波兰、波黑、克罗地亚、捷克、爱沙尼亚、匈牙利、拉脱维亚、立陶宛、北马其顿、黑山、罗马尼亚、塞尔维亚、斯洛伐克、斯洛文尼亚、阿尔巴尼亚、保加利亚 17 国。2019 年 4 月，希腊作为正式成员国加入中国—中东欧国家合作，"16 + 1 合作"升级为"17 + 1 合作"，中国与中东欧国家的合作进一步加强，市场容量进一步扩大。中国与中东欧国家已建立起以领导人会晤机制为引领，涵盖经贸、文化、教育、农业、科技、卫生等多个领域的合作架构（见表 7 - 2），各领域合作成果丰硕，对深化中国与中东欧国家双边关系、丰富双方关系内涵发挥了积极作用。保加利亚、克罗地亚等中东欧多国已成为中国公民出境旅游目的地国；塞尔维亚、波黑和阿尔巴尼亚更是允许持普通护照的中国公民免签入境。中东欧 17 国均开设孔子学院。[①]

表 7 - 1　中国与中东欧 17 国的政治外交关系

国家	建立外交关系	友好合作伙伴关系	全面合作伙伴关系	战略合作伙伴关系	全面战略伙伴关系
波兰	1949 年	2004 年	N/A	2011 年	2016 年
阿尔巴尼亚	1949 年	—	—	—	—
罗马尼亚	1949 年	N/A	2004 年	—	—
保加利亚	1949 年	N/A	2014 年	2019 年	—
捷克	1949 年	N/A	N/A	2016 年	—
匈牙利	1949 年	2004 年	N/A	N/A	2017 年
斯洛伐克	1949 年	—	—	—	—
塞尔维亚	1955 年	N/A	N/A	2009 年	2016 年
希腊	1972 年	N/A	N/A	N/A	2006 年
立陶宛	1991 年	—	—	—	—
爱沙尼亚	1991 年	—	—	—	—
拉脱维亚	1991 年	—	—	—	—

---

① 《外交最前排丨中国－中东欧国家合作为何如此重要?》，新华网，http://www.xinhuanet.com/world/2021－02/09/c_1127084585.htm。

续表

国家	建立外交关系	友好合作 伙伴关系	全面合作 伙伴关系	战略合作 伙伴关系	全面战略 伙伴关系
斯洛文尼亚	1992 年	—	—	—	—
克罗地亚	1992 年	N/A	2005 年	—	—
北马其顿	1993 年	—	—	—	—
波黑	1995 年	—	—	—	—
黑山	2006 年	—	—	—	—

注：中国与北马其顿的外交关系于 2001 年正常化；中国与阿尔巴尼亚的外交关系为"传统友好合作关系"。N/A 是 Not Applicable 的缩写，表示不适用。

资料来源：中国—中东欧国家合作网站（网址：http://www.china-ceec.org/）、中国网（网址：http://www.china.com.cn/）。

表 7 – 2　中国与中东欧 17 国的主要合作领域

国家	主要合作领域
波兰	文化、科技、教育
阿尔巴尼亚	人文、卫生
罗马尼亚	文化、科技、教育
保加利亚	经贸、农业、科技、文化、教育
捷克	经贸、文化、科技、教育
匈牙利	文化、科技、教育
斯洛伐克	文化、科技、教育
塞尔维亚	经贸、军事、科技、文化
希腊	文化、科技、教育、海洋、军事
立陶宛	—
爱沙尼亚	政治、经济、科技、文化、教育
拉脱维亚	文化、科技、教育
斯洛文尼亚	经贸、文化、科技
克罗地亚	经贸、文化、科技
北马其顿	经贸、军事、科技、文化
波黑	经贸、文化、科技、教育、新闻、军事
黑山	经贸、军事、科技、文化

资料来源：中国—中东欧国家合作网站（网址：http://www.china-ceec.org/）。

2. 部分国家新动向

由于新冠疫情和 2022 年俄乌冲突的爆发，近几年，整个国际社会形势复杂多变，不确定性因素增加。中东欧大部分国家经济体量较小，对于美国经济具有较大的依赖性，截至 2022 年 8 月 11 日，已有 3 国正式宣布退出中国—中东欧国家合作机制。目前，中国与捷克仍在致力于深化经贸合作。据新华社布拉格 2024 年 5 月 10 日消息，"中国—捷克企业交流对接会 9 日在捷克首都布拉格举行。来自两国企业、行业协会和政府的 100 余名代表出席活动"。[①]

虽然立陶宛、爱沙尼亚和拉脱维亚 3 国退出了中国—中东欧国家合作机制，但为了更全面地分析过往以及未来中国与中东欧国家的经贸合作情况，本章仍采用中东欧 17 国的经贸数据进行研究。

3. 中东欧参与"一带一路"建设的意义

中东欧地处亚、欧、非三大洲连接地带，位于西欧与俄罗斯之间，是连接西欧和北欧的重要中转站，地缘政治特征极其显著。这一"历史的枢纽"已成为美国、欧盟、俄罗斯多方博弈的重要区域，其特殊的地理位置决定了中东欧国家在"一带一路"建设中必将扮演重要角色，是融入欧洲经济圈的重要承接带。

"一带一路"建设框架下的中东欧概念更多强调的是其地理意义，事实上，中欧的维谢格拉德集团四国、波罗的海三国、东南欧十个三个集团在对华意识形态、外交政策、经贸投资合作、人文交流等方面都存在明显的差异。一方面，历史经验和西方价值观深刻影响中欧国家对中国政府的态度；另一方面，从现实国家利益出发，各国尽管视美国为关系更为密切的重要盟友，但仍对"一带一路"倡议、"中国—中东欧国家合作"报以积极态度。即便是已经明确宣布退出的波罗的海三国，在未来对华经济合作的前景方面也不能一言以蔽之，而应区别对待。

（二）国际新形势下的战略地位

受历史传统和现代各方面因素的影响，中东欧国家之间存在较大的异质

---

① 《中国—捷克企业交流对接会致力于深化中捷经贸合作》，《人民日报》2024 年 5 月 12 日第 3 版。

性，国土面积、人口规模、经济发展水平、宗教信仰、文化传统都存在较大的差异。

1. 宗教文化背景

中东欧地处亚欧大陆之间的过渡地带，自古以来民族交融，宗教信仰错综复杂。近代以来，中东欧地区的宗教以基督教和伊斯兰教为主，基督教又分为天主教、东正教和新教，它们在中东欧均有较多信徒。中东欧各国主要宗教信仰情况见表 7-3。

表 7-3　中东欧各国主要宗教信仰情况

主要宗教	国家
伊斯兰教	阿尔巴尼亚、波黑、保加利亚
天主教	爱沙尼亚、斯洛文尼亚、斯洛伐克、波黑、波兰、立陶宛、捷克、匈牙利、阿尔巴尼亚、克罗地亚
东正教	拉脱维亚、爱沙尼亚、波黑、罗马尼亚、保加利亚、希腊、黑山、北马其顿、塞尔维亚、阿尔巴尼亚、立陶宛
新教	爱沙尼亚、拉脱维亚、立陶宛、匈牙利

资料来源：中华人民共和国外交部。

2. 中东欧各国的对外关系

一战到二战期间，中东欧国家政体各异，存在法西斯专制国家、资产阶级共和国、封建王国和军事独裁国家等。二战结束后，在美苏冷战背景下，苏联、民主德国、波兰、阿尔巴尼亚、捷克斯洛伐克、匈牙利、罗马尼亚、保加利亚八国在华沙签署《华沙条约》，形成了对抗北大西洋公约组织的政治军事同盟——华约。在苏联模式的主导下，中东欧地区进入社会主义时期。1989～1992 年，东欧一些社会主义国家的共产党和工人党在短时间内纷纷丧失政权，社会制度随之发生根本性变化，政治、经济和社会全面转轨。剧变最先在波兰出现，后来扩展到民主德国、保加利亚、罗马尼亚等国家。东欧剧变后，转轨的中东欧国家纷纷寻求加入欧盟和北约。[1] 中东欧各国所

---

① 高歌：《中东欧国家在欧盟中的地位和作为》，《俄罗斯东欧中亚研究》2014 年第 3 期，第 51～58、96 页。

属政治与军事联盟情况见表 7 – 4。

表 7 – 4　中东欧国家所属政治与军事联盟情况

	国家
苏联加盟共和国	立陶宛苏维埃社会主义共和国、拉脱维亚苏维埃社会主义共和国、爱沙尼亚苏维埃社会主义共和国
欧盟成员国	保加利亚、克罗地亚、希腊、捷克、匈牙利、爱沙尼亚、拉脱维亚、立陶宛、波兰、罗马尼亚、斯洛伐克、斯洛文尼亚
欧盟候选国	阿尔巴尼亚、黑山、塞尔维亚、北马其顿、波黑
北约成员国	爱沙尼亚、拉脱维亚、立陶宛、波兰、匈牙利、捷克、斯洛伐克、斯洛文尼亚、罗马尼亚、保加利亚、克罗地亚、希腊、阿尔巴尼亚、黑山、北马其顿

注：1991 年苏联解体后，苏联加盟共和国均成为独立国家。

资料来源：笔者根据中华人民共和国外交部网站等整理得到。

3. 中东欧各国经济情况

中东欧 17 国的经济发展水平差距较大（见表 7 – 5）。其中，发达国家包括爱沙尼亚、拉脱维亚、立陶宛、斯洛文尼亚、斯洛伐克、捷克、希腊，发展中国家包括波兰、塞尔维亚、黑山、北马其顿、波黑、阿尔巴尼亚、克罗地亚、罗马尼亚、保加利亚、匈牙利。2021 年，中东欧 17 国中波兰的国内生产总值最高，约为 6800 亿美元；黑山的国内生产总值最低，仅为 50 亿美元；黑山、波黑、塞尔维亚三国国内生产总值增长率呈现负值。就人均 GDP 来看，2021 年，斯洛文尼亚的人均 GDP 最高，为 29593 美元；阿尔巴尼亚的人均 GDP 最低，为 5200 美元（2020 年数据）。大部分国家的人均 GDP 超过 1 万美元。

表 7 – 5　2021 年中东欧 17 国的基本经济情况

国家	GDP（亿美元）	人均 GDP（美元）	GDP 增长率（%）
黑山	50	7975	– 15.3
北马其顿	133	6345	4.0
阿尔巴尼亚 *	171	5200	8.5
波黑	199	5740	– 3.2
爱沙尼亚 **	304	22809	4.3
拉脱维亚	389	20666	4.7
塞尔维亚	549	7913	– 1.0
斯洛文尼亚	616	29593	8.1

续表

国家	GDP（亿美元）	人均 GDP（美元）	GDP 增长率（%）
克罗地亚	650	17045	10.2
立陶宛	655	23445	4.3
保加利亚	731	10554	9.0
斯洛伐克	1149	21070	3.0
匈牙利	1824	16217	7.1
希腊	2156	20123	8.3
罗马尼亚	2821	14204	5.9
捷克	2823	26900	3.3
波兰	6799	16075	5.7

注：*、**均为 2020 年数据。

资料来源：中国—中东欧国家合作网站（网址：http://www.china-ceec.org/）。

按世界银行公布的 2018 年收入分组标准，2020 年，在中东欧 17 国中，罗马尼亚、克罗地亚、波兰、匈牙利、拉脱维亚、希腊、斯洛伐克、立陶宛、捷克、爱沙尼亚、斯洛文尼亚为高收入国家，其余六国为中高收入国家（见表 7 - 6）。中东欧国家整体收入水平较高。

表 7 - 6　2020 年中东欧 17 国收入分组情况

单位：美元

收入分组	国家	人均国民收入
中高收入国家（人均国民收入为 3896 ~ 12055 美元）	阿尔巴尼亚	5091
	北马其顿	5614
	波黑	6032
	塞尔维亚	7420
	黑山	7652
	保加利亚	9867
高收入国家（人均国民收入高于 12055 美元）	罗马尼亚	12757
	克罗地亚	13910
	波兰	15192
	匈牙利	15695
	拉脱维亚	17866

续表

收入分组	国家	人均国民收入
高收入国家 （人均国民收入高于 12055 美元）	希腊	18040
	斯洛伐克	12757
	立陶宛	13910
	捷克	15192
	爱沙尼亚	15695
	斯洛文尼亚	17866

资料来源：联合国统计司（网址：https://unstats.un.org/UNSDWebsite/）。

二　中国与中东欧国家货物贸易状况

（一）中国与中东欧国家商品贸易规模

1. 中国与中东欧整体商品贸易规模

2010~2021 年，中国与中东欧 17 个国家的商品贸易规模整体上呈现增长趋势，并且出现持续的贸易顺差。2015 年 3 月，《推动共建丝绸之路经济带和 21 世纪海上丝绸之路的愿景与行动》的发布进一步促进中国与共建"一带一路"国家的经贸往来。图 7-1 显示，自 2015 年以来，中国与中东

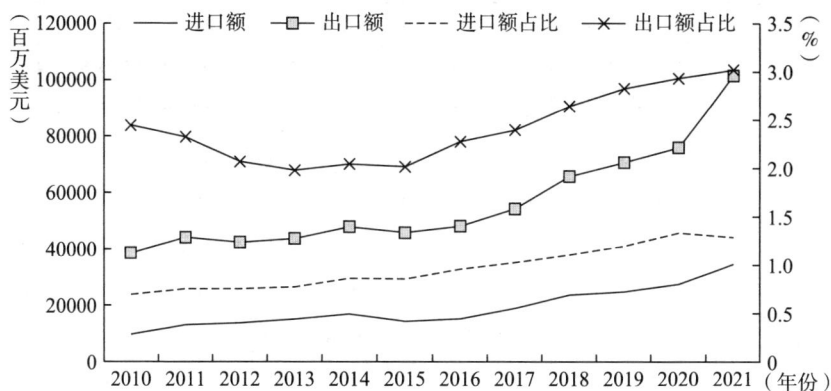

图 7-1　2010~2021 年中国—中东欧国家商品贸易情况

资料来源：全球贸易观察（网址：http://gtf.sinoimex.com）。

欧国家的进出口额均呈现持续快速的增长趋势，并且在 2021 年出口额有较大幅度的增长。就贸易规模占比而言，中国对中东欧国家的出口额占中国出口总额的比重在 2013 年之前呈现下降趋势，在 2013 年之后整体上呈现上升趋势。中国从中东欧国家的进口额占中国进口总额的比重从 2010 年的 0.69% 增长到 2021 年的 1.2%。

2. 中国与中东欧各国货物贸易规模

根据联合国统计司和中华人民共和国海关总署公布的统计数据，2013 ~ 2021 年，波兰、捷克和匈牙利始终为中国在中东欧国家的前三大贸易伙伴。2021 年，中国与波兰、捷克、匈牙利的贸易总额分别为 421.34 亿美元、211.62 亿美元和 157.14 亿美元，同比增长率分别为 35.69%、12.14%、34.46%（见表 7 - 7），分别占我国同期对中东欧国家贸易总额的 30.94%、15.54%、11.54%（见图 7 - 2）。北马其顿、波黑和黑山在 2013 ~ 2021 年与中国的贸易额在中东欧国家中排在最后三位，2021 年双边贸易额分别为 6.00 亿美元、1.08 亿美元和 2.75 亿美元，分别占 0.44%、0.08%、0.20%，同比增长率分别为 56.63%、- 36.86%、42.49%。自 2015 年以来，除个别贸易额较小且不稳定的国家外，中国与中东欧大部分国家的贸易额呈现上升趋势。

表 7 - 7　2013 ~ 2021 年中国与中东欧各国货物贸易总额

单位：亿美元

伙伴国	2013 年	2014 年	2015 年	2016 年	2017 年	2018 年	2019 年	2020 年	2021 年
波兰	148.08	171.91	170.87	176.96	212.26	245.22	278.22	310.51	421.34
捷克	94.54	109.80	110.07	110.14	124.89	163.09	176.01	188.71	211.62
匈牙利	84.07	90.24	80.73	88.89	101.27	108.82	102.18	116.86	157.14
斯洛伐克	65.43	62.05	50.32	52.74	53.14	77.81	84.65	78.11	121.53
罗马尼亚	40.33	47.44	44.57	45.20	51.81	70.61	88.93	94.63	120.92
希腊	36.51	45.31	39.51	49.05	56.02	66.75	68.99	77.65	102.16
斯洛文尼亚	21.35	23.23	23.81	27.19	33.82	50.15	39.28	39.61	59.97
保加利亚	20.78	21.63	17.91	16.45	21.38	25.87	27.19	29.18	41.09
立陶宛	18.13	18.16	13.50	14.60	18.55	20.93	13.94	21.22	32.37
爱沙尼亚	13.09	13.72	11.89	11.82	13.43	15.39	21.34	22.95	26.29

续表

伙伴国	2013 年	2014 年	2015 年	2016 年	2017 年	2018 年	2019 年	2020 年	2021 年
拉脱维亚	14.73	14.64	11.67	12.02	13.25	13.79	15.42	17.04	23.17
克罗地亚	14.94	11.28	10.97	11.77	12.67	12.77	12.89	12.53	13.86
阿尔巴尼亚	5.62	5.67	5.58	5.95	7.57	9.52	12.21	11.45	12.92
塞尔维亚	6.51	5.37	5.49	6.42	6.50	6.48	7.04	6.52	7.56
北马其顿	1.71	1.67	2.19	1.41	1.99	2.20	2.82	3.83	6.00
黑山	1.02	2.11	1.58	1.08	1.36	1.87	1.92	1.93	2.75
波黑	1.12	3.21	1.14	1.36	1.65	1.54	1.57	1.71	1.08

资料来源：国家统计局、全球贸易观察（网址：http://gtf. sinoimex.com）、中华人民共和国海关总署。

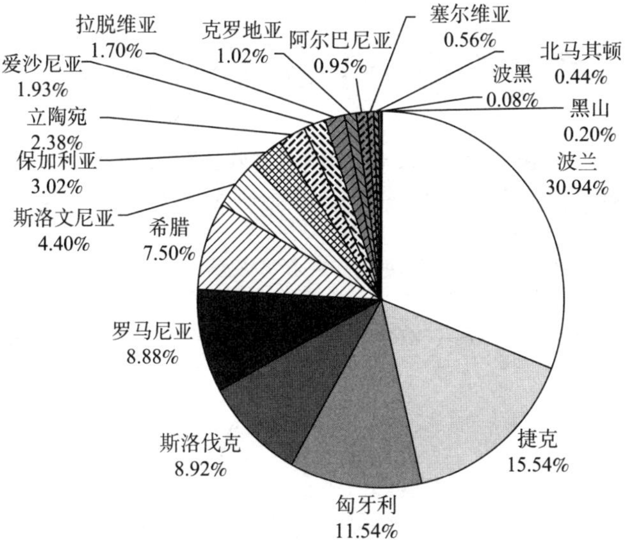

图 7 - 2　2021 年中国与中东欧各国货物贸易额比重

资料来源：全球贸易观察（网址：http://gtf. sinoimex.com）。

（二）中国与中东欧国家贸易平衡情况与商品贸易结构

1. 中国与中东欧国家贸易平衡情况

从图 7 - 3 可以看出，2021 年，中国对中东欧大部分国家的双边贸易为顺差，其中与波兰、希腊和捷克的顺差额位列前三，分别约为 310 亿美元、

102 亿美元和 90 亿美元。图 7-4 显示,在部分年份,中国对波黑、北马其顿和斯洛伐克三国贸易出现逆差,2021 年,中国对波黑的贸易逆差额最小,约为 101 万美元;对斯洛伐克的贸易逆差额最大,约为 30 亿美元,并且在 2012～2021 年这 10 年中有 8 年出现逆差。

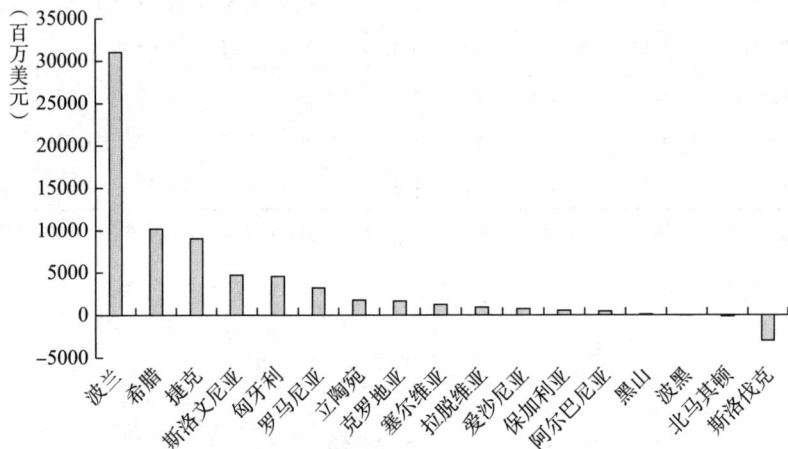

图 7-3 2021 年中国与中东欧各国贸易差额
资料来源:全球贸易观察(网址:http://gtf. sinoimex. com)。

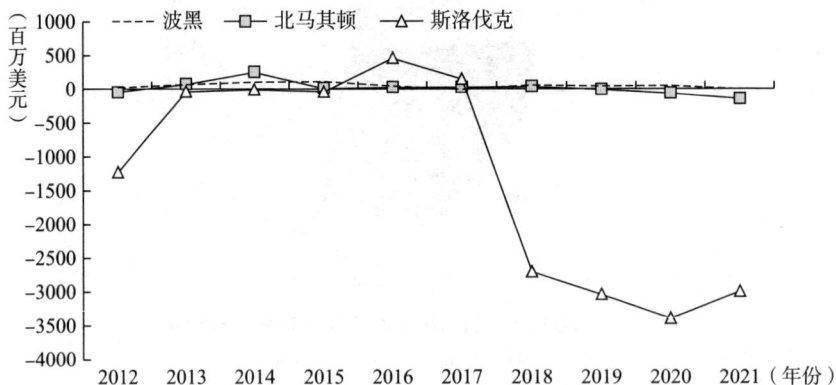

图 7-4 2012～2021 年中国对波黑、北马其顿、斯洛伐克贸易平衡情况
资料来源:全球贸易观察(网址:http://gtf. sinoimex. com)。

中国对中东欧国家的主要贸易商品包括机电产品、劳动密集型商品和农产品,均出现贸易顺差(见图 7-5)。

图 7 - 5　2010～2021 年中国与中东欧国家主要贸易商品的贸易差额

资料来源：全球贸易观察（网址：http://gtf.sinoimex.com）。

2. 中国与中东欧商品贸易结构

中国与中东欧之间最主要的贸易商品是机电产品（见图 7 - 6），贸易额占同期贸易总额的比重基本上稳定在 70% 左右。

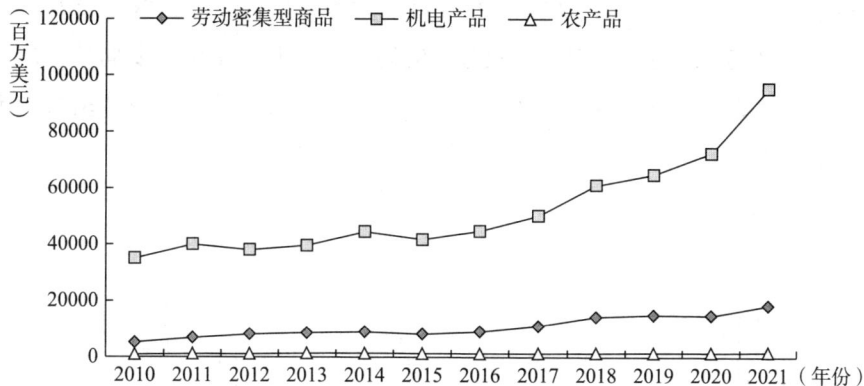

图 7 - 6　2010～2021 年中国与中东欧国家主要商品贸易结构

资料来源：全球贸易观察（网址：http://gtf.sinoimex.com）。

就出口而言，我国主要向中东欧国家出口机电产品和劳动密集型商品。2021 年，中国对中东欧的机电产品出口额为 712 亿美元，同比增长 34.71%，占同期中国对中东欧出口总额的 70.09%；劳动密集型商品出口额为 168.49 亿美元，同比增长 24.1%，占同期中国对中东欧出口总额的 16.59%。此外，2021 年，农产品出口额为 8.6 亿美元。受疫情影响，2020 年和 2021 年，中国向中东欧出口的医药保健品规模较往年大幅增长，其中，2020 年的出口额为 44.2 亿美元，同比增长 129.60%，2021 年疫情有所缓和，医药保健品出口额为 35.82 亿美元，较 2020 年下降了 18.96%。

就进口而言，我国从中东欧国家主要进口机电产品、铜材、劳动密集型商品和木制品。2021 年，中国自中东欧进口机电产品总额为 242.36 亿美元，同比增长 23.57%，占同期我国自中东欧国家进口总额的 70.05%。其中，汽车（包括底盘）进口额为 63.97 亿美元，占中国自中东欧进口机电产品总额（下同）的 26.4%；汽车零配件进口额为 52.63 亿美元，占 21.72%；电工器材进口额为 32.09 亿美元，占 13.24%。同期，进口未锻轧铜及铜材总额为 20.89 亿美元；进口劳动密集型商品总额为 15.34 亿美元。

3. 中国与中东欧主要国家商品贸易结构

（1）波兰

波兰是中国在中东欧 17 国中最大的贸易伙伴。2021 年，中国对波兰的出口额为 365.92 亿美元，从波兰的进口额为 55.42 亿美元，双边贸易总额为 421.34 亿美元。按照 SITC 一级分类编码，2021 年，中国主要向波兰出口机械及运输设备和杂项制品（见图 7-7），其中，机械及运输设备出口额为

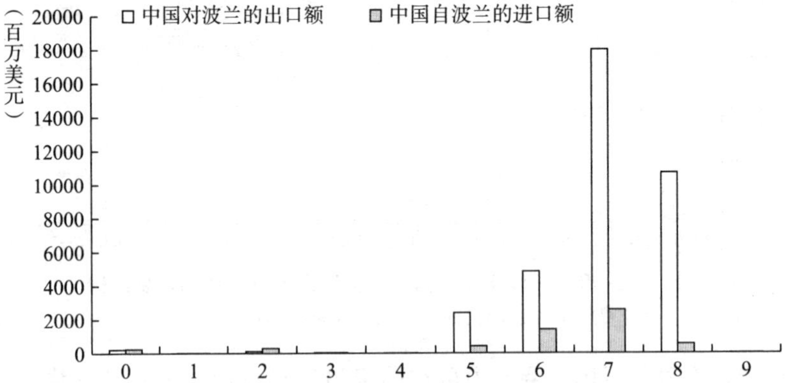

图 7-7 中国与波兰商品贸易结构

注：SITC 一级分类编码如下：0 为"食品及活动物"，1 为"饮料及烟草"，2 为"燃料以外的非食用原料"，3 为"矿物燃料、润滑剂及原料"，4 为"动植物油、油脂和蜡"，5 为"化学品及有关产品"，6 为"按原料分类的制成品"，7 为"机械及运输设备"，8 为"杂项制品"，9 为"未分类的商品"，后文同。

资料来源：全球贸易观察（网址：http://gtf.sinoimex.com）。

179.88 亿美元，约占同期中国对波兰出口额的 49.2%；杂项制品出口额为 106.94 亿美元，约占同期中国对波兰出口额的 29.2%。2021 年，中国从波兰主要进口按原料分类的制成品和机械及运输设备，其中，按原料分类的制成品的进口额为 14.12 亿美元，约占同期中国自波兰进口额的 25.5%；机械及运输设备的进口额为 25.79 亿美元，约占同期中国自波兰进口额的 46.5%。

（2）捷克

捷克是中国在中东欧 17 国的第二大贸易伙伴，图 7-8 显示了中国与捷克的商品贸易结构。2021 年，中国对捷克的出口额为 151.08 亿美元，进口额为 60.54 亿美元，双边贸易总额为 211.62 亿美元。按照 SITC 一级分类编码，2021 年，中国对捷克出口和进口比重最大的产品类别均为"机械及运输设备"，分别占中国对捷克同期出口总额的 80.89% 和同期进口总额的 69.2%。其中，中国主要出口电话机，自动数据处理设备，录音机和放声机、声音录制等设备及其零附件，主要进口车辆相关的零附件和接收、转换且发送或再生声音等数据的设备。

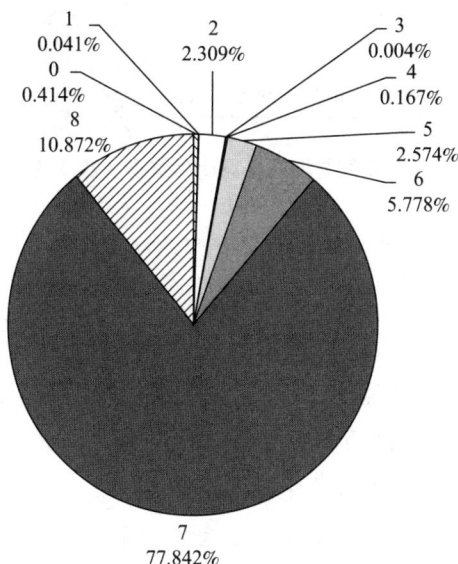

图 7-8　2021 年中国与捷克商品贸易结构（按 SITC 一级分类编码）

资料来源：全球贸易观察（网址：http://gtf.sinoimex.com）。

（3）斯洛伐克

斯洛伐克是中东欧国家中与中国货物贸易逆差最大的国家。2021年，中国对斯洛伐克的贸易逆差约为30亿美元。中国对斯洛伐克出口和进口比重最大的产品同样为"机械及运输设备"（见图7-9）。2021年，中国对斯洛伐克的"机械及运输设备"出口额占同期对其出口总额的72.7%，中国主要出口锂离子蓄电池、无线电广播设备、电视等设备及其零件；而中国自斯洛伐克的"机械及运输设备"进口额占同期自斯洛伐克进口总额的比重达94.9%，中国主要进口车辆及其零附件。可见，"机械及运输设备"在中国与斯洛伐克的双边贸易中占有重要地位。

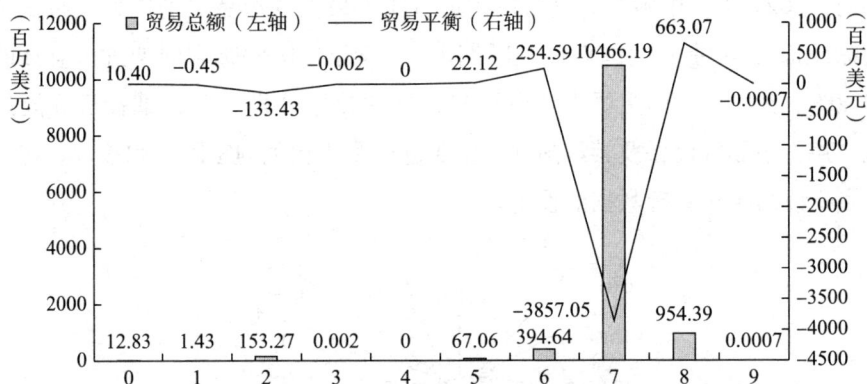

图7-9　2021年中国与斯洛伐克商品贸易总额及贸易平衡情况
（按SITC一级分类编码）

资料来源：全球贸易观察（网址：http://gtf.sinoimex.com）。

（4）波黑

波黑是中国与中东欧国家贸易规模最小的国家。2021年，在中国与波黑的双边贸易中，中国对波黑的出口额为9614.1万美元，自波黑的进口额为1153.42万美元，贸易总额约为1.08亿美元。中国对波黑主要出口按原料分类的制成品、机械及运输设备、化学品及有关产品，主要进口燃料以外的非食用原料、饮料及烟草和杂项制品（见图7-10）。

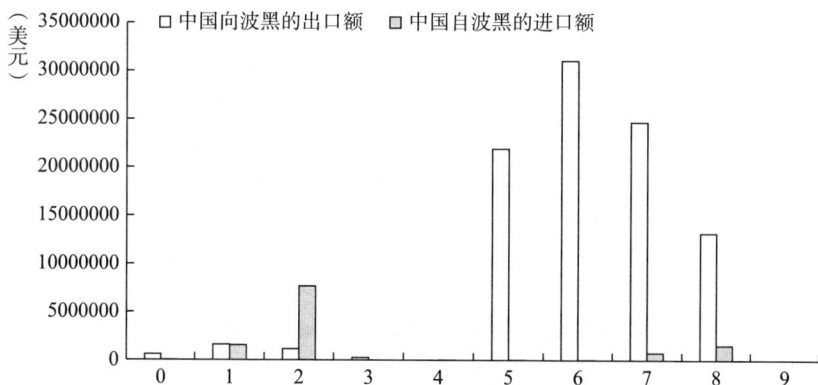

图 7 - 10　2021 年中国与波黑商品贸易结构情况（按 SITC 一级分类编码）

资料来源：全球贸易观察（网址：http://gtf.sinoimex.com）。

2021 年中国与中东欧各国商品贸易结构（SITC 0 ~ 9）见表 7 - 8。

表 7 - 8　2021 年中国与中东欧各国商品贸易结构（SITC 0 ~ 9）

单位：百万美元

伙伴国/地	0	1	2	3	4	5	6	7	8	9
阿尔巴尼亚	9.04	0.05	96.89	0.001	0.26	51.70	228.61	189.53	174.57	0.17
爱沙尼亚	29.14	5.63	44.05	21.06	0.00	74.00	214.87	698.88	187.01	0.00
保加利亚	186.74	9.02	329.24	0.73	15.81	189.38	1229.51	1413.89	710.35	0.00
北马其顿	1.24	2.05	43.02	0.00	0.00	76.05	270.25	171.20	32.89	0.00
波黑	2.19	0.21	60.90	0.00	0.00	20.65	37.20	85.70	67.35	0.00
波兰	459.62	20.90	397.29	84.23	2.78	2811.50	6252.26	20566.64	11237.02	0.11
黑山	0.60	3.16	8.84	0.26	0.003	21.96	31.07	25.47	14.72	0.00
捷克	87.31	8.66	486.80	0.80	35.14	542.66	1218.12	16411.11	2292.07	0.003
克罗地亚	18.76	0.67	71.14	5.53	0.32	152.55	439.59	1075.40	541.38	0.00
拉脱维亚	26.19	15.04	98.10	42.05	0.04	175.03	191.90	519.66	238.30	0.00

续表

伙伴国/地	0	1	2	3	4	5	6	7	8	9
立陶宛	67.70	3.00	51.21	16.31	0.57	333.16	538.80	1083.47	503.43	0.00003
罗马尼亚	35.96	3.68	214.22	70.81	84.89	348.57	1396.06	5780.50	2241.23	0.001
塞尔维亚	13.27	4.32	446.77	0.14	3.64	184.64	758.60	1509.45	310.27	0.006
斯洛伐克	12.83	1.43	153.27	0.002	0.00	67.06	394.64	10466.19	954.39	0.001
斯洛文尼亚	30.48	1.49	77.14	0.54	0.23	566.41	811.98	3295.65	1196.13	0.00
希腊	74.09	9.67	365.84	207.48	4.30	782.50	1680.02	3782.67	5206.69	0.05
匈牙利	29.89	7.70	46.61	0.41	52.66	914.48	1100.75	10332.82	3144.92	0.00
合计	2170.11	193.35	5982.60	900.68	401.26	14624.60	33588.50	154816.41	58105.46	0.34

资料来源：全球贸易观察（网址：http://gtf.sinoimex.com）。

（三）中国与中东欧国家贸易竞争性与互补性分析

中国与中东欧国家的经贸合作离不开良好的贸易关系，适当的竞争和互补的商品贸易结构有利于双方实现稳定持久的贸易联系。通过分析中国与中东欧国家在贸易层面的竞争性和互补性关系，能够更好地把握未来中国与中东欧开展经贸合作的方向和趋势。

为方便分析中国与中东欧国家之间各类商品贸易的竞争性和互补性，按SITC一级分类编码，将0~8类商品分为三种类型。其中，0~4类主要为农产品和矿产品，这类产品对资源依赖较大，将其归类为资源密集型产品；第5类和第7类主要为化学品和机电相关产品，对资本和技术需求较大，故将其归类为资本技术密集型产品；第6类和第8类产品更多依赖大量劳动力，故将其定义为劳动密集型产品。由于第9类产品为硬币、金属等非常规商品（未分类的商品），且在中国与中东欧贸易中占比极小，本章未将该类商品纳入研究范围。

1. 各国显示性比较优势指数测算

显示性比较优势指数（RCA）是衡量一个国家或地区的某种商品是否具

有比较优势的一个指标。基于日本贸易振兴协会（JETRO）的标准，本章中
的 RCA 指数判断标准见表 7 - 9。

表 7 - 9　RCA 指数判断标准

RCA 取值范围	比较优势水平
0 < RCA < 0.8	不具有竞争优势
0.8 < RCA < 1.25	具有中等的比较优势
1.25 < RCA < 2.5	具有较强的比较优势
RCA > 2.5	具有很强的比较优势

资料来源：参见孙林、李岳云《中国与东盟主要国家农产品的贸易、竞争关系分析》，《世界经济研究》2003 年第 8 期。

表 7 - 10 为 2021 年中国与中东欧国家 8 类商品出口的显示性比较优势指数。从表 7 - 10 可以看出，中国在食品及活动物，饮料及烟草，燃料以外的非食用原料，矿物燃料、润滑剂及原料，动植物油、油脂和蜡五类资源密集型产品上具有比较劣势；在资本技术密集型产品中，化学品及有关产品不具备比较优势，在机械及运输设备上具有较强的比较优势；按原料分类的制成品和杂项制品两类劳动密集型产品均具有较强的比较优势。

表 7 - 10　2021 年中国与中东欧国家 8 类商品出口的显示性比较优势指数

国别	资源密集型产品					资本技术密集型产品		劳动密集型产品	
	0	1	2	3	4	5	7	6	8
中国	0.346	0.077	0.171	0.190	0.131	0.528	1.314	1.320	1.884
波兰	1.731	1.745	0.635	0.309	0.407	0.656	1.010	1.497	1.479
捷克	0.567	0.635	0.719	0.331	0.422	0.495	1.518	1.215	1.012
斯洛伐克	0.541	0.244	0.592	0.419	0.309	0.302	1.653	1.402	0.744
匈牙利	1.019	0.410	0.475	0.574	1.231	0.869	1.413	0.790	0.643
立陶宛	1.937	3.099	1.810	1.517	0.527	1.300	0.520	0.935	1.349
拉脱维亚	1.968	4.303	4.113	0.942	0.334	0.656	0.538	1.466	0.810
爱沙尼亚	1.034	0.704	2.425	2.514	0.795	0.402	0.780	1.181	1.106
希腊	2.382	2.139	1.246	4.199	3.395	0.940	0.257	1.251	0.591
斯洛文尼亚	0.786	0.388	0.857	0.739	0.361	1.553	0.970	1.442	0.824

国别	资源密集型产品					资本技术密集型产品		劳动密集型产品	
	0	1	2	3	4	5	7	6	8
罗马尼亚	1.367	1.947	1.264	0.504	0.871	0.348	1.227	1.445	1.058
克罗地亚	1.908	1.560	2.000	2.304	1.063	0.804	0.589	1.350	1.060
塞尔维亚	2.309	2.892	1.758	0.435	2.270	0.692	0.731	1.829	0.953
保加利亚	1.913	0.857	2.032	0.829	3.781	0.773	0.614	1.886	1.007
阿尔巴尼亚	1.824	0.527	1.499	2.035	0.199	0.142	0.213	2.161	2.723
黑山	1.265	5.328	6.173	2.865	0.347	0.450	0.291	1.846	0.361
波黑	0.837	0.513	2.747	1.270	1.162	0.493	0.456	2.116	2.100
北马其顿	0.929	2.640	1.448	0.273	0.421	1.820	0.832	1.307	0.871

资料来源：全球贸易观察（网址：http://gtf.sinoimex.com）。

在资源密集型产品中，对于 0 类产品"食品及活动物"，具有较强、很强的比较优势的国家包括波兰、希腊、罗马尼亚、立陶宛、克罗地亚、塞尔维亚、拉脱维亚、保加利亚、阿尔巴尼亚和黑山，其中希腊的比较优势最强。对于第 1 类产品"饮料及烟草"，大部分中东欧国家具有比较优势，其中黑山和拉脱维亚具有非常强的比较优势。对于第 2 类产品"燃料以外的非食用原料"，具有较强、很强的比较优势的国家有罗马尼亚、立陶宛、克罗地亚、塞尔维亚、拉脱维亚、爱沙尼亚、保加利亚、阿尔巴尼亚、黑山、波黑和北马其顿，其中黑山具有非常强的比较优势。对于第 3 类产品"矿物燃料、润滑剂及原料"，希腊、立陶宛、克罗地亚、爱沙尼亚、阿尔巴尼亚、黑山和波黑具有较强、很强的比较优势，其中希腊具有非常强的比较优势。对于第 4 类产品"动植物油、油脂和蜡"，具有比较优势的国家包括希腊、匈牙利、克罗地亚、塞尔维亚、保加利亚、罗马尼亚和波黑，其中保加利亚和希腊的比较优势很强。其余国家在该类产品上不具有竞争优势。

在资本技术密集型产品中，对于第 5 类产品"化学品及有关产品"，17 国中仅有斯洛文尼亚、立陶宛和北马其顿具有较强的比较优势；在第 7 类产品"机械及运输设备"上，捷克、匈牙利和斯洛伐克具有较强的比较优势。

在劳动密集型产品中，绝大部分中东欧国家具有较强的比较优势。其中，对于第 6 类"按原料分类的制成品"，仅有匈牙利和立陶宛的 RCA 指数小于 1，分别为 0.790 和 0.935。对于第 8 类产品"杂项制品"，波兰、捷克、罗马尼亚、立陶宛、克罗地亚、爱沙尼亚、保加利亚、阿尔巴尼亚和波黑的 RCA 指数都大于 1；在 RCA 指数小于 1 的 8 国中，有 4 国的 RCA 指数在 0.8 以上。

综上所述，中东欧各个国家在商品结构上的优势并不相同，但整体来看，比较优势主要集中在劳动密集型产品和资源密集型产品上。

2. 各国贸易互补性指数测算

贸易互补性指数（TCI）反映的是两个国家或地区之间进出口商品的契合度，其计算公式见附录 7 - 1。两国贸易互补性指数越高，说明两国在某产品上的进出口贸易互补性越强，进行合作可增加两国利益；指数越低，说明互补性越弱，两国贸易具有较大的局限性。

2021 年中国出口与中东欧国家进口的贸易互补性指数见表 7 - 11。从国家来看，中国出口与中东欧国家进口贸易互补性较强的五个国家为阿尔巴尼亚、波黑、北马其顿、黑山和克罗地亚；从产品结构来看，中国对中东欧出口互补性较强的三类产品为第 7 类、第 8 类和第 6 类，主要集中在资本技术密集型产品和劳动密集型产品上。

表 7 - 11　2021 年中国出口与中东欧国家进口的贸易互补性指数

	资源密集型产品					资本技术密集型产品		劳动密集型产品		平均
	0	1	2	3	4	5	7	6	8	
波兰	0.381	0.055	0.134	0.174	0.125	0.523	1.893	1.240	2.164	0.743
捷克	0.256	0.051	0.103	0.161	0.049	0.438	1.714	1.668	1.778	0.691
斯洛伐克	0.277	0.057	0.142	0.192	0.056	0.316	1.616	1.767	1.626	0.672
匈牙利	0.229	0.042	0.080	0.252	0.062	0.465	1.392	1.559	1.269	0.595
立陶宛	0.466	0.144	0.216	0.473	0.168	0.559	1.479	0.936	1.356	0.644
拉脱维亚	0.561	0.278	0.243	0.272	0.137	0.445	1.497	1.008	1.573	0.668
爱沙尼亚	0.365	0.100	0.225	0.446	0.048	0.400	1.566	1.042	1.381	0.619
希腊	0.552	0.074	0.126	0.745	0.140	0.591	1.249	0.670	1.574	0.635

	资源密集型产品					资本技术密集型产品		劳动密集型产品		平均
	0	1	2	3	4	5	7	6	8	
斯洛文尼亚	0.334	0.045	0.171	0.223	0.059	0.893	1.746	1.103	1.404	0.664
罗马尼亚	0.466	0.064	0.141	0.212	0.062	0.530	1.989	1.270	1.693	0.714
克罗地亚	0.595	0.105	0.096	0.430	0.132	0.534	1.904	0.870	2.063	0.748
塞尔维亚	0.351	0.087	0.171	0.250	0.070	0.537	2.048	0.902	1.244	0.629
保加利亚	0.418	0.116	0.407	0.316	0.165	0.529	1.788	0.937	1.255	0.659
阿尔巴尼亚	0.684	0.224	0.157	0.354	0.173	0.431	2.406	0.755	1.947	0.792
黑山	1.098	0.258	0.091	0.318	0.185	0.471	1.760	0.727	2.094	0.778
波黑	0.705	0.153	0.099	0.337	0.158	0.486	2.826	0.732	1.635	0.792
北马其顿	0.442	0.067	0.117	0.298	0.170	0.562	3.670	0.760	0.993	0.787
平均	0.481	0.113	0.160	0.321	0.115	0.512	1.914	1.056	1.591	0.696

资料来源：全球贸易观察（网址：http://gtf.sinoimex.com）。

根据 2021 年中国进口与中东欧国家出口的贸易互补性指数（见表 7-12），从国家来看，中国进口与中东欧国家出口的贸易互补性指数较大的五个国家为黑山、拉脱维亚、希腊、波黑和克罗地亚；从产品结构来看，中国从中东欧进口互补性较强的三类产品为第 2 类、第 3 类、第 6 类，主要集中在资源密集型产品和劳动密集型产品上。

表 7-12　2021 年中国进口与中东欧国家出口的贸易互补性指数

	资源密集型产品					资本技术密集型产品		劳动密集型产品		平均
	0	1	2	3	4	5	7	6	8	
波兰	1.303	0.464	2.720	0.693	0.416	0.433	0.647	1.530	0.781	0.999
捷克	0.427	0.169	3.081	0.742	0.432	0.326	0.972	1.241	0.534	0.880
斯洛伐克	0.407	0.065	2.535	0.938	0.317	0.199	1.058	1.432	0.393	0.816
匈牙利	0.767	0.109	2.035	1.286	1.261	0.573	0.905	0.807	0.339	0.898
立陶宛	1.458	0.824	7.752	3.401	0.539	0.857	0.333	0.956	0.713	1.870
拉脱维亚	1.481	1.144	17.618	2.112	0.341	0.433	0.345	1.497	0.428	2.822
爱沙尼亚	0.778	0.187	10.389	5.633	0.813	0.265	0.499	1.206	0.584	2.262

续表

	资源密集型产品					资本技术密集型产品		劳动密集型产品		平均
	0	1	2	3	4	5	7	6	8	
希腊	1.793	0.569	5.338	9.410	3.476	0.620	0.165	1.278	0.312	2.551
斯洛文尼亚	0.592	0.103	3.673	1.655	0.369	1.024	0.621	1.473	0.435	1.105
罗马尼亚	1.029	0.518	5.417	1.130	0.892	0.230	0.786	1.476	0.559	1.337
克罗地亚	1.436	0.415	8.566	5.162	1.088	0.531	0.377	1.379	0.560	2.168
塞尔维亚	1.738	0.769	7.533	0.975	2.323	0.456	0.468	1.868	0.503	1.848
保加利亚	1.440	0.228	8.703	1.857	3.870	0.510	0.393	1.927	0.532	2.162
阿尔巴尼亚	1.373	0.140	6.421	4.559	0.204	0.094	0.136	2.208	1.438	1.841
黑山	0.953	1.416	26.445	6.420	0.356	0.297	0.186	1.886	0.191	4.239
波黑	0.630	0.136	11.770	2.845	1.189	0.325	0.292	2.162	1.109	2.273
北马其顿	0.699	0.702	6.204	0.612	0.430	1.200	0.533	1.335	0.460	1.353
平均	1.077	0.468	8.012	2.908	1.078	0.493	0.513	1.510	0.581	1.849

资料来源：全球贸易观察（网址：http://gtf.sinoimex.com）。

3.贸易前景分析

从贸易规模、商品贸易结构、贸易竞争性与互补性和贸易需求对中国与中东欧的商品贸易进行分析，可得出如下结论。

从贸易规模来看，中国与中东欧的贸易规模自 2015 年以来呈现上升趋势，与波兰、捷克和匈牙利的贸易规模较大，可以继续稳定发展与这些国家的贸易关系；与黑山和波黑的贸易规模较小，需要进一步挖掘与这些国家的贸易潜力。

从商品贸易结构来看，中国与中东欧国家的贸易商品以机械及运输设备、杂项制品和按原料分类的制成品为主。其中，中国对中东欧国家以出口机电产品和劳动密集型产品为主，进口产品以机械及运输设备和资源密集型产品为主，中国应尽量与中东欧国家保持稳定的贸易。

从贸易竞争性与互补性来看，各国在不同商品类别上呈现不同的优势特征，总体上，互补性大于竞争性。主要表现为波兰、匈牙利、捷克、斯洛伐克与斯洛文尼亚在劳动密集型产品和机械与运输设备上具有比较优势，这些产品也是中国对中东欧国家的主要出口产品，因此这些国家同中国存在一定的竞争性。波罗的海三国和巴尔干半岛上的欠发达国家则更多依托当地资源，在部分资源密集型产品和劳动密集型产品上具有比较优势，这两类产品是中国从中东欧进口的主要产品。因此，在与中东欧国家贸易中，中国要继续发挥在机械与运输设备和劳动密集型产品上的优势，积极开拓潜在市场。资源密集型产品虽不是中国的主要贸易产品，但中国进口与中东欧国家出口存在较强的互补性，双方可以继续保持稳定的贸易关系。

从贸易需求来看，中国与中东欧国家的产业互补性强，贸易潜力巨大。在经贸合作方面，中国可以针对与中东欧各国在不同商品上的竞争性和互补性，采取不同的贸易策略，充分挖掘合作潜力，注重改善与部分国家的贸易失衡状态，促进双边贸易可持续发展。在贸易机制方面，由于立陶宛等国退出"17＋1合作"机制，中国—中东欧关系可能会受到影响，中国要关注各国利益需求，坚持在中国—中东欧关系框架下开展经贸合作，使"17＋1合作"机制成为"一带一路"倡议融入欧洲经济圈的重要承接者。

三　中国与中东欧国家服务贸易状况

（一）中国与中东欧17国双边服务贸易发展现状

1. 规模与增速

中国与中东欧国家不仅在商品贸易领域取得了显著的成就，在服务贸易领域也取得了长足的发展。双边的服务贸易规模在逐步扩大，双边服务贸易出口额占中国当年服务贸易总额的比重从2010年的0.41％增长至2019年的1.4％[①]。在服务贸易结构上，各国都存在服务行业发展的不平衡情况，结构有待进一步优化。

"入世"以来，我国服务贸易迅速发展，且增速超过货物贸易，但在"质"和"量"上都还达不到发达国家的水平，而且，我国的服务贸易还存在很多问题，如贸易逆差大、结构不合理等。中东欧国家的服务贸易也存在

① 数据来源：笔者根据联合国贸易和发展会议数据库相关数据整理得到。

一些问题，如发展结构不合理、竞争力不强。虽然中国与中东欧国家服务贸易规模逐年扩大，但服务贸易额远低于货物贸易额，双边服务贸易仍比较滞后。所以，在"一带一路"建设的背景下和服务贸易地位持续攀升的情况下，加强与中东欧国家的服务贸易往来，不仅有利于发展中国与中东欧国家之间的贸易，推动"一带一路"建设，而且对于提高中国在世界经济中的地位都会起到十分积极的作用。

2017 年在匈牙利首都布达佩斯召开了中国—中东欧国家合作会议，与会各方达成了"布达佩斯纲要"，之后，会议以"一带一路"建设为方向，推出了"互联互通"的具体建设方案，涉及中国、塞尔维亚、匈牙利三国的匈塞铁路项目，克罗地亚、斯洛文尼亚等港口建设项目，中国—中东欧双边民航合作协议，中欧陆海快线海关通关便利化合作等。会议明确了基于以世界贸易组织为核心的多边贸易体制推动国际贸易发展，同时探讨了双方科技合作、金融合作、博览会合作等框架意向，这必将有利于双方服务贸易发展。

自"一带一路"倡议提出以来，中国与中东欧国家的服务贸易稳步发展。双边服务贸易数据见图 7 - 11、图 7 - 12（其中，2005 ~ 2007 年多国双边服务贸易数据缺失），2005 ~ 2020 年，中国对中东欧 17 个国家服务贸易出口总额和进口总额虽有波动，但整体上呈现增加趋势，特别是中东欧国家签署"一带一路"合作协议以后，服务贸易额增速大幅提高。其中，2013 ~ 2020

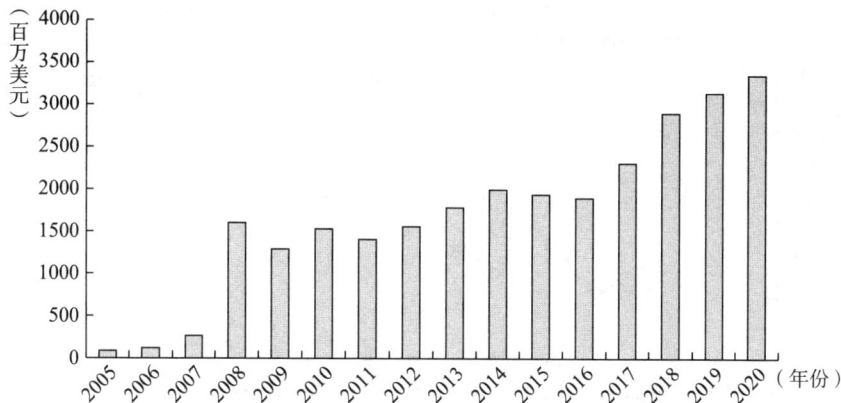

图 7 - 11　2005 ~ 2020 年中国对中东欧 17 国服务贸易出口总额

资料来源：笔者根据联合国贸易和发展会议数据库相关数据整理得到。

年，中国对中东欧国家的服务贸易出口额由 17.84 亿美元增长至 33.52 亿美元，增长了 87.89%；2013～2019 年，进口额由 7.29 亿美元增长至 39.78 亿美元，增长了 4.5 倍，但在 2020 年下降至 27.89 亿美元。

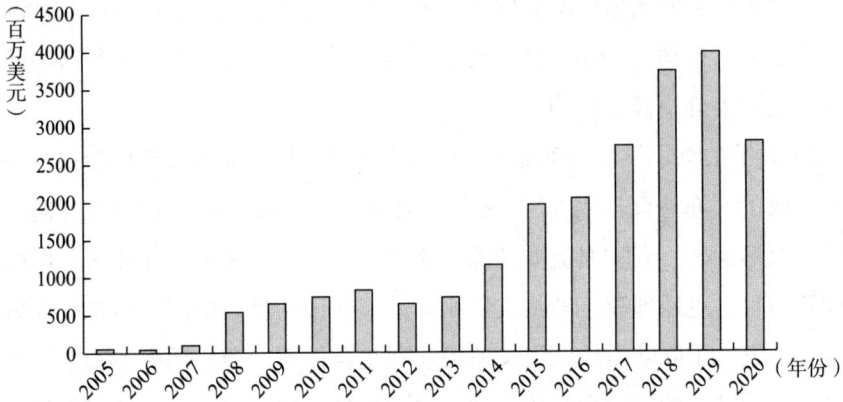

图 7－12　2005～2020 年中国对中东欧 17 国服务贸易进口总额
资料来源：笔者根据联合国贸易和发展会议数据库相关数据整理得到。

分国家来看，如图 7－13 所示，中国服务贸易出口额较大的国家是捷克、波兰、希腊、匈牙利，2020 年的出口额分别为 14.34 亿美元、6.13 亿美元、3.31 亿美元和 2.61 亿美元，对其他国家的出口额相对较小。

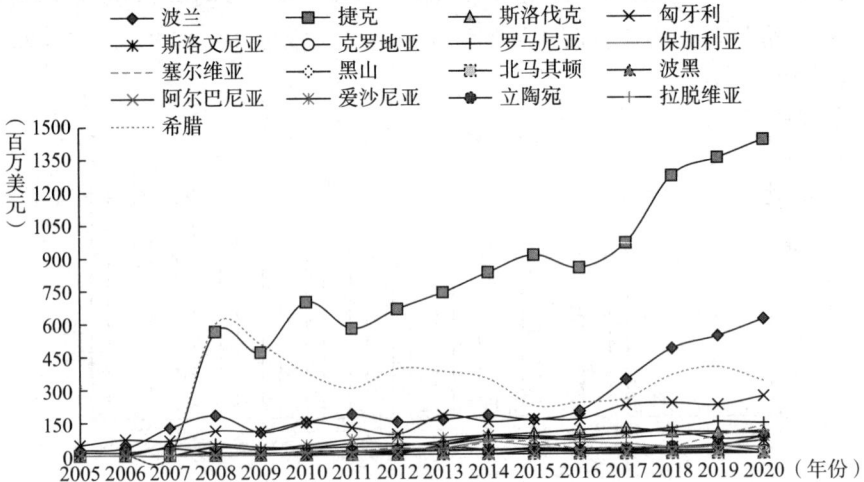

图 7－13　2005～2020 年中国对中东欧 17 个国家的服务贸易出口额
资料来源：笔者根据联合国贸易和发展会议数据库相关数据整理得到。

进口贸易方面，如图 7 - 14 所示（其中，2005 ~ 2007 年多国双边服务贸易数据缺失），中国服务贸易进口额较大的国家是希腊，超过 10 年处于第一位，且整体上呈现增长的趋势。2020 年，中国自希腊的服务贸易进口额达到 13.99 亿美元，2008 ~ 2020 年年均增长率为 17.0%，尤其是 2014 年较上年的增长率高达 543.7%，这主要得益于 2014 年时任国务院总理李克强正式访问希腊，双方达成致力于深化互利共赢的中欧全面战略伙伴关系共识以及全面落实《中欧合作 2020 战略规划》。接着是捷克，2020 年，中国对其服务贸易的进口额为 4.25 亿美元，2008 ~ 2020 年年均增长率为 14.81%。排第三位、第四位的是波兰和匈牙利，其中，波兰在 2005 ~ 2020 年的年均增长率为 26.3%（2008 年数据缺失），且变化相对较为平稳；匈牙利在 2008 ~ 2020 年的年均增长率为 1.1%。另外，由图 7 - 12、图 7 - 14 可知，对于中国从中东欧的服务贸易进口方面，无论是进口总额还是分国别进口额在 2020 年均有较大程度的下降，这应该是受到新冠疫情的影响。

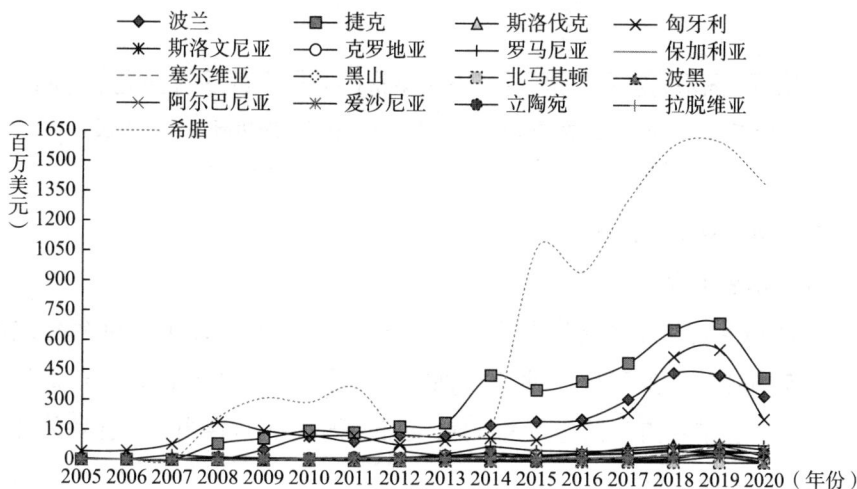

图 7 - 14　2005 ~ 2020 年中国对中东欧 17 个国家的服务贸易进口额
资料来源：笔者根据联合国贸易和发展会议数据库相关数据整理得到。

如图 7 - 15 所示，中国与中东欧主要国家间服务贸易顺差最大的国家是捷克，2008 ~ 2020 年，顺差额呈波浪式变化，在 2020 年达到最大值，为 10.09 亿美元。接着是波兰，2019 年之前顺差额总体变化不大，在 1 亿美元上下变化，但是 2020 年迅速增加到 2.81 亿美元。此外，对于中国对希腊的服务贸易，在 2014 年之前，顺差额超过 1 亿美元；在 2014 年之后，出现最低为 7.17 亿美元、最高为 12.34 亿美元的逆差额。总体来看，中国与大部分中东欧国家的服务贸易处于顺差状态，与极少数国家的服务贸易出现逆差，且逆差额较小。

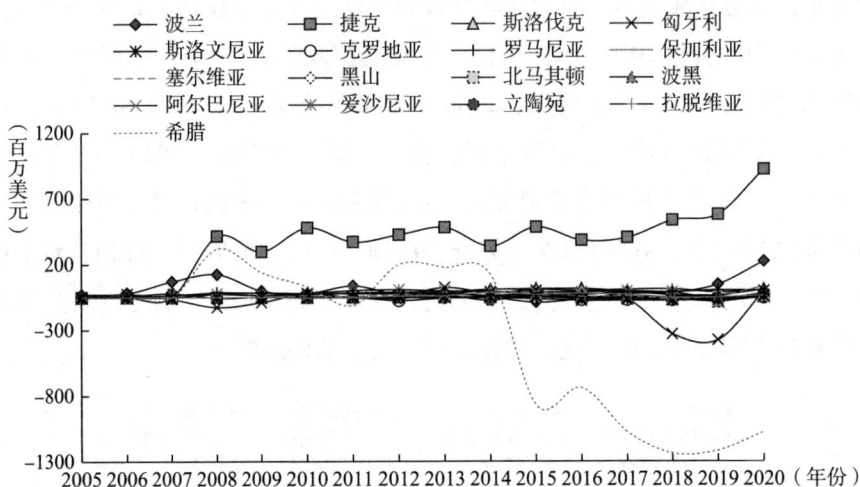

图 7-15　2005～2020 年中国对中东欧 17 个国家双边服务贸易差额

资料来源：笔者根据联合国贸易和发展会议数据库相关数据整理得到。

2. 服务贸易重点领域

（1）承包工程

自 2013 年习近平主席提出"一带一路"倡议以来，其在 2014 年正式进入整体布局阶段，在 2017 年进入全面深入推进阶段，现阶段，中东欧各国纷纷进入"一带一路"共建国家行列，在包括承包工程在内的服务贸易各领域取得了显著的成就。

如图 7-16 所示，基于《中国统计年鉴》，2005～2020 年，中国在中东欧 17 国的承包工程完成营业额整体上呈现增加趋势。中国与参与共建"一带一路"的中东欧国家的承包工程新签合同数量、新签合同金额、完成营业额及中国每年外派人员数量以及年末在外人数均呈现攀升的状态。其中，中国在 2020 年对塞尔维亚、波兰和克罗地亚的承包工程完成营业额分别达到

14.97 亿美元、4.66 亿美元、3.28 亿美元，位居前三。另外，中国对北马其顿和黑山两国的承包工程完成营业额分别在 2015 年和 2018 年达到最高值，分别为 3.69 亿美元和 6.79 亿美元，此后逐渐下降并稳定在 1 亿美元左右。此外，数据显示，2014～2020 年，17 个参与共建"一带一路"的中东欧国家承包工程完成营业额累计达 116.87 亿美元，年均增速达 7.3%，占总营业额的 2.35%。① 可见，中东欧国家乃至共建"一带一路"国家已经成为我国海外承包工程的重点区域，这在一定程度上加快了我国海外承包工程的发展速度，扩大了我国海外承包工程的"朋友圈"。

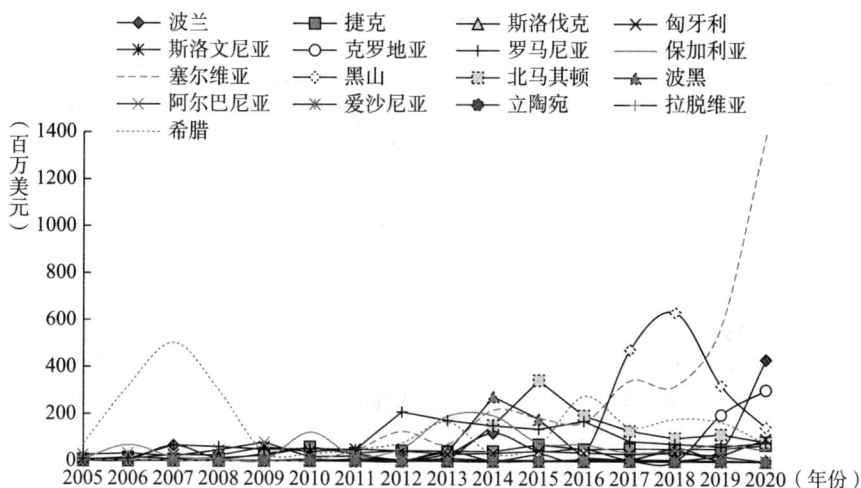

图 7-16 2005～2020 年中国对中东欧 17 国承包工程完成营业额

资料来源：笔者根据《中国统计年鉴》（2006～2021 年）整理得到。

根据中国一带一路网和共建国家的区域分布情况，将共建"一带一路"地区分为东南亚、西亚、中亚、南亚、中东欧、独联体国家等地区。从表 7-13 可以看出，在中国在"一带一路"共建国家承包工程完成营业额排名前 15 的国家中，东南亚地区占据优势，共有 8 个国家进入。紧随其后的是南亚地区和西亚地区，中亚、中东欧地区均无一个国家上榜②。这表明

---

① 数据来源：笔者根据《中国统计年鉴》和联合国贸易和发展会议数据库相关数据整理得到。

② 数据来源：笔者根据国家统计局编《中国统计年鉴—2019》（中国统计出版社，2020）整理计算得到。

在"一带一路"倡议下中国海外承包工程的对象有明显的地区差异，东南亚已经成为中国海外承包工程的热门市场，中东欧地区的竞争力相对缺乏。长期对某一固定区域形成依赖会使中国海外承包工程的稳定性和安全性提高，但这难免会导致部分企业失去一定的市场活力。如果传统的竞争优势由于外力因素削弱，就会给中国海外承包工程行业带来"冷冬"，极大地冲击整个市场。因此中国海外承包工程企业应在稳定原有市场的同时，积极寻找可发展的潜力对象。[①] 中国可以在中东欧国家充分挖掘具有良好潜力的对象。

表 7 - 13　2020 年中国在"一带一路"共建国家承包工程完成营业额排名前 15 的国家的情况

单位：亿美元

排名	国家	所属地区	完成营业额
1	阿联酋	西亚	8.19
2	巴基斯坦	南亚	7.32
3	印度尼西亚	东南亚	7.12
4	马来西亚	东南亚	6.85
5	沙特	西亚	6.19
6	孟加拉国	南亚	5.50
7	俄罗斯	独联体国家	4.62
8	老挝	东南亚	3.83
9	尼日利亚	西非	3.51
10	柬埔寨	东南亚	3.49
11	伊拉克	西亚	3.29
12	越南	东南亚	2.93
13	菲律宾	东南亚	2.83
14	泰国	东南亚	2.63
15	新加坡	东南亚	2.36

资料来源：笔者根据中华人民共和国商务部公布的统计数据和《2020 年度中国对外承包工程统计公报》等整理得到。

---

① 陶静、金泽虎：《基础设施水平对我国海外承包工程的影响分析——基于"一带一路"沿线国家的面板数据研究》，《安徽理工大学学报》（社会科学版）2020 年第 3 期，第 20 页。

（2）劳务合作

如图 7 – 17、图 7 – 18 所示，2011 ~ 2020 年，中国对中东欧 17 国对外劳务合作派出人数整体上呈上升趋势，但承包工程派出人数比劳务合作派出人

图 7 – 17　2011 ~ 2020 年中国对中东欧 17 国承包工程派出人数

资料来源：笔者根据《中国统计年鉴》（2012 ~ 2021 年）整理得到。

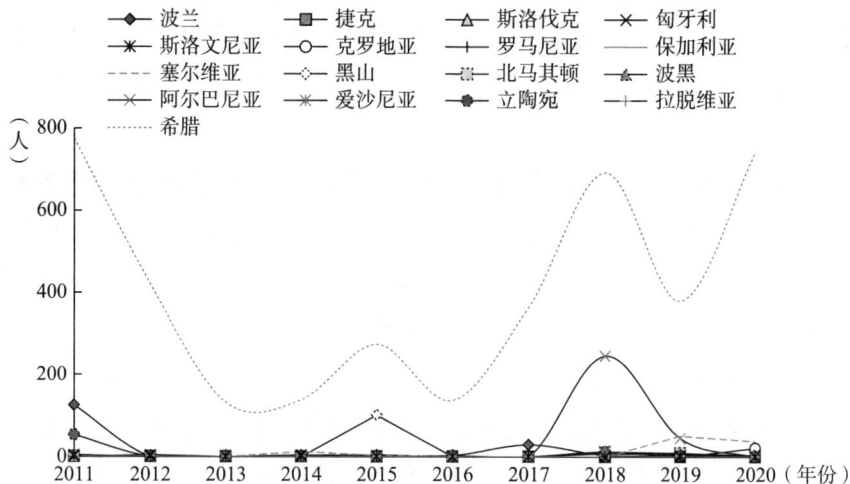

图 7 – 18　2011 ~ 2020 年中国对中东欧 17 国劳务合作派出人数

资料来源：笔者根据《中国统计年鉴》（2012 ~ 2021 年）整理得到。

数所占比例高。2020 年，派出人数达到高峰，共计派出 7180 人，其中承包工程派出人数占 88.8%，劳务合作派出人数占 11.2%。2020 年，承包工程派出人数最多的国家是塞尔维亚，劳务合作派出人数最多的国家是希腊。中国与中东欧国家的劳务合作迎来了巨大的发展机遇。

（3）物流运输

中国对中东欧国家的承包工程及双方的劳务合作、传统进出口贸易或者跨境电商的发展都需要高效率、低成本的物流体系乃至综合供应链体系，巨大的市场潜力将推动中国与中东欧地区物流节点和物流线路快速发展。

"一带一路"建设具有实现"政策沟通、设施联通、贸易畅通、资金融通和民心相通"，达到以点带面，从线到片，逐步形成区域大合作格局的目标[1]。其中，设施联通和贸易畅通是"一带一路"建设的重要基础，需要相关共建国家进行紧密高效的物流运输合作。在"一带一路"各区域合作伙伴中，中东欧国家数量多、区域广，其中，12 个国家是欧盟成员国，5 个国家正在申请加入欧盟，与其开展规模化的经济贸易和物流合作的前景广阔。从近期看，通过加强中国与中东欧国家之间的国际运输贸易，尤其是中国沿边省区市和西部地区通过"中欧班列"开展陆路合作，对促进中国物流企业"走出去"意义重大。从长期看，扩大中国内陆城市对外开放，构建关系密切的物流通道，有利于欧亚市场和中国国内市场连成一片，进而实现一体化运作。

从图 7 - 19 可以看出，中国与中东欧 17 国交通运输贸易额占服务贸易额的比重在 2013 年后均有所提升，排在前三位的国家分别是希腊、拉脱维亚和爱沙尼亚。本章以 2013 年以后交通运输贸易额增长较为明显的希腊、波兰和匈牙利为例分析其物流运输能力的变化情况。

首先，2018 年 8 月，希腊成为首个与中国正式签署政府间共建"一带一路"合作谅解备忘录的欧洲发达国家。希腊的比雷埃夫斯港作为地中海地区最大的港口之一，拥有辐射地中海地区的 55 个班轮航线，与世界各枢纽港

---

[1] 《推动共建丝绸之路经济带和 21 世纪海上丝绸之路的愿景与行动》，国家发展改革委、外交部、商务部，2015。

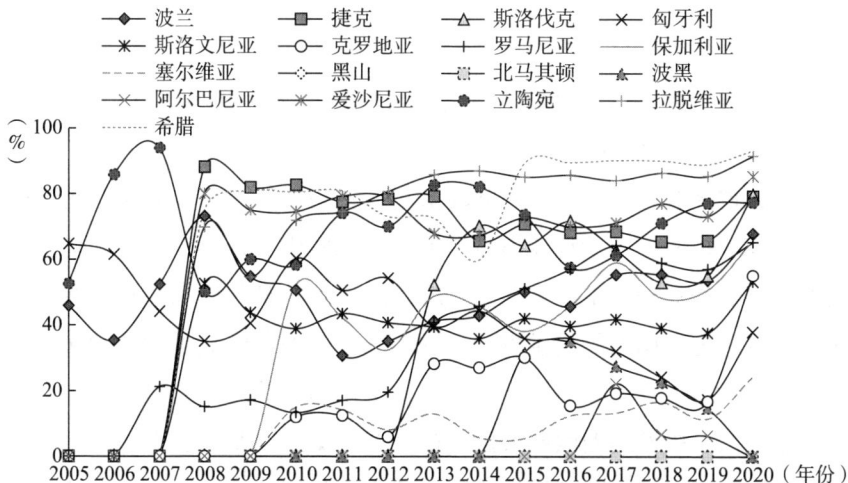

图7-19　2005~2020年中国对中东欧17国交通运输贸易额占服务贸易总额的比重
资料来源：笔者根据《中国统计年鉴》（2006~2021年）整理得到。

相连。中远海运集团于2016年收购该港多数股权，正式成为具有经营权的大股东。中国远洋海运集团依托希腊比雷埃夫斯港，整合航线、港口和铁路资源，打造中欧陆海快线，辐射中东欧9个国家7100万人口，其成为中欧贸易的第三条大通道。[1] 可以说，该港的快速发展是中国与希腊在"一带一路"倡议框架下积极协作的成果[2]。

其次，波兰交通基础设施在欧洲相对落后，目前，高速公路和高等级公路占比低，存在铁路设施老化、海运港口接卸效率低、航空运输能力不足等问题。为了推进波兰交通基础设施建设和企业发展，欧盟计划于2014~2020年拨给波兰820亿欧元。在"一带一路"建设中，波兰希望成为重要的物流枢纽，波兰政府宣布了一项长期交通发展计划，大量投资建设各类交通运输基础设施、物流园区及工业园区，积极推动国内交通基础设施的建设和升级，并取得了一定成效。渝新欧、郑欧、蓉欧等中欧班列将中转站设在波兰

---

① 《新华社：中远海运构建"五个航运"助力"丝路海运"港航贸一体化发展》，国务院国有资产监督管理委员会网站，http://www.sasac.gov.cn/n2588025/n2588139/c29309294/content.html。

② 资料来源：中国远洋海运集团有限公司网站（网址：https://www.coscoshipping.com/）。

城市马拉舍维奇、罗兹以及华沙—布拉格区等。波兰国家铁路集团增加基础设施投资以进行现代化改造，提高转运能力，加快换轨速度，提高铁路运输能力、产品过境速度和通过能力，例如目前蓉欧班列全部行程时间为 14 天左右，未来将减少到 10 天左右。

最后，匈牙利是中国在中东欧的第三大贸易伙伴。一是为应对与中国乃至亚洲的商贸往来，匈牙利专门新建了多个批发中心，其中投资 2 亿美元建设的亚洲中心是亚洲和中国商品重要的集散地；二是匈牙利在布达佩斯建立了中国商城，为中国商品提供投资和批发分销服务，确立了匈牙利作为中国商品在中东欧地区最主要集散地的地位；三是匈塞铁路项目将为匈牙利联通中国、东南欧、中欧与西欧四大区域提供有力支撑，促进了“一带一路”倡议的设施联通，成为中欧陆海快线项目的重要延伸线；四是匈牙利致力于提升海关通关效率，货物通过匈牙利海关时，只要备齐相关文件即可很快清关。这是近几年来许多中国物流公司愿意把匈牙利作为欧洲进出口转运中心的重要原因。

如图 7 - 20 所示，中欧班列自开行以来，开行列数实现连年增长。尤其是 2013 年以后，中欧班列进入规范化、规模化发展阶段，助力高质量共建“一带一路”的效果日益凸显。2016 ~ 2021 年，中欧班列开行数量从 1702 列增长到 15000 列，五年内增长了近 8 倍。2021 年，货物发送量达到 37.2 亿

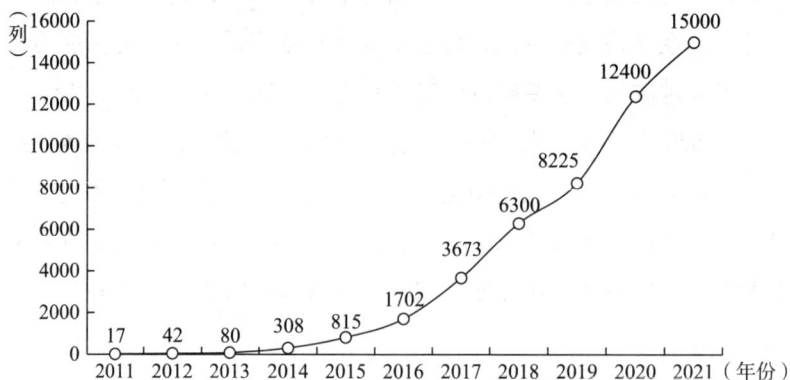

图 7 - 20 2011 ~ 2021 年中欧班列开行列数

资料来源：笔者根据中国国家铁路集团有限公司、中新网、新华社发布的数据整理得到。

吨，同比增长 4.0% 。2021 年，中欧班列开行列数同比增长 21%，西部陆海新通道班列全年发送 57 万标箱，同比增长 57.5%[①]。

中欧班列开行初期主要运输手机、电脑等 IT 产品，如今货物品类已扩大到服装鞋帽、汽车及配件、粮食、葡萄酒、咖啡豆、木材等 53 大门类、5 万多个品种，涵盖共建国家和地区人民生产生活的各个方面。在新冠疫情期间，在海运和空运受阻的情况下，中欧班列充分发挥国际铁路联运"分段运输"、人员接触少的优势，全力承接海运、空运转移货源。中欧班列还和 TCL、戴尔、联想、吉利、沃尔沃等一大批企业合作开行"定制班列"，提供全程物流运输解决方案。2022 年 1～7 月，"定制班列"已累计开行 1150 列，有效保障了国际供应链稳定。中欧班列已成为名副其实的国际公共产品，并不断展现出强大的发展韧性和增长潜力[②]。

显然，中欧班列已成为国际经贸合作的重要桥梁和载体，随着开行规模和质量不断提升，中欧班列对共建国家和地区的务实合作发挥了重要促进作用。截至 2022 年 7 月底，中欧班列共铺设了 82 条运输线路，通达欧洲 24 个国家、196 个城市，运输服务网络覆盖欧洲全境，形成了贯通欧亚大陆的国际运输大动脉。同时，中欧班列还是推动区域经济发展的重要支撑。中欧班列开行后，中国内陆城市河南郑州、重庆等的外向型产业产值实现了年均 30% 左右的增长。波兰罗兹、匈牙利布达佩斯等城市的国际物流枢纽地位不断提升，当地生产的特色产品搭乘中欧班列大量销往中国，同时，其极大地促进了中国与中东欧 17 个国家的服务贸易的发展。

（二）中国与中东欧国家服务贸易竞争性与互补性分析

1. 贸易竞争优势指数分析

贸易竞争优势指数（Trade Competitive Index，TC）表示一国商品或劳务的进出口差额在该商品或劳务的进出口总额中所占的比重，是分析行业国际竞争

---

① 数据来源：《中欧班列"跑"出新纪录_数据解读》，中国政府网，https://www.gov.cn/xin-wen/2022－08/20/content_5706118.htm。

② 数据来源：《中欧班列"跑"出新纪录_数据解读》，中国政府网，https://www.gov.cn/xin-wen/2022－08/20/content_5706118.htm。

力的权威工具，可以说明某国某个部门在国际市场中是否存在竞争优势。[①] TC 的取值范围是 $[-1, 1]$，取值范围意义见表 7-14。公式见附录 7-1。

表 7-14 TC 取值范围意义

$[-1, -0.6]$	$[-0.6, -0.3]$	$[-0.3, 0]$	$[0, 0.3]$	$[0.3, 0.6]$	$[0.6, 1]$
极大竞争劣势	较大竞争劣势	微弱竞争劣势	微弱竞争优势	较强竞争优势	极强竞争优势

由于数据缺失，因此，本章以 2010 年为基期，选取中国、波兰、捷克等数据较为全面且服务贸易额较大的 12 个国家为分析对象，计算并整理得到表 7-15。从表 7-15 可以看出，中东欧主要国家在 2010 年和 2020 年的服务贸易整体的 TC 值均大于 0，中国服务贸易整体的 TC 值小于 0，这说明中国的服务贸易进口额大于出口额，而中东欧主要国家的服务贸易出口额大于进口额。

从具体行业来看，2020 年，我国在建筑、金融、计算机与信息、其他商业服务和货物相关服务等行业的 TC 值都是正值，其中，建筑、计算机与信息和货物相关服务这三个行业在 2010 年和 2020 年均保持顺差，尤其是货物相关服务，TC 值在 2010 年和 2020 年分别为 0.81 和 0.69，其显示出极强的竞争力，在国际贸易市场中具有极强竞争优势。2020 年，我国建筑和金融的 TC 值分别为 0.45、0.39，具有较强竞争优势；其他行业如运输、旅游、保险、专利与特许权、个人文化娱乐和政府服务等的 TC 值为负值，不具备贸易优势，其中，旅游、专利与特许权是竞争劣势较明显的两个行业。

从发展趋势来看，相比中东欧国家，我国服务贸易整体 TC 值在 2010 年为 -0.04，2020 年下跌至 -0.25，反映出我国服务贸易整体的竞争力有所下降。我国旅游行业 TC 值下降明显，而运输行业因成本优势不再，竞争力下滑，个人文化娱乐和政府服务等在 2010 年具有微弱竞争劣势，2020 年变为较大竞争劣势。通信、保险、专利与特许权行业在 2010 年不具有竞争优势，2020 年，其 TC 值有一定的上升。建筑、金融、计算机与信息和其他商业服务行业的 TC 值明显上升，贸易竞争力在提高，其中金融和其他商业服务行

---

① 郑义等：《低碳贸易竞争力指数的构建及中国实证》，《国际贸易问题》2015 年第 1 期，第 145~155 页。

表7-15　中国与中东欧主要国家分行业服务贸易 TC 值

	中国 2010年	中国 2020年	波兰 2010年	波兰 2020年	捷克 2010年	捷克 2020年	斯洛文尼亚 2010年	斯洛文尼亚 2020年	匈牙利 2010年	匈牙利 2020年	克罗地亚 2010年	克罗地亚 2020年
服务贸易整体	-0.04	-0.25	0.08	0.25	0.10	0.10	0.13	0.17	0.10	0.18	0.41	0.52
运输	-0.30	-0.41	0.24	0.35*	0.14	0.11	0.22	0.37*	-0.02	0.18	0.33	0.26
旅游	0.26	-0.67	0.07	0.14	0.34	0.15	0.31	0.26	0.23	0.37*	0.64	0.42*
通信	-0.12	0.03	-0.16	-0.10	0.10	0.34*	-0.10	-0.03	-0.22	-0.12	0.31	0.20
建筑	0.24	0.45*	0.28	0.61*	0.12	0.43*	0.25	0.55*	0.26	0.09	0.66	0.24
保险	-0.78	-0.32	-0.41	-0.15	-0.67	-0.41	-0.20	-0.01	-0.87	-0.82	-0.47	-0.40
金融	-0.04	0.39*	-0.21	-0.03	-0.33	0.32*	-0.34	-0.48	-0.12	-0.11	-0.76	-0.53
计算机与信息	0.08	0.25	-0.33	0.41*	0.13	0.36*	-0.05	0.11	-0.03	0.01	-0.22	0.30
专利与特许权	-0.88	-0.76	-0.77	-0.42	-0.80	-0.45	-0.75	-0.60	-0.14	0.07	-0.41	-0.68
其他商业服务	-0.05	0.21	-0.08	0.17	-0.12	-0.03	-0.09	-0.04	-0.26	-0.11	-0.22	0.12
个人文化娱乐	-0.07	-0.45	-0.39	-0.07	-0.11	-0.04	-0.36	-0.08	0.05	0.18	-0.32	0.22
货物相关服务	0.81	0.69*	0.80	0.62*	0.66	0.31*	0.10	0.22	0.62	0.57*	0.40	0.65*
政府服务等	-0.12	-0.56	-0.65	-0.60	-0.34	-0.24	-0.63	-0.71	-0.16	-0.08	-0.91	-0.99

	罗马尼亚 2010年	罗马尼亚 2020年	保加利亚 2010年	保加利亚 2020年	爱沙尼亚 2010年	爱沙尼亚 2020年	立陶宛 2010年	立陶宛 2020年	拉脱维亚 2010年	拉脱维亚 2020年	希腊 2010年	希腊 2020年
服务贸易整体	0.11	0.25	0.12	0.26	0.26	0.19	0.17	0.30	0.27	0.36*	0.30	0.19
运输	-0.09	0.42*	0.04	0.02	0.15	0.12	0.28	0.28	0.41	0.46*	0.23	0.14
旅游	0.06	-0.16	0.32	0.23	0.38	0.14	0.11	0.08	-0.26	0.10	0.43	0.35*

续表

	罗马尼亚		保加利亚		爱沙尼亚		立陶宛		拉脱维亚		希腊	
	2010 年	2020 年	2010 年	2020 年	2010 年	2020 年	2010 年	2020 年	2010 年	2020 年	2010 年	2020 年
通信	0.16	0.10	0.53	0.61*	-0.08	0.03	0.08	0.13	0.01	0.25	-0.05	0.09
建筑	0.10	0.68*	0.13	0.64*	0.01	0.56*	0.44	0.62*	0.02	0.75*	0.11	0.34*
保险	-0.65	-0.67	-0.51	-0.64	-0.42	-0.63	-0.98	-0.94	-0.45	0.03	-0.43	-0.57
金融	-0.21	0.34*	-0.29	0.04	0.08	0.14	0.33	-0.04	0.58	0.35*	0.06	0.21
计算机与信息	-0.03	0.39*	-0.12	0.23	0.24	0.25	0.11	0.24	0.03	0.41*	0.22	0.26
专利与特许权	-0.57	-0.85	-0.88	-0.56	-0.64	-0.50	-0.83	-0.37	-0.20	-0.70	-0.45	-0.32
其他商业服务	0.01	0.12	-0.32	0.26	0.02	0.18	-0.11	0.02	0.03	0.07	0.03	0.22
个人文化娱乐	-0.08	-0.10	0.42	0.33*	0.05	0.16	0.62	0.06	-0.44	0.37*	0.05	0.31*
货物相关服务	0.99	0.74*	0.87	0.46*	0.84	0.52*	0.88	0.64*	0.91	0.21	0.92	0.66*
政府服务等	-0.56	-0.46	-0.18	0.37	0.33	0.24	-0.37	-0.13	0.31	0.48*	0.34	0.18

注：TC 值大于 0 时对应的行业是具有比较优势的行业；* 对应的行业是相对具有竞争优势的行业。

资料来源：笔者根据联合国贸易和发展会议数据库相关数据整理得到。

业从具有竞争劣势转为具有竞争优势。

具体到国家，2020 年，波兰竞争优势明显的行业是建筑、计算机与信息和货物相关服务；专利与特许权是其短板，具有明显的竞争劣势。2020 年，捷克在建筑、金融、通信、计算机与信息和货物相关服务行业具有明显的竞争优势；而运输、旅游等行业竞争力较弱；保险和专利与特许权行业表现出明显的竞争劣势。2020 年，斯洛文尼亚的竞争劣势主要体现在金融、专利与特许权和政府服务等行业，尤其是后二者；具有竞争优势的行业有运输、建筑。2020 年，匈牙利的旅游和货物相关服务行业具有一定的竞争优势；其他行业如运输、建筑、计算机与信息、专利与特许权、个人文化娱乐的 TC 值较小，竞争优势较弱；保险行业的竞争劣势突出，TC 值在 2010 年和 2020 年分别达到 −0.87、−0.82。2020 年，克罗地亚的旅游、货物相关服务行业具有明显的竞争优势，旅游行业的 TC 值在 2010 年和 2020 年分别达到 0.64 和 0.42；保险、金融、专利与特许权和政府服务等行业是竞争力比较弱的行业，尤其是政府服务等，几乎只进口，不出口。2020 年，罗马尼亚的运输、建筑、金融、计算机与信息、货物相关服务行业具有一定的竞争优势；保险、专利与特许权、政府服务等行业的竞争劣势明显，尤其是专利与特许权，2020 年的 TC 值为 −0.85。2020 年，保加利亚通信、建筑、个人文化娱乐、货物相关服务以及政府服务等行业的 TC 值均大于 0.3，其中，建筑行业的 TC 值达到 0.64，具有极强竞争优势；在其他行业，如金融、专利与特许权等知识密集型行业的竞争劣势虽然有所改善，但提升程度不明显。2020 年，爱沙尼亚的竞争优势主要体现在建筑、货物相关服务行业，保险、专利与特许权是该国竞争劣势较大的行业。2020 年，立陶宛的建筑和货物相关服务行业具有极强竞争优势；而在保险行业，TC 值为 −0.94，竞争劣势极大。2020 年，拉脱维亚的竞争优势突出的行业有运输、建筑、金融、计算机与信息、个人文化娱乐和政府服务等，尤其是建筑行业，2020 年的 TC 值达到 0.75，这表明其具有极强竞争优势；专利与特许权行业的竞争劣势极大，2020 年的 TC 值为 −0.70。希腊作为新加入国家，2020 年，在旅游、建筑、个人文化娱乐和货物相关服务四个行业具有明显的竞争优势，2020 年旅游行业的 TC 值为 0.35；保险和专利与特许权行业具有明显的竞争劣势。

从中东欧国家服务贸易 TC 值的发展趋势来看，竞争优势突出的行业主要分布在运输、旅游、建筑、货物相关服务这几个行业，具有明显竞争劣势的行业主要是保险、金融、专利与特许权等知识密集型服务和政府服务等行业。总体上，中东欧国家具有强大竞争优势的行业的竞争力稍有降低，竞争劣势极大的行业的竞争力有所提升，但竞争劣势仍然存在。另外，值得关注的是，中东欧各国的旅游行业的竞争力在 2020 年有一定的下降，这表明新冠疫情给中东欧各国旅游行业带来了巨大的冲击。

从 2020 年数据来看，相较中东欧国家，中国服务贸易整体呈现竞争劣势。就行业来看，中国的金融、其他商业服务和货物相关服务行业相对于多数中东欧国家具有竞争优势，建筑和计算机与信息行业相对于部分中东欧国家具有竞争优势。中国的运输、旅游、个人文化娱乐行业呈现竞争劣势。在以保险、专利与特许权为代表的知识密集型服务和政府服务等行业，中国和中东欧主要国家均呈现明显的竞争劣势。

2. 服务贸易结合度分析

中国与中东欧主要国家服务贸易的发展状况可以通过服务贸易结合度指标来反映。服务贸易结合度指一国对某个贸易伙伴国的出口额占该国出口总额的比重与该贸易伙伴国进口总额占世界进口总额的比重之比，体现了两国在贸易上互相依存的程度，其数值越大，表明两国经贸关系越密切①。

中国与中东欧主要国家的服务贸易结合度及其变化率见表 7 - 16（由于部分双边服务贸易数据缺失，本章选用 2010 年数据作为基期数据），从中可以发现，无论是中东欧国家作为中国的服务贸易伙伴国，还是中国作为中东欧国家的服务贸易伙伴国，除个别国家外，服务贸易结合度均呈现上升趋势。其中，中国对斯洛文尼亚、保加利亚、立陶宛以及克罗地亚对中国的服务贸易结合度的变化率超过 100%，最高在 200% 以上。但服务贸易结合度大于 1 的只有中国对捷克在 2020 年的服务贸易结合度，这表明中国与捷克的服务

---

① 贾利军：《中国与拉美主要国家贸易互补性实证分析》，《世界经济研究》2013 年第 11 期，第 85 ~ 88 页。

贸易的联系相对紧密，但与其他中东欧国家的服务贸易的联系比较松散。

表 7 - 16　中国与中东欧主要国家的服务贸易结合度及其变化率

	中国—波兰	中国—捷克	中国—斯洛文尼亚	中国—匈牙利	中国—克罗地亚	中国—罗马尼亚	中国—保加利亚	中国—爱沙尼亚	中国—立陶宛	中国—拉脱维亚	中国—希腊
2010 年	0.160	0.842	0.037	0.203	0.089	0.076	0.065	0.323	0.028	0.295	0.050
2020 年	0.283	1.121	0.098	0.234	0.071	0.141	0.173	0.448	0.086	0.385	0.069
变化率（%）	76.88	33.14	164.86	15.27	-20.22	85.53	166.15	38.70	207.14	30.51	38.00
	波兰—中国	捷克—中国	斯洛文尼亚—中国	匈牙利—中国	克罗地亚—中国	罗马尼亚—中国	保加利亚—中国	爱沙尼亚—中国	立陶宛—中国	拉脱维亚—中国	希腊—中国
2010 年	0.069	0.134	0.030	0.125	0.014	—	0.040	0.072	0.032	0.033	0.044
2020 年	0.065	0.228	0.058	0.081	0.035	0.027	0.035	0.084	0.020	0.025	0.074
变化率（%）	-5.80	70.15	93.33	-35.20	150.00	—	-12.50	16.67	-37.50	-24.24	68.18

资料来源：笔者根据联合国贸易和发展会议数据库相关数据整理得到。

3. 中国与中东欧国家服务贸易的竞争性

（1）中国与中东欧国家旅游服务的竞争性

随着中国经济发展水平、文化软实力和综合国际竞争力的显著提升，越来越多的外国游客来到中国。中东欧国家的捷克、匈牙利等国的旅游业发展非常迅猛。双边旅游服务贸易情况见图 7 - 21、图 7 - 22。2019 年，中国与匈牙利的旅游贸易总额达到 3.96 亿美元，匈牙利成为中东欧国家中与中国双边旅游贸易规模最大的国家。而且，中国与中东欧各国的旅游贸易额占双边服务贸易总额的比例在 2015 ~ 2019 年均有不同程度的上升，其中波黑、克罗地亚、匈牙利在 2019 年的比例排在前三位，分别为 73%、66% 和 50%。与此同时，中东欧国家个人、文化和休闲服务以及版税和许可证费用等服务贸易出口方面，在国际上具有显著的竞争优势[1]，这与中国相关服务贸易领

---

① 周启良、湛柏明：《中国与"一带一路"沿线国家服务贸易潜力研究》，《西部论坛》2017年第 5 期，第 111 ~ 125 页。

域的出口形成强有力的竞争。

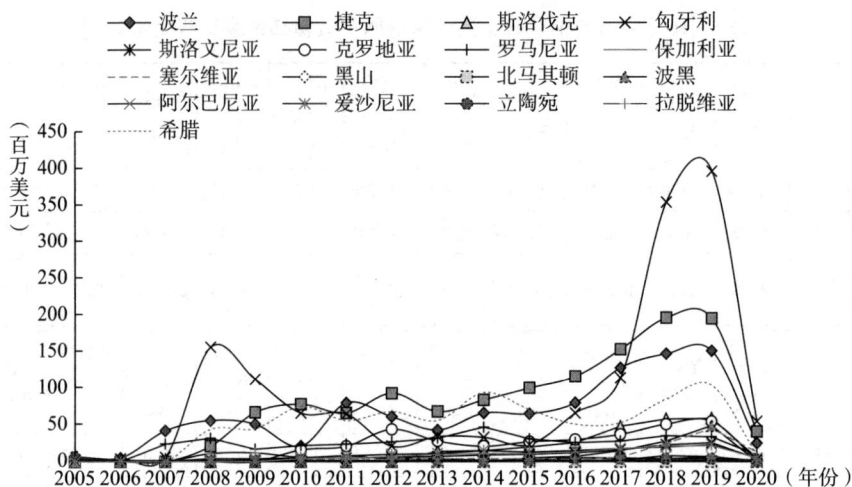

图 7 - 21 2005～2020 年中国对中东欧 17 国旅游贸易额
资料来源:笔者根据联合国贸易和发展会议数据库相关数据整理得到。

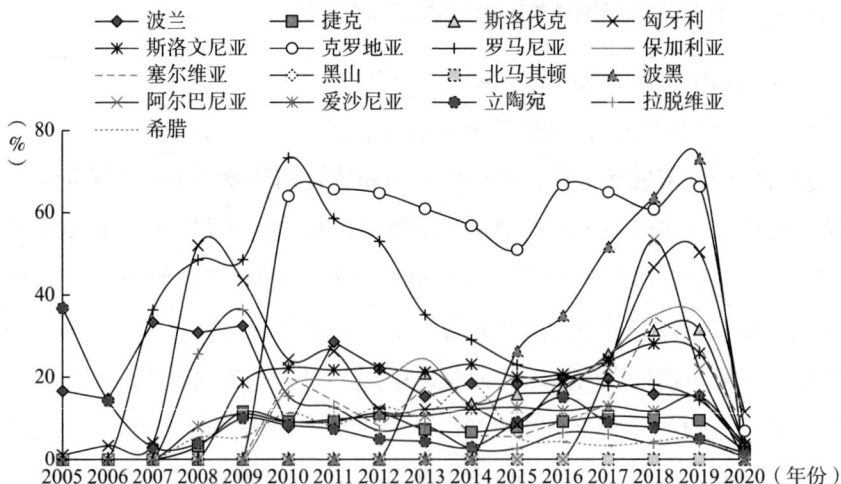

图 7 - 22 2005～2020 年中国对中东欧 17 国旅游贸易额占服务贸易总额比例
资料来源:笔者根据联合国贸易和发展会议数据库相关数据整理得到。

(2)中国与中东欧国家在货物装配、贴标、包装等方面的竞争性

中国在货物装配、贴标、包装、运输设备维护等方面拥有很大的比较优势。中东欧国家中的保加利亚、罗马尼亚、匈牙利等国在货物服务出口方面

拥有较大的比较优势，这部分国家有相对合理的服务部门分工体系，这大大
提高了再加工货物的装配、贴标等服务效率，与中国相关服务形成了强有力
的竞争。

（3）中国与中东欧国家运输服务的竞争性

在运输服务方面，中国在"一带一路"建设中致力于推动共建国家设
施联通，提高运输业经营效率，依靠本国港口、高速铁路、机场等交通设
施，将部分产能出口到共建国家，并以对外投资方式积极提高我国运输业
在国际市场中的战略地位，扩大海上和陆上交通运输服务贸易的规模。根
据双边贸易数据，由图7-23、图7-24、图7-25可知，中国对捷克的运
输贸易出口额在2014~2020年增长迅速，年均增长率为4%；运输贸易进口
方面，中国对希腊的进口额在2014~2020年的年均增长率达20%；2020年，
运输贸易额占服务贸易总额比例排在前三位的国家分别是希腊、拉脱维亚和
爱沙尼亚，达93%、92%和85%。近年来，中东欧国家的运输服务竞争力
显著提升，贸易规模不断扩大，与中国运输服务形成了较强的竞争。波兰是
欧洲重要的交通运输枢纽，中国商务部公布的数据显示，2018年，波兰的服
务贸易出口额增长14%，其中，运输业服务贸易出口额做出极大贡献。爱沙

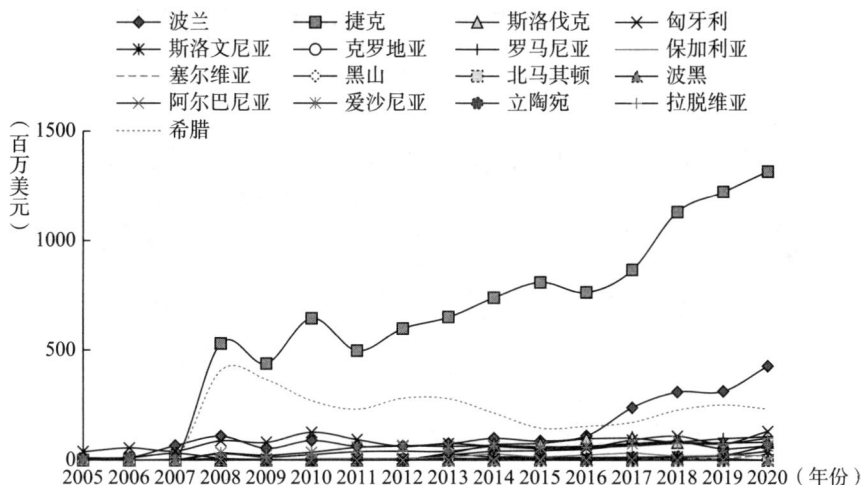

图7-23　2005~2020年中国对中东欧17国运输贸易出口额

资料来源：笔者根据联合国贸易和发展会议数据库相关数据整理得到。

尼亚积极打造通往俄罗斯和北欧的高效运输线，以增强其在国际运输市场的竞争力。中东欧国家运输业的快速发展可能使中国运输服务出口面临一定压力。

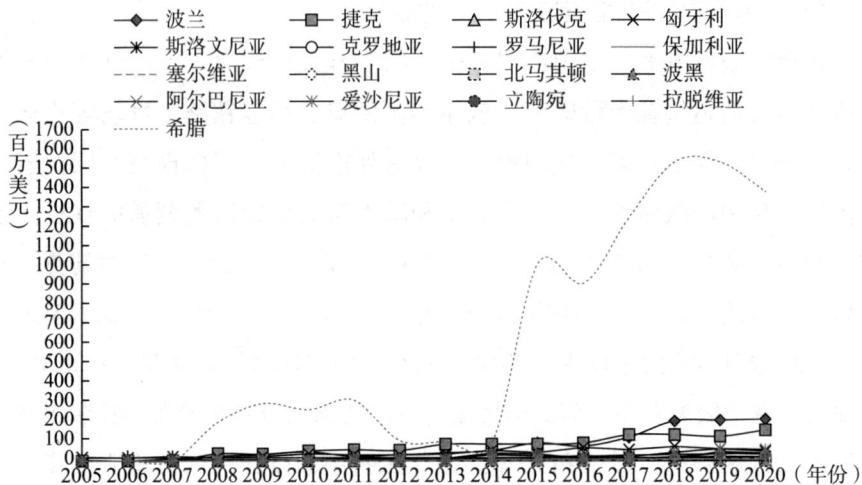

图7-24 2005~2020年中国自中东欧17国运输贸易进口额

资料来源：笔者根据联合国贸易和发展会议数据库相关数据整理得到。

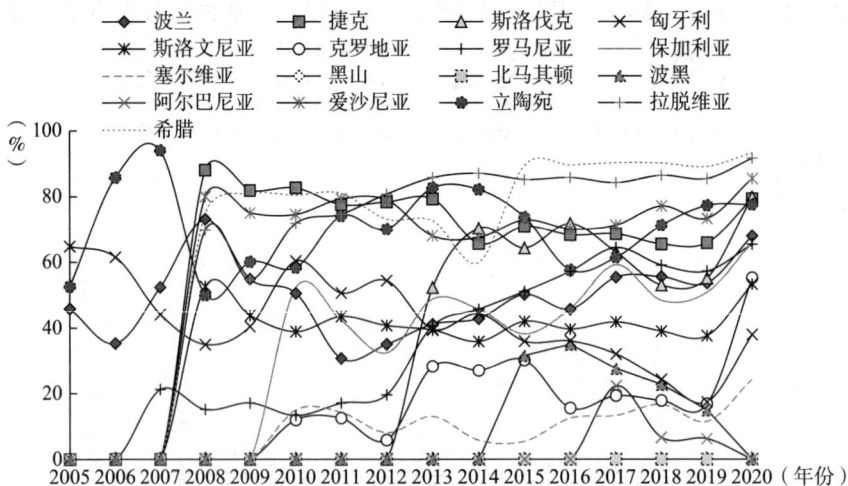

图7-25 2005~2020年中国对中东欧17国运输贸易额占服务贸易总额比例

资料来源：笔者根据联合国贸易和发展会议数据库相关数据整理得到。

（4）中国与中东欧国家公共服务的竞争性

公共服务主要涉及教育、科技、文化、体育等公共服务事业。在公共服务贸易部门，中东欧国家的国际竞争力明显较强。OECD 的 TiVA 数据库数据显示，在共建"一带一路"国家公共服务全球价值链平均参与指数中，有 3 个中东欧国家位居前 10，分别是克罗地亚、捷克、保加利亚①。近年来，中国一直致力于进行文化合作，在全球建立孔子学院等文化教育机构，并积极参与和主办世界主要体育赛事，通过体育比赛让世界更好地了解中国，进而加强公共服务出口。中东欧国家在参与全球价值链中将不可避免地与中国公共服务出口贸易形成一定竞争。

自新冠疫情以来，中国一直在用实际行动兑现将疫苗作为全球公共产品的承诺，促进疫苗在全球公平分配和使用，尤其体现在与中东欧各国加强疫苗合作方面。疫情期间，中国与中东欧国家患难与共，加强合作，推动疫苗、防疫的去政治化，确保公共卫生回归防疫科学本身。2021 年 2 月，中国—中东欧国家领导人峰会的数据显示，塞尔维亚、匈牙利、黑山、波黑、北马其顿等中东欧国家先后订购以及中国捐赠疫苗累计超过 200 万剂，中东欧国家人民已大规模接种中国疫苗②。中国和中东欧国家间加强疫苗合作，对维护各国国民健康、确保产业链和供应链畅通、助力全球抗疫合作发挥了积极作用，也使中国政府服务等公共服务贸易快速发展。

4. 中国与中东欧国家服务贸易的互补性

（1）以 5G 网络建设为代表的中国信息技术产业的比较优势

近年来，以 5G 网络建设为代表的中国信息技术产业飞速发展，华为等一批中国企业快速兴起，对推动世界 5G 网络建设发挥了重要作用。中国逐渐在摩洛哥、意大利、德国等欧洲国家进行 5G 网络设施建设，这对中东欧国家来说是重要的发展机遇，有助于促进 5G 商用系统等网络基础设施建设，提高中东欧各国的信息传输效率，实现物联网、工业自动化、农业机械化等

---

① 数据来源：OECD 的 TiVA 数据库中的"Trade in Value Added（TiVA）2021 Ed：Gross Exports by Final Destination and Origin of Value Added"。

② 资料来源：《17 + 1 机制垂范中欧合作新格局》，杭州市商务局网站，http://sww. hangzhou. gov. cn/art/2021/2/25/art_1229451273_58895823. html。

业务有机融合。

（2）中国建筑行业出口贸易的比较优势

建筑行业出口贸易是中国服务贸易的重要组成部分。中国服务贸易统计数据显示，2019 年，中国建筑行业服务贸易出口额在国际市场的占有率为23.3％，位居世界第一[1]；而中东欧国家基础设施相对落后，建筑行业的比较优势不明显，二者之间具有很强的互补性。"一带一路"倡议提出以后，中国在港口、铁路、公路等基础设施建设方面的成熟经验和先进技术可以逐渐进入中东欧国家，推动其建筑行业转型升级。

（3）中国向中东欧国家的技术输出情况

目前，中国专利申请授权数量居全球第一位。随着科技创新能力的提升，中国在部分领域已拥有世界领先水平。以人工智能、高速铁路等为代表的中国高端装备制造业拥有大量新技术和新产品。而大部分中东欧国家的经济发展相对落后，装备制造业等技术产业亟须转型升级。因此，可以充分发挥中国在装备制造等高技术产业的比较优势，加强中国对中东欧国家的技术输出，加强中国与中东欧国家之间的服务贸易联系。

（4）中东欧部分国家对中国服务贸易出口的比较优势

中东欧国家的经济发展水平存在较大差异，各国的服务贸易比较优势有所不同。2019 年，中国服务贸易进口与罗马尼亚和波黑两国服务贸易出口的互补性比较高，主要集中在货物相关服务贸易方面，服务贸易互补度指数分别排在共建国家的第二位和第三位[2]，其对中国具有较大的出口优势。立陶宛运输服务贸易比较发达，出口额占其服务贸易出口额的比重较大。中国对克罗地亚的旅游服务贸易出口的互补性较高。克罗地亚拥有众多世界顶级的旅游景点，近年来，中国赴克罗地亚旅游的人数不断增加，克罗地亚国家统计局数据显示，2019 年高达 50 万人次，同比增长 25.9％[3]。

---

[1] 数据来源：联合国贸易和发展会议数据库。

[2] 孙艳琳等：《中国与"一带一路"沿线国家服务贸易的互补性和竞争性》，《武汉理工大学学报》（社会科学版）2020 年第 1 期。

[3] 数据来源：笔者根据克罗地亚国家统计局的数据和《中国文化旅游服务贸易发展报告（2020）》整理得到。

四 投资与其他经济合作发展概况

（一）中国吸收中东欧国家投资现状

1. 来自中东欧国家的投资规模及增速

"一带一路"建设提高了我国与共建国家的联系程度，可为吸引中东欧等国高质量直接投资创造顺畅和便利的条件。我国在"一带一路"建设框架下大力倡导交通运输领域、高科技产业和金融保险业的投资与跨国公司新的投资热点相契合，以为我国吸引外商投资创造有利局面。

国家统计局数据显示，自 2013 年"一带一路"倡议提出以来，我国实际利用中东欧国家的直接投资呈现新的发展趋势。从外资流入量来看，我国仍旧是对外资最具吸引力的投资目的国之一，但各国对华投资的波动幅度较大。从图 7-26 可见，波兰、捷克和斯洛伐克对中国的直接投资额位居中东欧国家的前列；尤其是 2015 年，波兰对中国直接投资额高达 8827 万美元，为 2011~2020 年其对华投资的最大值。2016 年，全球外国直接投资下

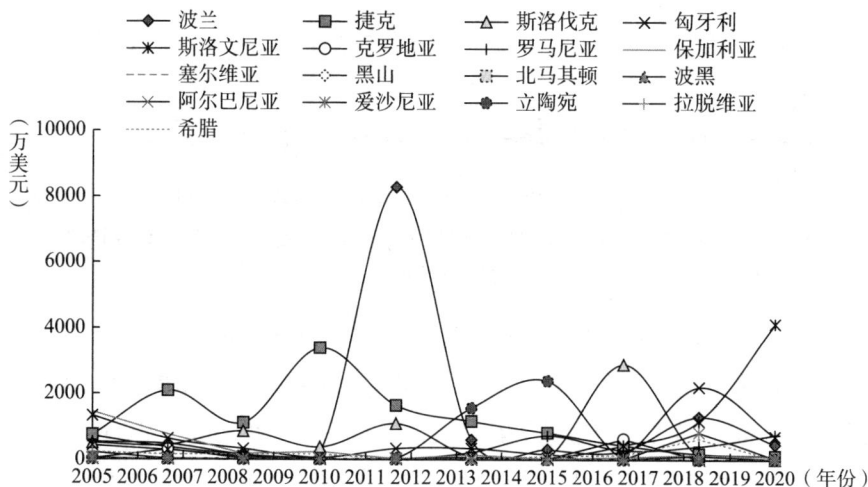

图 7-26　2005~2020 年中国实际利用中东欧 17 国直接投资额

资料来源：笔者根据国家统计局数据整理得到。

降 13%，受此影响，我国吸引中东欧直接投资有所下降，2017～2020 年，中东欧国家对中国的直接投资额有不同程度的增长，年均增速为 12.3%，但都少于 5000 万美元。2020 年，斯洛文尼亚、罗马尼亚、匈牙利成为对华直接投资额排在前三位的国家。

"一带一路"倡议提出后，我国实际使用外资金额总体保持上升态势，但增速几经波动。以 2011 年为基期，图 7－27 显示了 2012～2020 年中国实际利用中东欧 17 国直接投资同比增速情况。2013 年后，除 2017 年、2019 年后有较明显的下降外，在其他年份，中国实际利用中东欧直接投资同比增幅均在 5% 以上。这表明 2013～2020 年我国吸引中东欧直接投资规模上升。不过，增速低于全球金融危机前的水平（2007 年的增速为 23.4%）[1]。

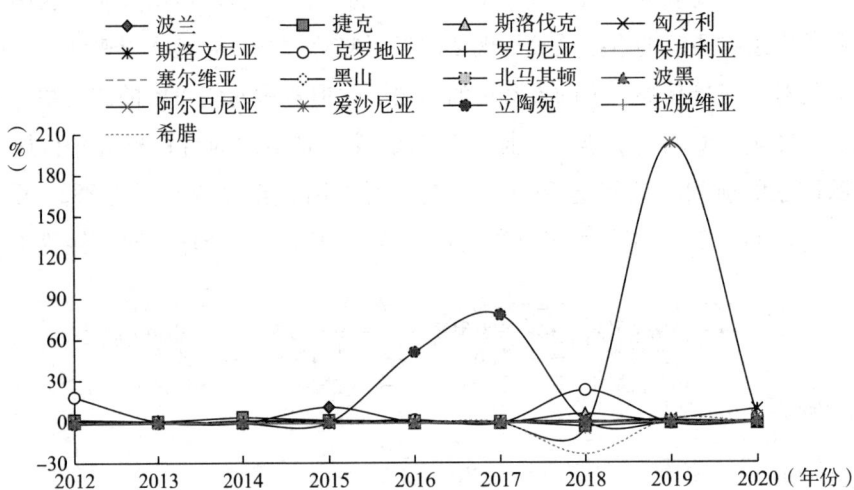

图 7－27　2012～2020 年中国实际利用中东欧 17 国直接投资同比增速情况
资料来源：笔者根据国家统计局数据整理得到。

2. "一带一路"倡议为吸引中东欧投资带来的发展机遇

根据前文分析，中东欧地区大部分国家仍属于发展中国家，但总体人均收入水平较高。尽管同样遭受了新冠疫情和俄乌冲突的冲击，但近期多国经济已经呈现企稳向好的态势，有着巨大的发展潜力。中东欧国家不断加强与

---

① 数据来源：中华人民共和国国家统计局。

中国的务实合作也为该地区经济发展增强了后劲。同时，中国有着世界上最大的消费市场和完备的产业链、供应链，伴随着双边商品贸易、服务贸易的发展，双方之间的投资合作机会日益增多。

由于中东欧国家在欧洲地区是经济落差中的"低洼地带"，且彼此之间的地理距离相对较短，处于西欧与中国沿海经济带之间，开展经贸投资合作的潜力巨大，因此，在吸引中东欧国家投资方面，我国中西部地区可以作为吸引中东欧国家投资、扩大经济合作规模的重点区域。我国中西部地区在"一带一路"倡议下，逐步完善了交通运输和物流网络，可以提供便捷的信息通信服务，建立了良好的社会服务体系，这将大大提高中西部地区吸引中东欧国家投资的能力。

在合作的产业方向上，由于中东欧国家承接了大量西欧转移产业和投资，是西欧制造业转型升级的主要承接国。我国可以充分利用其产业优势，在相关政策引导下，吸引中东欧国家投资逐步向现代服务业、新兴产业、环保产业、高端制造业等产业转移，如有中东欧国家开始在我国西部地区投资新能源等环保产业。2013 年至今，我国已经与多个共建"一带一路"的中东欧国家签署油气、电力、物流等合作项目的协议，这能够进一步推动我国能源产业和服务业发展。

在吸收外资来源国方面，可以重点关注经济发展水平较高的波兰、捷克、斯洛伐克，以及与我国关系友好的希腊、匈牙利、塞尔维亚等国家，要利用好中国—中东欧国家合作机制以及这些国家"向东开放"的政策机遇，提振其在中西部地区投资的信心，加快其在一些具有技术优势的传统产业如汽车制造、农产品生产加工和新能源、环保、文旅等新兴产业的投资进程。

（二）中国对中东欧国家投资现状

1.投资规模不断扩大

早在"一带一路"倡议提出之前，中国对中东欧国家的投资已经达到一定规模，"一带一路"倡议的提出促进了投资额的增长。从流量角度看，除

2016 年略有下降之外，2013～2019 年整体上呈现上涨趋势。2019 年，中国对中东欧国家的直接投资流量累计达 21.49 亿美元，2013～2019 年年均增速达 29.6%，中国对中东欧国家的投资占我国对外投资总额的比重基本维持在 2.64% 左右。虽然 2016 年中国对中东欧国家的投资额承压下行，但 2017 年回升到 3.97 亿美元，占同期我国对外投资总额的 2.5%，增速达 37.4%，其中对保加利亚、塞尔维亚和捷克三国的投资额增长率居前三位。另外，中国对波兰的直接投资额在 2016 年后的增长速度较快，2016 年为 – 2411 万美元，2019 年为 1.1 亿美元，在 17 国中位居第二（见图 7 – 28）。从存量角度看，2013～2019 年，中国对共建"一带一路"的中东欧国家的投资力度逐年加大，投资额占中国对外投资总额的 8.5%。从合作项目看，自 2013～2021 年每年召开中国—中东欧国家领导人峰会以来，与会首脑签署超过 212 份合作协议。2021 年 2 月，峰会召开前，中国商务部已与阿尔巴尼亚、捷克、匈牙利、塞尔维亚 4 国经贸主管部门签署了 4 份有关建立投资合作与贸易促进机制的文件，并将其纳入峰会成果清单，投资合作不断深入。所以，无论从流量、存量还是合作项目的推进情况看，中国对共建"一带一路"中东欧国

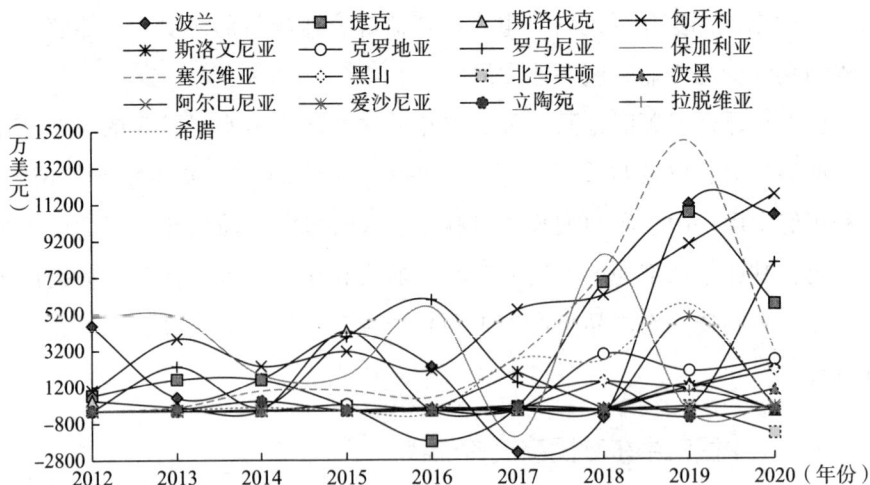

图 7 – 28　2012～2020 年中国对中东欧 17 国直接投资额

资料来源：笔者根据《中国对外直接投资统计公报》（2011～2019 年度）和中华人民共和国商务部数据整理得到。

家的投资的增势均非常明显。①

未来中国政府应不断健全合规指引体系，中国企业在"走出去"过程中应不断提高合规经营意识，坚持依法合规经营，遵守东道国制度，注重绿色发展，增强各国对"一带一路"的认同感，不断提升中国企业在中东欧地区的竞争力和影响力。

2. 投资行业日趋多元化

从投资行业来看，在"一带一路"倡议提出以前，中国对中东欧国家投资的行业以能源和交通运输行业为主，投资领域比较单一。"一带一路"倡议提出之后，投资行业日趋多元化，如图7-29所示，目前已形成以投资能源行业为主，投资交通、金属、农业、金融、科技等多个行业的局面。其中能源行业的投资规模占52%，其仍为中国在中东欧投资规模最大的行业。交通和金属行业的投资规模次之，分别占13%和10%。中国对金融、科技等行业的投资额也有一定幅度的增长。这些变化反映出我国对中东欧国

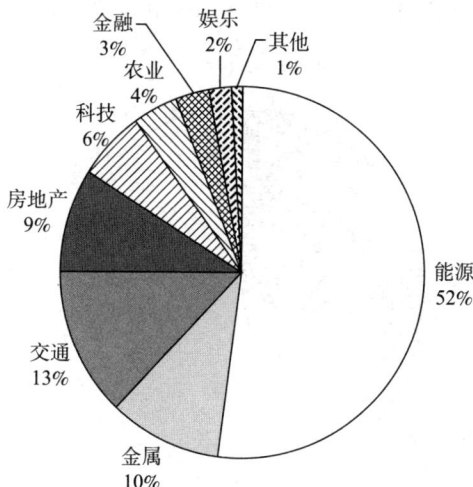

图7-29 2019年中国对中东欧17国投资行业分布情况

资料来源：《2019年度中国对外直接投资统计公报》，商务部、国家统计局、国家外汇管理局，2020。

---

① 数据来源：《中国对外直接投资统计公报》（2011～2019年度）、"走出去"公共服务平台（网址：http://fec.mofcom.gov.cn/）。

家的投资类型不再只是资源（能源）寻求型，我国开始不断拓展与各国深入合作的行业。但基于现状来看，投资行业分布还有待进一步改善。随着"一带一路"倡议的推进，我国与中东欧国家在更多行业和产业项目上可以开展深入合作，不断向产业链高端延伸。[①]

目前，国际科技竞争格局正处于重塑阶段，各国都在提升自身科技实力，积极推动下一轮工业革命。中国在5G、人工智能、物联网、新能源等前沿性领域不断增强自主创新能力，推动数字化基建建设，从而促进经济高质量发展和实现产业转型。但受贸易摩擦和贸易保护主义的影响，一些国家加强对高技术领域的重点审查，投资政策不断趋严，这对中国在上述高技术领域与中东欧国家进行合作带来了巨大的挑战和压力。

3. 对中东欧投资额占比偏小

从图7-30可以看出，2019年，中国对"一带一路"共建国家投资区域集中在东盟地区，占54%，西亚与独联体、南亚和中亚次之，中东欧地区的占比仅为6%。中东欧国家较高的市场准入门槛和环保标准，使中国的投资较难

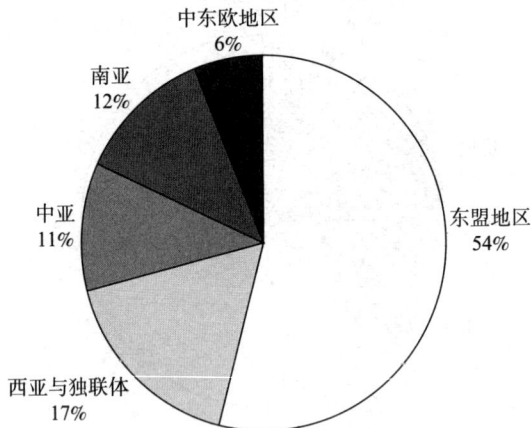

图7-30 2019年中国对"一带一路"共建国家投资区域分布情况

资料来源：《2019年度中国对外直接投资统计公报》，商务部、国家统计局、国家外汇管理局，2020。

---

① 数据来源：《2019年度中国对外直接投资统计公报》、"走出去"公共服务平台（网址：ht-tp://fec. mofcom. gov. cn/）。

218

进入。但中国近些年同中东欧国家的合作较为密切，投资行业分布广泛。当前，中国对"一带一路"共建国家投资区域较为集中，易受政治、经济等方面的影响，未来，中国在追求投资总量增长的同时，应该注意优化空间布局，特别是积极拓展对中东欧国家的投资行业，适度分散投资区域，以降低风险。

根据中国国际经济交流中心等在 2019 年公布的《"一带一路"贸易投资指数（BRTII）报告》，在共建国家中，中东欧国家的投资便利化水平整体不是最高的，但大都处于中等水平（见表 7-17）。另外，根据世界银行发布的《2020 年全球营商环境报告》，中东欧国家的整体营商环境较好，其中，立陶宛、北马其顿、爱沙尼亚和拉脱维亚的营商环境处于较高水平，其他国家的营商环境大都处于中等水平（见表 7-18）。

表 7-17　《"一带一路"贸易投资指数（BRTII）报告》中部分国家得分情况

投资便利化	指数得分	数量	国家
较高水平	[0.4，1]	8	俄罗斯、新加坡、罗马尼亚、格鲁吉亚、印度、乌兹别克斯坦、阿联酋、哈萨克斯坦
中等水平	[0.3，0.4)	24	土耳其、卡塔尔、北马其顿、巴林、乌克兰、阿塞拜疆、亚美尼亚、拉脱维亚、克罗地亚、匈牙利、爱沙尼亚、马来西亚、吉尔吉斯斯坦、塞尔维亚、捷克、立陶宛、以色列、泰国、斯里兰卡、斯洛伐克、保加利亚、埃及、巴基斯坦、越南
一般水平	[0.2，0.3)	6	波兰、斯洛文尼亚、孟加拉国、土库曼斯坦、印度尼西亚、菲律宾
低水平	[0，0.2)	2	波黑、老挝

资料来源：《"一带一路"贸易投资指数（BRTII）报告》，中国国际经济交流中心等，2019。

表 7-18　《2020 年全球营商环境报告》中共建"一带一路"国家得分情况

营商环境	前沿距离得分	数量	国家
较高水平	[80，100)	9	新加坡、格鲁吉亚、立陶宛、马来西亚、阿联酋、北马其顿、爱沙尼亚、拉脱维亚、泰国
中等水平	70，80)	25	哈萨克斯坦、土耳其、以色列、阿塞拜疆、斯洛文尼亚、波兰、捷克、巴林、塞尔维亚、斯洛伐克、亚美尼亚、摩尔多瓦、俄罗斯、白俄罗斯、黑山、克罗地亚、匈牙利、塞浦路斯、罗马尼亚、保加利亚、沙特阿拉伯、印度、乌克兰、文莱、阿曼

营商环境	前沿距离得分	数量	国家
一般水平	[60, 70)	18	乌兹别克斯坦、越南、印度尼西亚、约旦、卡塔尔、希腊、吉尔吉斯斯坦、蒙古国、阿尔巴尼亚、科威特、不丹、波黑、尼泊尔、菲律宾、斯里兰卡、塔吉克斯坦、巴基斯坦、埃及
较低水平	[0, 60)	11	伊朗、黎巴嫩、柬埔寨、马尔代夫、老挝、缅甸、孟加拉国、伊拉克、阿富汗、叙利亚、也门

资料来源：《2020 年全球营商环境报告》，世界银行，2019。

综上所述，中国正在增加对“一带一路”共建国家的投资，无论在投资国家数量上，还是投资规模上都逐年稳步增加，不过，存在投资行业相对单一、投资区域较为集中的问题。中东欧国家的整体投资便利化水平较高，营商环境相对较好，与中国的合作具有很大的潜力。但由于中东欧国家在政治、经济、文化、法律、营商环境等方面的差异很大，中国在对中东欧国家的投资上面临各种不确定性因素，投资收益和风险并存。

参考文献

华红娟、张海燕：《“一带一路”框架下中国与中东欧国家“精准合作”研究》，《国际经济合作》2018 年第 2 期。

孙艳琳等：《中国与“一带一路”沿线国家服务贸易的互补性和竞争性》，《武汉理工大学学报》（社会科学版）2020 年第 1 期。

周启良、湛柏明：《中国与“一带一路”沿线国家服务贸易潜力研究》，《西部论坛》2017 年第 5 期。

贾利军：《中国与拉美主要国家贸易互补性实证分析》，《世界经济研究》2005 年第 11 期。

郑义等：《低碳贸易竞争力指数的构建及中国实证》，《国际贸易问题》2015 年第 1 期。

陶静、金泽虎：《基础设施水平对我国海外承包工程的影响分析——基于“一带一路”沿线国家的面板数据研究》，《安徽理工大学学报》（社会科学版）2020 年第 3 期。

孔庆峰、董虹蔚：《"一带一路"国家的贸易便利化水平测算与贸易潜力研究》，《国际贸易问题》2015 年第 12 期。

徐梁：《基于中国与"一带一路"国家比较优势的动态分析》，《管理世界》2016 年第 2 期。

段志成、杨秋波：《对外承包工程外派劳务：现状、问题与对策》，《国际经济合作》2012 年第 6 期。

王晓红、沈家文：《我国利用外商直接投资的现状与趋势展望》，《国际贸易》2015 年第 2 期。

张述存：《"一带一路"倡议下优化中国对外直接投资布局的思路与对策》，《中国社会科学文摘》2017 年第 8 期。

曾燕萍：《中国与"一带一路"沿线国家文化贸易总体格局与互补性研究》，《上海对外经贸大学学报》2020 年第 2 期。

燕春蓉：《一带一路倡议下中国与中东欧的贸易发展研究——基于产品的贸易竞争性与互补性视角》，《技术经济与管理研究》2019 年第 3 期。

苑承丽：《"一带一路"倡议下中国与中东欧的贸易发展研究》，《学术交流》2019 年第 5 期。

孙林、李岳云：《中国与东盟主要国家农产品的贸易、竞争关系分析》，《世界经济研究》2003 年第 8 期。

附录 7 - 1

一　显示性比较优势指数（RCA）计算公式

显示性比较优势指数计算公式为：

$$RCA_{ij} = \frac{X_{ij}/X_{tj}}{X_{iw}/X_{tw}}$$

其中，X_{ij} 表示国家 j 的产品 i 的出口值，X_{tj} 表示国家 j 的总出口值；X_{iw}

表示世界（w）的产品 i 的出口值，X_{tw} 表示世界（w）的总出口值。

一般而言，RCA 值接近 1，表示中性的相对比较利益无所谓相对优势或劣势可言；RCA 值大于 1，表示该产品出口额在国家总出口额中的比重大于该产品出口额在世界总出口额中的比重，该产品在国际市场上具有比较优势，具有一定的国际竞争力；RCA 值小于 1，表示该产品在国际市场上不具有比较优势，国际竞争力相对较弱。

二　贸易互补性指数（TCI）计算公式

贸易互补性指数计算公式为：

$$C_{ij}^k = (RCA_{xi}^k \times RCA_{mj}^k) = \frac{X_i^k/X_i}{X_w^k/X_w} \times \frac{M_j^k/M_j}{X_w^k/X_w}$$

其中，C_{ij}^k 表示 i 国和 j 国在 k 类产品上的贸易互补程度。RCA_{xi}^k 表示 i 国 k 类产品的显示性比较优势指数，RCA_{mj}^k 表示 j 国 k 类产品的显示性比较劣势指数。C_{ij}^k 的值越高，表明两国在产品 k 上的进出口贸易互补性越强，两国通过合作可以提高双方利益；反之，C_{ij}^k 的值越低，表明两国在产品 k 上的进出口贸易互补性越弱，两国的贸易发展会面临很大的局限性。

三　贸易竞争优势指数（TC）计算公式

贸易竞争优势指数计算公式为：

$$TC_{ij} = (X_{ij} - M_{ij})/(X_{ij} + M_{ij})$$

其中，X_{ij} 表示 j 国家出口 i 类商品（劳务）的贸易额，M_{ij} 表示 j 国家进口 i 类商品（劳务）的贸易额。

第八章　中国对非洲的贸易、投资与援助

王　飞

当前国际形势严峻复杂，世界格局加快演变，受到疫情等因素的冲击，世界经济发展陷入困境，国内经济下行压力增大。面临当前国际国内复杂形势，中国和非洲的全方位合作面临新的机遇和挑战，中国和非洲应正确把握新时代背景，认清世界格局演变趋势，共同推进中非命运共同体建设，促进中非进行更高水平、更深层次的合作。本章分析21世纪以来中国对非洲的贸易、投资和援助情况，并与美国对非洲的贸易、投资和援助情况进行对比，分析新的国际国内形势下中非合作的机遇和挑战，对中非贸易、投资和援助领域的深化合作提出建议。

一　非洲经济社会发展概况

非洲位于东半球的西南部，西临大西洋，东濒印度洋，北与欧洲隔地中海和直布罗陀海峡相望，东北隅以狭长的红海与苏伊士运河紧邻亚洲，非洲是世界第二大洲，面积为3030万平方公里（包括附近岛屿），约占世界陆地总面积的1/5。[①] 非洲现有60个国家和地区，地理上习惯将其分为北非、西非、中非、东非和南非。依据联合国经济和社会事务部统计司的联合国地理方案，为方便统计，本章把非洲分为北非和撒哈拉以南非洲（包含西非、中非、东非和南非）。

（一）非洲基本情况

非洲陆地平均海拔为650米，总体呈自东南向西北倾斜的地势。以刚果

---

① 郑胜华、潘海颖编著《世界经济地理》，浙江大学出版社，2005，第284页。

河河口至埃塞俄比亚高原边缘一线为界，可把非洲分为东南和西北两大部分。东南部地势较高，多为海拔 1000～1500 米的高原，其边缘耸立着德拉肯斯堡山脉；西北部地势较低，有阿特拉斯山脉。[①] 东非高原上的东非大裂谷是世界上最大的裂谷；海拔 5895 米的乞力马扎罗山为非洲最高峰；面积达 777 万平方公里的撒哈拉沙漠是世界上最大的沙漠，约占非洲面积的1/4。非洲的主要河流有尼罗河、刚果河、尼日尔河等，主要湖泊有维多利亚湖、坦噶尼喀湖、马拉维湖等。[②]

据联合国估计，非洲大陆人口超过 14 亿人，约占世界总人口的 1/6。《世界人口展望2022》预测，到2050 年，全球新增人口中超过一半集中在刚果（金）、埃及、埃塞俄比亚、印度、尼日利亚、巴基斯坦、菲律宾和坦桑尼亚 8 个国家，其中有 5 个国家位于非洲。[③] 非洲的人口分布极不平衡，尼罗河沿岸及三角洲地区比较密集，每平方公里平均为 1000 多人；撒哈拉沙漠地区每平方公里平均不到 1 人，是世界人口最少的地区之一。[④]

非洲蕴藏着丰富的矿产资源、能源资源、土地资源与森林资源。非洲拥有全球近 2/3 的矿产资源。非洲的石油储量占世界的比重超过 12%；铂、钯、锰和铬的储量占世界的比重均超过 80%；黄金、磷酸盐、钴的储量占世界的比重均超过 50%；铀、钽、铯、锆、石墨、矾土的储量所占比重超过30%；铁、铜、锌、铝土的储量所占比重超过 20%。[⑤] 非洲土地资源丰富，但可开发利用的农业土地的比重偏低，耕地在农业用地中的比重也偏低。非洲森林属于温润热带雨林，径级大，品种多，经济价值高。据联合国粮农组织统计，非洲森林面积为 6.5 亿公顷，约占世界森林面积的 16.8%。森林覆盖率为 21.8%，木材蓄积量约为 454.5 亿立方米。[⑥]

---

① 李树藩主编《各国国家地理·非洲卷》，长春出版社，2007，第 8 页。
② 李树藩主编《各国国家地理·非洲卷》，长春出版社，2007，第 9 页。
③ 田士达：《非洲人口激增加重资源压力》，《经济日报》2022 年 11 月 21 日第 4 版。
④ 郑胜华、潘海颖编著《世界经济地理》，浙江大学出版社，2005，第 284 页。
⑤ 朱光、郑步高：《中非合作框架下的矿产资源合作研究》，《中国经贸导刊》2020 年第 8 期。
⑥ 郭淑红：《中非林业合作现状、基础与前景》，《国际经济合作》2005 年第 6 期。

（二）非洲经济发展概况

2011 年，英国杂志《经济学人》对非洲的评价由 10 年前的"失望的大陆"转变成"希望的大陆"。世界银行数据显示，20 世纪 90 年代，非洲 GDP 年均增长率仅为 2.5%，2001～2010 年，非洲 GDP 年均增长率达到 5.2%，非洲的崛起似乎势不可当。但自 2014 年以来，非洲年均 GDP 增速放缓，在 3% 上下波动。2020 年，非洲年均 GDP 增长率跌至 -1.6%，尽管在 2021 年非洲 GDP 增长率有所回升，但受世界经济疲软以及大宗商品价格下降的影响，加之新冠疫情和俄乌冲突的冲击，非洲的经济状况不容乐观。

撒哈拉以南非洲长期以来都是非洲经济最落后的地区，如图 8-1 所示，2010～2021 年，撒哈拉以南非洲地区的人均 GDP 年增长率平均仅为 0.35%，大幅低于非洲平均增长率。2020 年，撒哈拉以南非洲人均 GDP 年增长率骤降至 -4.6%。2022 年，撒哈拉以南非洲地区经受了俄乌冲突、全球货币紧缩以及全球经济增速放缓等一系列不利冲击，该地区本已严峻的复苏前景更加黯淡。

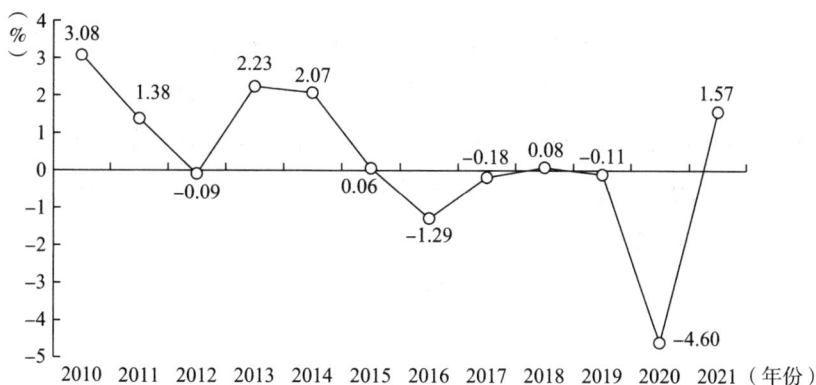

图 8-1　2010～2021 年撒哈拉以南非洲人均 GDP 年增长率
资料来源：世界银行 WDI 数据库。

如图 8-2 所示，截至 2021 年，非洲地区前十大经济体分别是尼日利亚、南非、埃及、阿尔及利亚、摩洛哥、埃塞俄比亚、肯尼亚、加纳、坦桑尼亚和科特迪瓦。其中，尼日利亚是非洲最大的石油生产国和世界第六大石油出口国，也是非洲第一大经济体。南非的矿业、制造业、农业和服务业均较发达，它们是南非经济的四大支柱，其深井采矿等技术居于世界领先地位。埃及实行开放型市场经济体制，拥有相对完整的工业、农业和服务业体系。

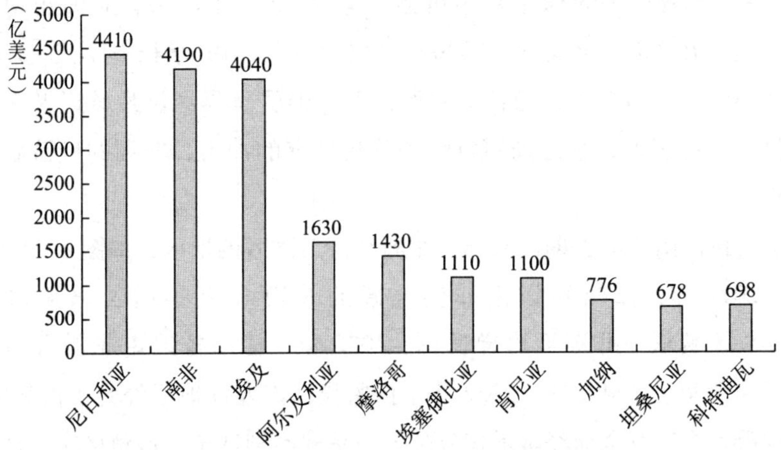

图 8 - 2 2021 年非洲前十大经济体的 GDP

资料来源：Trading Economics 数据库，https://zh.tradingeconomics.com/。

非洲各国的产业结构存在差异。1995 年以后，中等收入国家如北部非洲的摩洛哥、突尼斯等的服务业的产值占 GDP 的比重达到 60%，工业产值约占 30%，其中制造业占 15%。而低收入国家和贫困国家（如埃塞俄比亚、利比里亚等）的服务业的产值的比重分别为 50% 和 40% 左右，制造业产值约占 10%，自 1995 年以来，农业产值占比显著下降，服务业产值占比不断增长，制造业产值的比重出现下降趋势，"去工业化"成为非洲经济结构变革的显著特点[①]。石油出口国的工业产值占比普遍较高，约为 50%。

（三）非洲社会发展概况及主要问题

在减贫方面，非洲在过去几十年取得了一定成绩。世界银行公开数据库

---

① 葛顺奇、刘晨：《非洲经济增长与中非经贸合作前景》，《国际贸易》2018 年第 8 期。

显示，撒哈拉以南非洲地区贫困人口（按每天 1.9 美元标准衡量）的比例由 2000 年的 57.8% 下降至 2020 年的 33%。但非洲贫困问题依然非常突出，许多国家的贫困人口呈现上升的趋势，这些国家包括几内亚、尼日利亚、乍得、南苏丹、索马里、厄立特里亚、刚果民主共和国等。此外，非洲地区的贫困人口大多集中在农村。世界贫困时钟数据显示，在刚果民主共和国，极端贫困人数占总人数的比例为 72%，其中，农村地区的贫困人口的比例高达 99%。① 出现这一状况的主要原因是，农村地区的人口主要从事农业领域的工作，非洲地区的农业发展水平不高，农村地区的人均收入水平低。另外，受到疫情冲击，工作机会较少，失业率上升，这进一步加剧了非洲地区的贫困问题。

在粮食安全问题上，2020 年发布的《全球热点地区报告》指出，撒哈拉以南非洲地区是需要粮食援助的热点地区。在报告指出的 15 个粮食情况恶劣、急需粮食援助的地区中，有 10 个在非洲大陆，可见非洲的粮食问题非常突出。非洲的粮食问题与自身的农业发展有关，非洲地区农业增长率总体上低于世界水平。联合国粮农组织数据显示，北非和东非的粮食产量均不到世界平均产量的一半；西非和中非的粮食产量远远低于世界平均水平。②

在生态环境问题上，首先，非洲最大的生态环境问题是沙漠化，撒哈拉沙漠的面积仍在不断扩大。其次，非洲地区蕴含着大量的矿产资源，在进行开采的过程中，许多国家的技术落后、管理不当等，这导致出现严重的破坏环境的情况。最后，现阶段，非洲农牧业领域的生产力较为落后，粮食供应不足，加之非洲人口增长较快，将进一步加剧土地荒漠化。

在民主制度方面，21 世纪以来，非洲的发展逐渐步入正轨，"求稳"逐渐成为非洲大多数国家的执政党、反对党等政治势力的共同意识，追求和平成为主流，"逢选易乱"的现象大大减少。非洲的选举制度和法制体系逐渐成熟，选举失利的政党开始以合法手段确认选举结果，这可以保证进行公正的裁决和政权的合法性，推动政权稳定更迭。但在新冠疫情的冲击下，非洲

---

① 数据来源于世界贫困时钟（World Poverty Clock），https://worldpoverty.io/headline。
② 张悦等：《非洲农业现代化发展：现状、挑战与机遇》，《中国食物与营养》2021 年第 6 期。

社会本就存在的问题更加突出，如粮食安全问题、生态环境问题、债务问题以及贫困问题。

（四）《2063 年议程》

2013 年 5 月，非洲国家元首和政府首脑在非统组织/非盟成立 50 周年会议期间签署了《非统组织/非盟 50 周年宣言》，以肯定其对支持非洲实现包容性和可持续经济增长的新道路的承诺，为此，大会要求制定一个前瞻性的 50 年非洲框架，即《2063 年议程》。[①]《2063 年议程》是指导非洲未来几十年经济转型的框架性文件，旨在使非洲实现包容性和可持续发展的目标，是泛非主义和非洲复兴下追求团结、自决、自由、进步和集体繁荣的泛非运动的具体体现。《2063 年议程》提出了七个方面的愿景。

一是一个基于包容性增长和可持续发展的繁荣非洲。非洲人民决心在一代人的时间内消除贫困，通过非洲大陆的社会和经济转型实现共同繁荣。希望到 2063 年，非洲人民的生活质量、健康和福祉达到较高水平，公民接受良好的教育，掌握相关技能；城市基础设施健全，城市居民拥有体面的住房；经济增长能够为所有人创造体面的就业岗位；实现农业现代化，能够确保非洲粮食安全；环境和生态系统能够可持续发展。

二是一个一体化的大陆，在泛非主义理想和非洲复兴愿景的基础上打造政治团结的一体化非洲。希望到 2063 年，非洲将发展为一个一体化的非洲，一个拥有世界一流综合基础设施的非洲，一个和平、主权独立、自立的非洲。

三是一个公正、民主、尊重人权、正义和法治的非洲。希望到 2063 年，非洲将成为一个具有民主价值观、普遍人权与性别平等、正义和法治的非洲。希望到 2063 年，政府部门领导有力，法院和司法机构独立运行，当前普遍存在的腐败和有罪不罚的情况不复存在。

四是一个和平安全的非洲。希望到 2063 年，非洲将建立捍卫集体安全和利益的机制，通过共同的防御、外交和安全政策确保非洲和平和维护公民

[①] African Union Commission，"Agenda 2063：The Africa We Want，" https://au. int/en/agenda2063/overview.

利益。非洲将彻底摆脱武装冲突与恐怖主义、极端主义行动。

五是一个拥有强烈文化认同及共同传承、共享价值观和道德观的非洲。希望到 2063 年，非洲文艺水平达到高峰，实现语言、宗教和其他文化遗产多元化发展，泛非文化资产更加丰富，非洲创意艺术和相关产业成为世界文化资产的重要组成部分。

六是一个以人为本、追求发展、发掘非洲人民特别是妇女和青年潜力，并关爱儿童成长的非洲。希望到 2063 年，非洲将实现以人为本的目标，把孩子放在第一位，在生活的各个领域实现性别平等，消除一切形式的基于性别的暴力与对妇女和女孩的歧视。青年将接受充分的教育、培训，掌握生存和发展技能，获得良好的就业岗位，促使他们的活力和创新力驱动非洲全面发展。

七是作为一个强大、团结、有韧性和有影响力的全球参与者和伙伴的非洲。希望到 2063 年，非洲将成为世界上重要的社会、政治和经济力量，能够积极和平等地参与全球事务和多边机构的活动，推动建设各国和平共处、宽容、可持续和公正的世界。

为确保《2063 年议程》有效实施，非盟于 2015 年制定了《非盟 2063 年议程第一个十年执行计划》，提出了发展目标和优先发展领域：提高公民的生活质量和福祉；提高公民的受教育水平和进行以科学、技术和创新为基础的技能革命；确保公民的健康和营养；进行经济转型；提高生产力和发展现代农业；发展海洋经济；打造可持续发展的环境和具有复原力的社区；实现通信和基础设施互联互通等。[1] 非盟于 2022 年制定了《非盟 2063 年议程第二个十年执行计划》，整合了非盟 55 个成员国中 38 个成员国的进展报告，分析了《2063 年议程》的实施情况。[2] 这些非盟成员国在七个愿景方面均取得积极成果。相对而言，进展较为缓慢的是愿景一和愿景三。愿景一的进展

---

[1]　AUDA-NEPAD, " Agenda 2063: First Ten-Year Implementation Plan 2014 – 2023," http://www. nepad. org.

[2]　African Union Commission, AUDA-NEPAD, "Second Continental Report on the Implementation of Agenda 2063," https://au. int/en/documents/20220210/second-continental-report-implementation-agenda-2063.

程度为 37%，主要原因是非洲人均 GDP 下降（从 2019 年的 3170 美元下降到 2021 年的 2910 美元）；愿景三的进展程度为 42%，主要原因是具备实际权力的机构和领导的相关评价得分较低。

二 中国与非洲的贸易

近年来，非洲与中国、美国、日本以及欧洲各国的联系变得越来越密切。非洲一直在中国对外战略中占据重要位置，是联动外部世界与中国之间关系的一个重要战略支点。中国是世界上最大的发展中国家，而非洲是发展中国家最集中的大陆，非洲号称"世界商品的原料产地"，拥有丰富的土地资源、人口资源、矿产资源。中非双方在经贸合作方面具有极强的互补性。2009 年，中国超过美国和欧盟成为非洲的第一大贸易伙伴，截至 2021 年，中国已经连续 13 年成为非洲第一大贸易伙伴国。

（一）中非贸易发展概况

2000 年，第一次中非合作论坛的成功举办对中非经贸合作起着里程碑式作用，中非经贸合作自此得到全面发展。如图 8 - 3 所示，2000 年，中非贸易额首次突破 100 亿美元。2008 年，中非贸易额首次突破 1000 亿美元大关，

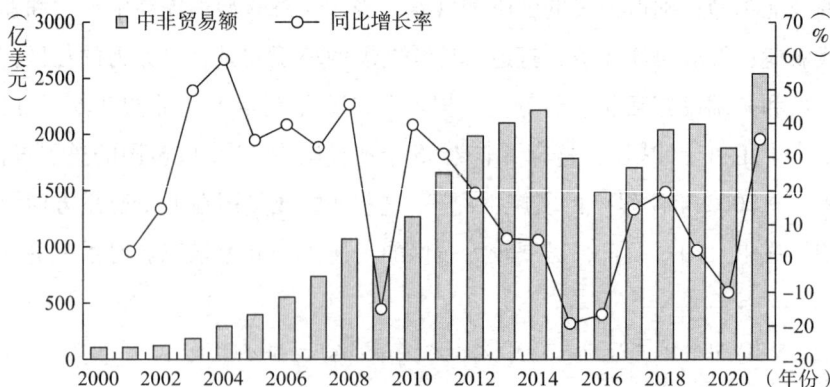

图 8 - 3　2000～2021 年中非贸易额及同比增长率

资料来源：《中国统计年鉴》（2001～2022 年）。

达到 1068 亿美元。自 2009 年起,中国成为非洲第一大贸易伙伴国并保持至今。

中国对非洲的贸易顺差和逆差交替出现,2000～2018 年基本维持贸易总额平衡。2018 年,中非贸易额突破 2000 亿美元,达到 2041.6 亿美元。受新冠疫情影响,2020 年中非贸易额增速放缓,同比下降约 10.1%,但 2021 年中非贸易额同比增长 35.3%,达到 2542.5 亿美元。2021 年,中国对非出口额约为 1483.7 亿美元,同比增长 29.9%,中国自非进口额约为 1059.2 亿美元,同比增长 43.7%。

中非贸易额占中国对外贸易总额的比重较低。根据《中国统计年鉴》的数据,2000～2021 年,中非货物贸易额占中国对外货物贸易总额的比重呈现上升的态势,从 2000 年的 2.23% 上升到 2021 年的 4.2%,其中最高比重为 2014 年的 5.15%。如表 8-1 所示,中国从非洲进口的主要商品为矿产品、贱金属及其制品、贵金属等、植物产品、木及木制品等。如表 8-2 所示,中国向非洲出口的主要商品为机器等、纺织原料及纺织制品、贱金属及其制品、车辆等、塑料及其制品等。

表 8-1　2018～2021 年中国从非洲进口的主要商品及金额

单位:亿美元

主要商品	2018 年	2019 年	2020 年	2021 年
矿产品	647.4	655.0	456.8	624.9
贱金属及其制品	110.4	93.0	118.7	186.6
天然或养殖珍珠、宝石或半宝石、贵金属、包贵金属及其制品,仿首饰,硬币	153.8	127.9	81.8	156.0
植物产品	16.4	21.1	24.7	31.6
木及木制品,木炭,软木及软木制品,稻草、秸秆、针茅或其他编结材料制品,篮筐及柳条编织品	23.3	18.5	14.2	16.0
食品,饮料、酒及醋,烟草、烟草及烟草代用品的制品	9.9	10.1	10.5	9.7
纺织原料及纺织制品	9.5	9.5	7.9	8.8
化学工业及其相关工业的产品	6.8	6.8	8.2	8.7

主要商品	2018 年	2019 年	2020 年	2021 年
机器、机械器具、电气设备及其零件，录音机及放声机、电视图像、声音的录制和重放设备及其零件、附件	3.5	3.5	3.6	4.9
塑料及其制品，橡胶及其制品	2.5	3.2	3.7	4.1

资料来源：中华人民共和国海关总署海关统计数据在线查询平台，http://stats.customs.gov.cn/

表 8 – 2　2018 ~ 2021 年中国向非洲出口的主要商品及金额

单位：亿美元

主要商品	2018 年	2019 年	2020 年	2021 年
机器、机械器具、电气设备及其零件，录音机及放声机、电视图像、声音的录制和重放设备及其零件、附件	282.1	298.2	299.5	364.1
纺织原料及纺织制品	182.2	198.1	195.0	243.7
贱金属及其制品	134.0	140.0	146.3	197.6
车辆、航空器、船舶及有关运输设备	80.8	96.0	87.8	136.6
塑料及其制品，橡胶及其制品	70.5	73.9	76.7	104.9
化学工业及其相关工业的产品	59.1	59.9	64.7	100.5
杂项制品	57.4	64.1	71.9	86.6
鞋、帽、伞、杖、鞭及其零件，已加工的羽毛及其制品，人造花，人发制品	50.6	55.0	50.6	69.5
石料、石膏、水泥、石棉、云母及类似材料的制品，陶瓷产品，玻璃及其制品	35.1	39.8	35.1	44.6
光学、照相、电影、计量、检验、医疗或外科用仪器及设备，精密仪器及设备，钟表，乐器，上述物品的零件、附件	18.5	20.8	18.5	28.9

资料来源：中华人民共和国海关总署海关统计数据在线查询平台，http://stats.customs.gov.cn/。

（二）中非主要贸易伙伴

中国在非洲的主要贸易伙伴是南非、安哥拉、尼日利亚、埃及、阿尔及利亚、苏丹、刚果（布）、加纳、利比亚、摩洛哥等国，这些国家一直与中国保持较为密切的经贸往来。

2019 年，中国与在非洲的前十大贸易伙伴的贸易总额达到 1419.3 亿美元，占中非贸易总额的 67.9%。如表 8 - 3 所示，南非作为第一大贸易伙伴，与中国的双边贸易额达到 424.9 亿美元，占中非贸易总额的 20.3%；安哥拉作为第二大贸易伙伴，与中国的双边贸易额达到 258.9 亿美元，中国自安哥拉进口的产品主要为石油等；尼日利亚作为第三大贸易伙伴，与中国的双边贸易额达到 192.8 亿美元，同比增长 26.4%，其增速在中国在非洲的前 40 大贸易伙伴中排名第一；此外，埃及、阿尔及利亚、加纳、利比亚、刚果（布）、刚果（金）、肯尼亚均为中国在非洲的前十大贸易伙伴。

表 8 - 3　2019 年中国在非洲的前十大贸易伙伴与中国的进出口额及同比增长率

单位：亿美元，%

国家	进出口额	出口额	进口额	进出口额同比增长率	出口额同比增长率	进口额同比增长率
南非	424.9	165.4	259.5	-2.4	1.8	-4.9
安哥拉	258.9	20.6	238.4	-7.8	-8.8	-7.7
尼日利亚	192.8	166.2	26.6	26.4	24	43.4
埃及	132	122	10	-4.5	1.8	-45.7
阿尔及利亚	80.8	69.4	11.4	-11.2	-12.4	-3.1
加纳	74.8	49	25.8	3.1	1.9	5.5
利比亚	72.7	24.5	48.2	17.1	71.7	0.8
刚果（布）	65.4	4.4	61	-9.9	-2.4	-10.4
刚果（金）	65.1	20.8	44.3	-12.4	17.1	-21.7
肯尼亚	51.9	50.1	1.8	-3.4	-3.6	3.0

资料来源：全球贸易观察数据库。

2020 年，受新冠疫情影响，中国与在非洲的前十大贸易伙伴的贸易总额降至 1248.9 亿美元，占中非贸易总额的 66.8%。如表 8 - 4 所示，南非、尼日利亚、安哥拉、埃及、刚果（金）为中国在非洲的前五大贸易伙伴，摩洛哥和坦桑尼亚进入前 10 位，而利比亚和刚果（布）则跌出前 10。2020 年 2 月及 4~6 月，中国和非洲国家为遏制疫情均采取了严格的边境管理措施和旅游限制措施，双边货物贸易额出现较大幅度下降。但在 2020 年下半年，随着中国复工复产、对跨境电子商务等贸易新业态的支持以及推动贸易收

支便利化等政策的实施，中国与非洲的大宗商品和特色农产品贸易有所
恢复①。

表 8 - 4　2020 年中国在非洲的前十大贸易伙伴与中国的进出口额及同比增长率

单位：亿美元，%

国家	进出口额	出口额	进口额	进出口额同比增长率	出口额同比增长率	进口额同比增长率
南非	358.4	152.4	205.9	-15.7	-7.9	-20.6
尼日利亚	192.3	167.8	24.5	-0.3	0.9	-7.6
安哥拉	162.6	17.5	145.1	-37.2	-15	-39.1
埃及	145.3	136.2	9.1	10.1	11.7	-9.5
刚果（金）	90.4	20.1	70.3	39.0	-3.1	58.7
加纳	85.0	67.6	17.4	13.6	37.8	-32.4
阿尔及利亚	65.9	56.0	10.0	-18.4	-19.4	-12.7
肯尼亚	55.6	54.1	1.5	7.2	8.0	-15.6
摩洛哥	47.6	41.7	5.9	2.1	3.4	-6.7
坦桑尼亚	45.8	41.8	4.1	9.9	9.5	13.7

资料来源：全球贸易观察数据库（网址：https://www.zhiyanbao.cn）。

2021 年，中非贸易总额创历史新高，南非、尼日利亚、安哥拉、埃及
和刚果（金）是 2021 年中国在非洲的前五大贸易伙伴，进出口额合计占中
非贸易总额的一半以上。尼日利亚、南非、埃及和肯尼亚是从中国进口产品
较多的非洲国家；南非、安哥拉、刚果（金）、刚果（布）和赞比亚等国对中
国的出口额较多，出口额合计占非洲对中国出口总额的 71%，主要出口产品为
矿产品、金属、农产品和石油。

表 8 - 5　2021 年中国在非洲的前五大贸易伙伴的进出口额及占比

单位：亿美元，%

国家	进出口额	占比
南非	540.7	21.3
尼日利亚	256.7	10.1

①　刘桓：《新冠疫情下的中非合作》，《中国外资》2021 年第 23 期。

续表

国家	进出口额	占比
安哥拉	235.2	9.3
埃及	199.7	7.9
刚果（金）	144.3	5.7

资料来源：《中国统计年鉴2022》。

（三）中国与美国对非洲贸易对比

如图8-4所示，自2002年以来，美非货物贸易经历了"三起两落"。2002年后，美非货物贸易额上升，在2008年达到峰值1418.9亿美元。受2008年国际金融危机和大宗商品价格下降等因素的冲击，2009年，美非货物贸易额急剧下滑；2009年后，美非货物贸易额有一定程度的回升。但自2011年开始，随着大宗商品价格的进一步下降以及美国能源自给能力的提升，美国对进口能源的需求量下降，美非之间的货物贸易额走低，在2016年跌至谷底。2016年后，美非货物贸易额缓慢回升。

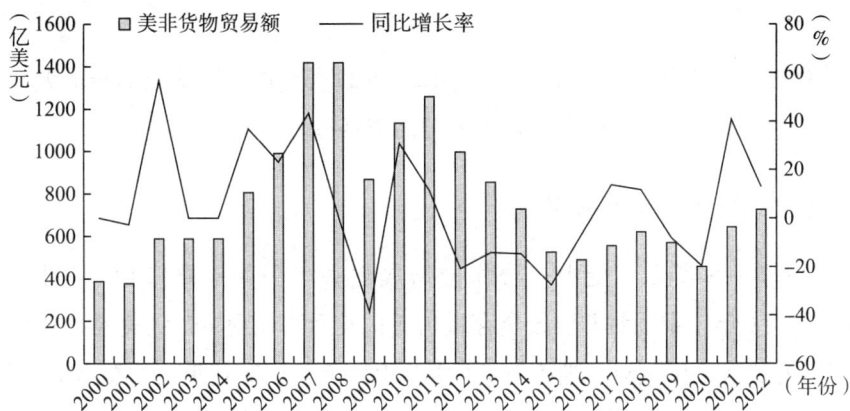

图8-4　2000~2022年美非贸易额及同比增长率
资料来源：美国普查局，https://www.census.gov/foreign-trade/balance/c0013.html。

美非贸易额在美国对外贸易额中的占比较低。2000~2021年，美非货物贸易额仅占美国货物贸易总额的2.4%。美国向非洲出口的商品主要为交通设备、机器、农产品、化学品等，而美国从非洲进口的主要商品为石油和天然气、金属原料、煤炭。美国在美非货物贸易中基本保持逆差（2014年和2015年两年为顺差），逆差额从几十亿美元到几百亿美元不等。

目前，中美与非洲的经贸往来总体呈现"中国赶超、美国守成"之势。[①] 2009年以前，中非、美非货物贸易额均呈稳健上升趋势，且美非贸易额比中非贸易额约多一倍。2009年，中非、美非货物贸易额均下降，中非货物贸易额首次超越美非货物贸易额。其后10余年，与美非货物贸易额相比，中非货物贸易额一路走高。2020年，中非货物贸易额达到1879.4亿美元，约是美非货物贸易额的4倍。截至2021年，中国已经连续13年成为非洲第一大贸易伙伴国。中非、美非贸易额占中方、美方贸易总额的比重均较低。非洲主要向中美出口矿产品、金属原料等，中方主要向非洲出口机器、纺织品等，美方则主要出口交通设备、机器、农产品、化学品等。

三 中国对非洲的投资

2000年中非合作论坛成立后，中国对非投资呈现投资领域不断扩大、直接投资规模不断增长、投资方式更加灵活等特点。

（一）投资存量及流量

如图8-5所示，受中非合作论坛成立和"一带一路"倡议等影响，2003~2021年，中国对非洲投资存量由5亿美元增长到442亿美元，总体上呈现上升趋势。中国对非洲投资流量从2003年的0.75亿美元增至2021年的49.9亿美元。其中，受2008年全球金融危机影响，中国对非洲的直接投资流量在2009年短暂锐减，但之后恢复增长趋势。截至2021年，中国已成为非洲第四大投资来源国，仅次于美国、英国和法国。

---

① 王磊：《中美在非洲的竞争与合作》，《国际展望》2018年第4期。

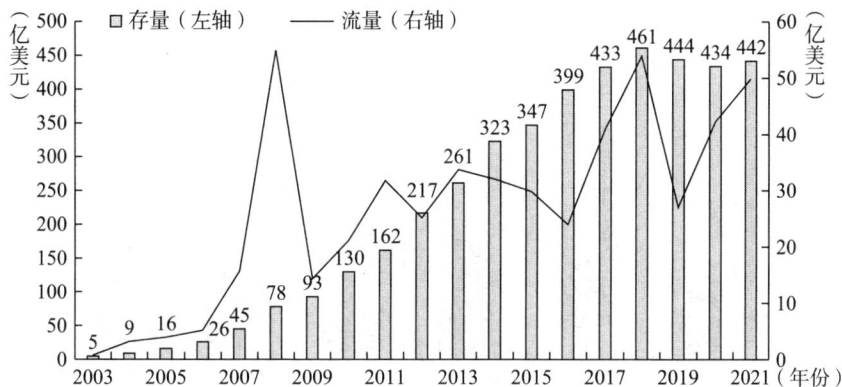

图 8 - 5　2003 ~ 2021 年中国对非洲直接投资的存量与流量

资料来源：中华人民共和国商务部。

根据《2020 年度中国对外直接投资统计公报》，截至 2019 年底，从中国对非洲直接投资存量看，中国国有企业和非国有企业各占 50% 左右；在具体企业数量上，民营企业数量占在非洲直接投资的中国企业总数的 90%；在投资金额上，民营企业的投资金额占总额的 70%。我国在非洲进行直接投资的国有企业数量较少，投资主要集中在基础设施和能源开发等回报周期长的大型项目中，单笔投资金额一般较高；在非洲进行直接投资的民营企业主要看重非洲广阔的市场前景以及非洲与我国相关产业和消费领域的密切联系。

（二）投资产业分布情况

近年来，伴随着供给侧结构性改革的持续深入，我国对非投资产业更加多样化。得益于共建"一带一路"的不断推进，我国对非洲的投资趋向于基础设施建设和国际产能合作等方面。

如图 8 - 6 所示，截至 2020 年，排在我国累计对非洲投资存量前五位的行业分别是：建筑业、采矿业、制造业、金融业以及租赁和商务服务业。除此之外，我国对非洲的投资还涉及通信、能源、交通、电力、房地产、电商等多个领域。

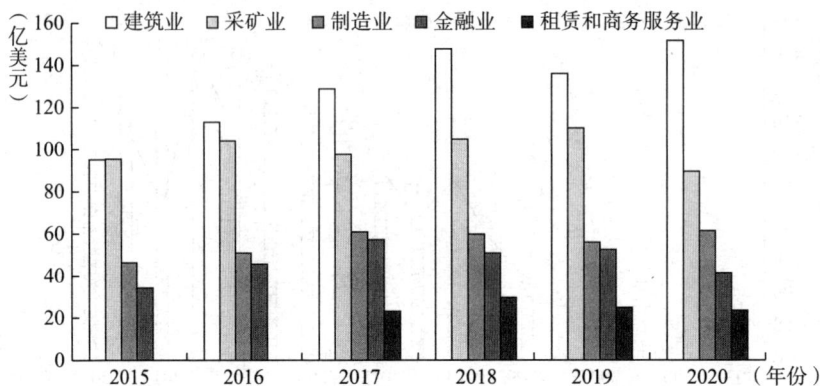

图 8 - 6　2015 ~ 2020 年中国对非洲直接投资存量排名前五的行业的情况
资料来源：中华人民共和国商务部。

（三）中国与美国对非洲投资对比

从图 8 - 7 可以看出，进入 2003 年以后，中国对非洲的直接投资流量保持增长态势，从 2003 年的 7000 万美元飙升至 2020 年的 42.3 亿美元。由于中国工商银行在 2008 年收购了南非标准银行，当年的直接投资流量更是飙升至 54.9 亿美元的峰值。美国对非洲的直接投资流量在全球金融危机后下降，但在 2009 年达到峰值，为 104.2 亿美元，而在 2016 年及 2018 年、2019

图 8 - 7　2003 ~ 2020 年中国与美国对非洲直接投资流量

资料来源："Data：Chinese Investment in Africa，" http：//www. sais-cari. org/chinese-investment-in-africa。

年甚至出现负值的情况。

从小布什政府时期开始，受全球恐怖主义事件频发及中东局势动荡影响，美国出于反恐的现实需要，增加对非洲能源产业的投资，主要集中在石油等领域。从图 8-8 可以看出，2017~2020 年，美国对非直接投资存量最多的行业为采矿业，并且远超其他行业；到 2020 年，美国对非采矿业的直接投资存量达到 153 亿美元；而同期我国在非直接投资最多的行业为建筑业，接着是采矿业，到 2020 年，中国对非建筑业投资存量达到 152 亿美元，而采矿业投资存量为 89 亿美元。

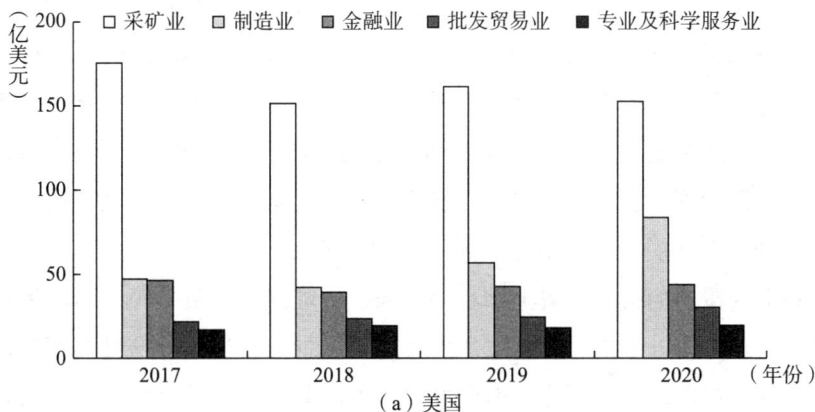

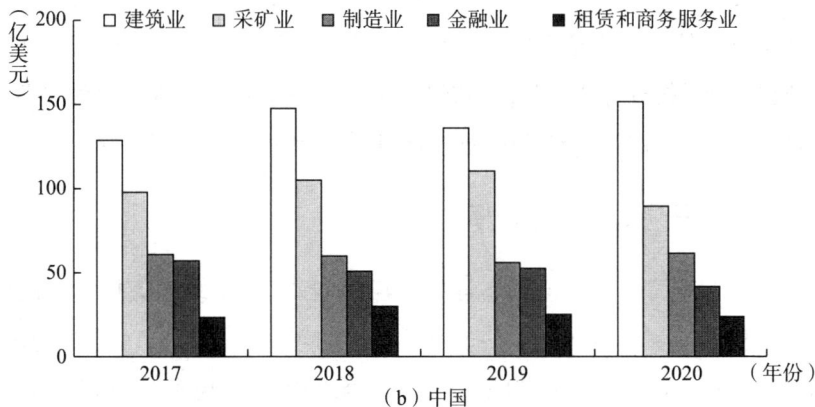

图 8-8　2017~2020 年中美对非直接投资存量排名前五的行业的情况
资料来源：《中国对外直接投资统计公报》和美国经济分析局。

四　中国对非洲的官方发展援助

长期以来，非洲都是国际社会重点援助的区域之一。中国作为官方发展援助体系中的新兴援助大国，始终将对非发展援助作为重点。

（一）中国对非洲援助原则与机构设置情况

中国是南南合作全球治理与发展理念的坚定执行者，与非洲地区向来都是风雨同舟、休戚与共。中国对非洲官方发展援助方针与政策基于南南合作框架，提倡互惠互利、共同发展。中国对非洲地区的援助是建立在独立自主、平等尊重、互不干涉内政的原则基础之上的。中国在力所能及的情况下，通过创新援助模式，以增强非洲受援国家的自主发展能力为援助目的，集中在基础设施建设、医疗卫生、农业和粮食安全以及人道主义援助等领域进行援助，彰显了"中非命运共同体"的底色。

在对外援助的机构设置上，长期以来，中国商务部负责拟定对非洲援助政策、援助总体计划以及对各援助项目进行审批与管理，外交部与商务部共同协调有关援助政策的制定；财政部与商务部共同协调并制定援外财政预算以及援助支出预算资金管理办法。2018 年，我国设立国家国际发展合作署，其负责拟订对外援助战略方针、规划、政策，统筹协调解决援外重大问题并提出建议，推进援外方式改革，编制对外援助方案和计划，确定对外援助项目并监督评估实施情况等，对外援助的具体执行工作仍由相关部门按分工承担。

（二）中国对非洲援助规模

中国官方披露的发展援助范畴要比美国、欧盟等传统西方援助国的更为宽泛。根据国务院新闻办公室发布的《中国的对外援助（2014）》中的定义，目前，中国对外援助主要分为三种形式：无偿援助、免息贷款以及低息贷款。其中，无偿援助和免息贷款由国家财政出资，中国进出口银行主要负责国家对外援助的低息贷款部分。但是中国低息贷款性质的对外援助并不遵循

OECD 发展援助委员会（DAC）所强调的赠予成分不低于 25% 的规定①，中国在进行开发性融资时也会将优惠部分低于 25% 的其他官方流动资金纳入对外援助范畴。因此，中国的官方发展援助采取的是一种更为宽泛灵活的界定方式。

具体到对非洲援助层面，中国提供的资金不及美国等传统援助大国，但是援助力度基本上呈现在波动中加大的趋势。2000 年以前，中国对外援助的规模和领域都非常有限，这是与中国当时的政治经济实力相挂钩的。进入 21 世纪以来，随着国际政治经济力量对比的改变，中国的对外援助规模和领域不断扩大和增长。

根据《中国的对外援助（2014）》，中国在 2010 ~ 2012 年对非洲国家的援助资金达到 462 亿元，占同期中国对外援助总额的 51.8%。根据《新时代的中国国际发展合作》，2013 ~ 2018 年，中国对非援助金额为 1206 亿元，占同期中国对外援助总额的 44.65%。从 2010 ~ 2012 年年均 154 亿元增长到 2013 ~ 2018 年年均 201 亿元，增长了约 30%。但中国官方并未提供更加详细的数据，根据 AidData 数据库②，2000 ~ 2014 年，中国向非洲国家提供了 3550 个援助项目，总价值达 786.3 亿美元（2010 年不变价，下同）；其中，符合 OECD 标准的有 2712 个援助项目，价值共计 328.2 亿美元。如图 8 – 9 所示，中国对非援助金额从 2000 年的 6.2 亿美元增长到 2014 年的 57.4 亿美元，14 年间增长了约 8.3 倍。

（三）中国与美国对非洲援助对比

美国作为迄今为止世界上最发达的超级大国，也是传统援助框架下的援助大国，其历年的援助金额占据 DAC 各成员国援助总额约 1/3。如图 8 – 10 所示，美国对非洲援助在 2000 ~ 2017 年整体上保持增长态势，从 2000 年的

---

① 2018 年以后，DAC 调整了对官方发展援助的界定，对于最不发达国家和低收入国家，当优惠贷款的赠予成分的占比达到 45% 时，优惠贷款才计入发展援助；对于中低收入国家和中高收入国家，当优惠贷款的赠予成分的占比分别达到 15% 和 10% 时，优惠贷款可以计入发展援助。

② Dreher A., Fuchs A., Parks B., Strange A., Tierney M., "Aid, China, and Growth: Evidence from a New Global Development Finance Dataset," *American Economic Journal: Economic Policy* 13 (2), 2021, pp. 135 – 174.

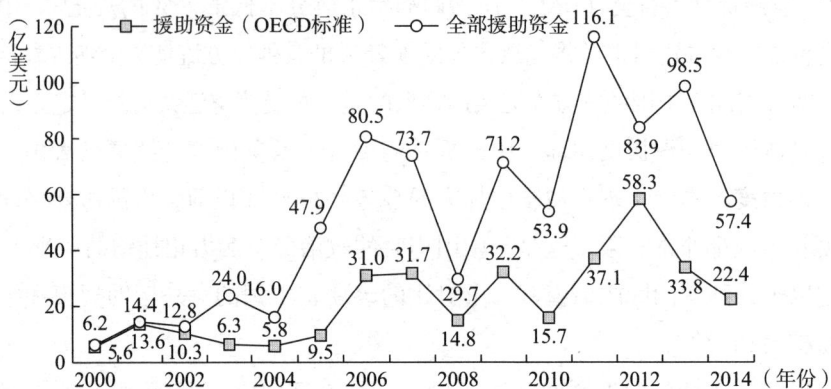

图 8 – 9　2000～2014 年中国对非洲发展援助资金变化情况

注：金额采用 2010 年不变价。

资料来源：AidData 数据库。

28.8 亿美元增长到 2017 年 103.1 亿美元，即使美国在 2008 年出现金融危机时也没有显著改变对非洲援助的增长态势。

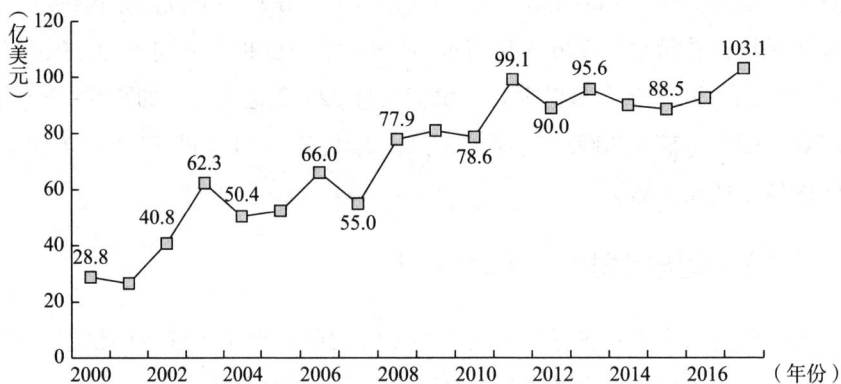

图 8 – 10　2000～2017 年美国对非洲官方发展援助资金变化情况

注：金额是 2010 年价格（平减指数使用美国 GDP 平减指数）。

资料来源：OECD 数据库。

中国官方数据仅报告了中国总体对外援助的领域，并未披露中国对非援助的细分情况。根据《中国的对外援助（2014）》，2010～2012 年，中国对外援助的首个领域是经济基础设施，对外援助金额占援助资金的 44.8%，接着是社会公共基础设施，对外援助金额占援助资金的 27.6%，物资援助占 15%，产业援助占 5.6%。

笔者根据 AidData 数据库整理了中国对非援助细分领域。从表 8-6 可以看出，中国对非洲援助主要集中在经济基础设施、社会基础设施和公共服务、产业三个领域。从援助金额看，2000~2014 年，中国对非经济基础设施援助总金额达到 549 亿美元（2010 年不变价，下同），占全部援助金额的 69.8%，其中，运输和仓储、能源生产和供应两个类别的援助金额分别占援助金额的 34.7% 和 30.2%，其是主要的援助领域。社会基础设施和公共服务的援助金额占援助金额的 10.3%，产业的援助金额占援助金额的 8.6%，其他领域的援助金额占比较低。

表 8-6 2000~2014 年中国对非洲发展援助领域的情况

援助领域	项目数（个）	金额（亿美元）	金额所占比例（%）
经济基础设施	1171	549.0	69.8
运输和仓储	600	272.7	34.7
能源生产和供应	243	237.2	30.2
通信	328	39.2	5.0
社会基础设施和公共服务	1424	81.0	10.3
供水	146	30.7	3.9
教育	388	12.0	1.5
卫生健康	717	14.9	1.9
其他公共服务	167	23.4	3.0
产业	314	67.4	8.6
农业	230	27.5	3.5
工业、采掘业	60	29.9	3.8
贸易与旅游	9	9.1	1.2
债务	70	31.7	4.0
多领域援助	125	26.0	3.3
项目援助	83	25.3	3.2
人道主义援助	284	2.6	0.3
未分类	18	3.3	0.4
合计	3550	786.3	100

注：该表统计口径是全部援助数据，不仅包括 OECD 标准的援助数据，也包括不符合 OECD 标准的优惠贷款数据；金额是 2010 年不变价。

资料来源：AidData 数据库。

不同于中国对非援助，美国对非援助资金主要用于受援国的社会基础设施和公共服务、人道主义援助等方面。根据 OECD 数据库，2005～2017 年，美国对非援助资金中的 51.8% 用于社会基础设施和公共服务方面，25.6% 用于人道主义援助方面，两类援助资金合计占对非援助总额的 77.4%。① 笔者根据美国国际开发署提供的数据整理了美国对非洲发展援助领域的情况。从表 8-7 可以看出，2000～2021 年美国对非洲发展援助金额高达 3355.8 亿美元，其中 37.4% 用于健康、教育、社会经济服务等民生保障领域，20.0% 用于人道主义援助领域，14.4% 用于和平与安全领域，涉及法制建设和人权保护、善治建设、竞争选举维护、公民社会建设等方面，三个领域的援助资金合计占 71.8%。

表 8-7 2001～2021 年美国对非洲发展援助领域的情况

单位：亿美元，%

援助领域	项目金额	占比	具体用途
民生保障	1255.2	37.4	1. 健康
			2. 教育
			3. 社会经济服务
			4. 保护弱势群体
人道主义援助	671.2	20.0	——
和平与安全	484.0	14.4	1. 法制建设和人权保护
			2. 善治建设
			3. 竞争选举维护
			4. 公民社会建设
			5. 打击恐怖主义
经济增长建设	438.5	13.1	1. 经济基础设施建设
			2. 贸易与投资
			3. 财政部门建设
			4. 农业
			5. 私营部门竞争力
			6. 经济发展机会
			7. 环境保护

① 王飞：《中国对非洲的援助——发展、挑战及展望》，《云梦学刊》2021 年第 2 期。

续表

援助领域	项目金额	占比	具体用途
机构经营管理	349.4	10.4	1. 员工管理 2. 项目设计与学习 3. 行政与监督
多部门项目	157.5	4.7	——
总计	3355.8	100	——

资料来源：美国国际开发署。

值得注意的是，美国对非援助资金中有相当一部分用于实现"加强地区和平与安全""加强民主、人权和善政"等战略目标，其援助目的主要是向受援国推行其价值观，保障美国在海外的安全利益，以及重振美国的国际竞争优势与领导地位。而中国遵循"不干涉其他国家内政，不附加任何政治条件，不谋取政治私利"的原则，对非援助着力于改善非洲国家落后的经济基础设施条件，并且不附加额外的政治条件，这有助于弥补发展中国家基础设施建设资金的缺口，也更契合发展中国家现阶段的经济发展诉求。

五 国际国内新形势对中国与非洲合作的挑战

当前国际形势严峻复杂，国际格局加快演变，世界经济发展陷入困境，与此同时，国内经济受到疫情以及国际因素冲击。面临当前国际国内复杂形势，中国和非洲全方位合作面临新的挑战。

（一）俄乌冲突对非洲经济社会发展的冲击

1. 俄乌冲突加剧非洲的粮食危机

俄乌冲突对非洲最大的影响莫过于粮食安全方面。根据联合国粮农组织的数据，截至2021年，非洲严重粮食不安全人口比例仍然远远高于世界平均水平。如图8-11所示，2021年非洲中部和南部、东部、西部和撒哈拉地区粮食不安全人口比例占全球粮食不安全人口比例的62%，而其他地区合计仅占38%。

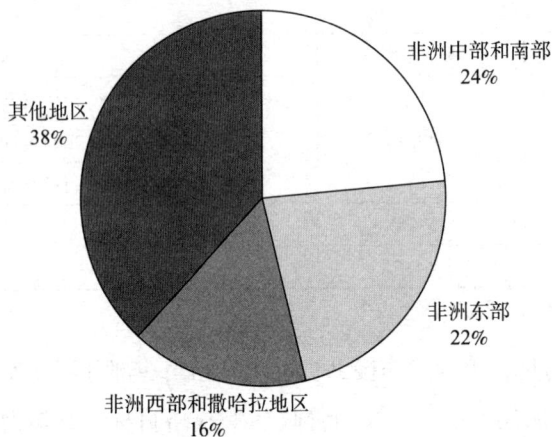

图 8 - 11　2021 年非洲各地区粮食不安全人口占世界的比例

资料来源：《2022 全球粮食危机报告》，联合国粮农组织，2022。

联合国贸易和发展会议发布的《俄乌冲突对贸易和发展的影响报告》显示，非洲长期依赖从俄罗斯和乌克兰两国进口小麦的国家超过 25 个，其中有 15 个国家一半以上的小麦来自俄乌两国；索马里和贝宁两国的小麦更是 100% 依靠从俄乌两国进口。俄乌冲突给俄乌两国出口粮食带来了不确定性，这让非洲众多长期依赖进口两国粮食的国家陷入粮食供应的恐慌。俄罗斯在限制其国内谷物出口的同时封锁了黑海港口，直接导致乌克兰对外出口粮食的重要通道之一被切断。2022 年 7 月 22 日由俄罗斯、土耳其、乌克兰和联合国代表签署的《黑海港口农产品外运协议》，规定对乌克兰谷物等农产品经黑海出口运输提供安全保障，也保障俄罗斯粮食与化肥进入国际市场，但该协议已经于 2023 年 7 月 18 日中止。相关协议于 2022 年 11 月续签过一次，2023 年 3 月 18 日到期后又延长 60 天；7 月 17 日，俄罗斯宣布停止执行《黑海港口农产品外运协议》，尽管国际社会进行多次斡旋，但未来乌克兰粮食出口仍存在极大的不确定性。

此外，根据国际前景研究与信息中心的数据，俄罗斯还是世界上最大的化肥出口国，2020 年，化肥出口额达 76 亿美元。[①] 俄乌两国都是尿素、钾肥和磷酸盐等的主要供应国。俄乌冲突或将扰乱国际化肥供应链，从而进一

---

① 《全球化肥价格大涨 动物粪便热销，有养殖场一年的额度已售罄》，环球网，https://world. huanqiu. com/article/47bfJP2tVK7。

步威胁非洲的粮食安全。

俄乌冲突爆发后，国际粮食及能源价格不断飙升。2023年4月，联合国粮农组织发布的报告称，受俄乌冲突及其引发的一系列事件等影响，谷物、肉类和糖类的价格指数较2021年（俄乌冲突以前）均有较大增长。如图8-12所示，2023年，谷物价格指数达到144.3，相比2021年的131.2上涨9.98%；肉类价格指数为112.1，相比2021年的107.7上涨了4.09%，同样是历史较高水平；糖类价格指数达到罕见的123.0，相比2021年的109.3上涨12.5%。

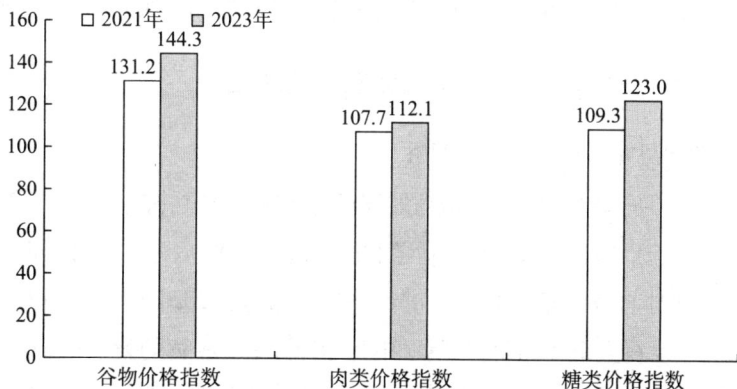

图8-12　2021年和2023年谷物、肉类和糖类价格指数

资料来源："World Food Situation," https://www.fao.org/worldfoodsituation/foodpricesindex/en/。

非洲大部分地区虽不依赖进口俄罗斯石油，但在俄乌冲突爆发后，非洲和世界其他地区一样面临能源价格大幅上涨的影响。粮食和能源价格的持续走高严重威胁非洲多个国家，这大幅增加了当地居民的生活成本，加剧了社会不稳定性。部分非洲国家民众已经无法忍受粮食价格上涨带来的巨大压力，抗议食品价格上涨。

2. 俄乌冲突加剧非洲各国的政治压力

英法等国都在非洲进行过相当长时间的殖民统治，独立之后的非洲各国在政治、经济和文化等方面与英法等国保持较多的联系。此外，非洲各国与美欧都建立了十分广泛的经济联系，因此美欧在非洲经济发展中的地位举足轻重。俄罗斯不断加强与非洲各国的外交和军事联系来提升在非洲的话语权和影响力。2015年2月，俄罗斯总统普京访问埃及，双方达成了由俄罗斯帮助埃及建设核电站和在埃及苏伊士运河地区建立俄罗斯工业园区等协议；2019 年 10 月，俄罗斯在索契召开首届俄非峰会，普京提出要继续加强俄非双方的合作，合作范围包括但不限于经济发展和军事安全等领域，此次峰会吸引了非洲 40 多个国家的领导人。在非洲，有一半国家的军事装备是从俄罗斯进口的。此外，以"瓦格纳集团"为代表的俄罗斯海外私营军事力量对非洲的影响力不断增强，在非洲国家的政局及安全局势中发挥重要的作用。[①] 在这种情况下，非洲各国面临巨大的政治压力。很多国家被迫在美欧和俄罗斯之间"选边站队"，不得不谨慎应对与各方的关系，以避免成为大国博弈的牺牲品。

（二）新冠疫情对非洲经济社会发展的冲击

1. 非洲贸易和投资受到显著冲击

新冠疫情在全球范围内的扩散对非洲经济造成了沉重的打击。世界各国实施应对疫情的封控措施，导致非洲产业链和供应链被迫中断，加之中国和美国等非洲主要贸易伙伴自身需求下降，非洲经济出现衰退。2020 年，非洲 GDP 萎缩 2%。2021 年，在大宗商品价格反弹和社交限制逐步放宽的背景下，撒哈拉以南非洲经济复苏，增速为 4%。[②] 2023 年 4 月，世界银行发布的《非洲脉搏》报告显示，由于全球经济的不确定性，非洲大陆最大经济体的表现不佳，出现高通胀问题，投资增速急剧下降，预计撒哈拉以南非洲的经济增长率将从 2022 年的 3.6% 放缓至 2023 年的 3.1%。报告还显示，撒哈拉以南非洲各次区域的经济表现并不一致，西部和中部非洲区域的实际 GDP 增长率预计将从 2022 年的 3.7% 下降到 2023 年的 3.4%，而东部和南部非洲区域的实际 GDP 增长率将从 2022 年的 3.5% 下降到 2023 年的 3.0%，非洲经济复苏的前景依然脆弱。[③]

另外，为了防止疫情进一步扩大，各国都采取了一系列隔离措施，这直接导致前往非洲大陆的旅游人数明显下降，对非洲旅游业造成严重的冲击，非洲联盟基础设施与能源官员表示，受新冠疫情大流行的影响，非洲国家在

---

① 贺文萍：《俄乌冲突对非洲的影响及非洲的应对》，《当代世界》2022 年第 8 期。

② 姚桂梅：《新冠肺炎疫情下非洲地区形势特点与中非合作展望》，《当代世界》2022 年第 5 期。

③ 《世界银行预测撒哈拉以南非洲 2023 年经济增长 3.1%》，中华人民共和国商务部网站，ht-tp：//senegal. mofcom. gov. cn/article/jmxw/202304/20230403402480. shtml。

2020 年 4~7 月损失了近 550 亿美元的旅游收入。[①]

新冠疫情也严重影响非洲国家吸收外国直接投资。联合国贸易和发展会议发布的《2021 年世界投资报告》显示，2020 年全球外商直接投资总额降至约 1 万亿美元，与 2019 年的约 1.5 万亿美元相比，下滑 35%，其中流入非洲地区的外商直接投资下降了 16%，降至 390 亿美元，与 15 年前的金额持平。联合国贸易和发展会议发布的《2022 年世界投资报告》显示，2021年，流入非洲的外商直接投资大幅增长，达到创纪录的 830 亿美元，占全球外商直接投资总额的 5.2%，但是非洲宣布的绿地项目投资总额仅为 390 亿美元，远低于 2019 年的绿地项目投资总额。

2. 非洲国家财政赤字增加

非洲国家财政赤字快速增加，主权债务风险变大。非洲国家由于疫情而产生的医疗需求导致财政支出剧增。部分非洲国家出台有关央行货币政策调整的财政措施，南非、肯尼亚等国政府推出经济刺激或社会救助计划，而这些措施需要的资金只能通过举借新债筹集，这使非洲债务规模进一步扩大。此外，由于国际需求疲软，非洲国家出口额下降，外汇收入减少，各国货币汇率普遍呈贬值趋势，国际收支失衡和汇率下降对非洲国家的偿债能力产生很大程度的影响，联合国非洲经济委员会统计数据显示，2010~2023 年，非洲国家主权债务增加近两倍，增长率为 192%，达 1.1 万亿美元（约 9900 亿欧元），每年偿债成本高达 1630 亿美元，造成严重预算危机，超 1/3 的国家处于过度负债状态或面临过度负债的高风险。[②] 其中有一部分国家，像苏丹、厄立特里亚、佛得角和莫桑比克，债务占国内生产总值的比重已经超过了 100%。[③]

3. 非洲社会发展受到影响

非洲医疗卫生体系本就薄弱，新冠疫情对非洲脆弱的医疗卫生体系造成严

---

① 《疫情导致非洲旅游业损失 550 亿美元》，中华人民共和国商务部网站，http://na.mofcom.gov.cn/article/jmxw/202007/20200702980773.shtml。

② 《非洲国家债务增至 9900 亿欧元》，"走出去"导航网，2024 年 8 月 26 日，https://www.investgo.cn/article/gb/tjsj/202408/737784.html。

③ 《如何看待非洲债务》，湖南省中非经贸合作促进研究会网站，2022 年 11 月 29 日，https://www.caetp.net.cn/h-nd-521.html。

重冲击。非洲专业医疗人员向来短缺，卫生基础设施薄弱，现代医疗设备短缺，即使非洲年轻人口占比较高，而且有抗击埃博拉等传染病的防治经验，但是新冠疫情在非洲仍有较大的防治难度。

受全球各国"封国""封城"措施的影响，非洲进口商品、设备和组装零部件受阻，企业经营活动和民众生活受到很大影响。非洲国家有规模庞大的非正规劳动力市场，大多数就业者是日薪或周薪工作者，疫情导致居民消费萎缩，许多中小企业倒闭，非正规部门的就业者首当其冲，失业人口迅速增加。新冠疫情对全球都产生影响，在这种情况下，国际社会能为非洲提供的公共产品一直在减少，非洲本身的发展治理进程遭到严重的破坏。有关数据显示，非洲的贫困人口比例在一年内增加了 2 个百分点，极端贫困人口总量增加了 3700 万人，这使 2015 年以来非洲在减贫方面取得的进展面临严重威胁。[①]

疫情还引发粮食危机、卫生系统崩溃及难民激增等人道主义危机，收入来源减少使低收入家庭无法获得足够的粮食，与此同时，贸易和供应链中断，局部粮食价格上升，进一步加重民众负担。此外，非洲地区气候变化导致极端天气频发，南部非洲各国受干旱和洪涝等气候灾害的影响，非洲粮食短缺问题更加严重。联合国难民署在 2022 年 5 月发布的数据显示，由于冲突和迫害等原因逃到本国以外的难民和难民申请者，以及在本国被驱逐出居住地的国内难民总数首次超过 1 亿人。[②] 埃塞俄比亚、苏丹等非洲国家的难民众多，联合国已对埃塞俄比亚等国的粮食短缺和饥荒问题进行预警。

六　中国与非洲合作的新机遇

（一）非洲大陆自贸区发展带来的新机遇

非洲是全球发展中国家最集中的地区之一，经济发展潜力不容忽视。世

---

① 姚桂梅：《新冠肺炎疫情下非洲地区形势特点与中非合作展望》，《当代世界》2022 年第 5 期。
② 《全球趋势报告》，联合国难民署网站，https://www.unhcr.org/asia/globaltrends.html？query = 100％20million。

界银行发布的《2020 年非洲大陆自贸区发展报告》显示，若非洲大陆自贸区发展良好，则将在 2035 年实现总体约 7% 的增长，预计带来 4500 亿美元的贸易额；总出口额将实现 29% 的增长，其中，对非洲以外国家出口将实现 19% 的增长。根据《非洲大陆自贸区协定》的规定，非洲大陆自贸区未来将通过制定并实施一系列贸易便利化措施，逐步消除关税和非关税壁垒，扩大区域内贸易市场，提升区域内服务贸易水平，以加快实现非洲大陆经济一体化。中国是非洲最主要的贸易伙伴国之一，经贸一直是中非合作的重点领域。非洲大陆自贸区在《非洲大陆自贸区协定》的调整下进一步整合非洲现有的贸易规则，对中国投融资将更加具有吸引力。整体来看，《非洲大陆自贸区协定》及其议定书从制度层面鼓励外国合资企业在非洲进行投融资经贸活动，将极大地促进非洲大陆自贸区的发展，其巨大的市场潜力将为中非经贸合作带来了难得的历史机遇。

（二）中国双循环新发展格局带来的新机遇

近年来，逆全球化有抬头的迹象，全球产业链、供应链开始出现本地化、区域化、分散化趋势。中国与非洲国家所处的经济发展阶段不同，生产要素禀赋不同但有共同的发展需求，这决定了二者之间蕴含着巨大合作潜力。后疫情时代，如何应对全球产业链的转移趋势成为我国构建双循环新发展格局的重要问题。就高质量的外循环而言，作为区域性的全球生产中心，中国既需要大量的生产原材料，也需要广袤的国际市场。中国和非洲大陆的产业结构具有很强的互补性，中国从非洲进口的主要是工业原材料和初级农产品，而中国对非出口的主要是工业制成品。在"一带一路"建设背景下，广袤的非洲大陆和中国经济的联系越发密切。实际上，由于中非之间经济结构上的巨大互补性，非洲已成为中国对外投资的重要地区。在生产方式日益高度专业化的现代工业体系下，非洲大陆正在成为中国产业链和供应链的重要一环。中国投资将极大地推动非洲的工业化进程，促进当地就业，同时，中国可以利用技术代差，在与非洲合作时可以延长产品、技术的生命周期，实现互利双赢。

（三）中国和非洲数字经济合作的新机遇

数字经济快速发展，对全球经济的贡献持续增加。如何在数字经济发展进程中占据领先地位已成为各国各地区发展的重要议题。近年来，中国和非洲地区都在积极探索发展数字经济，中非数字经济合作潜力巨大。新冠疫情加快了电子商务等数字经济在非洲地区的发展，疫情期间，非洲地区的电子商务订单大幅增加，数字经济在非洲地区呈现蓬勃发展的趋势。中国电子商务经过 20 多年的探索积累了大量的经验，已进入稳定发展阶段。中国可以向非洲地区传授成熟的电子商务经验与方法，非洲地区拥有广阔的电子商务市场，这对中国和非洲双方都是巨大的机遇。中非数字经济合作得到中国和非洲各国政府的大力支持。2020 年 12 月，《中华人民共和国政府与非洲联盟关于共同推进"一带一路"建设的合作规划》发布，为中非数字经济合作指明了方向。这表明了数字经济的重要作用，也为后疫情时代中非强化经贸合作指引了方向。

（四）中国和非洲能源与粮食合作的新机遇

俄乌冲突给国际能源安全、粮食安全蒙上阴影，长期来看，这将影响能源供给，增加国际能源合作和贸易的不确定性，减缓全球能源低碳转型步伐，影响粮食有效供应及全球经济从新冠疫情中复苏。中非在能源安全和粮食安全两个方面的合作因为"一带一路"的契机积累了较多的经验。当前逆全球化浪潮兴起，国际局势剧烈变化，既对中非能源合作、粮食合作带来新的挑战，也为两国共同探索新的合作之路提供了机遇。

"一带一路"倡议为推动中非产能合作、加快非洲能源基础设施建设提供新的蓝图，也为中国能源企业在非洲开拓市场提供了广阔的机遇。在电力基础设施合作方面，中非合作由来已久，2015 年，中国国家电网公司承建的埃塞俄比亚复兴大坝 500 千伏输变电工程竣工。[1] 2016 年，中资民营企业友

---

[1] 《中国公司承建埃塞 500 千伏输变电工程竣工》，新华网，http://www.xinhuanet.com/world/2015-12/23/c_128560871.htm。

盛集团旗下的变压器工厂正式开业，这是肯尼亚第一家具备自主生产能力的变压器厂。[①] 随着时代的发展，非洲各国对电力基础设施的需求更加迫切，中非电力合作的前景十分广阔；在可再生能源的合作方面，非洲拥有大量的太阳能、风能等可再生能源，而在太阳能电池、风力发电机等领域，中国具有较强的技术实力，积累了丰富的技术、市场经验，中非双方可以共同进行可再生能源的研发、投资和建设，为中非经济发展提供新引擎。

虽然非洲有着得天独厚的自然禀赋，但土地开发利用率和农业生产率低。作为农业大国，中国凭借农业技术和资本的优势在中非粮食合作领域大有可为。中国农业企业能够帮助非洲国家掌握先进的农业生产技术，提高农业用地利用率；化肥农药企业和农业机械制造企业可以帮助非洲改善农业要素投入，提高农业生产效率；大型基建集团可以帮助非洲进行农业基础设施建设。中国与非洲在农业生产、技术上的务实合作，能够实现互惠互利，在帮助非洲各国克服粮食生产问题的同时，助力中国企业拓展海外市场。[②]

七　中国与非洲深化合作展望

中国和非洲有着长期合作的基础，尽管当前中非合作面临复杂国际形势的挑战，但新时代赋予中非合作新的历史机遇，中非双方合作前景广阔，在政治、经济、技术、文化等领域的合作潜力巨大。中国改革开放 40 多年来取得了令人瞩目的发展成就，进入 21 世纪，中国在减贫、绿色发展领域不断拓展，成就斐然。作为国际上负责任的大国，中国应积极向非洲传播发展理念，分享发展经验，帮助非洲探索出适合自身的发展道路，实现互利双赢。基于此，我们提出如下建议。

（一）强化"人类命运共同体"意识，推动中非政治和文化合作

长期以来，中国始终高度重视与非洲的互惠合作，不论是合作的领

---

① 《中企助力中肯电力行业产能合作》，新华网，http://www.xinhuanet.com/world/2016 - 10/06/c_1119667362.htm。

② 胡必亮、马悦：《非洲粮食安全与中非农业合作商机研究》，《中州学刊》2017 年第 9 期。

域，还是合作的项目，都显著增加。进入新时代，中国应继续坚持"人类命运共同体"理念，推动中非政治和文化合作不断深化，夯实中非双方的合作基础。

一是要加强中非双方的政治合作。作为联合国安理会常任理事国，中国一贯秉承独立自主的和平外交政策，坚持和平共处五项原则。中国应进一步加强同非洲各国的政治互信合作，支持非洲独立自主发展，不干涉非洲内政，积极参与非洲国际事务，维护非洲大陆的安全与稳定。在多边机制方面，中国要继续支持非洲各国平等地参与国际事务，支持非洲国家的合理主张和利益，提高非洲各国在国际政治和经济舞台上的话语权和影响力；在地区安全方面，中国要进一步加强同非洲各国在反对霸权主义、强权政治和打击恐怖主义等领域的合作，同时支持非洲各国通过和平对话的方式解决地区内部冲突与分歧；在全球合作方面，中国应该继续加强与非洲各国在全球气候治理、可持续发展和减少贫困方面的合作。

二是深入开展文化交流。中非之间的文化交流合作，有利于增强中非之间的信任，也有利于提升世界文化的多样性，进而为"人类命运共同体"建设做出贡献。中华文化在走入非洲的过程中还存在原创性不足、内容方法针对性不强、影响力弱等问题。让中华文化更好地在非洲传播，一要因地制宜，设计更适应当地且同时具有中国传统、特色文化的产品。要进行充分的市场调研，根据非洲当地的文化习俗、生活习惯等设计合适的产品。二要加强传播话语体系建设。要在非洲各国建立广泛的新闻媒体机构，破除西方媒体在非洲地区的垄断，发出中国声音，让非洲地区人民认识、了解中国"人类命运共同体"的理念、中国特色发展道路、中国取得的发展成就。要加强中国发展模式、发展理念的宣传工作，传播好"人类命运共同体""绿色发展""高质量发展"等中国发展理念。三要创新文化交流的内容与形式。不仅要加强政府间的文化交往，也要积极鼓励民间进行文化交往，鼓励中非青年、妇女、非政府组织、学者智库等机构进行交流活动。四要开展文化交流人才培养和能力建设。培养相关人员的交流能力，包括双语能力、翻译能力、创新能力等，以为传播中华文化提供重要保障。

（二）推动"一带一路"倡议与非洲大陆自贸区协同发展

非洲大陆自贸区建设将为非洲各国利用现行的国际分工、自主选择合作伙伴发挥产业优势、实现跨越式发展提供历史机遇。中国与非洲深化合作要积极推动"一带一路"倡议与非洲大陆自贸区协同发展。

首先，在制度上推进"一带一路"倡议与协调机制建设。新冠疫情、俄乌冲突等对全球供应链产生持续的影响，为了保证全球供应链的正常运作，中国应积极推动在中非合作论坛及亚洲基础设施投资银行、金砖国家等机构之间建立有效的协调机制以保证全球供应链的完整性。要推动非洲次区域组织一体化发展，积极对接"一带一路"倡议与非洲次区域组织，为中非深化合作奠定坚实的基础。

其次，在政策上加强对中非产业合作的支持。中国应当把握新冠疫情发生后非洲国家大力实施经济结构性改革的契机，对相关领域增加投资，将非洲的产业优势、资源优势与中国企业的资金和技术优势相结合，促进中国与非洲国家间的经贸合作。中国政府及相关企业应该继续支持非洲大陆的基础设施建设。一方面要继续帮助非洲国家建设铁路、公路、电网、港口等传统基础设施；另一方面要重视加强数字经济、智慧城市、5G 等领域的合作。同时，中国应重视完善中非物流基础设施和加强物流通道建设，扩大中非贸易规模，提升对非产品出口质量，让非洲消费者信任中国产品，同时提升本国消费者对非洲产品的认可度。

最后，经营主体要发挥自身优势。中国在非洲的企业要充分认识到疫情等外部因素对非洲经济社会发展带来的冲击，以及新时代中非合作的潜力、优势；要高度重视非洲在农业安全、粮食安全、疫情控制和健康维护，以及现代信息技术等方面新的发展机遇；要与相关智库开展更广泛的合作，抓住非洲地区新的投资机遇，实现中非互利互惠。

（三）加快推进中国与非洲数字经济合作

后疫情时代，数字经济可以为非洲经济发展提供新动力。非洲各国高度重视发展数字经济，实施了诸多保障政策，不断推进信息网络建设，数字经济的应用范围在不断扩大。当前，在数字化基础设施建设、专业人才培养等方面，中非双方已经进行了一定的合作，但合作广度与深度有待进一步拓展。

一是加强数字基础设施建设。中国可以通过优惠贷款的方式向非洲国家提供援助，或者鼓励中国企业进行投资，帮助非洲国家建设与完善通信基站、数据中心、光纤网络等数字基础设施。二是加强人才培养和教育合作。借助中非已经建立的教育人文交流渠道，如教育部与外交部设立的"来华留学卓越奖学金项目"，选派非洲优秀学生赴中国接受数字技术相关学科的教育。三是加强网络安全与防控机制。中方可对非洲国家执法人员进行技术培训，提高非洲警务人员的侦查水平，提高非洲网络安全保障水平。同时，非洲国家可以利用中方成熟的技术，提高网络安全等级，提升非洲国家的网络稳定性。四是加强国际合作与战略沟通。在中非合作论坛框架下，中非双方可以尝试组建中非数字经济合作委员会，从顶层战略高度加强中非数字经济合作，针对双方关心的领域进行沟通与政策协调。

（四）推动中非科技合作

以科技合作促进互利共赢是中非人民的共同愿景。现阶段非洲科技发展水平较其他地区相对落后，致使非洲地区长期出口低附加值的工业制造品，产品出口竞争力弱。非洲各国逐渐意识到科技对于经济发展的重要性。中国始终坚持"人类命运共同体"理念，十分愿意与非洲加强科技合作，共同发展。中非双方已经在农业、生物、医药卫生、信息通信等多个领域展开科技合作，签署了多份双边合作协定，并且在很多国家建立了政府间委员会机制，中非双方应继续深化科技合作，拓展科技合作的广度和深度。

首先，中非双方应加强医疗健康领域的合作，共同防范、应对各种疫情。通过几十年的发展，中国已经积累了多种传染病的防治经验，能够为非洲的医疗卫生建设提供广泛的经验支持。而且，随着中国装备制造技术不断发展，中国的医疗设备可以助力非洲提升医疗卫生水平。其次，中非双方应在技术培训方面进行深入合作。中国可以在技术咨询、设备调试和售后服务等方面为非洲相关企业提供技术支持。此外，中国还可以通过技术培训等方式提高非洲当地民众的就业技能和职业素养，提升当地民众的收入水平。最后，中非双方可以在高等教育方面进行更多的合作和交流，中国能为非洲提供更多优质的教育资源，以培养高素质人才。

（五）分享绿色发展经验，推动非洲经济社会可持续发展

中国始终致力于共建绿色"一带一路"，通过"中非合作论坛"、南南合作等机制，与非洲国家共同推动绿色非洲建设。2021年11月30日，中非合作论坛第八届部长级会议通过《中非应对气候变化合作宣言》，以帮助非洲提高环境治理能力，促进经济社会可持续发展。2022年4月13日，由国家林业和草原局、外交部有关单位主办，国际竹藤中心承办的中国支持"非洲绿色长城"建设研修班在京开班，来自布基纳法索、乍得、马里、尼日尔、毛里塔尼亚、塞内加尔6个非洲国家的20多名官员在线参加研修，推动了中国绿色发展经验的传播。此外，中国曾申请南南合作基金，计划投资约200万美元，用于在中亚和非洲的8个国家开展交通干线的风沙防治。

中国应进一步推进中非绿色能源合作。首先，应发挥中国基础设施建设的能力和效率优势，积极稳妥推进非洲水电、风电、太阳能发电等重大清洁能源基础设施建设。其次，大力开展清洁能源相关材料、装备和产品的合作。中国是全球最大的风力发电设备、光伏组件生产国，可探索引导相关企业在非洲国家进行生产。最后，可研究在非洲建设"国际零碳工业园"，将清洁能源设备与工业生产紧密融合，以清洁能源驱动工业生产，帮助非洲国家加快实现"零排放"。

（六）加强中非农业合作，推动减贫事业发展

减贫惠农工程是2021年11月中非合作论坛第八届部长级会议召开时，习近平总书记提出的"九项工程"之一，该工程聚焦中非减贫与中非农业合作两大内容。撒哈拉以南非洲地区是目前世界贫困发生率最高的地区。农业增长

率提高 1 个百分点，就将使极端贫困人口发生率下降 2.9 个百分点，贫困家庭消费支出能力增加 3 倍。[①] 因此，发展农业是消除非洲地区贫困的重要路径。

一是加强农村的基础设施建设。中国政府和在非企业应协助非洲建设以路政、水电、农田水利和农业仓储为重点的农村基础设施。二是优化农业技术推广机制。一方面，健全农业技术示范中心功能建设，为非洲国家实验、示范和推广农业种植技术，培训农业技术人才等；另一方面，完善农技推广运作机制，中国相关企业应对当地进行充分调研，了解不同地区农民的真正需求，结合种植业、畜牧业、渔业、农机化等方面的特点，帮助非洲各国建立直达乡村"最后一公里"的农技推广体系。三是增加对非洲农业产业投资，完善非洲农业产业链，包括加大农业产业园区建设力度以及完善对非农业产业投资企业的政策支持机制。四是推动减贫示范村建设，促进扶贫经验分享。可借鉴中国减贫经验，推行以工代赈政策，利用数字电商平台，打造示范村农产品销售渠道等，推进非洲减贫事业发展。

参考文献

Dreher A., Fuchs A., Parks B., Strange A., Tierney M., "Aid, China, and Growth: Evidence from a New Global Development Finance Dataset," *American Economic Journal: Economic Policy* 13 (2), 2021, pp. 135 – 174.

葛顺奇、刘晨：《非洲经济增长与中非经贸合作前景》，《国际贸易》2018 年第 8 期。

郭淑红：《中非林业合作现状、基础与前景》，《国际经济合作》2005 年第 6 期。

胡必亮、马悦：《非洲粮食安全与中非农业合作商机研究》，《中州学刊》2017 年第 9 期。

李树藩主编《各国国家地理·非洲卷》，长春出版社，2007。

刘桓：《新冠疫情下的中非合作》，《中国外资》2021 年第 23 期。

田士达：《非洲人口激增加重资源压力》，《经济日报》2022 年 11 月 21 日第 4 版。

[①] 文春晖、徐海涛：《中非减贫惠农工程的建设路径》，《中国投资》（中英文）2022 年第 Z2 期。

王飞:《中国对非洲的援助——发展、挑战及展望》,《云梦学刊》2021 年第 2 期。

文春晖、徐海涛:《中非减贫惠农工程的建设路径》,《中国投资》(中英文)2022 年第 Z2 期。

姚桂梅:《新冠肺炎疫情下非洲地区形势特点与中非合作展望》,《当代世界》2022 年第 5 期。

张悦等:《非洲农业现代化发展:现状、挑战与机遇》,《中国食物与营养》2021 年第 6 期。

郑胜华、潘海颖编著《世界经济地理》,浙江大学出版社,2005。

朱光、郑步高:《中非合作框架下的矿产资源合作研究》,《中国经贸导刊》2020 年第 8 期。

专题篇

第九章　"一带一路"倡议与人民币国际化

雷文妮

　　2008 年国际金融危机的爆发增加了各国在世界范围内建立多元货币体系的诉求，加上中国经贸规模不断扩大、国际地位稳步提升的现实需要，中国开启了人民币的国际化进程。人民币国际化以人民币跨境贸易结算为基础，主要是指人民币跨越国境，成长为能够在境外自由流通并受到国际普遍认可的计价、结算及储备货币①。长期而言，人民币国际化能够获取国际铸币税收益，缓解我国外汇储备压力，缩减汇率风险敞口，提升我国的国际事务话语权，使人民币地位与我国经贸规模相适配。"一带一路"倡议是人民币国际化的重要推动力，两者相辅相成，具有内在的一致性，同时，发展过程充满众多机遇和挑战。当前，国际政治、经济、科技等方面都面临深刻调整，中国应把握机遇，应对挑战，加快推进人民币国际化。

一　人民币国际化的发展历程

　　改革开放以前，我国实行高度集中的外汇管理体制，原则上不允许人民币携带出境，也不允许将人民币用于对外贸易和投融资活动的计价结算，人民币是完全意义上的国内货币。改革开放以后，对人民币跨境流通使用的限制逐步放松。人民币国际化从时间和空间两个维度都有了巨大的发展。

（一）时间维度

　　我国人民币国际化始于 2009 年。2015 年，"人民币国际化"提法首次

---

　　①　张津：《人民币国际化的含义及发展途径探究》，《经济研究导刊》2017 年第 11 期。

得到官方正式明确。人民币国际化是人民币跨境贸易和投资使用发展到一定程度后水到渠成的结果。过去10多年来，人民币国际化主要体现在人民币的支付货币功能、投融资货币功能、储备货币功能、计价货币功能以及离岸人民币金融市场发展五个方面①。

根据政策推进程度、市场价格变化以及人民币国际使用量增速，人民币国际化10多年来的发展总体上可以分为四个阶段②。

1. 第一阶段（2009~2012年）

2008年国际金融危机期间，美元流动性急剧紧张，全球货币格局系统性缺陷暴露无遗，金融危机后中国经济率先复苏，金融体系实力增强，人民币汇率稳定坚挺。为了应对主要货币流动性紧张、汇率剧烈震荡的问题，一些国家与中国达成双边本币互换协议。中国政府顺势而为，根据中国人民银行发布的《2023年人民币国际化报告》，中国人民银行共与40个国家和地区的中央银行或货币当局签署双边本币互换协议，互换规模超过4万亿元，有效金额超过3.5万亿元。2009年，中国变被动应对为主动作为，进行跨境贸易人民币结算试点，拉开了人民币国际化的序幕。同时，伴随着跨境政策逐步放开以及中国贸易与直接投资持续增长，人民币国际化逐步发展。

2. 第二阶段（2013年至2015年第三季度）

2013年"一带一路"倡议提出后，我国国际收支平衡表的资本金融项屡有突破，人民币国际化在单边升值预期下大步推进。自2014年开始，我国不断推出各项跨境互联互通机制，加大金融市场的双向开放力度。"债券通"等各项机制进一步打通人民币跨境投资渠道。人民币兑美元单边升值且离岸在岸存在较大价差，人民币套利套汇交易活跃，跨境人民币结算以贸易为主并呈现净流入态势。香港地区在2009年成为境外唯一试点地区，在政策红利支持下，香港地区离岸人民币存款规模快速增长，2009~2014年增长17

---

① 高远、蔡思捷：《人民币国际化发展历程回顾与展望》，《中国货币市场》2022年第2期。

② 陈卫东、赵雪情：《人民币国际化发展路径研究——基于十年发展的思考》，《国际经济评论》2020年第4期。

倍，2014 年末突破 1 万亿元大关①。

3. 第三阶段（2015年第四季度至2017年）

2015 年 8 月 11 日，人民币实施汇率改革，这是自 2005 年汇率改革之后人民币汇率的又一次重大改革。此后，人民币出现较快贬值，在贬值预期下，人民币国际化遇阻，离岸市场萎缩。从人民币国际化指数、跨境人民币结算规模等指标变化来看，人民币国际化的速度在新汇改后有所减缓，主要原因如下。一是汇率方面。一些研究表明，人民币国际化的快速发展在相当程度上是由投机交易驱动的，导致跨境人民币结算规模虚高。人民币在新汇改后进入贬值周期，套利套汇交易萎缩，人民币成为资本流出主要渠道，导致跨境人民币结算规模出现萎缩。二是国内环境方面。2016 年以来，我国宏观经济下行压力较大，防控系统性金融风险的压力增加，使人民币国际化的速度有所减缓。②

4. 第四阶段（2018年至今）

自 2018 年以来，中国人民银行等有关部门集中宣布了 50 余条措施以扩大金融业开放程度。在这一阶段，在以市场驱动为主、政策辅助搭台的背景下，人民币国际使用率企稳回升，市场情绪与信心显著修复。人民币国际化的速度显著加快，人民币国际化指数、跨境人民币结算规模、境外投资者持有的人民币资产规模等指标均呈现快速增长状态，先后回升至新汇改前的水平。

（二）空间维度

随着我国贸易规模的扩大和经济发展水平的提升，将人民币用作交易货币和清算手段逐渐被我国周边的国家和地区所接受。因此，在人民币国际化的开始阶段，普遍认为其与德国马克国际化路径较为相似，政策设计倾向于"周边化—区域化—国际化"③。

---

① 数据来源：Wind 数据库。
② 李亦楠等：《人民币国际化的发展历程、问题及对策建议》，《吉林金融研究》2021 年第 12 期。
③ 曹誉波、刘猛：《"双循环"新发展格局下人民币国际化路径研究》，《中国货币市场》2021 年第 9 期。

1.国际经验和发展沿革

在 2009 年正式启动人民币国际化之前，人民币在我国周边国家和地区已经开始广泛使用。1993 年，我国陆续与 8 个周边国家签订双边本币结算协定。1994 年开启人民币汇率制度改革。1996 年实现经常项目人民币可兑换。2000 年，东盟与中日韩签订《清迈倡议》，建立区域性货币互换网络，随后该互换网络不断扩大。由此可见，人民币国际化以贸易发展和经济开放为基础，与德国马克国际化有极高的相似度。因此，人民币国际化的研究者普遍认为，应参考德国马克国际化的经验，优先在周边使用，逐步进行区域化发展和国际化推广。不过，随着我国贸易规模的扩大和国际地位的提升，在实际发展过程中，人民币的国际使用除了发生在以中国香港和新加坡为主的周边国家和地区外，在一些主要经济体，如德国、美国等国家的使用比例也在不断上升。可见，人民币国际化过程中的周边化和国际化大致是同步进行的，这一点与德国马克有较大的差别。

2.人民币区域化发展的现状

区域化完成的标志是人民币成为亚洲区域内的主要结算、储备货币[1]。人民币实现区域化，首先要成为区域性的关键货币，做出固定汇率制的承诺，成为区域货币锚，目前来看，人民币成为亚洲地区关键性货币最具可能。1998 年经历金融危机之后，亚洲地区尤其是东亚各国首先对建立区域货币合作机制等方面初步达成共识，这也是在亚洲各国建立货币区的基础[2]。

当前，人民币国际化建设主要基于共建"一带一路"国家人民币的使用情况。2013 年以来，我国贸易发展呈现以下特点。一是共建国家的贸易规模增速高于我国贸易规模增速。统计数据显示，我国对共建"一带一路"国家进出口额在 2020 年为 93696 亿元，2021 年同比增长 23.6%，占我国进出口总额的 29.7%[3]。二是共建国家贸易总额占比逐年增加，成为拉动我国对外贸易的主要动力。三是东南亚地区与我国的贸易关系更加紧密，我国与东南

---

[1] 任传东：《略论人民币周边化、区域化》，《区域金融研究》2010 年第 2 期。
[2] 徐晶：《"一带一路"背景下人民币区域化研究》，云南师范大学硕士学位论文，2020。
[3] 数据来源：中华人民共和国国家统计局。

亚的进出口额呈现快速增长趋势。四是共建"一带一路"国家的人民币跨境结算需求不断增加。我国对共建"一带一路"国家的贸易呈现非常良好的发展势头，经常项目下的跨境支付与结算规模在快速扩大。

虽然"一带一路"倡议使人民币国际化实现了突破，我国与共建"一带一路"国家的经贸关系得到发展，人民币的跨境结算需求不断增加，但人民币的跨境使用还是在以中国香港为主的东南亚周边优先推进，其他共建国家和地区则发展缓慢，"区域化"目标仍有较大实现空间，人民币距离实现"国际化"目标还有很大的差距。

二 人民币国际化发展状况

自2009年以来，经过10多年的发展，人民币跨境运用覆盖的领域不断扩展，其先后在一定程度上成为区域性和全球性结算货币、投资货币和国际储备货币，同时参与主体更加多元化。人民币在跨境贸易结算、跨境投融资、外汇储备、计价结算及清算基础设施建设等领域的使用均取得长足的进步，其在全球金融交易中所承担的责任和作用开始凸显。

1.人民币国际化指数(RII)

中国人民大学国际货币研究所发布的《人民币国际化报告2021》显示，2020年，人民币国际化指数同比增长54.2%，达到5.02（见图9-1）。人

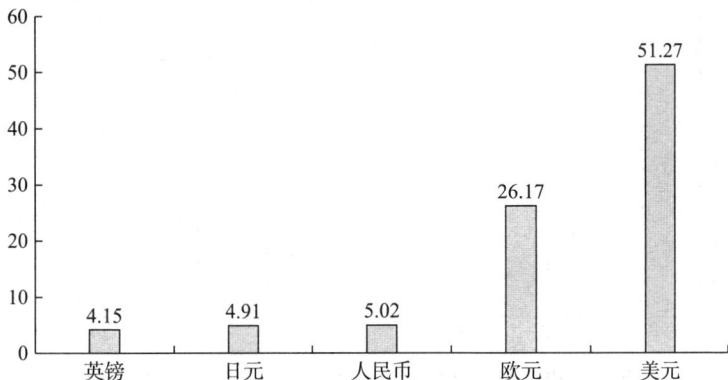

图9-1 2020年主要货币国际化指数

资料来源：《人民币国际化报告2021》，中国人民大学国际货币研究所，2021。

民币成为第三大国际货币，国际化程度超过日元和英镑。

2. 人民币在全球各国外汇储备货币中的占比及排名

国际货币基金组织数据显示，在 2021 年底的全球外汇储备中，人民币达到 3361 亿美元，同比增加 645 亿美元，较 2016 年首次加入 SDR 增加了 3.7 倍，占比增至 2.79%。2016 年底，国际货币基金组织开始公布人民币比例，2016 年底至 2021 年底增加了 1.7 个百分点。尽管占比在外汇储备的各货币中排第 5 位，但与主要货币相比，增幅较大。

3. 人民币在全球外汇市场成交量中的占比与排名

2019 年，人民币在全球外汇交易中的市场份额为 4.3%，较 2016 年提高了 0.3 个百分点。SWIFT 数据显示，2021 年，人民币在外汇即期交易使用排名中位列第五，在美元、欧元、英镑、日元之后，使用的主要地区包括英国（交易占比为 36.7%）、美国（交易占比为 14.4%）、中国内地（交易占比为 11.0%）。目前，英国、美国、中国香港地区和法国的人民币外汇交易金额居于离岸市场前四位，合计超过离岸人民币外汇交易金额的八成。

4. 人民币跨境结算的规模和增速

央行金融数据显示，2021 年，我国货物贸易跨境人民币结算业务发生额达到 7.94 万亿元，同比增长 17.30%（见图 9 - 2）。

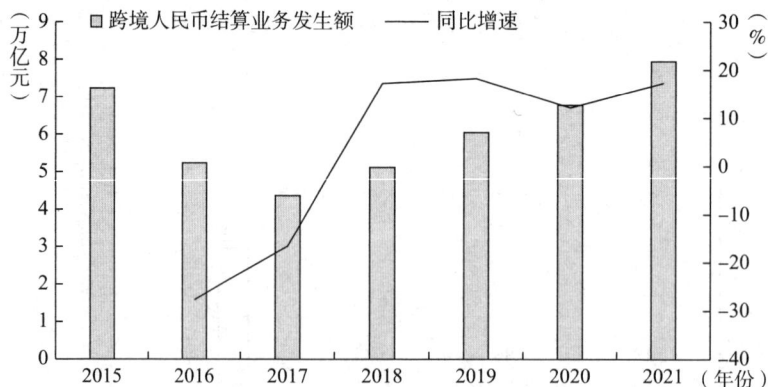

图 9 - 2　2015 ~ 2021 年货物贸易跨境人民币结算业务发生额及同比增速
资料来源：中国人民银行。

从 2014 年开始，中国经济增长速度放缓，货币政策转向宽松，离岸人民币市场利率优势逐渐消失，人民币贬值压力持续累积。2015 年新汇改后积累的人民币贬值压力加上当时国内股票市场暴跌，造成人民币汇率接连跌停，并跌入持续贬值的通道，跨境人民币结算量逐年萎缩。跨境人民币结算量一直到 2018 年才开始迅速回升。

在跨境人民币具体运用中，人民币跨境结算交易具有以下两个特点。

首先，人民币跨境结算以货物贸易为主。根据中国人民银行数据，2021年，货物贸易项下跨境人民币结算总量达到 5.77 万亿元，同比增长 20%（见图 9-3），但是相对于 2021 年我国以人民币计算的货物贸易进出口总额39.1 万亿元，跨境人民币结算量占比为 14.8%，与 2020 年占比基本持平。

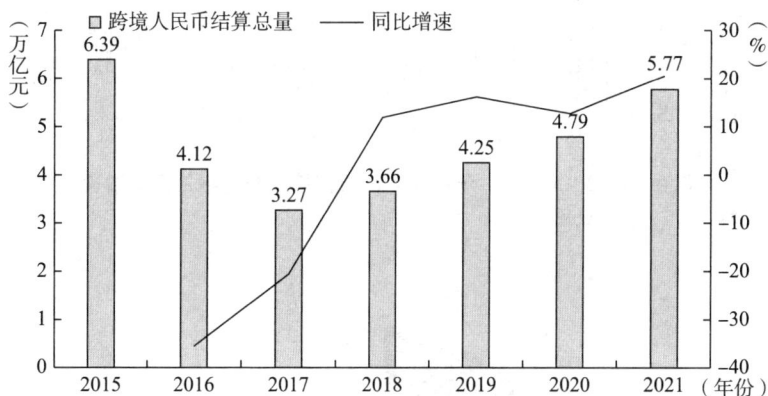

图 9-3 2015~2021 年货物贸易跨境人民币结算总量及同比增速

资料来源：中国人民银行。

其次，直接投资增势迅猛。2021 年，跨境人民币直接投资总金额为 5.8万亿元，同比增速达 52%。其中，外商直接投资金额为 4.16 万亿元，同比增长率超过 50%，对外直接投资金额为 1.64 万亿元，同比增长率为 56%（见图 9-4）。2021 年，以人民币结算的跨境双向投资非常活跃，直接投资顺差增长显著。

5. 人民币在特别提款权中的权重

2022 年，国际货币基金组织执董会一致决定，维持现有特别提款权货币构成不变，并将人民币权重由 10.92% 上调至 12.28%，将美元权重由

41.73% 上调至 43.38%，同时，将欧元权重由 30.93% 下调至 29.31%，将日元权重由 8.33% 下调至 7.59%，将英镑权重由 8.09% 下调至 7.44%，人民币权重仍保持第三位（见图 9 - 5）。这一关键权重的上调体现了人民币国际化程度进一步提高，向外界传递出了积极的信号。

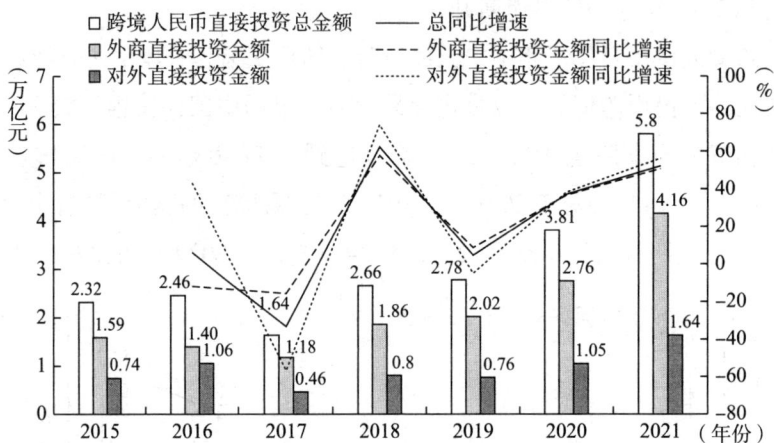

图 9 - 4　2015～2021 年跨境人民币直接投资金额及同比增速

资料来源：中国人民银行。

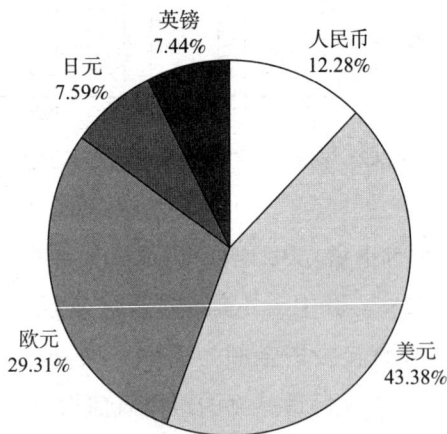

图 9 - 5　2022 年特别提款权（SDR）篮子货币构成情况

资料来源：国际货币基金组织。

三 "一带一路"倡议对人民币国际化的积极影响

作为 21 世纪关键的国际合作倡议,"一带一路"倡议旨在促进共建各国实现经济发展、市场融合和区域合作,提高世界经济的开放程度和维护全球自由贸易体系。在共建"一带一路"过程中,中国本着与共建国家互惠互利、优势互补的原则,不断加强经贸合作和扩大双赢局面。在此过程中,人民币国际化在一定程度上为共建"一带一路"提供了资金上的便利,"一带一路"倡议的提出和启动建设为人民币国际化提供了契机,二者相辅相成、关系紧密,有着内在一致性,呈现协同发展的趋势。就"一带一路"背景下人民币国际化进程的推动而言,"一带一路"倡议为人民币国际化提供了一条全新的路径,中国不仅在多个共建国家当地建立了人民币清算银行等机构,还签订了多个本币互换协议和签署了众多备忘录。当前,人民币跨境流通规模呈现不断扩大的趋势,在人民币国际结算方面取得了令人瞩目的成绩,人民币的储备功能得以发展。

(一)共建"一带一路"为人民币国际化提供了新路径

人民币要实现全球性流通货币的目标,至关重要的一步便是人民币成为区域性流通货币。从人民币的使用区域来看,人民币的三个逐层发展阶段是人民币周边化、区域化和国际化。"一带一路"倡议为人民币实现区域化带来全新思考,即人民币要实现国际化的最终目标不一定要先实现周边化的目标,也可以从实现人民币区域化目标开始。由此,人民币区域化的路径以中国为中心朝着三个方向进行延伸:第一个方向是西北,经过俄罗斯最后抵达欧洲;第二个方向是正西,延伸至波斯湾;第三个方向是西南,最终到达东南亚和南亚。周边化和区域化路径之间互相影响和促进,可以在极大程度上加快人民币国际化进程。

(二)共建"一带一路"助推人民币国际结算功能提升

人民币流通规模扩大,人民币的国际结算功能不断增强。"一带一路"

建设使我国与东亚和欧洲各国的连接进一步加强，我国与共建各国的经贸往来更加密切；同时，人民币清算银行在多地建立、本币互换协议签订数量的增加使人民币更多地参与到国际市场的拓展中，贸易和投资变得更加便捷，资本市场对跨境人民币交易规模可以进行更加有效的预测，对离岸人民币的需求增加。因此，人民币的结算额度不断攀升，人民币越来越频繁地参与国际结算活动，这使人民币跨境结算能力不断提高，国际结算功能不断增强。

一是双边本币互换协议的签订及 RQFII（人民币合格境外机构投资者）额度的放宽限制。"一带一路"倡议在 2015 年正式启动后，双边本币互换协议的签订成为我国与白俄罗斯、塔吉克斯坦、乌克兰、马来西亚等众多国家推动双边贸易的主要举措[①]。2015 年 6 月，中国人民银行与匈牙利央行签署授予匈牙利 500 亿元 RQFII 额度的合作备忘录，用实际行动推动与匈牙利的经贸往来；同年，中国分别授予阿联酋、泰国等国 500 亿元 RQFII 额度。从 2017 年下半年开始，人民币国际化的发展趋势从低迷状态中回升。中国人民大学国际货币研究所相关数据显示，2017 年初，中国银行离岸人民币指数（ORI）和人民币国际化指数（RII）分别跌至最低点，但此后半年开始反弹；截至 2018 年底，ORI 和 RII 分别回升至 1.40% 和 2.95%[②]，基本回到 2015 年的水平，人民币国际化进程开始回归正轨并向好发展。截至 2018 年，我国先后与多个国家或地区签署总金额达到 3.48 万亿元的双边本币互换协议，其中，具有效用的协议数量达 30 份，相比 2009 年人民币国际化起步时期的总金额 6500 亿元提高了 4 倍多。2019 年 10 月，国家外汇管理局正式宣布不再限制 RQFII 额度。从 RQFII 额度的逐渐放宽到完全放开，越来越多的境外非居民以人民币形式投资我国证券市场，为人民币国际化提供了更加丰富的回流渠道。

二是跨境人民币清算银行的建立。2015 年，在卡塔尔央行的支持下，中国工商银行在多哈建立中东地区的人民币清算银行；此后不久，吉隆坡、曼谷也依次建立人民币清算银行，在一定程度上降低了国际贸易对美元的依赖

---

① 林昱侃：《"一带一路"倡议对人民币国际化的影响研究》，外交学院硕士学位论文，2020。
② 数据来源：中国人民大学国际货币研究所、中国银行。

程度，人民币国际化进程进一步推进。在离岸金融市场，我国各大商业银行逐渐扩大清算业务范围，截至 2021 年末，人民币清算机制安排覆盖范围扩大至 27 个国家和地区，而且，中国人民银行授权 27 家当地银行承担人民币清算银行的职能。目前，中国已在欧洲、南美洲、北美洲、东南亚、非洲和中东等多个地区建立人民币清算银行。

（三）共建"一带一路"提升人民币国际储备货币的地位

人民币在外汇储备中的占比逐年增长，在国际储备货币中的地位显著提升。人民币的国际储备货币功能与人民币国际结算功能是两个相辅相成的部分，随着"一带一路"倡议的实施，人民币国际结算功能不断增强，共建国家将高频使用人民币进而增加对离岸人民币的资金需求，且融资需求也会增加。在此环境下，共建国家政府与民众储蓄人民币的意愿不断增强，大大提升了人民币的国际储备货币地位。目前，许多共建"一带一路"国家已经将人民币规划进主要储备货币中，国际社会对人民币的信心进一步增强。同时，不仅是共建"一带一路"国家，许多西方国家也将人民币纳入外汇储备。

总体来看，自 2016 年 10 月 1 日开始，IMF 正式将人民币加入 SDR 主要币种篮子，这是人民币国际化进程中的里程碑，人民币开始成为国际储备货币。在 SDR 主要货币篮子中，人民币的权重已升至 12.28%，位列第三，这反映出人民币在世界贸易和金融系统中的相对重要性。当前，人民币作为全球外汇储备货币的规模和占比正在稳步扩大和增加。2020 年，人民币在全球外汇储备中的比例达到 2.02%，是有史以来的最高纪录。截至 2022 年，共有 70 多个国外中央银行类金融机构进驻中国银行间债券市场，超过 75 个国家和地区的相关政府已把人民币引入外汇储备[1]。截至 2021 年第一季度，人民币在全世界的央行和货币当局的总计外汇储备规模达到 2875 亿美元[2]，所占比例为 2.5%，比 2016 年加入 SDR 初期提高了 1.4 个百分点。

---

[1]　何金旗、陆雅玲：《"一带一路"进程中人民币国际化影响因素研究》，《大陆桥视野》2022 年第 1 期。

[2]　数据来源：国际货币基金组织。

（四）共建"一带一路"推动人民币资本市场进一步开放

人民币的金融交易功能逐步增强，人民币资本市场进一步开放。相较于共建"一带一路"国家，我国经济相对发达，技术相对先进，在"一带一路"倡议的推动下，我国迅速成立丝路基金、亚投行等支持共建"一带一路"国家发展，此类融资平台可进一步打开人民币资本市场，加快人民币国际化。同时，我国放宽 RQFII 额度限制，沪深交易所发布《关于开展"一带一路"债券试点的通知》等政策，允许更多的外国投资者在国内以人民币计价的股票市场进行交易，扩大了可投资范围，鼓励发行"一带一路"债券，为人民币流通提供有利条件。

四　人民币国际化在共建"一带一路"国家面临的挑战与机遇

（一）共建"一带一路"国家固有风险高

首先，共建"一带一路"各国金融环境的不稳定导致金融风险偏高，这会在很大程度上阻碍人民币国际化进程。中印边境争端、中东各国摩擦、俄乌冲突以及"东突"、"基地"组织这类恐怖主义极端组织等增加了共建"一带一路"国家的金融风险。此外，大多数共建"一带一路"国家基础设施较为落后，经济发展速度相对缓慢，金融体制不够完善，相关配套措施相对滞后，银行保障体系不健全，同时，人才匮乏，管理水平较为低下，整体风险水平居高不下。

其次，共建"一带一路"国家社会制度和宗教文化差异带来合作障碍。在社会制度方面，共建"一带一路"国家多为发展中国家且部分国家的政权更替频繁，政治环境不稳定，经济实力不强，工业基础大多较为薄弱，偿债能力差，投资风险大；在宗教文化方面，共建"一带一路"国家总人口中的80%有宗教信仰，由于历史原因，他们之间存在一定社会矛盾，特别是中东地区，各势力盘根错节，各方面难以达成一致协议，这在一定程度上阻碍了投资。这些因素导致在"一带一路"倡议推进过程中，我国企业面临较高的风险，进而影响人民币国际化进程。

（二）现有货币格局下主流国际货币面临的阻力和使用惯性

自 2009 年以来，人民币的国际影响力显著提升，影响范围越来越大，国际化进程不断加快。全球人民币外汇储备总额占比维持在 2% 左右，与同期美元、欧元的占比相去甚远。当前，我国已是世界第二大经济体，相较之下，人民币的国际化程度远远不够。

一个重要原因在于国际结算和计价货币的选择具有惯性。在国际结算中，美国、加拿大、日本、欧盟和英国都积极使用自身货币进行计价和结算。为维护自身的国际货币地位，传统国际货币国家对人民币进入国际市场持阻挠态度[1]。目前，资本市场仍然把美元和欧元作为主要货币，加之我国贸易总体处于顺差状态，人民币流出受限。共建"一带一路"国家在跨境贸易方面对美元的依赖程度依然居高不下，这种对其他货币的排他性也是阻碍人民币国际化的重要因素。

（三）去美元化趋势加剧，人民币国际化迎来新机遇

当前，全球不确定性不断攀升，全球经济复苏动力不足。俄乌冲突爆发后，美国对俄罗斯实施了前所未有的金融制裁，不断将美元"武器化"。这些制裁引起国际社会的关注和警惕，对以美元为中心的全球货币秩序产生担忧，推动各国减少对美元的依赖，加快推进"去美元化"进程。在新的国际形势下，人民币国际化迎来了新的契机。

美元作为全球主要的国际货币，多年来在国际贸易、储备和金融领域扮演重要角色，但是各国对美元霸权的担忧一直存在。2008 年全球金融危机爆发，美元大幅度贬值，全球过度依赖美元等主要国际储备货币的弊端暴露无遗，美元霸权地位遭到挑战。俄乌冲突以后，美国推动欧洲将俄罗斯从

---

[1] 陈嘉玮、夏晨伟：《"一带一路"倡议背景下人民币国际化的机遇与挑战》，《产业与科技论坛》2022 年第 8 期。

SWIFT 中踢出,限制俄罗斯数千亿美元的外汇储备,冻结俄罗斯政府和个人的资产,限制国际多边金融机构向俄罗斯进行融资,纽交所将俄方公司股票除名等。俄罗斯为应对美国金融制裁,采取了如下"去美元化"措施。

(1)调整外汇储备结构

俄罗斯降低了美元的外汇储备和占比,将美元从俄方福利基金资金结构中剔除。截至 2022 年 1 月 1 日,俄罗斯 33.9% 的外汇储备为欧元,21.5% 的外汇储备为黄金,17.1% 的外汇储备为人民币,10.9% 的外汇储备为美元,其他为英镑、澳元等①。在过去 4 年中,美元占据俄方外汇储备的份额直接下降到不到 20%,并且俄罗斯更趋向于提升黄金与人民币占比和实现币种多样化。

(2)减少持有美国国债规模

乌克兰危机后,俄罗斯开始加快抛售美国国债的速度。据美国财政部公布的数据,2021 年 2 月,俄罗斯几乎完全清空了美国长期国债(只剩 3.06 亿美元),当月减持美国国债 3.89 亿美元,最终持仓规模降到 58 亿美元,相比俄罗斯持有美国国债最高峰时的规模,累计抛售比例达到 94%。

(3)在国际贸易中以本币等代替美元结算

第一,在国际贸易中逐步增加与欧亚经济联盟国家和中国的结算份额,并且这些份额都是以本币或人民币来进行结算的。据俄罗斯卫星通讯社莫斯科 2022 年 6 月 1 日消息,俄罗斯外交部长拉夫罗夫在"俄中新时代合作"国际会议开幕式上指出:"两国经济形成良好互补。去年双边贸易额增长 1/3,达到历史最高点,突破 1400 亿美元。"会议上,中俄两国还制定了 2024 年双边贸易额达到 2000 亿美元的目标。同时,俄方建立并逐步完善了自己的支付系统,减少使用美元的结算频率。

第二,与印度建立无美元的双边支付体系,由于印度在重武器和石油方面对于俄罗斯都有很强的依赖性,因此,在俄乌冲突发生后,两国便加强了货币之间的往来,2022 年 4 月 1 日,俄印两国已经实施卢布—卢比贸易支付机制,并将进一步完善这一支付系统。

---

① 数据来源:俄罗斯中央银行。

第三,扩大卢布结算范围。俄罗斯规定其认定的"不友好国家"购买天然气必须在俄方银行开设卢布账户并用卢布支付。由于美国等国家冻结了俄罗斯的外汇储备,俄罗斯允许以卢布等值外币偿还外债。

从短期来看,俄罗斯"去美元化"的反制裁举措属于俄罗斯的自卫行动且达到一定效果。从长期来看,俄罗斯坚决的"去美元化"措施和俄罗斯在国际合作领域的发展,可能会使越来越多的国家团结起来,效仿或配合俄罗斯"去美元化",这将推进打破美元主导的国际货币体系,建立新的国际金融体系[①]。

目前,"去美元化"趋势加速的主要原因有以下几个方面。一是,美元被用作"武器"任意制裁他国,这严重损害了美元的信用和国际公信力。IMF 第一副总裁吉塔·戈皮纳特(Gita Gopinath)在接受《外交政策》(Foreign Policy)采访时警告,"西方没收俄罗斯央行持有的美元和欧元储备这一制裁可能会适得其反,因为这会让其他外国央行更不愿意持有如此庞大的美元和欧元外汇储备"[②]。二是,根据美国联邦储备委员会公告,2022 年至 2023 年 8 月 15 日,美国连续 11 次大幅度加息,把联邦基金利率提升至 2007 年以来的新高点,美元利率攀升迫使其他国家面临更高的资金成本,这增加了新兴国家的债务危机风险。三是,美国债务规模巨大。美国财政部公布的数据显示,2008 年,美国国债只有 10 万亿美元;截至 2023 年 1 月,其已经上升到 31.4 万亿美元,触及法定上限。为暂时避免政府债务违约,美国国会第 103 次调整债务上限,暂缓债务上限生效时间至 2025 年初。大规模的债务严重影响人们对美元保持长期稳定的信心。

美元作为全球贸易结算和各国央行外汇储备的主要货币,是美国影响全球金融、能源乃至经济命脉的重要工具。在美联储货币政策调整冲击国际金融市场,影响全球跨境资本流动、资产定价和汇率稳定的情况下,国际金融体系"去美元化"势必会愈演愈烈。目前,在全球贸易中,已有不少国家在

---

① 许文鸿:《去美元化:俄罗斯在俄美金融战中的反击》,《俄罗斯东欧中亚研究》2021 年第 5 期。

② 《IMF:对俄制裁可能会促使更多国家削减美元储备》,和讯网,https://news.hexun.com/ 2022 – 03 – 25/205584352.html。

加大本币或者其他货币支付结算的推进力度，各国央行持有的储备资产也在进一步多元化。例如，俄罗斯、伊朗共同宣布推出加密货币进行国际贸易；沙特宣布同意以美元以外的货币出售石油；南非宣布金砖国家希望绕开美元建立一个更加公平的国际支付体系；阿联酋和印度同时宣布以卢比交易非石油产品；阿根廷、巴西准备建立共同货币；巴西和中国达成协议，不再把美元作为中间货币等。

在此趋势下，人民币国际化有了新的进展。2023 年 6 月 30 日，阿根廷政府宣布，当天使用特别提款权和人民币向国际货币基金组织偿付 27 亿美元到期外债，这是阿根廷首次使用人民币偿还外债。[①] 5 月 16 日，来自阿联酋的液化天然气运输船在广东顺利接卸，这船货物是我国首单以人民币结算的进口液化天然气。[②] 据法新社报道，巴西政府在 3 月 29 日表示，已与中国达成协议，不再把美元作为中间货币，而以本币开展贸易。[③]

阿根廷、阿联酋、巴西都属于"一带一路"倡议的共建国家，这些国家的创新举措势必会形成示范效应，推动人民币国际化进一步发展。但与此同时，我们也要认识到，"去美元化"不是一朝一夕、一蹴而就的事情，目前，美元的地位稳固，主导地位仍然是不可否认的客观事实，而且在未来较长一段时间内，美元仍将是国际上的主导货币。"去美元化"的最终目的不是取代美元，而是降低单极国际主导货币的风险以避免出现特里芬悖论及铸币税问题，从而形成多极化国际货币体系[④]。

五　新国际形势下人民币国际化应对策略

新的国际形势给人民币国际化带来新的机遇。但与此同时也要看到，

---

① 《阿根廷首次使用人民币偿付到期外债》，新华网，http://www.news.cn/fortune/2023 - 07/01/c_1129726997.htm。
② 《我国首船跨境人民币结算液化天然气完成接卸》，光明网，https://m.gmw.cn/2023 - 05/16/content_1303375105.htm。
③ 《外媒：中巴已达成协议，使用本币而非中间货币美元开展大规模贸易》，央视网，https://news.cctv.com/2023/03/30/ARTIPGqAdsC4o3mA6H0Lw9QM230330.shtml。
④ 张春：《"去美元化"浪潮中人民币国际化的路径与机遇》，《高金智库要报》2023 年第 13 期。

"去美元化"给其他货币提供了机会。能否抓住这个机会推进人民币国际化还要自身努力。根据 SWIFT 的统计数据，2023 年 2 月，人民币在国际支付中的占比为 2.19%，而美元、欧元分别占 42.71%、31.74%，人民币的占比与美元和欧元等传统货币的差距明显。此外，加州大学伯克利分校经济学教授 Eichengreen 发表文章指出，从 2000 年至今，美元在全球储备体系中的占比下跌 11 个百分点，但人民币占比上升 2.7 个百分点，剩余空间给了其他非传统储备货币，包括北欧的一些货币、加元、澳元、韩元、新加坡元等①。因此，人民币想在未来成为多元国际货币中的"一极"，还需要付出巨大的努力。

（一）深化金融市场改革

美元之所以长期是全球储备货币，很重要的一个原因是美国具有发达的金融市场，能提供丰富的金融产品和具有高流动性的金融市场。目前，中国尚没有一个全面开放、高水平、产品齐全的人民币金融体系，以满足境外使用人民币的流动性管理、投融资和风险管理的需要，进而导致境外主体使用和持有人民币的意愿严重不足。人民币国际化上限其实在很大程度上取决于中国金融市场未来的发展：是否能提供丰富的人民币计价金融产品，是否能建立起一个具有足够深度和广度的金融市场。

当前我国的资本账户正在稳步开放。2011 年 10 月，中国人民银行在试点政策的基础上发布《外商直接投资人民币结算业务管理办法》，允许境外投资者以人民币到境内开展直接投资。2014 年 11 月，中国人民银行发布《关于人民币合格境内机构投资者境外证券投资有关事项的通知》，正式开闸人民币合格境内机构投资者（RQDII）业务，允许经审批的境内机构以人民币资金投资境外人民币计价产品。之后，中国逐步放开人民币清算银行、境外参加银行、境外央行、国际金融组织、主权财富基金以及养老基金、慈善基金、捐赠基金等以人民币投资银行间债券市场。但整体而言，境内资本账户管制相对严格，

---

① 张礼卿：《理性看待当前的"去美元化"现象》，《CMF 中国宏观经济专题报告》2023 年第 66 期。

在一定程度上阻碍了人民币作为储备货币的渠道，限制了人民币国际化进程，因而要推进人民币国际化，必须开放资本账户。若贸然完全开放资本金融账户，我国金融市场就会面对大量资本流动的冲击，增加国内宏观金融风险，甚至引发严重的金融危机。因此，资本账户开放需要与国内金融改革相配套，需要加快形成人民币汇率、利率市场化机制，提升政府的监管能力。未来还需在金融风险可控的前提下，持续推进金融市场改革与开放。

（二）完善金融基础设施，提升人民币跨境结算能力

随着共建"一带一路"国家和地区与中国的经贸关系日趋紧密，共建国家和地区的人民币跨境结算需求不断增加，这为提升人民币支付结算占比带来重大机遇。其中，随着东南亚地区与我国的贸易关系越发紧密，人民币已经成为东盟地区的货币之锚，根据《2022年人民币东盟国家使用报告》，2021年，中国与东盟国家人民币跨境收付金额达4.82万亿元，同比增长16%。其中，东盟国家直接投资项下人民币跨境收付金额合计6094.2亿元，同比增长43.5%。2023年4月，《国务院办公厅关于推动外贸稳规模优结构的意见》提到，"优化跨境结算服务。鼓励金融机构创新完善外汇衍生品和跨境人民币业务，进一步扩大跨境贸易人民币结算规模，更好满足外贸企业汇率避险和跨境人民币结算需求。支持各地方加强政策宣介、优化公共服务，推动银企精准对接、企业充分享惠"。

2008年国际金融危机爆发后，对美元过度依赖的国际货币体系开始面临危机，各国采取了包括但不限于着手建立本国货币清算系统、与别国开展贸易货币互换等措施来应对资本外流严重等难题。为整合人民币跨境清算渠道，提高人民币跨境支付结算效率，中国人民银行组织建设了人民币跨境支付系统（CIPS）。2015年10月，CIPS一期顺利投产；2018年3月，CIPS二期投产试运行。截至2022年，境内外共有1366家机构通过直接或间接方式接入CIPS，2022年，CIPS每日平均处理的人民币支付业务达到1.77万笔，金额为3883.38亿元，同比增长率分别为32.09%和21.48%。然而，与SWIFT相比，CIPS仍然相对较弱。SWIFT为超过11000家金融机构提供服

务，每日平均处理的业务数量高达4200万笔，金额超过5万亿美元。人民币跨境支付系统作为跨境人民币支付重要的基础设施，需要持续提升和完善其功能。

伴随着社会进步与技术发展，货币的形态也在不断演变中。当今蓬勃发展的数字经济催生了数字货币，并且由于大数据、区块链、人工智能、云计算等高新技术规模化发展，货币形态进一步朝着电子化、数字化方向转变。目前，各国央行积极投入大量人力、物力用于研发与推行以国家信用背书的法定数字货币。可以预见，在以数字经济为主要经济形式的未来，领先掌握法定数字货币发行与流通相关技术的国家，才能有较大的优势在新一轮金融现代化的国际竞争中抢占先机[1]。对于我国而言，数字人民币具有降低系统性金融风险、精准调节货币政策、维持币值长期稳定等重要金融通道作用。稳慎推进数字人民币参与境外跨境支付金融体系建设并发挥其积极作用，能够帮助我国在较大程度上反制美国的"长臂管辖"[2]。

具体而言，一方面，为降低对清算所同业支付系统（CHIPS）的依赖，我国应该持续优化人民币跨境支付系统；另一方面，我国应该加快建设数字人民币，把握在金融支付领域"换道超车"的良机，创新提供一个脱离SWIFT的新型流通模式，增强在相关领域的话语权。与SWIFT相比，法定数字货币跨境支付和结算体系具有独特优势，原因主要在于数字货币系统是基于区块链技术和大数据平台进行构建的，可以跨过第三方中介环节，直接进行点对点对接；并且由于分布式账本具有去中心化、不可篡改、公开透明等特点，该系统不仅能够显著降低成本，还能大幅度提高交易效率并确保安全性。

（三）促进"一带一路"资金融通，有序推进人民币国际化

"一带一路"是由我国提出的国家间顶层合作倡议，共建各国的经济具有较强互补性，得益于资源禀赋各异的特点，各国间的合作潜力巨大。在"五

---

① 石建勋、刘宇：《法定数字人民币对人民币国际化战略的意义及对策》，《社会科学文摘》2021年第9期。

② 袁曾：《数字人民币的通道作用与对"长臂管辖"的反制》，《求是学刊》2022年第2期。

通"重要内容中，就资金融通而言，目前，"一带一路"建设主要以第三方货币美元完成包括劳动、资本及技术在内的生产要素的循环，这导致共建国家的货币兑换成本和汇率风险较高。如果能借助地缘优势加强与共建"一带一路"国家的金融贸易往来，深入挖掘共建国家的人民币需求，并在共建国家投融资项目中更多使用人民币进行计价、结算等，则将有效缓解货币错配等问题，实现各国优势产能互补，促进贸易和投资发展，进而实现人民币国际化水平提升。

但也需要明确，人民币国际化是一个水到渠成的自然过程，由于共建"一带一路"国家的政治、经济、文化环境错综复杂且充满不确定性，在推进过程中应该坚持以真实需求为导向，坚持市场驱动，与国家综合实力及金融开放程度相适应，顺应市场规律，打造以人民币自由使用为基础的新型互利合作关系[1]。

六　结语

自 2009 年以来，人民币国际化经过多维度发展，已经取得初步成效，具备了在亚洲范围内进行区域化的条件，并借助"一带一路"倡议在共建国家进一步推广使用，取得一系列成果。但同时也要承认，与美元、欧元等主流国际货币相比，现阶段，人民币在国际上的影响力还不是很大，在多数情况下，固有主流货币仍然更受青睐，这与当前我国的经济贸易规模及国际地位不相匹配，因而实现人民币国际化依旧任重而道远。

从古至今，大国之间的博弈不可避免，在俄乌冲突、反全球化等新形势下，要高度重视地缘政治风险。俄乌冲突背景下的俄罗斯与美欧之间的金融制裁与反制裁为世界各国研究金融制裁问题提供了典型案例。在此背景下，我国应该加快建设人民币支付与结算体系，减少人民币跨境使用安全隐患，以政策引导跨境人民币使用便利化发展，加强与共建"一带一路"国家的顶

---

[1]　马小芳、李佳杰：《"一带一路"高质量发展下的人民币国际化进程》，《理论视野》2022 年第 2 期。

层设计，尊重市场规律，以人民币的真实需求为导向，达到有序推进人民币国际化的目标。

参考文献

曹誉波、刘猛：《"双循环"新发展格局下人民币国际化路径研究》，《中国货币市场》2021 年第 9 期。

陈嘉玮、夏晨伟：《"一带一路"倡议背景下人民币国际化的机遇与挑战》，《产业与科技论坛》2022 年第 8 期。

陈卫东、赵雪情：《人民币国际化发展路径研究——基于十年发展的思考》，《国际经济评论》2020 年第 4 期。

高远、蔡思捷：《人民币国际化发展历程回顾与展望》，《中国货币市场》2022 年第 2 期。

何金旗、陆雅玲：《"一带一路"进程中人民币国际化影响因素研究》，《大陆桥视野》2022 年第 1 期。

李亦楠等：《人民币国际化的发展历程、问题及对策建议》，《吉林金融研究》2021 年第 12 期。

林昱伉：《"一带一路"倡议对人民币国际化的影响研究》，外交学院硕士学位论文，2020。

马小芳、李佳杰：《"一带一路"高质量发展下的人民币国际化进程》，《理论视野》2022 年第 2 期。

任传东：《略论人民币周边化、区域化》，《区域金融研究》2010 年第 2 期。

石建勋、刘宇：《法定数字人民币对人民币国际化战略的意义及对策》，《社会科学文摘》2021 年第 9 期。

徐晶：《"一带一路"背景下人民币区域化研究》，云南师范大学硕士学位论文，2020。

许文鸿：《去美元化：俄罗斯在俄美金融战中的反击》，《俄罗斯东欧中亚研究》2021 年第 5 期。

袁曾：《数字人民币的通道作用与对"长臂管辖"的反制》，《求是学刊》2022 年第

2 期。

张春：《"去美元化"浪潮中人民币国际化的路径与机遇》，《高金智库要报》2023
年第 13 期。

张津：《人民币国际化的含义及发展途径探究》，《经济研究导刊》2017 年第 11 期。

张礼卿：《理性看待当前的"去美元化"现象》，《CMF 中国宏观经济专题报告》
2023 年第 66 期。

第十章 "一带一路"倡议与中国对外直接投资

孙永强

"一带一路"倡议是中国加强和欧亚非国家之间经济、政治、文化合作的重要举措，自倡议提出以来，中国秉持政策沟通、贸易畅通、资金融通、设施联通、民心相通的理念，积极与相关国家共建经济合作平台，为中国企业对外直接投资提供新的机遇。本章在梳理中国对外直接投资发展历史的基础上，具体分析中国对外直接投资现状和特点，进一步阐述中国对"一带一路"沿线国家进行直接投资可能出现的问题和挑战，并提出相应的建议。

一 中国对外直接投资发展历史

自新中国成立以来，从最初的艰难探索阶段到现在的稳步发展阶段，中国对外直接投资不断增加，区域分布更加广泛，投资主体逐渐增加，投资大国地位逐渐凸显。

1. 1949~1978年：艰难探索阶段

新中国成立初期，西方国家对中国进行经济封锁，加上连年战争带来的社会贫困问题，这一时期的中国无力进行大规模对外投资，仅通过在香港的境外投资企业开展经贸活动与对外投资；20 世纪 50 年代中期，政府根据几家驻港国企的发展形势给予其相应的政策支持，如批准招商局集团公司成立友联船厂。1978 年，中央批准了交通部党组向中共中央、国务院呈报的《关于充分利用香港招商局问题的请示》，借此扩大自主经营权并全面开展经贸活动。此外，香港的特殊地理位置和经贸优势，使香港成为这一时期中国对外投资的重要区域，也让日后香港成为众多内地企业对外投资的首站。

2.1979～1992年：尝试发展阶段

1978年党的十一届三中全会后，中国开始实行对内改革、对外开放的政策，改革开放成为中国的一项基本国策。国务院于1979年8月在《关于经济改革的十五项措施》的第十三项提出"出国开办企业"，从而拉开中国企业以对外直接投资形式参与国际竞争与合作的序幕①；1992年党的十四大召开，中国提出建设社会主义市场经济体系，并谋求积极推动国内企业对外投资和跨国经营，对外投资额迅速增长，《中国对外经济贸易年鉴（1993）》的数据表明，到1992年底，中国对外投资额存量达到15.91亿美元②；虽然此阶段的中国对外直接投资总体规模小，政策尚不健全，却为之后中国对外直接投资制度的建设奠定了基础。

3.1993～1999年：调整发展阶段

1993年，由于国内经济总供需失衡引起"经济过热"，政府采取"收紧银根"措施来抑制通货膨胀，对外直接投资有所下降。1996年，中央开始对境外投资企业进行整顿，责成外经贸部发出关于加强境外企业管理事项的通知并起草境外企业管理条例，明确各部门的外资管理职能并强化审批政策与外汇管制；1997年，党的十五大提出鼓励对外投资，确立充分利用国内、国外"两个市场、两种资源"的战略方针；1998年，国务院在全国外经贸会议上提出，"积极引导及推动我国具有比较优势的加工工业在国外当地开展生产加工和装配业务，鼓励有经济实力、有技术力量的企业到境外投资办厂"。③ 这一阶段的对外直接投资逐渐上升至国家发展战略高度。

4.2000～2012年：快速发展阶段

受益于国内外经济制度的改变，中国对外直接投资迎来第二次发展浪潮。2000年3月全国人大九届三次会议期间正式提出"走出去"战略，在党的十五届五中全会上，该战略最终明确；2001年中国加入WTO后，开始与其他国家和地区进行合作，中国把WTO作为对外直接投资的平台，越来

---

① 杨平丽、刘婷：《中国在"一带一路"沿线国家直接投资对进出口贸易的影响研究》，《河南财政税务高等专科学校学报》2022年第1期。
② 数据来源于《中国对外经济贸易年鉴（1993）》。
③ 《1998年外经贸十大任务》，《中国经贸画报》1998年第3期。

越多的国内企业加入海外投资行列，对外直接投资呈现快速增长的趋势①；2004 年 7 月，国务院发布《国务院关于投资体制改革的决定》，把对投资项目的审批制改为审核制，并将一部分审核权限下放到地方政府；2004 年 10月，商务部发布《关于境外投资开办企业核准事项的规定》，鼓励具有优势的企业到境外投资；2012 年，党的十八大提出要加快"走出去"步伐，提升企业的跨国经营能力，增加对外投资强度。虽然该阶段中国投资规模迅速扩大，对外直接投资流量上升到全球第三，但该阶段的发展存在一些隐患，其可能诱发对外投资区域发展不平衡和国企境外资产监管缺失等问题②。

5. 2013 年至今：稳步发展阶段

2013 年"一带一路"倡议提出后，中国与共建国家保持紧密合作关系，对外投资呈现稳步增长趋势，产业结构优化，投资形式不断创新，中国对外直接投资逐渐偏向"一带一路"沿线国家③。2015 年，中国对外投资流量达1456.7 亿美元，④ 进入对外贸易与使用外资双向平衡发展阶段；2017 年，《关于改进境外企业和对外投资安全工作的若干意见》及《关于进一步引导和规范境外投资方向的指导意见》发布，叫停不断蔓延的非实体经济对外直接投资，防止资金流向严重脱离实体经济的产业，降低对外投资的金融风险；2018 年，《关于引导对外投融资基金健康发展的意见》提出，在我国各类主体在境内外募资设立一批对外投融资基金，推进"一带一路"建设、促进国际产能合作、深化与相关国家和地区互利合作；2019 年，《中国银保监会办公厅关于加强中资商业银行境外机构合规管理长效机制建设的指导意见》发布，提出打造"一带一路"金融服务网络，加快跨境综合金融服务能力提升。在一系列政策支持下，中国对外直接投资达到前所未有的新高度。

---

① 张海伟等：《东道国制度质量与中国对外直接投资——基于"一带一路"视角》，《华东经济管理》2022 年第 1 期。

② 陈清、林珊珊：《"一带一路"倡议下中国对外直接投资的问题与对策研究》，《经济研究导刊》2021 年第 26 期。

③ 陆家静等：《中国对外直接投资的现状分析与对策研究——基于"一带一路"背景下》，《北方经贸》2021 年第 7 期。

④ 数据来源于《2015 年度中国对外直接投资统计公报》。

二 中国对"一带一路"沿线国家直接投资特征

"一带一路"倡议的提出使中国对外直接投资的具体情况发生了改变，从总体趋势来看，不论是从流量来看还是从存量来看，中国对"一带一路"沿线国家的直接投资规模迅速扩大[1]，投资国家数量不断增加，投资领域更加多元[2]，与此同时，投资区域分布逐渐发生变化[3]。

（一）对"一带一路"沿线国家直接投资总趋势

2022 年 3 月 31 日，中国贸促会发布的《中国企业对外投资现状及意向调查报告（2021 年版）》指出，"一带一路"沿线国家是中国企业对外投资的首选地。调查显示，79.5% 的企业优先选择"一带一路"沿线国家。"一带一路"倡议在我国对外经贸合作中的分量越来越重。根据《中国"一带一路"贸易投资发展报告 2022》[4]，2013～2021 年，中国企业对"一带一路"沿线国家的直接投资累计达 1613.1 亿美元，即使是新冠疫情在全球蔓延的 2021 年，中国境内投资者在"一带一路"沿线的 57 个国家的直接投资为 241.5 亿美元，占同期总额的 14.8%。从图 10 - 1 可以明显地看出，中国在"一带一路"沿线国家直接投资流量呈现波动上升趋势，且 2021 年的投资流量是 2013 年的 1.91 倍。

如表 10 - 1 所示，自 2013 年"一带一路"倡议提出后，中国对"一带一路"直接投资流量占中国对外直接投资流量的比重始终处于较高水平，除2016 年低于 10% 以外，其余年份始终维持在 10% 以上，最高的是 2020 年的14.7%。此外，表 10 - 1 显示，中国对"一带一路"直接投资存量占中国全

---

① 毕朝辉等：《中国对"一带一路"沿线国家直接投资的减贫效应研究》，《外国经济与管理》2023 年第 5 期。

② 金靖宸：《基于比较优势动机的中国制造业对"一带一路"沿线国家直接投资区位选择研究》，《商业研究》2023 年第 1 期。

③ 孙泽生等：《域外竞争影响中国对"一带一路"沿线国家直接投资吗?》，《亚太经济》2021 年第 1 期。

④ "走出去"公共服务平台，http://fec.mofcom.gov.cn/。

部对外直接投资存量的比重出现下降趋势，2017 年之后，存量占比下降至 8% 左右，远低于 13% 左右的流量占比，可以看出，中国越来越重视对"一带一路"沿线国家的投资。

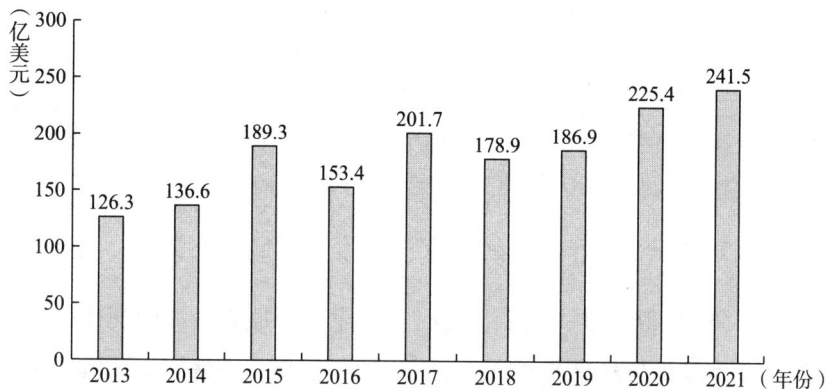

图 10 - 1 2013 ~ 2021 年中国对"一带一路"沿线国家的投资流量

资料来源:《2021 年度中国对外直接投资统计公报》，商务部、国家统计局、国家外汇管理局，2022。

表 10 - 1 2007 ~ 2021 年中国对"一带一路"沿线国家直接投资存量和流量情况

单位：亿美元，%

年份	存量			流量		
	"一带一路"沿线国家	全球	占比	"一带一路"沿线国家	全球	占比
2007	96.1	1179.1	8.2	30.5	265.1	11.5
2008	148.5	1839.7	8.1	42.6	559.1	7.6
2009	173.5	2457.5	7.1	42.1	565.3	7.5
2010	290.2	3172.1	9.2	73.1	688.1	10.6
2011	413.2	4247.8	9.7	92.1	746.5	12.3
2012	568.4	5319.4	10.7	123.4	878.0	14.1
2013	722.8	6604.8	10.9	126.3	1078.4	11.7
2014	924.6	8826.4	10.5	136.6	1456.7	13.0
2015	1156.8	10978.4	10.5	189.3	1231.2	11.1
2016	1294.1	13573.9	9.5	153.4	1961.5	7.8
2017	1554.0	18090.4	8.5	201.7	1582.9	12.7
2018	1727.7	19822.7	8.7	178.9	1430.4	12.5

年份	存量			流量		
	"一带一路"沿线国家	全球	占比	"一带一路"沿线国家	全球	占比
2019	1794.7	21988.8	8.2	186.9	1369.1	13.7
2020	2007.9	25806.6	7.8	225.4	1537.1	14.7
2021	2138.4	27851.5	7.7	241.5	1788.2	13.5

资料来源：《2021年度中国对外直接投资统计公报》，商务部、国家统计局、国家外汇管理局，2022。

（二）对"一带一路"沿线国家直接投资区域分布情况

"一带一路"倡议以"共享、共商、共建"为原则，鼓励共建国家积极参与建设。为深化与共建国家的合作，中国积极与"一带一路"沿线国家签订双边及多边协议，以发挥投资合作在促进区域经济合作中的重要作用，越来越多的企业选择到"一带一路"沿线国家投资，2021年末，中国境内投资者在"一带一路"沿线国家设立境外企业超过1.1万家[①]。

2013年"一带一路"倡议的提出在一定程度上调整了中国对外直接投资区域分布。如表10-2所示，2021年中国对亚洲投资流量占比达到71.6%，比2013年增加了1.5个百分点。从中国的对外直接投资流量来看，对拉丁美洲、欧洲的投资流量占比上升，对北美洲、大洋洲和非洲的投资流量占比下降。从中国的对外直接投资存量来看，和2013年相比，除对拉丁美洲的投资存量占比上升外，对其余各洲的投资存量占比均有所下降。

表10-2　2013年和2021年中国对全球各地区直接投资流量和存量情况

单位：亿美元，%

	2013年				2021年			
	流量金额	流量金额占比	存量金额	存量金额占比	流量金额	流量金额占比	存量金额	存量金额占比
亚洲	756	70.1	4474.1	67.7	1281	71.6	17720.1	63.6
拉丁美洲	143.6	13.3	860.9	13	261.6	14.6	6937.4	25

① 《中国对外投资合作发展报告2020》，中华人民共和国商务部，2021。

续表

	2013 年				2021 年			
	流量金额	流量金额占比	存量金额	存量金额占比	流量金额	流量金额占比	存量金额	存量金额占比
欧洲	59.5	5.5	531.6	8.1	108.7	6.1	1347.9	4.8
北美洲	49	4.5	286.1	4.3	65.8	3.7	1002.3	3.6
大洋洲	36.6	3.4	190.2	2.9	21.2	1.2	401.9	1.4
非洲	33.7	3.2	261.9	4	49.9	2.8	441.9	1.6
合计	1078.4	100	6604.8	100	1788.2	100	27851.5	100

资料来源:《2013 年度中国对外直接投资统计公报》,商务部、国家统计局、国家外汇管理局,2014;《2021 年度中国对外直接投资统计公报》,商务部、国家统计局、国家外汇管理局,2022。

从主要投资国家来看,2014~2021 年,主要投资国家数量和非金融类直接投资额都在增加(见表 10-3)。中国投资的"一带一路"沿线国家的数量从 2014 年的 48 个上升到 2020 年的 58 个,对主要投资国家的非金融类直接投资额从 2014 年的 136.6 亿美元增加到 2021 年的 203 亿美元。从具体投资国家来看,2021 年,中国主要投资新加坡、印度尼西亚、马来西亚、越南、孟加拉国、阿联酋、老挝、泰国、哈萨克斯坦、柬埔寨等国家。如图 10-2 所示,其中,投资流量排名第一的是新加坡,为 84.1 亿美元,接着是印度尼西亚,为 43.7 亿美元。

表 10-3 2014~2021 年中国在"一带一路"沿线国家的投资情况

单位:亿美元,个

年份	非金融类直接投资额	投资国家数量	主要投资国家
2014	136.6	48	新加坡、印度尼西亚、老挝、巴基斯坦、泰国、阿联酋、俄罗斯
2015	148.2	49	新加坡、哈萨克斯坦、老挝、印度尼西亚、俄罗斯、泰国
2016	145.3	53	新加坡、印度尼西亚、印度、泰国、马来西亚
2017	143.6	59	新加坡、老挝、马来西亚、印度尼西亚、巴基斯坦、越南、俄罗斯、阿联酋、柬埔寨
2018	156.4	56	新加坡、老挝、越南、印度尼西亚、巴基斯坦、越南、俄罗斯、柬埔寨、泰国、阿联酋

年份	非金融类直接投资额	投资国家数量	主要投资国家
2019	150.4	56	新加坡、越南、老挝、印度尼西亚、巴基斯坦、泰国、马来西亚、阿联酋、柬埔寨、哈萨克斯坦
2020	177.9	58	新加坡、印度尼西亚、泰国、越南、阿联酋、老挝、马来西亚、柬埔寨、巴基斯坦、俄罗斯
2021	203	57	新加坡、印度尼西亚、马来西亚、越南、孟加拉国、阿联酋、老挝、泰国、哈萨克斯坦、柬埔寨等

资料来源:中华人民共和国商务部。

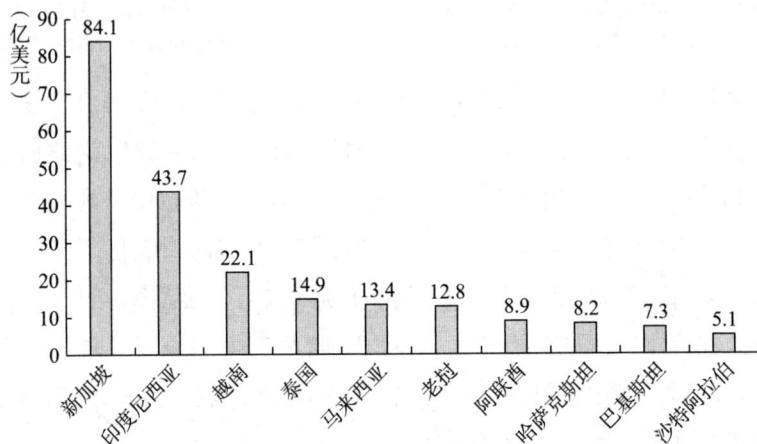

图 10 - 2 2021 年中国对"一带一路"沿线国家投资流量排名前十的国家的情况

资料来源:《2021 年度中国对外直接投资统计公报》,商务部、国家统计局、国家外汇管理局,2022。

(三)对"一带一路"沿线国家直接投资领域多元化

随着"一带一路"倡议的不断推进,中国对"一带一路"沿线国家的投资领域呈现更加多元化的特点。投资分布在制造业、租赁和商务服务业、批发和零售业、建筑业、采矿业、金融业、电力生产和热力供应业、农林牧渔业等①。从行业构成情况看,2021 年,流向制造业的投资为 94.3 亿美元;批发和零售业为 33.3 亿美元;建筑业为 24.1 亿美元;金融业为 15.9 亿美

---

① 董越:《中国企业对外投资存在的问题与对策》,《当代经济》2015 年第 33 期。

元；科学研究和技术服务业为 13.5 亿美元；电力、热力、燃气及水的生产和供应业为 18.5 亿美元。

三 中国对"一带一路"沿线国家直接投资的区域特征

根据《2020 年度中国对外直接投资统计公报》的统计口径，本书将"一带一路"沿线国家分为以下几大区域（其中，黎巴嫩、巴勒斯坦、摩尔多瓦、不丹未公布数据，巴基斯坦没有公布投资流量数据）。"一带一路"沿线 65 国的分布情况见表 10 - 4。由于"一带一路"沿线国家资源禀赋、市场规模、经济水平、科技水平、制度环境差异较大[①]，中国对"一带一路"沿线不同区域的对外直接投资差异较大[②]。

表 10 - 4 "一带一路"沿线 65 国的分布情况

区域	国家
东亚 1 国	蒙古国
东盟 10 国	新加坡、马来西亚、印度尼西亚、缅甸、泰国、老挝、柬埔寨、越南、文莱、菲律宾
西亚北非 18 国	伊朗、伊拉克、土耳其、叙利亚、约旦、黎巴嫩、以色列、巴勒斯坦、沙特阿拉伯、也门、阿曼、阿联酋、卡塔尔、科威特、巴林、希腊、塞浦路斯、埃及
南亚 8 国	印度、巴基斯坦、孟加拉国、阿富汗、斯里兰卡、马尔代夫、尼泊尔、不丹
中亚 5 国	哈萨克斯坦、乌兹别克斯坦、土库曼斯坦、塔吉克斯坦、吉尔吉斯斯坦
独联体 7 国	俄罗斯、乌克兰、白俄罗斯、格鲁吉亚、阿塞拜疆、亚美尼亚、摩尔多瓦
中东欧 16 国	波兰、立陶宛、爱沙尼亚、拉脱维亚、捷克、斯洛伐克、匈牙利、斯洛文尼亚、克罗地亚、波斯尼亚和黑塞哥维那、黑山、塞尔维亚、阿尔巴尼亚、罗马尼亚、保加利亚、北马其顿

资料来源：中国一带一路网（网址：https://www.yidaiyilu.gov.cn/）。

[①] 郭毅：《制度差异对中国对外直接投资影响——基于"一带一路"国家和发达国家的差异性分析》，《内蒙古财经大学学报》2021 年第 1 期。

[②] 张坤：《"一带一路"下我国海外直接投资风险研究》，《中阿科技论坛》（中英文）2021 年第 10 期。

（一）蒙古国与独联体7国

中蒙俄经济走廊作为"丝绸之路经济带"的一部分，是"一带一路"倡议的首个多边合作走廊，旨在为中蒙俄三国搭建合作平台，发挥三方的潜力和优势，实现优势互补、共同发展。根据《建设中蒙俄经济走廊规划纲要》，中蒙俄三国的合作领域包括交通基础设施发展及互联互通、口岸建设和海关、产能与投资合作、经贸合作、人文交流合作、生态环保合作、地方及边境地区合作共七大方面。表10-5显示了中国在2013~2021年对蒙古国、俄罗斯的直接投资流量和存量，可以看出，中国对蒙俄的投资流量波动较大，"一带一路"倡议实施初期，中国对蒙俄的投资存量逐渐上升，对蒙古国的投资存量在2017年之后开始下降，受国际局势影响，对俄罗斯的投资存量在2019年之后开始下降。

俄罗斯和乌克兰地处"一带一路"的关键枢纽，都是中国重要的贸易伙伴。因此，俄乌冲突对中国与"一带一路"沿线国家的经贸合作必将产生冲击。但总体来看，俄罗斯和乌克兰在"一带一路"中的体量较小，对"一带一路"经贸合作造成的负面影响有限。具体来看，2021年，中国在俄罗斯的直接投资存量为106.44亿美元，在中国对外直接投资总存量中的占比为0.4%，在中国对"一带一路"沿线国家直接投资存量中的占比为5.0%。直接投资涉及行业主要包括采矿业、农林牧渔业、制造业、科学研究和技术服务业等。同期，中国在乌克兰的直接投资存量仅有1.4亿美元。与中国对"一带一路"沿线国家的直接投资存量总量相比，中国对俄罗斯和乌克兰的直接投资存量较小，其在短期内不会对中国对外直接投资造成较大冲击。但俄乌冲突不仅仅是俄罗斯和乌克兰两国之间的冲突，更是俄罗斯和欧美等西方国家之间的博弈，长期来看将给"一带一路"沿线国家的经济合作带来新的挑战。

表10-5　2013~2021年中国对蒙古国和俄罗斯的直接投资流量和存量

单位：亿美元

年份	流量		存量	
	蒙古国	俄罗斯	蒙古国	俄罗斯
2013	3.89	10.22	33.54	75.82

续表

年份	流量		存量	
	蒙古国	俄罗斯	蒙古国	俄罗斯
2014	5.03	6.34	37.62	86.95
2015	− 0.23	29.61	37.60	140.20
2016	0.79	12.93	38.39	129.80
2017	− 0.28	15.48	36.23	138.72
2018	4.57	7.25	33.65	142.08
2019	1.28	− 3.79	34.31	128.04
2020	0.08	5.70	32.36	120.71
2021	0.25	− 10.72	15.70	106.44

资料来源：《2021年度中国对外直接投资统计公报》，商务部、国家统计局、国家外汇管理局，2022。

（二）东盟10国

东盟成员国都与中国签署了共建"一带一路"合作文件，作为全球新兴的投资目的地，2021年，东盟成为发展中地区最大的外商直接投资目的地（仅次于中国）。根据东盟发布的《2022年东盟投资报告：疫后复苏与投资便利化》，2021年，东盟吸收的外商直接投资达到1740亿美元，恢复到了疫情前的水平。此外，东盟吸收的外商直接投资在全球外商直接投资中所占比例从2011~2017年的年均7%上升到2018~2019年的11%和2020~2021年的12%。强劲的外商直接投资推动东盟外商直接投资存量达到3.1万亿美元，比2015年（1.8万亿美元）增加72%。

2021年，我国对东盟的直接投资流量约为197.3亿美元（见表10-6），同比增长22.8%，占中国当年直接投资总流量的11%，占中国对亚洲直接投资流量的15.4%；截至2021年底，直接投资存量约为1402.8亿美元，占中国当年直接投资总存量的5%，占中国对亚洲直接投资存量的7.9%。到2021年底，中国共在东盟设立直接投资企业超过6200家，雇用外方员工超58万人。

从投资流量看，新加坡在东南亚国家中居首位，流量约为84.1亿美元，同比增长41.9%，占中国对东盟投资流量的42.6%，主要投向批发和零售业、租赁和商务服务业、制造业等；接着是印度尼西亚，流量约为43.7亿美元，比上年增长98.9%，占22.16%，主要投向制造业，电力、热力、燃气及水的生产和供应业，租赁和商务服务业等；越南位居第三，流量约为22.1亿美元，同比增长17.7%，占11.19%，主要投向制造业，电力、热力、燃气及水的生产和供应业等。

从投资存量看，中国对新加坡直接投资存量居首位，约为672亿美元，占中国对东南亚投资存量的47.91%，主要投向租赁和商务服务业、批发和零售业、制造业、金融业等；接着为印度尼西亚，存量约为200.8亿美元，占14.31%，主要投向制造业，建筑业，电力、热力、燃气及水的生产和供应业等；越南位居第三，存量约为108.5亿美元，占7.74%，主要投向制造业，建筑业，电力、热力、燃气及水的生产和供应业，租赁和商务服务业等。

表 10-6　2021 年中国对东盟 10 国的直接投资流量和存量情况

单位：亿美元，%

	流量		存量	
	金额	占比	金额	占比
菲律宾	1.5286	0.77	8.839	0.63
柬埔寨	4.6675	2.37	69.6559	4.97
老挝	12.8232	6.50	99.3974	7.09
马来西亚	13.3625	6.77	103.5515	7.38
缅甸	0.1846	0.09	39.8821	2.84
泰国	14.8601	7.53	99.1721	7.07
文莱	0.0375	0.02	0.9628	0.07
新加坡	84.0504	42.60	672.0228	47.91
印度尼西亚	43.7251	22.16	200.8048	14.31
越南	22.0762	11.19	108.5211	7.74
合计	197.3157	100.00	1402.8095	100.00

资料来源：《2021年度中国对外直接投资统计公报》，商务部、国家统计局、国家外汇管理局，2022。

从中国对东盟 10 国主要投资行业分布来看，不论是从流量来看还是从存量来看，中国对外直接投资中投向东盟的第一大行业都是制造业（见表 10-7）。

首先，制造业成为中国对东盟的首要投资领域，流量占据了整体投资的43.7%，存量占比为29.8%，这表明中国制造业企业积极选择在东盟地区进行投资，为中国在东盟的持续投资打下了坚实的基础。此外，在流量方面，租赁和商务服务业、批发和零售业以及电力、热力、燃气及水的生产和供应业这三个领域吸引了大规模的投资。它们分别占10.9%、16.1%和7.4%。在存量方面，它们分别占16%、14.6%和10.1%。这清晰地表明中国在制造业、租赁和商务服务业、批发和零售业以及电力、热力、燃气及水的生产和供应业领域的强大兴趣为中国和东盟国家之间的经济合作提供了有力的支持，加强了地区内的经济联系。这将为双方未来的合作和发展奠定坚实的基础，促进共同繁荣和经济联系进一步加深。

表 10 - 7　2021 年中国对东盟直接投资的主要行业情况

单位：亿美元，%

	流量金额	流量金额占比	存量金额	存量金额占比
制造业	862011	43.7	4176476	29.8
租赁和商务服务业	214541	10.9	2244120	16
批发和零售业	317309	16.1	2056082	14.6
电力、热力、燃气及水的生产和供应业	145256	7.4	1417815	10.1
建筑业	58495	3	1007559	7.2
金融业	65005	3.3	763049	5.4
交通运输、仓储和邮政业	102699	5.2	644470	4.6
农、林、牧、渔业	29869	1.5	527911	3.8
采矿业	54083	2.7	406829	2.9
信息传输、软件和信息技术服务业	40202	2	249743	1.8
房地产业	-10039	-0.5	157835	1.1
居民服务、修理和其他服务业	60270	3.1	134310	0.9
科学研究和技术服务业	22681	1.1	131144	0.9
住宿和餐饮业	9397	0.5	37682	0.3
水利、环境和公共设施管理业	10528	0.5	36889	0.3
其他行业	-9151	-0.5	36182	0.3
合计	1973158	100	14028094	100

资料来源：《2021年度中国对外直接投资统计公报》，商务部、国家统计局、国家外汇管理局，2022。

（三）西亚北非18国

西亚北非地区因特殊的地理位置而具有十分重要的战略地位。早在"一带一路"倡议提出之前，中国对西亚北非地区的直接投资缓慢增加。表10-8显示了2013~2021年中国对西亚北非18国的投资情况，可以发现，2013~2016年中国对西亚北非18国的投资存量金额稳步上升，存量金额占比稳定在13%左右；从投资流量来看，2013~2015年相对稳定，2016年和2017年出现下降，2018~2020年逐步回升，2021年有所下降。

中国对西亚北非地区的投资主要集中于阿联酋、沙特阿拉伯、以色列和伊朗。根据《2021年度中国对外直接投资统计公报》中的数据计算发现，中国对这四个国家的投资占据了一半以上的份额，就存量而言，分别占34.6%、12.3%、12.1%和12.03%，中国主要投资能源开采、基础设施建设和制造业等。

此外，在中国对西亚北非的投资格局中，"海合会"成员国阿联酋、沙特阿拉伯、卡塔尔、科威特不仅能源丰富，而且投资开放程度较高，与中国的经贸往来密切，总体风险较低。虽然中国对沙特阿拉伯的投资在对西亚北非18国的投资中占有较高比重，但由于沙特阿拉伯国内面临青年失业率高、族群冲突等社会不稳定风险，以及与邻国关系等地缘政治风险，中国对其的投资波动较大，从2013~2021年中国对沙特阿拉伯的投资流量来看，最大值为2019年的6.5437亿美元，最小为2017年的-3.4518亿美元。

表10-8　2013~2021年中国对西亚北非18国的投资情况

单位：亿美元，%

年份	流量金额	流量金额占比	存量金额	存量金额占比
2013	22.2606	17.63	90.1071	12.47
2014	21.2098	11.20	115.3214	12.47
2015	22.7021	16.62	146.112	12.63
2016	16.4992	10.76	195.425	15.10
2017	12.4305	6.16	215.392	13.86
2018	20.3364	11.37	239.0284	13.84

年份	流量金额	流量金额占比	存量金额	存量金额占比
2019	28.9429	15.49	249.6993	13.91
2020	36.6303	16.25	275.5796	13.72
2021	20.4333	8.46	284.2827	13.29

资料来源:《2021年度中国对外直接投资统计公报》,商务部、国家统计局、国家外汇管理局,2022。

(四)南亚8国

2020年前,中国对南亚8国的投资整体占比不高,且分布不均衡[1]。南亚地区存在长期的地缘政治争端和紧张关系,南亚国家的经济发展水平不均衡,有的国家相对贫困,有的国家相对富裕,此外,中国的投资决策通常会受到目标国家的基础设施和市场潜力的影响。这可能导致中国在一些南亚国家的投资受到限制或中国需要谨慎对待。南亚国家在基础设施建设和市场潜力方面存在不足,这可能限制中国在这些国家的投资。然而,在"十三五"期间,中国加大了对"一带一路"沿线国家的投资力度。这部分可以归因于中国政府认识到南亚地区潜在的经济机会和合作潜力,以及中国积极推动"一带一路"倡议。相关投资和对外承包工程的新签合同有望促进南亚地区经济增长和加强中国与南亚国家的合作,改善中国对南亚国家的投资分布不均衡情况。"十三五"期间,我国对"一带一路"沿线国家的累计投资超过900亿美元,对外承包工程的新签合同额接近6700亿美元。[2] 其中,我国对巴基斯坦的直接投资金额和占比较大,基于此,本章主要分析中国对南亚8国中的巴基斯坦的投资情况。中国对巴基斯坦的直接投资金额在2007年之前仅仅为1.08亿美元,至2011年对其直接投资存量金额升至21.63亿美元,时隔8年至2019年,"一带一路"倡议使中国对巴基斯坦直接投资存量金额

---

① 胡文远、范云:《"一带一路"背景下中国对南亚直接投资的特点、问题与对策》,《印度洋经济体研究》2021年第5期。

② 《我国对"一带一路"沿线国家直接投资超900亿美元》,中国政府网,https://www.gov.cn/xinwen/2019 - 04/19/content_5384322.htm。

增加了1倍多，接近48亿美元（见表10-9），年平均增速为13.54%。2020年后，中国对巴基斯坦的投资虽然有所波动，但仍然稳定增长，2021年1~12月，中国企业对巴非金融类直接投资额为5.9亿美元，同比增长1127.2%。得益于中巴经济走廊和"一带一路"倡议下的相关协定，中国已经成为巴基斯坦最大的贸易伙伴。同时，中国成为巴基斯坦最大的外商直接投资来源国。2017~2021年，中国一直是巴基斯坦的最大投资国，对巴基斯坦的投资占半数甚至更多，特别是中巴经济走廊建设已成为巴基斯坦经济发展的新动力。

表10-9 2013~2021年中国对巴基斯坦的直接投资情况

单位：亿美元，%

年份	流量金额	流量金额占比	存量金额	存量金额占比
2013	1.6357	—	23.4309	41.7
2014	10.1426	—	37.3682	55.1
2015	3.2074	—	40.3593	46.37
2016	6.3294	—	47.5911	49
2017	6.7819	—	57.1584	53.8
2018	-1.9873	—	42.4682	57.3
2019	5.6216	—	47.9798	63.1
2020	9.4766	—	62.1894	45.6
2021	7.2739	—	74.8538	—

资料来源：中华人民共和国商务部、巴基斯坦国家银行。

（五）中亚五国

中亚地区地理位置优越兼具战略地位，是我国最大的投资目的地之一[①]。如表10-10所示，从2013~2020年中国对中亚五国的投资流量来看，波动较大，最高值为2017年的22.6015亿美元，最低值为2015年的-23.2609亿美元；从存量来看，大体上呈波动增长的趋势，从存量占比来看，从2015年至

---

① 张纪凤、刘起超：《"一带一路"沿线国家对中国直接投资的时空演变与影响因素》，《公共治理研究》2022年第1期。

2021 年维持在 7% 左右。在"一带一路"倡议提出之前,我国对该地区的直接投资存量规模在 2003 年底仅为 5.2 亿美元,但"一带一路"倡议提出后,我国对中亚五国直接投资出现较为迅猛的增长趋势,但在 2015～2016 年出现明显的回落后又恢复,在 2017 年我国对五国之一的哈萨克斯坦的对外直接投资高达 20.7 亿美元,其一度排在我国投资目的国的第八位。2016～2018 年,我国对中亚五国的投资一直维持年均 9.8% 的增长率。

疫情发生后,虽然全球投资环境受到波及,但在 2021 年,我国对中亚五国直接投资存量超过 135 亿美元。截至 2020 年底,中国对中亚地区投资累计约为 400 亿美元;其中,对哈萨克斯坦的投资额约为 214 亿美元,对吉尔吉斯斯坦的投资额约为 46 亿美元,对乌兹别克斯坦的投资额为 100 多亿美元,对塔吉克斯坦的投资额为 30 多亿美元。中国对中亚投资的稳步增长主要依托中资在中亚开设的独资企业及合资企业。截至 2021 年底,在中亚运营的中资企业累计达到 7700 家。哈萨克斯坦有 2705 家中资参股企业和 798 家中资合资企业。

我国对于中亚五国的投资不均衡。对哈萨克斯坦的投资占据主导地位,原因是哈萨克斯坦投资风险相对较低,这主要得益于哈萨克斯坦较大的经济规模、相对稳定的国内政治局势、与中国良好的经贸关系等。乌兹别克斯坦、土库曼斯坦、吉尔吉斯斯坦和塔吉克斯坦的经济发展水平相对较低,而且由于地缘政治因素成为大国竞争的地区之一,投资风险相对较大,因此,我国对中亚的投资呈现哈萨克斯坦"独大"的格局。

表 10 – 10   2013～2021 年中国对中亚国家的直接投资情况

单位:亿美元,%

年份	流量金额	流量金额占比	存量金额	存量金额占比
2013	10.9895	13.21	88.9297	—
2014	5.507	6.16	100.9391	11
2015	– 23.2609	– 35.21	80.9022	7
2016	10.7396	14.11	91.4391	7
2017	22.6015	26.02	91.2591	6
2018	6.6746	8.08	146.808	8

续表

年份	流量金额	流量金额占比	存量金额	存量金额占比
2019	5.3278	7.51	142.2301	8
2020	0.4742	0.37	128.0582	6
2021	14.8753	9.77	137.4796	6

资料来源：《2021年度中国对外直接投资统计公报》，商务部、国家统计局、国家外汇管理局，2022。

（六）中东欧国家与欧盟

中国的"一带一路"倡议获得了中东欧国家的积极支持响应，2008～2018年，中国对中东欧国家的直接投资存量增长了近70倍，但是，截至2020年底，中国对中东欧国家的直接投资规模仍非常小，不足35亿美元，且流量增幅不显著。我国对该地区的直接投资涉及批发和零售业、建筑业、房地产、机械设备、通信技术、物流商贸等领域。

新冠疫情发生后，中国与中东欧间的直接投资和贸易往来反而有着不俗的表现，以中欧班列为例，2020年，中欧班列在国际防疫合作方面表现良好，累计发送国际合作防疫物资931万件，全年累计开行约1.24万列（见图10-3），同比增长约50%。

2020年，中国在欧洲的直接投资达到了1224.3亿美元，占中国对外总投资的4.7%，主要分布在荷兰、英国、卢森堡、德国等国家。与此同时，我国在"一带一路"沿线国家的表现较为良好。2020年，中国对"一带一路"国家的投资存量达到37.4亿美元，占对欧盟总投资的3.1%。在新冠疫情和俄乌冲突叠加影响下，2022年第一季度，中欧双边贸易额达2058.7亿美元，同比增长12.2%。中国对欧盟的出口额同比增长23.3%，在对前三大贸易伙伴的出口增速中，中国对欧盟出口增速最快。从短期来看，俄乌冲突增加了中欧之间合作的不确定性，可能会影响欧洲能源供应进而妨碍地区经济增长，但这也可能使中欧之间合作的优越更加凸显，尽快恢复经济的诉求可能推动双方经贸往来。因此，如果俄乌冲突能通过谈判的方式得到解决，那么中欧双方在数字经济、金融等多个领域仍然存在很大的合作空间，中东欧地区将继续在"一带一路"倡议中发挥区域性支点作用。

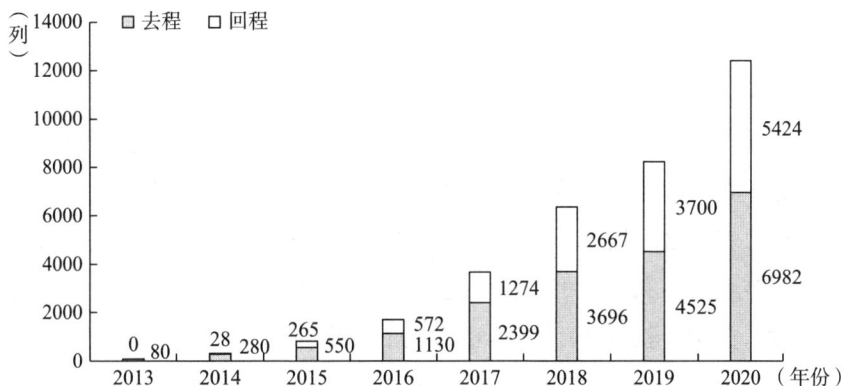

图 10 - 3　2013 ~ 2020 年中欧班列开行情况

资料来源：中华人民共和国商务部、中国一带一路网（网址：https：//www. yidaiyilu.
gov. cn／）。

四　中国对"一带一路"沿线国家直接投资存在的问题与挑战

随着"一带一路"倡议不断推进，中国企业在共建国家的投资规模不断扩大，结构不断升级，与共建国家的经济联系不断加强，但是，由于地理位置，文化的差别，中国面对的宗教信仰冲突、政治风险等阻碍因素较多，中国企业在"一带一路"沿线国家进行直接投资面临一些问题和挑战。

（一）对"一带一路"沿线国家直接投资存在的问题

1. 投资目标不明确，投资成功率低

根据刘玉玲的研究①，全球并购案例仅有 1/3 的成功率，并且考虑到中国企业的跨境资源整合及未来发展，成功率还要降低 10 个百分点。这意味着在中国企业走向全球的过程中，大约只有 20% 的企业能够取得成功。我国企业对"一带一路"沿线国家的投资的规模和数量在不断扩大和增加，截至

---

①　刘玉玲：《中国企业对外投资问题分析》，《全国流通经济》2020 年第 12 期。

2021 年底，中国在"一带一路"沿线国家设立的企业超过 1.1 万家，约占中国境外企业总量的 1/4，但是在这个过程中，成功率不高。其中很多企业对外投资比较盲目，海外投资专业知识缺乏，前期信息准备和市场调查不足。如首钢由于前期调查不足，以 1.18 亿美元的价格收购秘鲁铁矿，而当时唯一竞争者"太平洋矿业财团"报出的收购价仅为 2410 万美元，首钢高价收购秘鲁铁矿之后还由于多种因素长时间未能赢利。[①] 此外也有很多中国公司盲目被政策红利所吸引，从而进行非理性投资。

2.**海外并购经验不足，经营整合能力有待提升**

在企业海外经营的过程中，从企业决定进行海外并购开始就面临各种各样的经营风险，如两国之间的汇率、融资、利率、资金流入国的政策环境、劳工关系、营商环境、市场偏好等，避免某个环节出现问题不仅仅需要资金技术，丰富的海外投资经验也很重要。中国企业"走出去"的时间相对较晚，缺乏海外投资经验，会计、律师、咨询机构等中介机构的发展程度较低，风险评估能力不足，不能满足海外并购企业需求。2009 年，中国铝业拟以 195 亿美元入股力拓，在谈判过程中，国际铁矿石价格反弹，力拓出尔反尔，终止了入股谈判；[②] 2014 年，希腊政府开启比雷埃夫斯港私有化进程，中远海运集团成为最有竞争力的潜在买家，但 2015 年希腊新政府就叫停该计划，直到 2021 年 10 月，中远海运集团才收购比雷埃夫斯港港务局 67% 的股权。[③] 在中国大量企业向"一带一路"沿线国家投资的过程中，不少企业仍然存在自身国际化经营和管理不到位的问题。

3.**中国企业对外投资过程中的违规现象**

世界银行数据库发布的数据显示，2022 年，世界银行"黑名单"上的中国企业达到 200 家。一些中国企业对外投资和开展业务的合规意识淡薄，违规现象时有发生，对企业和国家都造成不良影响，同时影响企业自身国际

① 郭洁：《首钢秘鲁铁矿项目的历史与变迁》，《国际政治研究》2015 年第 1 期。
② 刘纪鹏、刘妍、王晶晶：《中铝并购力拓对中央企业国际化战略的启示》，《国际经济评论》2009 年第 1 期。
③ 桑小川：《中国对欧港口投资的缺失与风险——以比雷埃夫斯港为例》，《国际论坛》2019 年第 3 期。

业务的开展。而这些制裁多涉及腐败和欺诈行为,其中包括对公司业绩和经验的虚假陈述。这使中国企业已经成为世界银行制裁的"常客"。以具体企业为例,2020 年 5 月,世界银行官方文件显示,中国一家电力设备公司在参与世界银行贷款资助项目的投标中违规,违规原因是"存在对既往合同业绩的虚假陈述""未披露相关的利益冲突信息"。同年 4 月,瑞幸咖啡自曝财务造假,承认虚假交易 22 亿元;9 月,国家市场监管总局及上海、北京市场监管部门对瑞幸做出行政处罚决定;12 月,美国证券交易委员会发布了针对瑞幸咖啡财务欺诈指控的处罚决定,同意瑞幸支付 1.8 亿美元罚金了结指控案件。

(二)国际形势加速演变带来的挑战

1. 在逆全球化背景下,贸易保护主义抬头

疫情发生后,全球经济低迷,在这样的背景下,大部分国家调整了外商投资政策,其中就包括很多"一带一路"沿线国家,这在一定程度上提高了中国企业对外投资的沟通成本,在这种情况下,企业的投资回报率相应就会降低。

2. 地缘政治的不确定性

近几年,世界部分地区地缘政治压力增加,如 2022 年 2 月俄乌冲突爆发,数十万人伤亡,上千万人离开乌克兰;2023 年 10 月,以色列、巴勒斯坦爆发新一轮冲突,局势愈演愈烈,截至 10 月 26 日,冲突造成 8000 多人死亡,这严重影响中东地区局势;阿塞拜疆与亚美尼亚在纳卡地区的冲突能否顺利协商解决也存在不确定性;大国在中亚地区进行博弈,影响地区发展;部分区域的局部安全性降低;大国外交势力介入区域冲突并相互制衡,等等。这些政治风险成为中国对"一带一路"沿线国家投资需要考虑的重要因素。若东道国发生局部冲突或外部动荡就会不可避免地给中国投资项目造成严重损失。

五 结论与对策

自 2001 年中国加入世界贸易组织以来,中国积极参与世界经济合作,对外直接投资逐渐增加,尤其是"一带一路"倡议提出以来,中国对共建国

家的投资力度持续加大，但中国企业在对外投资过程中不仅面临复杂多变的国际环境，自身还存在经验不足、投资水平低等问题，因此不论是国家还是企业，都需要采取有效措施提高对外直接投资水平。

（一）继续加大对"一带一路"沿线地区的直接投资力度

企业层面，中国企业需要增强自身竞争优势，培养国际化投资思维，提高自身硬实力和创新能力，以抓住"一带一路"倡议带来的发展机遇[①]。同时，中国需要对"一带一路"沿线国家市场保持战略眼光，对自身能力和市场环境进行全面分析，更好地把握市场需求。

国家层面，中国政府应加强政策引导，鼓励和引导企业进一步加大在基础建材、高铁、通信等有比较优势行业的对外直接投资力度，同时可以出台相关优惠政策，如减免相关税费、提供法律咨询等，鼓励企业"走出去"，通过扩大对外直接投资规模，以提升进出口贸易的创造效应。

（二）针对各国经济社会差异，实施不同的投资策略

目前，中国对外投资主要流向东亚地区，未来中国需继续加强与该地区国家的投资和贸易关系。同时，由于中亚和西亚地区国家在天然气、石油、煤炭等自然资源方面储备丰富，且中亚国家在高铁等基建方面存在需求，中国企业可以抓住机遇进行投资，这样既转移了国内剩余产能，又可以促进当地基础设施建设。南亚地区毗邻中国，劳动力丰富，工业化程度低，中国可以利用运输成本低的优势在南亚发展工业。由于中东欧地区经济发展水平较高，中国对中东欧国家的直接投资比重低，但该地区市场潜力巨大，可在具有优势的制造业进行重点投资。中国对独联体国家的投资大多集中在俄罗斯，中国还应继续加强与俄罗斯在航天航空等领域的合作。因此，因地制宜制定投资策略，发展更理想的合作模式，能更有效地促进中国进出口贸易发展。

---

① 宋洋洋等：《"一带一路"背景下境外经贸合作区对中国企业直接投资的影响》，《江苏商论》2021 年第 11 期。

（三）加强与共建各国友好合作，建立良好的国家关系

国家间距离、东道国经济发展水平、贸易自由度等因素会影响进出口贸易的发展。"一带一路"沿线国家基础设施薄弱，中国与其合作建设公路和铁路，能够降低运输成本，提高交易效率，更好地推动对外投资和贸易发展。同时，中国与共建国家建立良好的关系，加强合作与交流，不仅可以降低双边贸易壁垒，提高贸易自由度，还可以保持政策稳定，降低投资与贸易风险，实现经济整体发展。

（四）构建法律法规体系，重视对外投资风险防范

虽然中国对"一带一路"沿线国家的直接投资呈现增长的趋势，但国际投资涉及复杂的金融操作，必须高度重视风险防范工作，及时签订风险规避协议。2009 年签订和实施的《中国－东盟投资协议》在吸纳中国和东盟国家签订的双边投资协议实践经验基础上，借鉴了欧美国家的做法，针对中国－东盟自由贸易区内的投资问题进行了较为全面的法律规定。但与相对成熟的北美自由贸易区的投资法律制度等相比，中国－东盟自由贸易区的投资法律制度在投资待遇、投资措施、缔约技术、争端解决等方面仍存在很多问题。对此，政府要充分认识直接投资活动中的风险，对直接投资加强监管，企业也要提升风险应对能力，提高环境适应能力，对东道国市场环境做好全方位的调查研究，制订有效的风险规避计划。

参考文献

毕朝辉等：《中国对"一带一路"沿线国家直接投资的减贫效应研究》，《外国经济与管理》2023 年第 5 期。

陈清、林珊珊：《"一带一路"倡议下中国对外直接投资的问题与对策研究》，《经济研究导刊》2021 年第 26 期。

董越：《中国企业对外投资存在的问题与对策》，《当代经济》2015 年第 33 期。

郭毅：《制度差异对中国对外直接投资影响——基于"一带一路"国家和发达国家的差异性分析》，《内蒙古财经大学学报》2021 年第 1 期。

胡文远、范云：《"一带一路"背景下中国对南亚直接投资的特点、问题与对策》，《印度洋经济体研究》2021 年第 5 期。

金靖宸：《基于比较优势动机的中国制造业对"一带一路"沿线国家直接投资区位选择研究》，《商业研究》2023 年第 1 期。

陆家静等：《中国对外直接投资的现状分析与对策研究——基于"一带一路"背景下》，《北方经贸》2021 年第 7 期。

刘玉玲：《中国企业对外投资问题分析》，《全国流通经济》2020 年第 12 期。

宋洋洋等：《"一带一路"背景下境外经贸合作区对中国企业直接投资的影响》，《江苏商论》2021 年第 11 期。

孙泽生等：《域外竞争影响中国对"一带一路"沿线国家直接投资吗?》，《亚太经济》2021 年第 1 期。

杨平丽、刘婷：《中国在"一带一路"沿线国家直接投资对进出口贸易的影响研究》，《河南财政税务高等专科学校学报》2022 年第 1 期。

张海伟：《东道国制度质量与中国对外直接投资——基于"一带一路"视角》，《华东经济管理》2022 年第 1 期。

张纪凤、刘起超：《"一带一路"沿线国家对中国直接投资的时空演变与影响因素》，《公共治理研究》2022 年第 1 期。

张坤：《"一带一路"下我国海外直接投资风险研究》，《中阿科技论坛》（中英文）2021 年第 10 期。

第十一章 "一带一路"倡议下中国
跨境电商的发展

王 博

通常认为 2013 年是中国跨境电商爆发"元年",而这一年也恰逢习近平主席提出"一带一路"倡议。一方面,跨境电商市场在发展过程中孕育巨大商机;另一方面,国家宏观政策的出台恰逢其时。"一带一路"倡议和跨境电商的发展时机契合,具有共同的利益导向。随着"一带一路"倡议不断推行,我国通过双边与多边机制、区域合作平台探索国际合作及全球治理新模式。2015 年,国家发展和改革委员会、外交部和商务部正式发布《推动共建丝绸之路经济带和 21 世纪海上丝绸之路的愿景与行动》,强调消除贸易壁垒,大力发展电商平台。这也给跨境电商的发展带来了绝佳的市场机会。本章从跨境电商的概念等开始,讨论"一带一路"倡议下,我国跨境电商发展的现状、存在的问题以及面临的机遇。

一 中国跨境电商运作模式与细分业态

跨境电商即"跨境贸易电子商务",国际上比较流行的说法为 Cross-border E-commerce,特指跨境网络零售,主要包括对外贸易小额批发、零售以及 C2C 类的贸易。

(一)跨境电商主要参与主体

从严格意义上说,跨境电商的主要组成部分是跨境零售。跨境消费者(买家)包含部分碎片化小额买卖的 B 类商家用户,在现实中,这种 B 类商家和 C 类个人消费者很难完全区分。这一特征造成各国对于跨境电商的统计口径、统计方式存在较大差异，为数据分析带来了一定程度的分歧和混乱。

对于跨境电商这种特殊的交易方式来说，商品的通关以及通关过程中的税收、监管等也是交易的重要组成部分。因此，海关成为跨境电商交易过程中的一个重要参与者。如果从交易者之外的第三方——海关的角度来看，那么跨境电商等同于在网上进行的小包买卖，主要针对个体消费者。在传统B2B货物贸易中，商品通常由出口商（厂商）销售给进口商，在货物运输过程中，交易双方需要签订传统的商品购销合同，由于货物运输、通关的需要，还要准备箱单、纸质发票、报关单等纸质单证。但是这种传统贸易模式并不属于跨境电商范畴。跨境电商将传统贸易流程数字化、网络化、碎片化，购买特点以小批量、多批次、单笔小额交易为主，包括直接交易和相关服务，即"产品＋服务"，可按照进出口方向、交易模式、平台运营方、服务类型等进行分类。

（二）中国跨境电商的运作模式

如果将进口与出口同时纳入考量范围，那么我国当前的跨境电商运作模式主要可以分为五类。

第一类，B2C一般出口（直邮出口）。交易主体是我国国内商家和境外消费者，多以个人物品、邮包、快递等形式出口。这类出口由于通常以个人邮包的形式进行交易，往往不进行海关申报，因此具有一定的贸易政策风险。此外，这类出口在跨国纠纷处理、本地化支付和物流方面也面临一定挑战。

第二类，特殊区域出口（保税出口）。我国卖家采用境内关外的备货模式，先将货品整批运到海关监管区，及时退税。等接到海外订单后，再进行发运配送。这一出口形式在前端的跨国B2B清关过程中，既可以将其视为传统贸易形式，也可以将其视为跨境新监管通道贸易形式。

第三类，线上化B2B出口。我国卖家与国外买家都是商户，大部分交易流程仍然在线下完成。这种贸易形式的商户间交付环节更复杂，还要自行安排结算与物流。由于其更接近传统贸易形式，因此很多国家不将其视为跨境电商交易。

第四类，保税备货进口。海外卖家将货物运送到国内试点城市的保税区仓库，然后通过进口平台实现向消费者的交易，再从保税区出关寄送。当前，我国比较主流的海外购电商大多采用这种模式，比如考拉海购、京东全球购、天猫进口商场等。

第五类，直邮进口。其指的是货物直接从境外以包裹形式通关入境，但这不同于过去的邮件或快件，监管条件完全不同。以往我国流行的海淘转运、海外代购等方式，均为通过个人行邮或随身携带的方式将商品从海外发送到国内消费者手中，这些方式都可以被视为 C2C 模式，是传统的个人物流"擦边球"通关。但这种方式只能限于小批量甚至独立商品的发送，无法实现规模化和常规化。这种方式在跨境商品进口领域发展的早期具有很强的灵活性，而在不同监管渠道交叉运行过程中存在比较多的灰色地带。随着我国跨境电商的快速发展，海关监管制度愈发严格与严谨，这种模式日趋式微。

（三）中国跨境电商的细分业态

由于跨境电商包含的内容很多，各国的认定标准存在不一致，对我国跨境电商可以从不同角度进行细分，表 11 - 1 对此进行了简单的总结和归纳。

表 11 - 1 我国跨境电商的细分业态

区分角度	区分类型
进出口方向	跨境出口电商/跨境进口电商
终端客户性质	B2B 电商/B2C 电商
商品所有权归属	平台型电商/自营型电商
经营商品品类	垂直类电商/综合类电商

除了上述分类之外，整个跨境电商产业链还必须包括与之配套的服务型生态，如物流服务企业、金融支付机构、营销及代运营企业等。从当前发展情况来看，我国跨境电商行业的业态更加复杂，相关企业数量和类型不断增长。跨境电商已经从原来微不足道的贸易细分行业，变成了今天已经不容忽视的一股贸易力量。

二 中国跨境电商的发展状况

中国跨境电商从无到有，发展迅猛，已经成为我国对外贸易发展的重要推动力。

（一）中国跨境电商的发展阶段

中国的跨境电商从无到有，由弱变强，主要经历了四个较为明显的阶段。

第一阶段，初始发展阶段（1999～2005 年）。此时的跨境电商在世界各国都刚刚开始起步，相关配套服务也不完善。在该阶段，我国跨国线上零售的规模非常小，仍然由传统的 B2B 外贸形式主导。网络平台上的主要商业模式仅起到线上展示的作用，交易仍然在线下进行。已有电商平台基本不从事在线交易，盈利来源是会员费或推广费。这一阶段的代表企业是阿里巴巴国际站、环球资源网等。此时的进口模式以传统个体海淘为主，以海外留学生代购、边境口岸小体量商品过境等形式为主。

第二阶段，探寻摸索阶段（2006～2012 年）。该阶段的代表性事件之一是 eBay 退出中国市场。由于国外较强竞争者的退出，国内电商企业如环球易购、大龙网、米兰网、淘宝网"全球购"纷纷成立，抢占国内的蓝海市场。2008 年的"毒奶粉"事件让国外奶粉迅速成为海外购的主要商品。以此为契机，海淘代购与相关物流转运极为快速地发展。2009 年，深圳与香港推行的"一签多行"政策落地，让大量的海外商品以香港为通道进入大陆市场。2010 年，阿里巴巴集团成立全球速卖通（AliExpress），跨境 B2C 开始迅猛推进。同年，海关大幅调低了针对个人物品的行邮税。2012 年，我国开启跨境电商城市试点，这让跨境电商正式成为官方认可的主要贸易模式之一。

第三阶段，快速发展阶段（2013～2019 年）。该阶段主要实现资源整合，提供跨境全产业链的一站式服务。随着海关通关服务试点推进，海淘逐渐摆脱了不合法身份。很多知名海淘电商如网易考拉、聚美优品等均开始大力推动保税进口商业模式发展。2014 年,各地政府密集出台跨境电商相关政策,涉及外贸、跨境支付、结汇退税、物流以及海外仓等内容,国内物流企业纷纷在境外设立网点。与此同时,多家跨境电商企业在新三板挂牌。这意味着资本市场已经认可跨境电商。此时的平台盈利来源是购销差价、交易佣金、增值服务;自营出口 B2C 代表企业为跨境通、安克创新、通拓科技等,进口 B2C 代表企业为网易考拉、京东全球购等。

第四阶段,成熟酝酿阶段(2020 年至今)。2020 年,新冠疫情在全球范围内蔓延,但这种全球领域的公共卫生危机并未阻挡跨境电商整个行业的发展。从政策监管角度来看,跨境电商配套政策、电子化监管模式均已趋于成熟,跨境电商公共平台的作用日益凸显。2021 年,中国与欧盟签订的世贸项目"欧盟海关代码"正式实施,这使与小件包裹相关的跨境物流更为便利化。从国内行业发展情况来看,进口商品渠道更多,模式更为多样,通过多平台横向对比,消费者能获得更多的实惠与更切实的保障。各大跨境电商平台均已可以提供一站式外贸供应链服务。当前,跨境电商行业的外部环境仍存在一定波动性,但行业整体处在健康发展的轨道上。

(二)中国跨境电商的发展规模与商品构成情况

从数据来看,中国跨境电商市场规模保持持续扩大的态势。根据网经社的统计数据与 36 氪研究院发布的《2022 年中国跨境电商行业研究报告》,我国跨境电商整体规模从 2014 年的 4.2 万亿元增长至 2021 年的 14.2 万亿元(见表 11 - 2)。同时,中国跨境电商的市场渗透率快速提升,从 2014 年的 15.9% 提升至 2021 年的 40.0%。整体来看,一方面,国内生产企业积累的优质制造能力极大地增加了高性价比产品的供给;另一方面,海外电商的市场渗透率仍有较大提升空间,线上消费习惯仍然处于加速发展阶段。

表 11 - 2 2014～2021 年中国跨境电商市场规模与市场渗透率

单位:万亿元,%

年份	市场规模	市场渗透率
2014	4.2	15.9

续表

年份	市场规模	市场渗透率
2015	5.4	22.0
2016	6.7	27.5
2017	8.05	29.0
2018	9.0	29.5
2019	10.5	33.29
2020	12.5	38.86
2021	14.2	40.0

资料来源：网经社（网址：http://www.100ec.cn/），《2022年中国跨境电商行业研究报告》，36 氪研究院，2022。

从流量角度看，2019～2022年，中国跨境电商进出口额不断增长（见表 11－3）。

表 11－3　2019～2022 年中国跨境电商进出口总体情况

年份	金额（万亿元）			同比增长率（%）			出口/进口
	进出口	出口	进口	进出口	出口	进口	
2019	1.29	0.79	0.49	22.2	30.5	10.8	1.6
2020	1.62	1.09	0.54	25.7	38.0	10.2	2.0
2021	1.92	1.39	0.53	18.6	27.5	-1.9	2.6
2022	2.11	1.55	0.56	9.8	11.7	5.7	2.8

资料来源：中华人民共和国商务部。

从出口商品品类来看，2021年，中国跨境电商零售出口额排名前十的品类占比共计97%（见表11－4）。除了贱金属及其制品外，其他品类商品均保持高速增长。

表 11－4　2021 年中国跨境电商零售出口额排名前十的品类占比情况以及同比增速

单位：%

商品品类	占比	同比增速
特殊交易品及未分类产品	51	161.3
纺织原料及纺织制品	18	106.0
机电、音像设备及其零件、附件	9	1.6

商品品类	占比	同比增速
杂项制品	5	29.4
塑料及其制品；橡胶及其制品	4	20.1
革、毛皮及制品；箱包；肠线制品	2	31.4
贱金属及其制品	2	-39.2
光学、医疗等仪器；钟表；乐器	2	40.9
鞋帽伞等；羽毛品；人造花；人发品	2	30.0
珠宝、贵金属及制品；仿首饰；硬币	2	34.2

资料来源：中华人民共和国商务部。

从进口商品品类来看，2021年，中国跨境电商零售进口额排名前十的品类占比共计99%（见表11-5）。其中"活动物；动物产品"、"光学、医疗等仪器；钟表；乐器"等六个品类均实现了较快增长，增速超过20%。

表11-5 2021年中国跨境电商零售进口额排名前十的品类占比情况以及同比增速

单位：%

商品品类	占比	同比增速
特殊交易品及未分类产品	44	24.6
食品；饮料、酒及醋；烟草及制品	35	21.6
机电、音像设备及其零件、附件	4	23.0
杂项制品	4	-21.9
纺织原料及纺织制品	2	8.9
光学、医疗等仪器；钟表；乐器	2	28.4
活动物；动物产品	2	37.4
鞋帽伞等；羽毛品；人造花；人发品	2	-18.6
革、毛皮及制品；箱包；肠线制品	2	-11.9
动、植物油、脂、蜡；精制食用油脂	2	20.6

资料来源：中华人民共和国商务部。

（三）中国跨境电商交易模式的变化趋势

从进出口交易模式的区分来看，我国跨境电商中的出口占据主要地位。如表11-6所示，从2013年开始，出口交易规模呈现稳步增长的趋势。由此可见，我国制造业以及跨境电商行业在国际上具有较强的竞争优势。但是，进口交易规模增速在多个年份高于出口交易规模增速，这说明我国国内居民收入水平的提高使对海外商品的需求保持高速增长。从复合年均增长率角度进行衡量，中国跨境电商进口规模增长速度（27.8%）高于出口规模增长速度（19.2%）。

表 11－6　中国跨境电商进出口交易规模及同比增速

单位：万亿元，%

年份	出口交易规模	进口交易规模	出口交易规模同比增速	进口交易规模同比增速
2013	2.7	0.5	50	87.5
2014	3.5	0.6	29.6	20.0
2015	4.5	0.9	28.6	50.0
2016	5.5	1.2	22.2	33.3
2017	6.3	1.8	14.5	50.0
2018	7.1	1.9	12.7	5.6
2019	8.0	2.5	12.7	31.6
2020	9.7	2.8	21.2	12.0
2021	11.0	3.2	13.4	14.3

资料来源：网经社（网址：http://www.100ec.cn/）。

从终端客户结构来看，B2B 交易模式的市场份额占据主导地位（见表11－7）。由于 B2C 交易模式交易环节少、可以更好地满足消费者个性化需求等原因，其近年来发展迅速。

表 11－7　中国跨境电商 B2B 与 B2C 交易规模及同比增速

单位：万亿元，%

年份	B2B 交易规模	B2C 交易规模	B2B 交易规模同比增速	B2C 交易规模同比增速
2013	3.0	0.2		
2014	3.9	0.3	30.0	50.0
2015	5.0	0.4	28.21	33.3
2016	5.9	0.8	18.0	100
2017	6.9	1.2	16.9	50.0
2018	7.5	1.5	8.7	25.0

续表

年份	B2B 交易规模	B2C 交易规模	B2B 交易规模同比增速	B2C 交易规模同比增速
2019	8.5	2.0	13.3	33.3
2020	9.7	2.8	14.1	40.0
2021	10.9	3.3	12.4	17.9

资料来源：网经社（网址：http://www.100ec.cn/）。

（四）中国跨境电商发展面临的内部制约因素

在新冠疫情发生之后，学术界的主流观点均认为其导致国际市场供应链紧张与混乱，并可能会对跨境电商行业带来巨大冲击。[①] 但是这一观点并没有在数据层面得到有力的验证。在此期间，我国跨境电商进出口数据仍然较快增长。这在一定程度上证明我国跨境电商行业存在韧性。

除了外部市场、新冠疫情等不可控因素之外，我国跨境电商行业在发展的过程中面临一些明显的制约因素。

1. 政策法规存在较大滞后性

第一，小包货物和零散订单监管。这实际上是一个全球性难题。各国海关均存在邮政包裹严重积压的情况。对于传统少量的 2C 类到个人的包裹或快件，各国进出口监管要求大同小异，电子化程度不高，海关几乎很少对自然人随身携带物品的报关进行严格监管。而且由于体量太小，其对大宗商品贸易几乎没有影响。但跨境电商的爆发让全球小件包裹数量一路飙升。B2B 贸易曾经扮演的全球供应链中间角色被 B2C 贸易迅速"侵蚀"，个人物品和贸易货物的差异在不断缩小甚至已经难以准确区分。如果简单地让电子商务绕过传统贸易规则，则必然会引发外汇、税收、许可、知识产权等一系列问题。当前，我国政府在探索新政策的过程当中，新旧手段同时并用，但跨境电商行业异乎寻常的高速发展导致相关监管政策无法跟上市

---

① 参见新夫等《供应链断裂的微观效应：基于新冠疫情冲击的经验证据》，《中央财经大学学报》2023 年第 5 期；张鹏杨、唐宜红《新冠疫情、国内供应链冲击与省域经济发展》，《财经论丛》2022 年第 9 期；崔晓敏等《全球供应链脆弱性测度——基于贸易网络方法的分析》，《统计研究》2022 年第 8 期。

场的脚步，市场的不确定性必然会影响需求端，导致消费者不满情绪大规模爆发。

第二，通关方式。在一般商品贸易中，海关往往采取信用分级、分类通关、无纸化通关等贸易便利化措施，相关政策较为完善，从而货物通过效率相对比较高。而跨境电商 B2C 模式成交的商品，通常以快件或邮件方式通关，根据现行监管政策要求，按照个人物品的非贸易性质管理，效率必然非常低。另外，跨境电商交易的商品类型实际上已经突破传统非贸易物品的范畴，这让各国海关在没有更加明确的政策时，对这类非贸易物品会持有更为谨慎的态度。落实在具体操作上，就是海关会提高抽检率，降低通关速度。

2.出口方面的制约

在跨境电商出口中，大多数商品采用 B2C 直邮的方式销往海外个人买家。在这一过程中，成交和结汇、报关、商检、退税等各环节无法联通，这让整个业务流程效率大幅下降。通常由于出口产品订单零散，单笔交易金额很小，而且通过跨国快递或航空邮件递送，达不到海关报关价值，或者很难拿到海关正式报关单，因此，产品出口时大多不报关，海关仅对其进行上机检验和随机抽检，无法按照经常项目联网核查，而且交易物品从全国各地海关属地出境，无法实现单货相符。更重要的是，没有海关的出关数据记录，外汇管理部门无法验证货物的真实出口情况，也就无法实现外贸核销和结汇，政府少了一部分贸易统计数据，而卖家也就无法按常规途径结汇退税。到了境外，各国海关对小额贸易的监管程序也很复杂，小件征税、侵权抽检、走私查验等工作量加重，降低了通关效率。

3.进口方面的制约

第一，逃漏税问题。从历史成交数据可以看出，中国消费者对于跨境各类商品存在强烈的需求。但从税务机关的角度来看，B2B 和 B2C 适用的税率存在较大区别。但税务机关往往无法清晰明确地区分通过跨境电商购物的主体到底是中小商户还是个人消费者。在跨境、网购、主体庞杂等条件的共同作用下，传统监管方式难以实现税费的确实认定，这必然会造成部分电商存在逃漏税问题。比如在海外购中,一些企业或个人伪报物品品名、夹藏与伪造购物小票,利用晚间进行通关,试图逃避缴纳关税,还有企业或个人利用分散到各地邮寄的方法,防止批量邮寄产生连号而招致海关怀疑以进行避税。

第二,商检环节。进行跨境电商贸易的双方位于不同国家,而且产品往往采用小包装形式,这给商检工作带来了极大的挑战。检验检疫机构难以全面获取商品类型和交易金额等,在监管查验不足的情况下,商品就可能直接送达消费者。这让查验侵权行为的难度大幅上升,由于监管部门对信息的掌握不完全,用户退换货权益难以得到保证。诸多新现象与新问题的出现,都要求管理部门权衡考虑,研究建立配套的制度和采用高效的手段。

4. 维权困难

跨国交易没有地域限制,商户与商品的质量和资质都无法得到充分的监管与认定,必然会出现售后服务质量差、交易欺诈和网络隐私被侵犯等问题,买家很难维权。商品是否能够满足消费者需求存在一定的不确定性。而对于卖家来说,问题也一样存在,如买家恶意退款等。当出现跨国纠纷的时候,面对不同国家的客户、商家和平台,对于网购纠纷的责任界定,各国仍然存在争议。

由于跨境电商仍然属于新兴事物,与我国互联网行业的迅速发展相伴相生,因此相关政策法规必然存在一定的滞后性。监管的滞后往往出现在市场发展初期。监管政策和扶持政策出台的过程中,往往存在模糊领域。这种不确定性反而可能是最好的获利机会,这必然会导致各种不遵守市场规则的行为出现。但依靠市场不完善而出现的机会注定不会长期存在,随着政府态度日益明朗,平台开始扮演强势规则管理者的角色,物流行业提供的全程追溯等服务到位,相关问题会得以解决。

三 "一带一路"相关国家跨境电商市场的发展情况

中国跨境电商爆发"元年"为 2013 年,而这一年恰逢习近平主席提出"一带一路"倡议。2015 年,国家发展和改革委员会、外交部和商务部正式发布《推动共建丝绸之路经济带和21世纪海上丝绸之路的愿景与行动》，强调大力发展电商平台，给跨境电商的快速发展带来了最好的市场机会。截至2023年6月，中国已经同152个国家和32个国际组织签署200余份共建"一带一路"合作文件。随着时间的推移，共建国家会进一步增加，也会给我国带来更广阔的空间和更多的发展机会。从广义角度来看，"一带一路"包括新亚欧大陆桥经济走廊、中蒙俄经济走廊、中国—南亚—西亚经济带、21世纪海上丝绸之路等。根据中国一带一路网的数据，共建"一带一路"国家总人口大约为44亿人，经济总量超过20万亿美元，分别约占全球的63%和29%。而从各个国家的具体情况来看，它们和我国具有很强的经济互补性。随着洲际铁路运输线建成，运输时间和成本大幅降低，这些有利条件都会进一步突破跨境电商的发展瓶颈。

如果我们按照地理位置对"一带一路"相关国家和地区进行分类，可大致分为三个方向。

（一）北线：中国—蒙古国—俄罗斯—北欧地区

1. 蒙古国

根据蒙古国国家统计局统计，2020年，蒙古国人口共计340万人。由于人口数量较少，蒙古国的电商体量较小。网民数量约占总人口数量的七成，年轻人是网购主要群体，性价比高的日用品是网购的重点商品。自2011年起，蒙古国实行户户通邮政政策，乌兰巴托等城市开始发展市内递送服务，基本能满足网购配送需求。

根据中国金融信息网的数据，蒙古国的跨境电商市场主要由中国公司运行，"云商二连"（E-BOXmall）跨境电商平台于2022年4月1日在蒙古国上线试运营。该平台由二连浩特市邮政公司与博日都商贸公司开发运营，以人民币计价结算，平台国内入驻商家已有200余家，蒙古国注册用户有2万余个。该平台以二连浩特口岸企业商户为电商经营主体，是我国首个面向蒙古国的移动跨境电商平台。截至2021年6月，内蒙古呼和浩特、赤峰、满洲里、鄂尔多斯累计实现对蒙古国跨境电商零售进出口业务85.7万单，进出口额达 9761.63 万元，其中，进口业务为 4.7 万单，金额为 798.18 万元；出口业务为 81 万单，金额为 8963.45 万元。

2. 俄罗斯

俄乌冲突发生后，众多欧美品牌撤出俄罗斯市场，俄罗斯境内供应链重构为新品牌和其他地区的企业带来了巨大商机。俄罗斯越来越重视与中国的经贸合作，中俄经贸往来更加密切。中国跨境电商越来越重视俄罗斯市场。

根据俄罗斯联邦经济发展部的数据，在俄罗斯跨境电商进口贸易中，中国进口商品的份额大幅增长，当前，俄罗斯海外市场采购地主要是中国（90%）、欧盟（4%）和美国（2%）。从市场份额来看，52% 的跨境电商交易额来自中国，23% 来自欧盟，12% 来自美国。中国明显占据主导地位。

此外，根据中国商务部数据，2022 年，中俄双边贸易额达到创纪录的 1902.71 亿美元，同比增长 29.3%，中国已连续 13 年成为俄罗斯第一大贸易伙伴国。2023 年，中俄两国元首共同签署《中华人民共和国主席和俄罗斯联邦总统关于 2030 年前中俄经济合作重点方向发展规划的联合声明》，明确双方将在 8 个重点方向开展双边经济合作，并强调致力于在 2030 年前实现两国贸易额显著提升。可以预见的是，俄罗斯电商市场必将随着中俄经贸的发展而持续火热。

虽然以美国为首的西方发达国家对俄罗斯的制裁力度不断加大，使俄罗斯经济出现大幅度的波动，但并没有对俄罗斯电商市场产生根本影响。根据俄罗斯互联网贸易公司协会的统计数据，2022 年，俄罗斯电商交易额达 4.98 万亿卢布（约合 674.7 亿美元），同比增长超 30%。其中，俄罗斯本国电商平台占比为 96.4%，交易额达 4.81 万亿卢布（约合 651.6 亿美元），同比增长 33%；外国电商平台交易额占比为 3.6%，较 2022 年初下降近 10 个百分点。2022 年，电子商务贸易额在俄罗斯的零售贸易额中的占比为 11.6%，较 2022 年初增长 2.4 个百分点。预计 2023 年俄罗斯电商交易额或增长 25% ~ 30%。

为了弥补制裁和冲突导致的进口商品缺口，俄罗斯正加快完善跨境电商监管框架，促进电子商务和跨境电商发展，帮助俄罗斯制造商和线上零售商开拓新市场。鉴于俄罗斯消费者存在强烈的网购需求，跨境电商行业发展存在巨大机遇，但由于跨国物流和银行结算的不确定性，相关行业的发展必然面临风险。

在所有大型外国电商平台中，只有全球速卖通继续在俄罗斯正常运营。俄罗斯本土电商平台发展迅速，尤其以 Ozon 为代表的电商平台实现了快速增长，市场占有率已经实现第一。由于外国制裁的普遍存在，当前俄罗斯跨境电商行业面临国际物流状况异常复杂、境外线上支付非常困难等问题。从目前情况来看，大力推动与中国的跨境电商贸易是具有操作性与现实意义的路径选择。

3. 北欧地区

北欧地区是一个泛称，通常指芬兰、瑞典、冰岛、丹麦和挪威五国。北欧在全球范围内属于互联网渗透率很高的地区，线上购物非常普及。根据国际电信联盟（International Telecommunication Union）的统计数据，北欧地区的互联网普及率已经达到96%，网购消费人数占比超过75%。

北欧地区特殊的地理环境导致物流成本较高，各国均有自己的官方语言，采用不同的货币单位。加上北欧地区很多本土品牌有较强的竞争力，占领了线上平台并主导当地市场。这些因素均使大型跨境电商平台在北欧市场发展缓慢。尽管跨境电商平台进入北欧市场后，消费人数处于持续增长的状态，但从 2020 年开始，北欧地区跨境电商的发展陷入停滞，发展速度远低于德、意、英和西班牙等国，北欧地区消费者似乎更偏向于线下购物而非通过电商平台购物。但从另一个角度看，北欧跨境电商市场仍然具有较高的增长潜力。

根据 2023 年发布的北欧电子商务市场报告，北欧国家线上消费者的行为和偏好有很多相似之处。北欧五国之一的芬兰在欧盟中属于最成熟的数字经济体。而且，随着经济发展，北欧电商市场保持较快增速，其中，Fruugo 为该地区最受欢迎的跨境电商平台之一。而在瑞典，全球速卖通已经在当地购物平台中排名第一。除了这些跨境电商平台之外，亚马逊、Zalando、Wish 等都是北欧地区比较受欢迎的跨境电商平台。

（二）中线：中国—中亚地区—中东地区—中欧地区—西欧地区

1. 中亚地区

中亚地区包括哈萨克斯坦、乌兹别克斯坦、吉尔吉斯斯坦、塔吉克斯坦、土库曼斯坦五个国家。这些国家的经济普遍相对落后，基础设施不完善，也没有建立起完备的工业体，生活必需品严重依赖进口。由于电信设施的建设相对滞后，网络购物刚刚进入萌芽状态。由于信息不充分，国际贸易水平落后，跨境电子商务的发展刚刚起步，但市场需求强劲，未来电子商务的发展具有充分的空间。一方面，电子商务的发展可以解决信息不对称的问题；另一方面，电子商务可以满足一些由于宗教禁忌等原因而不能随便在市场上购物的人群的需要。电子商务的发展可以有效解决这些问题。而且，网络能够触及传统进口市场无法满足的地区与人群。

哈萨克斯坦的 B2C 网站（Chocolife. me）和吉尔吉斯斯坦的 B2B 网站（prodsklad. kg）比较活跃，但迄今为止仍然未出现成规模的电商企业。此外，由于金融体系的落后，银行卡的使用受到较大限制，网络支付难以大规模普及。货到付款是当前主要的支付方式。但随着时间的推移，移动互联在各国普遍快速发展，各国都实施了更温和的对外开放政策，中亚地区的跨境电商已经实现快速增长，其具有成长为规模性市场的潜力。

2. 中东地区

中东地区长期以来是国际贸易的战略枢纽，相关国家发现大量石油资源后，更是实现了经济高速发展。但与之对应的是与高收入水平不相匹配的不完备的工业体系。这就决定中东地区的消费者有着非常高的跨国购物需求，客单价高是该地区网购消费者的典型特征。

中东地区的跨境电商正处于爆发增长阶段，主要代表国家为沙特阿拉伯、阿联酋、卡塔尔、以色列等。根据美国商务部的数据，中东地区电商市场规模从 2011 年的 70 亿美元增至 2022 年的突破 600 亿美元，年均增幅达到 20%。预计 2023 年将突破 700 亿美元。中东地区各国电商的渗透率非常高，阿联酋超过 50%，其是该地区最大的 B2C 电商市场，沙特超过 30%，科威特超过40%。中东地区物流方式主要是汽车运输方式，超过80%支付方式是货到付款方式。

主要跨境电商平台包括亚马逊中东站（Souq）、全球速卖通等，当地的电子商务平台包括 MEIG、Namshi 以及 Noon 等。中东地区信息产业相对发达，互联网渗透率超过70%，网购人口占比超过50%。尤其由于宗教原因，斋月期间更是消费者网购的高峰。但中东地区跨境电商发展的一个较大阻碍是基础设施不完备，各国均缺乏遍及全国的交通网络，因此电商配送是一个需要克服的障碍。为解决这一问题，经验较为丰富的国家纷纷开设物流专线，比如阿联酋和沙特等国家。

3. 中欧地区（德国）

中欧地区包括德国、波兰、捷克与瑞士等八个国家。其中与"一带一路"结合最紧密，同时跨境电商发展最好的国家是德国。根据研究机构Statista 的统计数据，2022 年，德国电商销售额达到 1100 亿欧元，2023 年可能会超过 1300 亿欧元。超过德国总人口 80% 的消费者有定期在线购物的行为。由于价格优势以及新冠疫情的影响，越来越多的消费者改变了消费习惯，从线下购物转为线上购物。这使德国不仅有欧洲最多的互联网用户，还拥有巨大的电商发展潜力。

主要跨境电商平台包括亚马逊、eBay、Idealo. de、Otto、zalando 等。网上购物在德国很普遍。50 岁以下的人群是互联网的重度使用者，50 岁以上用户的上网比例在急剧增加。对于 60 岁以上的老年人，互联网覆盖率超过60%。中老年用户的数量占比提高对参与电子商务的零售商来说尤其重要，因为这个年龄段的群体是购买力最强的人群。

鉴于德国完善的基础设施，以及成熟的线下购物网络，在一些特定领域，如食品行业、家居行业、个人护理、宠物用品等领域，跨境电商的发展尤其显著。

4. 西欧地区（英国）

西欧地区跨境电商的重点地区是英国。根据欧盟统计局数据，截至 2022年，96% 的英国人已注册成为互联网用户，其中，92% 的英国人进行过线上购物，这一数据远高于其他欧洲国家。2022年后，英国线上零售额持续上涨。英国电商销售额占社会零售额的比例在2021年2月达到峰值36.5%，此后，该比例稳步下降，2022年为25.3%。

根据IMRG Capgemini在线零售数据，2020年，英国电商零售额同比增长2.3%，达到4029亿英镑，实体店销售额下降11.1%，线上销售额增长49.9%；然而，2021年，电商销售额增长速度大幅下降，电商零售额为4209.9亿英镑。同期，线下实体店销售额比上一年增长5.3%，线上电商零售额的增长率仅为8.7%。

进入2022年，英国电商增速进一步放缓，甚至出现大幅衰退的情况。根据IMRG Capgemini统计，与2021年相比，英国电商销售额在2022年下降10.5%，下降至不足3800亿英镑，这一下降幅度创历史新高。这可能是由于更多消费者的消费渠道从线上重新转向线下。从这个角度来看，英国电商在未来的发展仍然面临较多的不确定性。

英国主要跨境电商平台包括Mata、TikTok与亚马逊等，月访问量均在1000万人次以上。相较于其他欧洲国家，英国消费者的线上年均消费水平更高，仅次于丹麦、挪威和德国等国。时尚品类是常年热销类别，电子产品、家居制品、家用电器等商品也在电商网站实现了高速增长。

（三）南线：中国—东南亚地区—南亚地区—非洲地区—南欧地区

1. 东南亚地区

东南亚地区是全球B2C电商发展第二快的市场，其主要经济体是东盟，东盟中的六个国家新加坡、马来西亚、印度尼西亚、泰国、菲律宾与越南是主要参与者。根据东盟统计数据库在2023年发布的数据，东南亚地区拥有约6.7亿人，其中具有上网条件的居民高达4.4亿人。东南亚本身人口基数大、经济发展速度快、对数字化经济的高额投资、移动设备的全面普及等，是东南亚跨境电商发展的重要助力。尽管出现了一些波动，但东南亚电商整体的销售额依旧呈上扬趋势。

2022年，东南亚主要电商平台的GMV达到995亿美元，同比增长14%；

预计到 2025 年，东南亚电商的 GMV 将达到 2110 亿美元。由此可见，东南亚电商市场仍属增量市场。

东南亚拥有众多本土电商平台，其中，Shopee、Lazada、Tokopedia 是东南亚目前主流的三个电商平台，不仅销售的商品种类繁多，市场份额也最高。而在欧美地区占据主流地位的亚马逊在东南亚地区的影响力较小。自 2019 年在新加坡退出至今，亚马逊在东南亚的市场份额仍落后于东南亚其他本土电商平台。

东南亚大部分国家的年轻人口比例高，消费者平均每天花 3.6 小时在移动互联网上，其中排名第一的是泰国，消费者平均每天花 4.2 小时，这一数据远远高于其他国家。东南亚地区的互联网用户数量较多，平均每天使用互联网的时长较长，表明该地区在互联网使用上具有充足的空间，为电商企业在东南亚地区的发展打下了坚实的基础。

尤其需要提及的是，中国互联网巨头纷纷布局东南亚，阿里巴巴收购 Lazada，为天猫和淘宝进入东南亚铺好了道路。京东选择了绿地投资，已经进入印度尼西亚，上线了电商网站 JD. ID。中国互联网企业选择先从东南亚布局电商市场的一个重要原因是东南亚已经成为海外华人主要聚居地，同时也是海外华商最强大的地区。这可以让华人企业与社区利用其与中国的特殊纽带关系，成为中国与东南亚各国经济往来的桥梁与载体。

2. 南亚地区（印度）

南亚地区最主要的国家就是印度，随着无线网络与智能手机的普及，印度已经发展成为全球第八大电商市场。根据 Nox 聚星的统计数据，印度人口约为 14 亿人，人口更为年轻，人口结构呈现正金字塔形状，年龄中位数仅为 28.4 岁，劳动力非常充沛。

印度人口基数大，互联网普及率很高。根据亚马逊卖家导航网站 AMZ123 的统计，印度有 7.6 亿名网民，每名网民平均每天花在社交媒体上的时间约为 2.25 小时。2021 年，印度电商市场增长率高达 26%，销售额达到 629 亿美元。据估计，印度电商市场的销售额在 2025 年甚至可以突破 2220 亿美元。因看好印度电商市场巨大的发展潜力，各大电商企业抢占市场，进行投资、融资、并购，不断扩大规模。

目前，印度最大的本土电商是 Flipkart，其经营模式类似京东，以自营业务为主，自行建设物流体系和仓库。紧随其后的是 Snapdeal，其经营模式更类似于淘宝，属于众多中小商户的经营平台。此外，亚马逊积极在印度布局，获得了较高的市场份额。

但印度的电商市场存在一些障碍。最主要的问题在于，印度属于一个多语言多宗教国家。根据印度官方统计，印度大约有 2000 种语言，其中 55 种有自己的文字和文学。仅有 30% 人口使用印度的官方语言印地语。英语作为"第二附加官方语言"，主要在政治和商业交往场合使用。但电商主要针对的是普通消费者，因此语言不能广泛使用是一个巨大的阻碍。另外还有其他 21 种少数民族的预定官方语言。印度的三大宗教是印度教、伊斯兰教、基督教。根据 2011 年印度人口普查数据，印度有 79.8% 的居民信奉印度教，有 14.2% 的居民信奉伊斯兰教，2.3% 的居民信奉基督教，1.7% 的居民信奉锡克教。[1] 宗教信仰差异使拥有不同宗教信仰的消费者在消费行为上存在巨大差异。印度电商企业很难复制类似于中国的统一市场战略。

此外，印度的两极分化情况非常严重，其属于世界上贫富差距最大的国家之一。富裕阶层受教育程度远高于普通民众，这导致消费市场中消费者的习惯具有很大的差别。如果电商平台的主要客户是高种姓群体，相对利润水平可能会较高，但整体市场容量无法快速增长。但如果针对的是普通消费者，市场规模得到保障，但在经营的过程中可能遭遇高退货率的情况，无法正常获得回款等。

3.非洲地区

非洲地区经济不发达，基础设施不完善，缺乏成熟的工业体系，本土制造业企业实力不强。而从零售端来看，非洲地区的线下零售业发展水平不高，几乎没有大型商场。这意味着非洲消费者对普通日用品和工业产品具有

---

[1] 《印度文明发展的包容性与多样性》，光明网，https：//m. gmw. cn/baijia/2019 - 05/13/3282 5921. html。

极大的需求，这为电商企业的发展提供了巨大的契机。而且，进入 21 世纪后，非洲经济整体上处于较快发展的阶段。

根据非洲开发银行的统计数据，2022 年，非洲整体经济增长率达到 3.8%，有 17 个非洲国家的 GDP 增长率在 5% 以上，而且超过一半的人口有购买非必要商品的需求，这个群体将成为国际商品的主力消费群体。虽然非洲并未进入个人电脑时代，但非洲互联网用户增长非常快，根据世界银行的统计数据，截至 2022 年，非洲有 6.58 亿名互联网用户，互联网普及率为 46.8%。随着移动互联网不断普及和手机价格的下降，非洲的社交媒体渗透率不断增加，2022 年，非洲有 3.75 亿名社交媒体用户，占全球社交媒体用户的 8.18%。随着网络进一步普及，这势必会推动非洲移动电商行业快速发展。根据 StockApps.com 公布的数据，2022 年，非洲电商市场收入达到 333 亿美元；2024 年，收入预估将达到 423 亿美元。

非洲地区没有市场占有率很高的电商企业，比较有影响力的电商平台有尼日利亚的 Konga、南非的 Takealot 和 BidorBuy，以及我国企业投资的 Kilimall 与 KiKUU 等。

但在非洲地区推动电商业务发展面临很大的不确定性。在几个主要国家，尼日利亚的经济发展一直不稳定，汇率、币值都经常出现大幅波动；南非存在较大的政治风险，对外来人员与企业存在较大的抗拒心理；安哥拉政府甚至在 2015 年允许运抵本国的进口货物无单放货，这对于从事跨境电商的企业会造成负面冲击。

4. 南欧地区

南欧地区具有代表性的国家主要是意大利和西班牙。作为发达国家，南欧地区消费者对 3C、服装、家居以及户外用品的需求量较大。

根据意大利国家统计局数据，意大利人口超过 6000 万人，互联网普及率超过 80%，在 4400 万个互联网用户中，网购人数为 3800 万人，其中，47.1% 的 16~64 岁人口每周都会网购。根据 Casaleggio Associati 的统计数据，2022 年，意大利电商营业额约为 759 亿欧元，增长率为 18.58%。网络购物已经成为意大利消费者很普遍的消费行为。服装、电子产品、美容和健康产品等是意大利电商平台上销量较大的品类。

在意大利电商企业中，亚马逊占据绝对优势，其他比较有代表性的平台包括 eBay、ManoMano、Facebook 等。

西班牙的互联网与智能手机普及率超过 70%，网络消费者超过 1500 万人。根据 Eskimoz 的西班牙电商市场报告，2022 年，西班牙电商市场规模突破 600 亿欧元，同比增长 4%，总交易量增长 8.6%，达到 3.34 亿笔。其中，66.5% 的交易流向海外注册企业，这意味着西班牙电商交易的很大一部分为跨境销售。需要指出的是，西班牙自身的经济体量不算很大，但是整个西班牙语系市场规模相当庞大，很多外贸电商企业专门针对西班牙语系市场进行布局。

西班牙主要的电商平台包括亚马逊、AliExpress 和 eBay。其中，亚马逊在销售额和市场份额方面具有不可撼动的领先地位，市场份额超过 40%。

四 加快中国跨境电商发展的建议

近年来，跨境电商在各国均实现快速发展。而中国则是对跨境电商最重视的国家之一。不论是跨境电商综合试验区的广泛设立、国家战略的重点指向，还是国家领导人在各个公开场合发表的讲话，都表明中国对于跨境电商的重视。结合"一带一路"相关国家电商市场的现状，以及我国跨境电商行业发展面临的制约因素，本章对中国跨境电商的发展给出如下建议。

（一）健全与跨境电商相关的法律法规体系

一个完善的法律法规体系可以为跨境电商的发展提供制度保障。法律若能为公平、诚信、安全的电商市场的形成打下坚实的基础，则不仅有利于营造良好的市场氛围，还可以让相关企业消除对于不确定性的担忧。虽然中国跨境电商整体的发展规模已经非常庞大，但目前仍未能建立一个完整的针对跨境电商的法律法规体系。与之相比，一些发达国家，比如美国已经形成较为完善的法律系统，包括《电子签名法》《互联网商务标准》《互联网保护个人隐私法案》《网上电子支付安全标准》等；欧盟也有《电子签名指令》《电子商务指令》等法律。因此，在进一步推动跨境电商发展之前，我国要将相关法律规范化，尽可能涉及跨境电商的各个方面。法律法规体系的建设要与跨境电商发展的整体规模相匹配，更要利用共建"一带一路"的契机推动跨境电商持续健康发展。

（二）规范跨境电商税收征管体系以及监管模式

跨境电商借助互联网优势极大程度地推动了各国间的贸易往来。但由于涉及的交易范围较广，交易双方在法律和习俗等方面具有较大的差异性，受到较多的限制。此外，各国数字化发展程度不一，对数字经济的接受能力不一致，对交易双方提出了更高的要求。复杂的交易环境以及监管体系给中国目前的税收征管体系带来了巨大的挑战，出现许多当前税收征管模式不适用的情况。有鉴于此，我国政府在积极发展跨境电商的过程中，要根据各国数字经济发展水平的差异，探索更合适、更具针对性的税收征管模式。

与此同时，中国还需要加强对跨境电商的监管，并结合跨境电商的特征进行监管模式的创新。由于跨境电商要用由全球各地区各国买家与卖家在电商平台进行交易，待达成交易后进行支付，并利用跨境物流公司将商品交付到其他国家的客户，最终达成交易的形式，因此其中涉及许多复杂的流程，与国内交易不同，它需要考虑各国间的文化差异、法律体系的差异。因此，中国要通过分析现实的具体情况，针对目前存在的问题，找到更适合跨境电商行业的监管方法。这不仅能维护本国企业与消费者的合法权益，也能够为跨境电商行业的发展提供良好的环境。

（三）解决跨境支付结算和资金安全问题

在与东南亚和非洲等一些国家进行跨境电商交易的过程中，我国卖家多次发生跨境支付结算受限进而导致利益受损的情况。针对这一难题，电商平台要对跨境电商的支付结算模式进行创新。一个可能的创新之处是通过与买方所在国银行系统直接连接并运行（不经过其他中间商），给出适合的本地化结算方案。

全球跨境电商在发展过程中必须确保支付安全,目前我国在支付安全方面仍然存在一些不足。比如,我国支付企业的经营区域局限在国内,国际化程度较低,也没有在国际上开展大范围的合作。因此,需进一步加快完善跨境支付业务。政府在必要时需要对相关跨境支付企业进行扶持。

(四)优化跨境电商的国际物流布局

跨境电商和普通电商最大的差异之一就是,所有交易都需要国际物流的支持,所产生的物流成本比国内交易高出很多。如对于采用建设海外仓的方式,跨境电商卖家要学会利用买家所在国的物流,提前与相关物流公司进行合作,这不仅能降低跨境电商的物流成本,还由于节省自建物流体系时间,无须进行烦琐的中转,从而更快地抢占国外市场。这种做法在很大程度上可以降低包裹丢失的概率,便于提高客户在售后服务中的满意程度。

(五)鼓励支持电商企业开拓海外市场

"一带一路"倡议的实施,让我国与相关国家的经贸关系日益紧密。虽然我国电商企业在进行跨境电商交易时可以在一定程度上借鉴阿里巴巴、京东等企业的海内外成功的经验,但也要认清海外电商市场存在诸多不确定性,没有成熟的普遍模式可以在不同国家进行推广。为了减少企业因不确定性而带来的损失,中国政府应当采取相关措施进一步支持我国电商企业开拓海外市场,探寻适合企业发展的跨境模式。

首先,推动企业转型,拓展产业链。加强对新业态、新模式的宣传推广;鼓励企业开展跨境电商业务,提供有关跨境电商的专项扶持资金,支持纺织企业、制造业企业、外贸企业等开展跨境电商活动;助力跨境电商企业开展海外仓业务;做大做强已有的优势产业,进一步丰富跨境产品品类;进一步创新营销模式,注重利用Google、Facebook、TikTok等新渠道进行推广;加快推动制造业企业进行数字化转型,建立起适应跨境电商发展的柔性制造生产线。

其次，加强招商引资，凝聚平台资源。根据跨境电商的发展趋势，完善招商引资政策，吸引国内外电商细分领域的"隐形冠军"或"独角兽"企业，尤其是要重点招引纺织服装、家居家装、物流货运等领域垂直跨境平台、服务企业以及高新技术跨境电商企业，并在房租补助、高端人才引进、企业所得税等方面予以支持。

最后，注重人才培育，创新培养模式。加快培养跨境电商人才，推动塑造新生代企业家的跨境思维；深入推进国内高校和电商龙头企业合作交流，根据企业发展需求，实施订单式人才培养模式，培养应用型、技术技能型人才。鼓励相关高校开设跨境电商学院、跨境电商专业，加强与跨境电商平台、跨境人才服务平台的合作，共同开展跨境人才培养实训，提升学生的实操能力。

第十二章　中国与共建"一带一路"国家
新能源和可再生能源合作

杨　丹

近年来，为确保自身能源安全，世界各国根据各自能源要素禀赋，在战略上制定了不同的能源政策，以期通过推动能源技术进步保障能源供给安全和增强竞争力。多年来，我国与共建"一带一路"国家的能源合作取得显著进展，先后与 90 多个国家、地区和国际组织建立政府间能源合作机制，"一带一路"能源合作伙伴关系成员达到 33 个，搭建了亚太经合组织可持续能源中心、中国—东盟清洁能源合作中心等 6 个区域能源合作平台。共建各国地理区位、自然条件、经济发展水平等因素的不同，使各国新能源和可再生能源的资源禀赋及其利用存在不平衡的特征，同时为我国与相关国家和地区进行多方位的能源合作提供了资源条件，从而推动"一带一路"建设项目顺利连接相关能源生产国、通道国与消费国。本章将对中国与共建"一带一路"国家新能源和可再生能源合作情况进行详细的阐述，对合作前景进行展望并提出相应的政策建议。

一　全球新能源和可再生能源供需格局

（一）新能源和可再生能源界定

新能源和可再生能源的内涵和所包括的能源种类在广义上有相似之处，即都与传统能源（如煤炭、石油等）相对，一般包括太阳能、风能、水能等清洁能源，但由于研究内容和目标的不同，不同机构、不同研究报告对两者的内涵的理解存在区别。

《BP世界能源统计年鉴》把生物燃料作为可再生能源主要包含的指标，水电被独立在可再生能源术语外单独提及。全球环境研究所（GEI）用"水电"、"风能"、"太阳能"和"生物质能"四项指标评价可再生能源。国际能源署（IEA）认为，可再生能源几乎包括每一种类新兴能源，如太阳能光伏、风能等最常用的可再生能源种类以及生物能源、聚光太阳能热发电（CSP）等近年来发展起来的可再生能源。

国家能源局下设"新能源和可再生能源司"，其官网公开信息显示，其具体职责包括引导新能源、可再生能源等的发展，并对新能源、水能等可再生能源的发展规划进行组织、拟订、实施等。根据《可再生能源法》，非化石能源如太阳能等都为可再生能源，但是水电被单独提及，该法认为其对水电的适用性取决于有关部门的具体规定。

基于上述对国际权威机构报告及我国政府部门认定的分析，本章所使用的"新能源"与"可再生能源"的定义是通用的，根据不同国家的情况，主要包括水能、风能、太阳能、生物质能这四种目前应用开发较为广泛的可再生能源主要类型，而不再强调清洁能源的生产技术差异。

（二）影响供需格局的主要因素

1. 应对气候变化下的全球能源结构转型

工业革命推动了社会生产力发展，使当代社会面临诸多经济发展与自然环境之间的矛盾。伴随着石油、天然气等化石能源无节制地开发利用，全球面临环境污染、气候变化和资源紧张三大严峻问题。57%的全球温室气体排放来自传统能源消费，是导致气候变化的重要因素；按照当前全球碳排放量估算，到21世纪末平均温度将上升4摄氏度左右，随之而来的是海平面升高、物种减少、粮食减产等严重后果，这对人类社会的可持续发展构成威胁。2021年8月，联合国政府间气候变化专门委员会（IPCC）发布《气候变化2021：自然科学基础》，以"毫不含糊、史无前例、不可逆转"形容全球升温趋势。

气候变化的灾害性是多方面的。首先，极端天气增加能源供应风险。极端天气对基础设施运行和工作效率产生不利影响，有可能提高故障发生概率，增加运营维护成本和减少供应规模。其次,冰冻、暴雨、飓风、冰雹等极端天气会破坏基础设施,并且可能引发破坏性显著的次生灾害。最后,极端天气,如干旱会进一步造成用水紧张。严重的干旱现象将影响全球水电行业。在多方面因素的影响下,气候变化使全球能源供需失衡加剧。

为了应对生态环境和气候变化带来的严峻挑战,应逐步转变能源消费结构,推动能源供给多元化和控制碳排放等其他指标成为社会共识。2015 年召开的第 21 届联合国气候变化大会在达成的《巴黎协定》中提出了目标、减缓、适应、损失灾害、资金、技术、能力建设、透明度、全球盘点等 29 项内容,为 2020 年后全球气候治理制定大框架和国际机制,这是全球应对气候变化进程中的重要节点。在气候变化带来的诸多矛盾面前,推动能源产业进行绿色低碳转型、发展可再生能源和开发与利用新能源符合世界各国的利益。近年来,全球能源供需呈现多元化特点,新能源和可再生能源所占比重明显上升。

2. 疫情加剧世界经济疲软

自 2020 年开始,在新冠疫情冲击下,全球经济遭受重创,对石油、天然气和煤炭等传统能源需求下降,能源产业进一步萎缩。《BP 世界能源统计年鉴》数据显示,2020 年,全球一次能源消费量为 556.62EJ(见图 12-1),与 2019 年相比减少 24.89EJ。

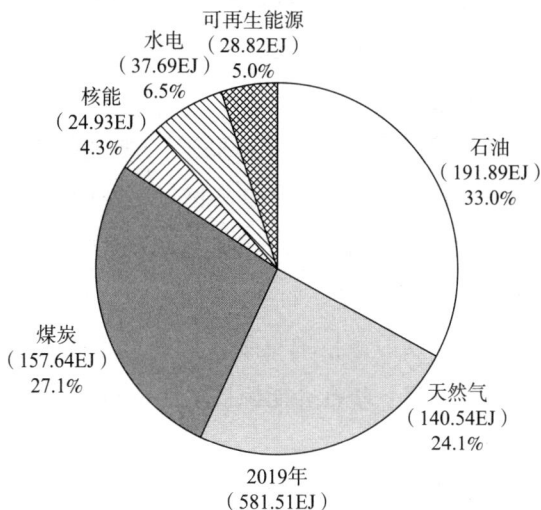

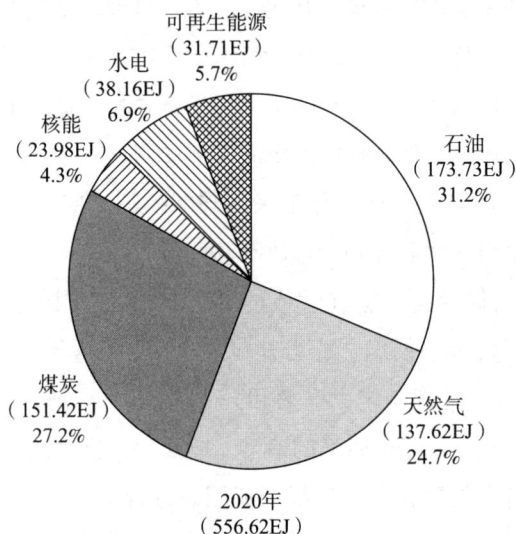

图 12 - 1　2019 年和 2020 年全球一次能源消费量构成情况

资料来源：《BP 世界能源统计年鉴 2021》，英国石油公司，2021。

与此同时，疫情带来的诸多风险导致石油等重要化石能源价格波动，各国为保障自身能源安全与能源需求，进一步出台减少碳排放的政策，推动清洁能源发展，可再生能源消费量增长较快。2020 年，全球可再生能源消费量为 31.71EJ，年均增长率为 9.7%，其发电量在全球发电量中占 11.7%。新能源和可再生能源比重不断扩大的趋势会持续。

3. 能源技术不断创新

能源技术创新是构建"安全、高效、低碳"现代能源工业体系的核心。第三次科技革命带来的技术创新是能源供需格局不断调整的前提。能源产业是世界经济持续发展的基础，属于技术密集型产业。因此，发展能源科技是利用新能源和可再生能源的保障。如今，能源技术革命开启新一轮发展进程，各类科技成果出现，新能源技术更新换代速度不断加快。大数据分析、区块链等产业的蓬勃发展进一步推动能源技术变革和应用形式创新。

（1）能源技术新特点

相比以往而言，能源技术具有低碳、可持续性的特点。随着科技水平的提高，能源开发、生产、运输、储存等环节所消耗的资源和碳排放量都得到有效控制。同时，能源紧缺等问题促使能源技术朝着可持续化方向发展，在一定程度上替代了传统能源，其兼具经济价值和社会价值。

（2）战略布局

据国际能源署统计，2019 年，国际能源署成员国能源技术 RD&D（Research Development & Demonstration）的公共投入总额为 209 亿美元，较上年上涨 4%。其中，氢能和燃料电池技术领域居第一，可再生能源位居第二。世界主要国家和地区在这次技术革命中展开激烈争夺。美国政府为促进先进核能系统研发，不断增加研发资金，投入的大部分 RD&D 资金用于清洁能源研究，包括小型核反应堆、碳捕集技术等。欧洲国家则主要围绕低碳能源转型展开技术研发。2019 年，欧洲风能技术与创新平台（ETIP-Wind）发布的《风能路线图》明确表示，欧盟将在风能利用与合作方面展开积极布局。而日本则继续聚焦氢能和燃料电池技术研究，通过向新能源产业技术综合开发机构（NEDO）投入专项科研经费等方式推动核心技术研发。

（3）最新科技成果

在各国政府和科研机构的推动下，能源技术成果涌现。太阳能技术实现了新应用，制氢技术得到初步应用；俄罗斯设计建造的首轮浮动核电站投入使用标志着核电技术新型应用取得进展；高性能储能电池领域和氢能技术方面出现了不少新研究成果。各类新能源技术的发展进一步加快全球能源结构转型，全球能源体系呈现低碳化、清洁化、分散化和智能化的新特征。数字化能源系统能够准确判断市场的需求，在合适的时间、地点以最低的成本提供能源，全球能源商业模式正在形成。能源技术数字化势必会促进能源产业变革，从而深刻影响全球能源供给格局。

二　共建"一带一路"国家新能源和可再生能源概况

2019 年 4 月，"一带一路"能源合作伙伴关系（The Belt and Road Energy Partnership，BREP）成立，这是中国政府发起的政府间能源类国际组织，为成员国解决能源发展面临的问题，推动更高质量、更高水平、更可持续的能源领域国际合作,各国开展能源领域务实合作提供了新的平台。本部分将按照地理位置分区,对部分"一带一路"倡议成员国和 BREP 成员国的新能源和可再生能源的资源禀赋进行概括。当前,"一带一路"能源合作伙伴关系成员国达到 33 个,已经成为共建"一带一路"框架下成员国数量最多、活动最为丰富、成果最为务实的高质量合作新平台。与此同时,10 年来,中国与相关国家和地区先后成立了亚太经合组织可持续能源中心、中国—阿盟清洁能源培训中心、中国—中东欧国家能源项目对话与合作中心、中国—非盟能源伙伴关系、中国—东盟清洁能源合作中心 5 个区域能源合作平台,聚焦政策沟通、规划对接、能力建设、技术交流和联合研究,有力促进相关国家和地区在能源领域的发展。

(一)中东欧概况

作为共建"一带一路"国家,中东欧 17 国的反应积极。其中,匈牙利和塞尔维亚是 BREP 成员国,2019 年两国可再生能源发电装机情况见表12-1。

表 12-1 2019 年匈牙利、塞尔维亚可再生能源发电装机情况

单位:亿千瓦,%

国家	总装机容量	可再生能源装机容量/占比	水电装机容量/占比	光伏发电装机容量/占比	风电装机容量/占比	生物质和垃圾发电装机容量/占比
匈牙利	965	223/23.1	6/0.6	128/13.2	33/3.4	53/5.4
塞尔维亚	719	281/39.0	242/33.7	1/0.1	36/5.0	2/0.2

资料来源:《中国企业参与"一带一路"能源伙伴关系国家的可再生能源项目投资机会研究》,中国新能源电力投融资联盟,2021。

从表 12-1 可以看出,匈牙利的太阳能资源较为丰富,相比水能、风能得到了最多的利用。在匈牙利的主要日照地区,其每年电力输出规模可达4360 亿千瓦时,光伏发电成为其优先发展的可再生能源领域。为实现 2025年前逐步淘汰煤炭、2030 年实现 90% 电力无碳排放,匈牙利计划将国内太阳能发电能力提高 10 倍,增加到 600 万千瓦。除了光伏发电外,丰富的水能、风能资源也为匈牙利的新能源开发提供了支撑。塞尔维亚有着较为丰富

的水能、太阳能和风能资源。发展绿色能源是其加入欧盟的必要条件之一，因此，其也成为政府重点发展的领域。为此，塞尔维亚政府提出了到2040年可再生能源发电量占比达40%的发展目标，并发布了相应的鼓励文件。2021年，为给可再生能源的发展提供更大力度的支持，塞尔维亚政府再次提高了可再生能源发电的补贴。

总体而言，中东欧地区可再生能源的利用量和发电量在全球都处于领先地位，且受到整个欧洲本身经济发展水平较高、绿色发展意识较强的影响，该地区针对新能源和可再生能源的发展制定了相应的发展目标和支持政策，为可再生能源合作奠定了良好的基础。

（二）独联体概况

截至2023年底，独联体中的8个国家与中国签署"一带一路"合作协议。BREP成员国包括阿塞拜疆、吉尔吉斯斯坦、塔吉克斯坦。其中，2019年阿塞拜疆可再生能源发电装机情况见表12-2。

表12-2 2019年阿塞拜疆可再生能源发电装机情况

单位：亿千瓦，%

国家	总装机容量	可再生能源装机容量/占比	水电装机容量/占比	光伏发电装机容量/占比	风电装机容量/占比	生物质和垃圾发电装机容量/占比
阿塞拜疆	806	127/15.7	112/13.9	4/0.5	7/0.8	5/0.6

资料来源：《中国企业参与"一带一路"能源伙伴关系国家的可再生能源项目投资机会研究》，中国新能源电力投融资联盟，2021。

阿塞拜疆蕴含着巨大的未开发的可再生能源，国内阳光丰沛、风力规模大，此外，水力、生物能、地热资源也相当丰富。阿塞拜疆加入《联合国气候变化框架公约》，签署了《巴黎协定》。2021年，阿塞拜疆发布"阿塞拜疆2030年：国家社会经济发展优先事项"的总统令，"建立清洁环境、实现绿色增长"被列入五个国家优先事项之一。该总统令强调清洁技术的引进以及清洁能源的使用，期望国家可再生能源的发电量占比到2030年提高至30%。

俄罗斯是"一带一路"的重要节点国家。根据国际能源署统计并发布的数据，2021年，天然气在俄罗斯能源消费结构中的占比为35.8%；紧随其后的是石油，消费占比约为 25%；煤炭的消费占比较小，约为 5.9%。可以看出，目前，俄罗斯的能源消费仍以传统化石能源为主。俄罗斯近年来持续出台推动新能源产业发展的政策措施，促进低碳绿色转型。据俄罗斯卫星通讯社报道，到 2035 年，俄罗斯对可再生能源项目的支持总额将达到 3600 亿卢布（1 美元约合 73 卢布），可再生能源发电能力将超过 1200 万千瓦。俄罗斯在实现经济增长的同时，力图达到温室气体低排放目标，即到 2050 年前温室气体净排放量在 2019 年排放水平上减少 60%，同时比 1990 年的排放水平减少 80%，并在 2060 年前实现"碳中和"。①

截至目前，天然气仍然是独联体国家的主要发电燃料，在发电能源结构中约占 1/2，可再生能源发电结构中占比最高的是水电。除去水电，其可再生能源发电比重在全球排名最低，且远低于全球平均水平。

（三）东盟概况

东盟中泰国、缅甸、老挝、柬埔寨四国是 BREP 成员国，2019 年泰国、缅甸、老挝、柬埔寨可再生能源发电装机情况见表 12-3。

表 12-3　2019 年泰国、缅甸、老挝、柬埔寨可再生能源发电装机情况

单位：万千瓦，%

国家	总装机容量	可再生能源装机容量/占比	水电装机容量/占比	光伏发电装机容量/占比	风电装机容量/占比	生物质和垃圾发电装机容量/占比
泰国	4720	1199/52.7	383/8.1	367/7.8	299/0.6	150/3.2
缅甸	551	326/59.2	326/59.2	0/0.0	0/0.0	0/0.0
老挝	728	536/73.7	530/72.8	2/0.3	0/0.0	4/0.5
柬埔寨	236	148/62.7	133/56.4	10/4.2	0/0.0	5/2.2

资料来源：笔者根据国际可再生能源署的统计数据整理得到。

泰国是东南亚地区可再生能源装机容量最大的国家，位列东盟国家第一。泰国于 2015 年发布了到 2036 年使可再生能源消耗量在能源总消耗量中

---

① 数据来源：《打造更加紧密的能源合作伙伴关系》，腾讯网，https://new.qq.com/rain/a/2022 1202A05O1200。

的占比达到30%的目标。届时太阳能发电占比最大。

缅甸是水能资源最丰富的东南亚国家，此外还有丰富的生物质能、风能、太阳能等可再生资源，具有较大的开发潜力。其中，目前已经得到商业化开发利用的是水资源，其他可再生资源仍处于试验阶段，有待继续开发和研究。

老挝的可再生能源发展潜力主要体现在水电项目方面，其水能资源理论蕴藏总量达1600亿千瓦时/年，可开发装机规模约为2440万千瓦，电力装机结构仍以水电为主。老挝太阳能资源、风能资源较为丰富。

柬埔寨的水能资源十分丰富，具备巨大的开发潜能；太阳能资源方面，当地适宜发展太阳能的土地面积广大，平均日太阳辐射量大；生物质资源方面，稻壳等农业剩余物、畜禽粪便等为清洁发电提供了丰富的物料；风能资源方面，由于平均风速相对较低，因此不适合进行集中式开发而进行适合分布式开发。柬埔寨总理在2020年气候雄心会上表示，柬埔寨可再生能源发电量占比在2030年之前至少要达到25%。政府发布的《柬埔寨电力发展规划2020-2030》进一步制定了2030年柬埔寨可再生能源装机容量达到660万千瓦的发展目标。

（四）西亚概况

西亚地区参与"一带一路"倡议的国家有伊朗、埃及等18国。其中，伊拉克、土耳其和科威特是BREP成员国，2019年伊拉克、土耳其、科威特可再生能源发电装机情况见表12-4。

表12-4　2019年伊拉克、土耳其、科威特可再生能源发电装机情况

单位：亿千瓦，%

国家	总装机容量	可再生能源装机容量/占比	水电装机容量/占比	光伏发电装机容量/占比	风电装机容量/占比	生物质和垃圾发电装机容量/占比
伊拉克	3323	273/8.2	251/7.6	22/0.7	0/0.0	0/0.0
土耳其	9025	4475/49.6	2850/31.6	600/6.6	759/8.4	98/1.1
科威特	1896	11/0.6	0/0.0	9/0.5	1/0.1	0/0.0

资料来源：笔者根据国际可再生能源署的统计数据整理得到。

伊拉克是中东地区水能资源较为丰富的国家，幼发拉底河与底格里斯河贯穿全境；风能资源方面，伊拉克平均风速在 6.56 米/秒以上，平均风力功率密度为 325 瓦/平方米，风速最高地区可达 8 米/秒，平均功率密度最高的地区可达 686 瓦/平方米；太阳能资源方面，伊拉克日照充足，主要的日照地区每年电力输出规模可达 1.7 万亿千瓦时。伊拉克政府为积极推动可再生能源发展，制定了十年规划，计划到 2028 年将可再生能源消费比重提高到 10%。投资超过 500 亿美元开发光伏发电、风电、生物质能发电等项目。

科威特的主要可再生能源禀赋体现在太阳能方面，境内日照条件好，年辐照强度大。为解决能源结构多样化问题，政府制定了可再生能源发展目标，计划到 2030 年将可再生能源发电比例提高到 15%。

土耳其境内河流、湖泊众多，水资源丰富；太阳能和风能资源也较为丰富，年均太阳能总辐射量为 1241 ~ 1972 千瓦时/平方米，境内 10% 为大风区域，平均功率密度为 0.499 千瓦/平方米，风速为 7.26 米/秒。土耳其政府于 2009 年发布《2023 年发展规划》，提出要在 2023 年前将全国总装机容量提升至 1.25 亿千瓦、可再生能源份额提高至 30% 的发展计划。2018 年，其又将可再生能源份额修订至 50%，提出全面利用水电、推广地热、发展太阳能发电。

西亚地区的太阳能资源较为丰富，地区内各国都有较大的太阳能开发潜能，这为其实现能源低碳转型、能源结构多样化提供了资源基础。

（五）南亚概况

南亚区域的"一带一路"倡议成员国有印度、马尔代夫等 8 国。其中，巴基斯坦、阿富汗、尼泊尔是 BREP 成员国，2019 年南亚三国可再生能源发电装机情况见表 12 - 5。

表 12 - 5　2019 年南亚三国可再生能源发电装机情况

单位：亿千瓦，%

国家	总装机容量	可再生能源装机容量/占比	水电装机容量/占比	光伏发电装机容量/占比	风电装机容量/占比	生物质和垃圾发电装机容量/占比
巴基斯坦	3699	1287/34.8	987/26.7	133/3.6	124/3.3	43/1.2

国家	总装机容量	可再生能源装机容量/占比	水电装机容量/占比	光伏发电装机容量/占比	风电装机容量/占比	生物质和垃圾发电装机容量/占比
阿富汗	65	36/56.1	33/51.1	3/5.0	0/0.0	0/0.0
尼泊尔	117	111/95.5	106/90.8	5/4.6	0/0.0	0/0.0

资料来源：笔者根据国际可再生能源署的统计数据整理得到。

　　阿富汗国家能源及水利部的统计数据和估计结果显示，阿富汗的可再生能源潜力超 3 亿千瓦，其中，水能、太阳能、风能等可再生能源都比较丰富。2017 年，阿富汗政府制定了阿富汗可再生能源路线图，制定了至 2032 年新增 450 万~500 万千瓦可再生能源装机的发展目标，积极建设太阳能微网、风电项目等。

　　巴基斯坦的可再生能源潜力主要体现在太阳能、风能发电方面，生物质能原料较为丰富，如大量农业及畜牧业副产品具有约 400 万千瓦的开发潜力。巴基斯坦政府的发展目标是，非水电类可再生能源发电量占比到 2025 年增至 25%，2030 年这一比例将进一步提升至 30%，加上水电，到 2030 年国内可再生能源的发电量占比将达到 60%。

　　尼泊尔的水力资源丰富，政府在积极推动本国水能、太阳能等可再生能源的开发利用。根据尼泊尔能源部制定的水电规划，2030 年，尼泊尔水电装机容量将提高至 2500 万千瓦。

　　南亚区域的 BREP 成员国蕴藏着丰富的水能资源，各国政府积极吸引外资和外援，推动国内水电开发，水电项目是南亚国家可再生能源项目发展的重点方向之一。南亚区域良好的日照条件为其带来了丰富的太阳能资源，开发潜力较大，特别是小型、微型和离网型光伏发电项目，能够有效解决偏远地区无电人口面临的问题，这是南亚地区可再生能源发展的重点方向之一。

（六）中亚概况

　　中亚地区内的共建"一带一路"国家有哈萨克斯坦、吉尔吉斯斯坦等五国。其中，塔吉克斯坦、吉尔吉斯斯坦是 BREP 成员国，2019 年中亚两国可再生能源发电装机情况见表 12 - 6。

表 12 - 6　2019 年中亚两国可再生能源发电装机情况

单位：亿千瓦，%

国家	总装机容量	可再生能源装机容量/占比	水电装机容量/占比	光伏发电装机容量/占比	风电装机容量/占比	生物质和垃圾发电装机容量/占比
塔吉克斯坦	652	580/89.0	580/89.0	0/0.0	0/0.0	0/0.0
吉尔吉斯斯坦	382	309/80.8	309/80.8	0/0.0	0/0.0	0/0.0

资料来源：笔者根据国际可再生能源署的统计数据整理得到。

塔吉克斯坦有着丰富的水力资源，水电潜能估计年均达 5270 亿千瓦，其中 95% 的电力来自水力发电。太阳能资源也较为丰富，发电潜能估计年均约为 250 亿千瓦，但是风力发电潜能较小。塔吉克斯坦议会下院审批通过了 2030 年前国家发展战略，指明要以丰富的水力资源为依托和基础，大力建设水电站，践行"水电兴国"的基本国策，同时积极推进太阳能资源开发。

吉尔吉斯斯坦水力资源丰富，水力发电占比趋向 90%，但其开发程度仅为 10%，有较大的开发潜能。吉尔吉斯斯坦的地理位置与气候条件有利于其广泛开发太阳能资源，其"国家能源发展战略（2010～2025 年）"指出，要积极推动可再生能源尤其是水力发电发展，为此，吉尔吉斯斯坦还颁布了《可再生能源法》，提供了激励和优惠措施。

（七）东亚概况

东亚地区的共建"一带一路"国家蒙古国是 BREP 成员国，2019 年蒙古国可再生能源发电装机情况见表 12 - 7。

表 12 - 7　2019 年蒙古国可再生能源发电装机情况

单位：亿千瓦，%

国家	总装机容量	可再生能源装机容量/占比	水电装机容量/占比	光伏发电装机容量/占比	风电装机容量/占比	生物质和垃圾发电装机容量/占比
蒙古国	158	27/17.3	3/1.8	9/5.7	16/9.9	0/0.0

资料来源：笔者根据国际可再生能源署的统计数据整理得到。

蒙古国的主要可再生能源是风能，主要集中在该国东南部地区，理论风电装机容量约为 11 亿千瓦，适宜开发风电场。此外，其太阳能资源较为丰富，太阳能辐射强度显著高于其他亚洲国家，理论光伏发电装机容量为 15 亿千瓦，年均辐射量为 1569～1799 千瓦时/平方米，其具备建设大型光伏发电站的资源基础。蒙古国虽然有一定的水能资源储备，但其显著低于风能、太阳能。其可再生能源发展目标是，可再生能源总装机容量到 2023 年的占比达到 20%，到 2030 年达到 30%，并颁布《可再生能源法》，推行可再生能源补贴政策，促进本国风电、光伏产业发展。

三　"六大经济走廊"新能源和可再生能源合作状况

按照共商、共建、共享原则，能源资源国际合作已成为"一带一路"建设的重中之重。2017 年，首届"一带一路"国际合作高峰论坛发布《共建"一带一路"：理念、实践与中国的贡献》，确定了共建"一带一路"的五大方向、合作重点和空间布局。在此基础上，中国提出了"六廊六路多国多港"的合作框架。作为"一带一路"的基本支撑框架，六大经济走廊直接连接俄罗斯、中亚、东南亚、南亚，贯通东北亚、中东欧、西欧、西亚、非洲等地，并由此辐射到世界其他区域，支撑起整个"一带一路"。

作为"一带一路"分区施策的载体，六大经济走廊提升了"一带一路"倡议与共建各国发展战略的契合度，以务实举措应对共建"一带一路"过程中面临的共建国家制度、资源禀赋、发展水平、与中国经济结构互补性及合作关系等方面的问题。六大经济走廊各自发展基础不同，建设进程有快有慢，但都具有鲜明的特点。

（一）中蒙俄经济走廊

这一经济走廊有两条主线路：一是从京津冀到呼和浩特，再到蒙古国和俄罗斯；二是由大连、沈阳、长春、哈尔滨到满洲里，再到俄罗斯赤塔。两条线路互相补充、衔接，共同构成一个开放式的新型经济发展区，对我国华北、东北地区的经济拉动作用较为直接。以能源合作与农业合作为重点，通过跨境产业园区建设、基础设施联通，促进三国合作与发展。2023年3月，中俄两国元首共同签署《中华人民共和国和俄罗斯联邦关于深化新时代全面战略协作伙伴关系的联合声明》和《中华人民共和国主席和俄罗斯联邦总统关于2030年前中俄经济合作重点方向发展规划的联合声明》。中华人民共和国海关总署发布的数据显示，2023年前两个月，中俄贸易额达到336.9亿美元，同比增长25.9%。其中，中国对俄出口额为150.4亿美元，同比增长19.8%，自俄进口额为186.5亿美元，同比增长31.3%。中国自俄进口商品中约70%为石油、天然气和煤炭，还包括铜及铜矿石、木材、燃料和水产品；对俄出口商品主要为智能手机、工业和专用设备、儿童玩具、鞋子、汽车、空调和电脑等。三方高度重视落实2015年《中华人民共和国、俄罗斯联邦、蒙古国发展三方合作中期路线图》和2016年《建设中蒙俄经济走廊规划纲要》。三方一揽子合作的深化，将积极推动这一具有发展前景的机制同上海合作组织、欧亚经济联盟等区域组织和机制进一步对接。

（二）中巴经济走廊

能源基础设施建设为巴基斯坦解决了长期缺电带来的发展难题。2023年4月，巴基斯坦和伊朗恢复边境贸易，双方签署协议由伊方向瓜达尔港提供电力。两国天然气管道建设也提上日程。根据规划，该管道有望在2024年建成，途经瓜达尔港向巴基斯坦南部地区提供天然气，瓜达尔港还将逐步成为地区天然气运输调配枢纽。巴基斯坦有丰富的水能资源，但鉴于北部地区险峻的山脉和复杂的自然环境，基础设施开发进展一直缓慢。近年来，随着中国与巴基斯坦在清洁能源领域的创新合作不断深入，这一局面正不断得到改善。卡洛特水电站位于距巴基斯坦首都伊斯兰堡55公里的吉拉姆河畔，由中国长江三峡集团有限公司投资建设，是共建"一带一路"倡议下首个大型水电投资建设项目，也是丝路基金成立后投资的"第一单"。卡洛特水电站为巴基斯坦带来了清洁的能源和可持续发展的机遇。2023年6月，卡洛特

水电站运营一周年来，相当于节约标准煤约 159 万吨，减排二氧化碳约 398
万吨，为巴基斯坦减少了能源进口所造成的高额外汇消耗。[①] 清洁的电能将
有力促进巴基斯坦纺织、轻工业等部门提高竞争力，为巴基斯坦实现工业
化、现代化发展带来新的机遇。2022 年 4 月，作为首个海外示范工程项目，
中国拥有完全自主知识产权的三代核电压水堆"华龙一号"的 K-3 项目机
组顺利通过验收，卡拉奇核电站 K-2/K-3 两台机组全面建成投产。该项
目满足国际最高安全标准，具备批量化建设能力，两台机组每年将为当地提
供清洁电力近 200 亿千瓦时，能够满足当地 200 万人口的年度生产和生活用
电需求。"华龙一号"成为中国为世界贡献的三代核电优选方案和中国核电
走向世界的"国家名片"。

（三）孟中印缅经济走廊

中印两国于 2013 年 5 月共同提出倡议，得到孟缅两国积极响应。该倡
议对深化四国间友好合作关系、实现东亚与南亚两大区域互联互通有重要意
义。截至 2023 年 4 月，孟中印缅地区合作论坛已在四国轮流举办了 13 届，
围绕交通能源、贸易投资等主题展开研讨。这一经济走廊连接东亚、南亚、
东南亚三大区域，沟通太平洋、印度洋两大海域，涉及逾 30 亿人口的巨大
市场，被各方寄予厚望。孟中印缅是中国开展可再生能源战略性国际合作的
关键区域，其中，孟加拉国、印度和缅甸是三个重点合作国家，未来该区域在
可再生能源领域的发展空间很大。产能合作方面，中缅油气管道、莱比塘铜
矿、达贡山镍矿等重大项目建成投产，为中缅实现互利共赢树立了典范。

中缅油气管道包括原油管道和天然气管道，是我国能源进口四大战略通
道之一。天然气管道起于缅甸兰里岛，止于广西贵港，设计年输送能力为
120 亿立方米。[②] 中缅天然气管道在 2013 年投产，至 2021 年底，累计输气
336 亿立方米。电站和电网的建设是孟加拉国人民实现"金色孟加拉国"

---

① 《中巴经济走廊卡洛特水电站运行一周年》，国新网，http://www.scio.gov.cn/gxzl/ydyl_
　 26587/jmwl_26592/jmwl_26593/202307/t20230701_720121.html。
② 《建设孟中印缅经济走廊》，瞭望周刊社网站，https://lw.news.cn/2023-01/29/c_1310
　 693386.htm。

梦想的先决条件，电力行业是共建"一带一路"的中坚力量。由中国企业总包、多家央企共建、华电运营海外技术公司负责运维的孟加拉国古拉绍365MW 燃气联合循环电站自 2018 年投入商业运行以来，为促进孟加拉国经济社会发展、改善该国环境质量做出了卓越贡献，不仅成为该国燃气循环电站的技术标杆，还是"一带一路"电力市场的"明星"。古拉绍项目肩负着孟加拉国首都达卡总理府等一系列政府部门的用电安全任务，截至 2022 年 2 月初，古拉绍电站累计运行超过 28208 小时，累计发电量超过 76 亿度，为保障孟加拉国能源安全、促进经济社会发展做出了卓越贡献，成为中孟"一带一路"能源合作典范工程。①

（四）中国—中南半岛经济走廊

中国—中南半岛经济走廊是中国可再生能源国际合作的桥梁，其凭借区域内宽松的投资政策以及开放的投资环境，已成为中国相关企业境外投资的主要目的地。各国通过投资贸易往来，成为共同发展、互联互通、优势互补的区域经济体，区域内可再生能源项目投资潜力巨大。2022 年 4 月，中国南方电网公司与越南电力集团签署《长期战略合作备忘录》，在电网、电源、管理和技术等领域开展长期合作，中越电力贸易进入新的合作周期。2022 年上半年，中国通过与越南、老挝和缅甸局部跨境互联电网，累计完成电力进出口贸易量 14.3 亿千瓦时，同比增长 59.24%。② 中国广核集团还在打造老挝规模最大的风光水储一体化清洁能源投资示范项目，促进老挝、中国、泰国、柬埔寨等东盟主要国家电力基础设施和电力贸易互联互通。中国与老挝电力合作基础深厚，在老挝注册的 13 家中资发电企业在老挝共投修 18 座水电站，运营总装机容量为 2256 兆瓦，占老挝电力装机容量的 49.7%。中国在前期水电站合作的基础上，与缅甸开展燃气电站合作。2022 年 10 月，由中国电建集团投资建设的缅甸皎漂燃气联合循环电站首台燃机点火发电，项

---

① 《中孟携手，共建"一带一路"能源合作典范工程》，搜狐网，https://www.sohu.com/a/522106700_120963129。

② 《南方电网 2022 年上半年与湄公河流域国家电力进出口同比增长 59.24%》，中国日报中文网，https://yn.chinadaily.com.cn/a/202207/18/WS62d4fd8fa3101c3ee7adfa5d.html。

目总装机容量为 135 兆瓦，全部建成后年发电量约为 10 亿千瓦时，为缅甸皎漂经济特区夯实电力供应基础。2022 年 11 月，中国华电柬埔寨西港项目首台机组顺利通过柬埔寨国家电力公司要求的满负荷性能试验，这标志着中国华电在柬投资兴建的最大火电项目首台机组正式投产发电，是中国华电在共建"一带一路"国家投资建设的重点工程，也是目前中国在柬单体投资最大电源项目。

（五）中国—中亚—西亚经济走廊

能源合作从油气领域拓展至可再生能源领域。一方面，油气合作深入推进。中亚天然气管道是我国首条从陆路引进的天然气跨国能源通道，西起土库曼斯坦和乌兹别克斯坦边境，穿越乌兹别克斯坦中部和哈萨克斯坦南部，经中国新疆霍尔果斯口岸入境，通过霍尔果斯压气站与国内西气东输二、三线管道相连，有力保障了下游管道沿线 27 个省区市和香港特别行政区 5 亿多名居民的用气需求。

另一方面，中国企业投资和参与建设中亚—西亚地区的可再生能源项目。中国—中亚—西亚经济走廊在可再生能源领域拥有巨大的合作潜能，主要以水电、太阳能等领域的合作为重点，为中国与阿拉伯国家相关产业互联互通创造了良好的条件。哈中原油管道是中国第一条跨国输油管道，对哈中甚至整个欧亚能源系统都具有重要影响。与此同时，中国企业在哈业务涉及非传统能源领域风电、水电等大型项目。截至 2023 年 5 月 19 日，中国—中亚天然气管道 A/B/C 线累计向我国输送天然气超 4300 亿立方米，其是目前世界上线路最长、供应覆盖面积最大、受益人口最多的天然气管道。①

（六）新亚欧大陆桥经济走廊

走廊沿线国家在减少温室气体排放、能源利用效率提高、可再生能源发展、新能源汽车研发与生产、污水处理、零碳城市打造、绿色金融发展等方面相互加强合作。中欧班列已成为新能源汽车出口的重要渠道。在 2022 年 9

---

① 《中国—中亚深化能源全产业链合作》，《中国能源报》2023 年 5 月 29 日第 7 版。

月首趟装载中国制造的新能源汽车的中欧班列开行后，中国制造的新能源汽车搭乘中欧班列密集出海。随着新能源汽车产业的迅速发展，位于中东欧的匈牙利成为中国企业投资的热点。2020 年，中资企业的 10 个投资项目选择落地匈牙利。① 2021 年，中国恩捷集团在匈牙利投资建设锂电池隔膜生产基地。② 2022 年，亿纬锂能、蔚来汽车、宁德时代等企业先后宣布在匈牙利建厂。其中，宁德时代在匈牙利计划建设的电池工厂的投资金额为 73.4 亿欧元，是 10 年来欧洲五大"绿地投资"之一，也是匈牙利有史以来最大的一笔外国直接投资。③ 在塞尔维亚，利用中方贷款实施的科斯托拉茨电站一期项目大修已完工，作为塞尔维亚能源领域近 30 年来最大工程的科斯托拉茨 B 电站二期项目于 2017 年 11 月开工。在罗马尼亚，多个太阳能及风力发电等清洁能源项目已经在建设中。

四　中国企业参与新能源和可再生能源合作的重点领域

2023 年 5 月，由国家能源局主办、厦门市人民政府承办的第三届"一带一路"能源合作伙伴关系论坛在福建厦门成功召开。会议集中展示了"一带一路"能源合作 10 年来取得的重大标志性成就，切实增强了"一带一路"能源合作的国际吸引力、影响力、感召力。重大标志性能源合作项目有俄罗斯亚马尔液化天然气项目、巴西美丽山 ±800 千伏特高压直流输电项目、巴基斯坦卡拉奇 K－2 和 K－3 核电站项目、巴基斯坦卡洛特水电站项目等，一大批"一带一路"能源合作重大标志性工程建成投运，对相关国家和地区保障能源安全、稳定能源供应、优化能源结构、促进技术创新等发挥了重要作用。

中国与共建"一带一路"国家新能源和可再生能源的合作领域主要集中

---

① 《2020 年度中国首次成为匈牙利最大外资来源国》，中华人民共和国驻匈牙利大使馆经济商务处网站，http://hu.mofcom.gov.cn/article/jmxw/202104/20210403056683.shtml。
② 《中匈新能源汽车合作持续深化》，《人民日报》2022 年 9 月 10 日第 3 版。
③ 《中国锂电企业占领海外高地，匈牙利吸引宁德、比亚迪、亿纬数百亿投资 | 2023 中国经济年报》，网易，https://www.163.com/dy/article/IN46R3TV0512D03F.html。

在水电、风电与光伏三个方面。水电领域项目为 36 个，占比为 81%；风电领域项目为 6 个，占比为 14%；光伏发电领域项目为 2 个，占比为 5%（见图 12 - 2）。未来，随着技术进步，风电和光伏发电成本将逐步下降，在中国在海外开展可再生能源项目中，风电和光伏发电项目的比例有望进一步提升。

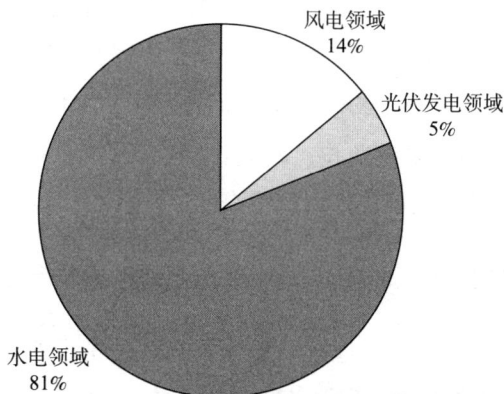

图 12 - 2　中国企业参与可再生能源合作项目领域分布情况

资料来源：《中国企业参与"一带一路"能源伙伴关系国家的可再生能源项目投资机会研究》，中国新能源电力投融资联盟，2021。

（一）中国与共建"一带一路"国家的水电能源合作

中国在水电能源国际合作方面具备相当大的优势。作为国内最早"走出去"的行业之一，中国水电行业及参与企业更是把"走出去"战略深度融合到"一带一路"倡议之中。近年，中国相关企业具备先进的水电开发、运营管理、金融服务和资本运作能力以及包括设计、施工、重大装备制造在内的完整产业链整合能力。

在与共建"一带一路"国家的合作中，我国水电行业的国际竞争力和影响力不断提高。中国水电建设者正在一步步占领世界水电市场。以中国能建集团为例，它们先后建成了以巴基斯坦 NJ 水电站、缅甸耶涯水电站、埃塞俄比亚特克泽水电站为代表的一批大型海外水电工程，备受海外市场认可。"借中国水电在技术、人才、资本上的优势，中国水电企业占据了海外 70% 以上的水电建设市场，大中型水电市场更是几乎被中国水电企业'包揽'。"①

　　亚洲共建"一带一路"地区有锡尔河、阿姆河、伊洛瓦底江、马哈卡利河、格尔纳利河、甘达基河、怒江、库尔河、幼发拉底河，水能资源较为丰富。在非洲共建"一带一路"地区，刚果河、赞比西河、尼罗河等流域水能发展潜力较大。因此，在未来的合作中，中国可以加强与刚果（布）、赤道几内亚、冈比亚、尼日尔、苏丹等国的水电合作。在欧洲共建"一带一路"地区，匈牙利和塞尔维亚水电资源丰富，也是中国在水电领域的优先合作国家。在南美洲共建"一带一路"地区，水能资源主要集中在亚马孙河流域和巴拉那河流域。其中，委内瑞拉、玻利维亚、苏里南等国水能开发潜力较大。中国可以与相关国家展开水电资源合作。

（二）中国与共建"一带一路"国家的风电能源合作

　　在亚洲共建"一带一路"地区，蒙古国10%的国土的风能资源等级均在优良级别以上；巴基斯坦风能资源蕴藏量达3.46亿千瓦；土耳其风能资源技术可开发量达4800万千瓦。在非洲共建"一带一路"地区，撒哈拉沙漠及其以北地形地势平坦，其风速可达6~7米/秒；非洲南部沿海风速为8~9米/秒。在欧洲共建"一带一路"地区，马耳他沿海地区风能资源丰富，年平均风速可达9米/秒；陆上国家塞尔维亚和匈牙利风速基本为6~7米/秒。在南美洲共建"一带一路"地区，东部沿海以及南部沿海的风速普遍为8~9米/秒。中国可以与相关国家展开风电能源合作。

（三）中国与共建"一带一路"国家的光电能源合作

　　在亚洲共建"一带一路"地区，东北亚区域的蒙古国的戈壁地区的太阳能资源开发潜力可达3.4万亿千瓦时/年；绝大多数东南亚国家是全球公认的太阳能发电潜力丰富的国家；南亚地区的巴基斯坦的太阳能发电潜力约为29亿千瓦；西亚的伊拉克、科威特的太阳能资源丰富。非洲共建"一带一

---

① 数据来源：《中国水电企业已占海外70%以上水电建设市场》，国家能源局网站，http://www.nea.gov.cn/2019-01/23/c_137767698.htm。

路"地区是世界公认太阳能发展潜力最大的地区。其中，阿尔及利亚太阳能技术开发量约为 169 万亿千瓦时/年，苏丹、乍得、冈比亚、赤道几内亚、佛得角等国都具备较好的太阳能发电基础。欧洲南部共建"一带一路"地区太阳能资源相对丰富。例如，塞尔维亚大部分领土的太阳能辐射能量为1200～1550 千瓦时/（平方米·年），普遍高于其他地区；马耳他位于地中海中心位置，常年日照充足，有丰富的太阳能资源。在南美洲共建"一带一路"地区，西部沿海地区太阳能资源较丰富。[①] 中国可以与相关国家展开光电能源合作。

（四）中国在水电、风电和光伏建设方面的优势

1. 中国在水电建设方面的优势

一是技术优势。目前，我国水电技术已经居于全球领先地位。据国家能源局的信息，我国现有的筑坝技术部分涉及 300 米高拱坝、高面板堆石坝、250 米高碾压混凝土重力坝以及 150 米高碾压混凝土拱坝[②]。2023 年 6 月，东方电气集团自主研制的拥有全产业链完全自主知识产权的国产化首台 150兆瓦级大型冲击式转轮成功实现工程应用，开启了我国水力发电产业高质量发展的新篇章。[③] 我国全球领先的水电技术成果为我国与共建"一带一路"国家开展水电合作打下了坚实的基础。

二是人才优势。自 1956 年三门峡水电站建设以来，我国已有一大批具备勘测设计、工程运筹、施工组织、电站运行管理、电力系统管理及水电企业经济管理、能源企业战略管理能力的人才，以及国际经济贸易方面的专业人才。人才是我国水电事业的重要财富，是具有独特价值的技术优势。

三是工程经验优势。近年来，长江三峡、水布垭、锦屏等具有国际领先

---

① 《"一带一路"电力综合资源规划研究》，自然资源保护协会网站，http://www.nrdc.cn/Pub-lic/uploads/2018 - 09 - 11/5b973bd7a54e5.pdf。

② 数据来源：《我国水电大坝发展历程》，国家能源局网站，http://www.nea.gov.cn/2013 - 05/08/c_132367555.htm。

③ 数据来源：《装上"中国芯"！国内单机容量最大的冲击式水电机组成功发电》，国务院国有资产监督管理委员会网站，http://www.sasac.gov.cn/n2588025/n2588124/c28121835/content.html。

能力的巨型水电工程在我国纷纷涌现。中国水电系统方面的工程目前已具有较为完备的、具有中国特色的产业技术体系。

四是资本优势。在改革开放的40多年间，一批有经济实力和战略能力的大型能源集团纷纷涌现，如大唐、国电投、华电、中广核等。这些大型能源集团是我国水电行业领域的重要代表，也是我国水电发展的资本优势。

五是国际合作优势。目前，我国水电企业以绝对优势地位横扫全球水电市场。我国与100多个国家和地区签订水电合作关系协定，承接了60余个国家的电力、河流规划项目，业务覆盖全球140多个国家、320座水电站，占据国际70%以上的水电市场份额[①]，中国参与的水电项目已经遍布全球。2022年，境外水电项目签约38个，金额约为42.1亿美元，新签项目主要集中在东南亚地区。典型项目发展情况如尼日利亚最大水电项目宗格鲁700MW投产发电，巴基斯坦卡洛特水电站720MW（中巴经济走廊首个大型水电投资项目）全面投入商业运营。[②]

2. 中国在风电、光伏建设方面的优势

一是技术优势。风电技术方面，经过多年的发展，我国大型风电机组设计与制造取得了显著的成就，根据国家能源局公布的数据，截至2023年6月底，我国风电装机容量为3.89亿千瓦，连续13年居世界第一位。全球市场近六成风电设备产自中国。[③] 光伏发电技术方面，我国已居于全球领先地位，大量新技术，例如单轴和双轴跟踪系统技术、人工智能技术被应用于光伏电站。此外，以"光伏＋"为基础的多种土地复合利用模式被大量采用，不仅获得经济收益，还具有生态效益和社会效益。

二是产业链优势。我国已形成了完整的风电、光伏发电产业链，且其生产规模占全球的50%。目前建立起以内资企业为主、外资和合资企业共同合

---

① 数据来源：《中国水电"走出去"达到新高度 已占据海外70%以上的建设市场》，中国对外承包工程商会网站，https://www.chinca.org/CICA/info/19012416504611。

② 数据来源：《中国可再生能源发展报告2022》，水电水利规划设计总院网站，http://www.creei.cn/userfiles/site/735bdbbfd56241a78ae2895f232e95f1.pdf。

③ 《国产风电技术是如何突破的——湖南产业协同攻关发展调查》，《经济日报》2023年11月14日第9版。

作参与的产业体系,风电产品可以在满足国内市场需求的同时,进军全球市场。

三是价格优势。随着技术进步与规模效益的作用,我国风电、光伏发电成本已处于全球最低水平。2022年7月,国际能源署首次发布《太阳能光伏全球产业链特别报告》,其中的数据表明,中国是太阳能光伏供应链所有组件制造中最具成本竞争力的地点,成本比印度低10%,比美国低20%,比欧洲低35%。[①]

四是国际合作优势。随着我国风电、光伏发电技术不断进步,产业持续快速发展,国际竞争力大幅提升。我国风机和光伏组件制造企业占据全球20大生产厂商中的13家。同时,源源不断的工程设计和建设队伍在我国各大企业中涌现,它们的业务覆盖范围广,工程经验丰富,并且具有明显的成本优势。这些方面的竞争力都为我国与共建"一带一路"国家开展风电、光伏发电等新能源项目合作提供了基础条件。

五 中国与共建"一带一路"国家新能源和可再生能源合作面临的挑战及建议

(一)面临的挑战

1. 气候物理风险

"一带一路"倡议覆盖的国家地域广阔,覆盖东南亚、中亚、西亚、中东欧等地区。覆盖国家的总人口达到全球人口的60%,但存在可再生能源资源存量、可获得性及分布不均的情况。同时,由于大部分共建国家自然气候、地质情况和环境问题复杂且多样,气候变化对可再生能源发展产生较大影响。

此外,共建"一带一路"国家的总体发展水平较低,且经济发展模式较

---

① 数据来源:"Solar PV Global Supply Chains," https://www.iea.org/reports/solar-pv-global-sup-ply-chains。

为粗放，加剧了地区环境问题。共建国家在全球产业分布中的地位决定了多数国家的能源以原材料、化石能源为主，产业结构偏高碳型。气候变化引发的灾害，如洪水、干旱等给区域能源部门的基础设施带来较大的隐藏风险。[①]

2.项目成本高，融资难

"一带一路"建设涉及的国家的信用等级存在差异，从而导致部分项目融资成本过高，面临"融资难"的问题。共建国家对可再生能源项目的扶植力度有待加大，譬如电价补贴不足、电价市场不稳定、主权担保较少等，这导致可再生能源项目的市场竞争力弱，给企业自身和参与投融资活动的金融机构带来风险。虽然可再生能源项目资金需求相对较少，但对于购电实力弱的国家也是很大的困难。对于中资银行而言，缺少投资国政府的主权担保意味着项目投资具有更大的风险和融资成本。我国金融领域的管控较为严格，我国企业融资渠道相对单一，很难得到全部的项目融资，仍以内保外贷为主，必须有主体为国内的集团公司提供担保，融资程序复杂，企业设备成本低的优势被融资成本较高的劣势所抵消。

3.相关标准尚未融入国际体系

大部分共建"一带一路"国家对进口的设备和产品采用国际标准进行认证，中国已成为国际上具有重要影响的认证大国之一。但是，中国海上风电和光伏发电等重要行业和关键的相关标准尚未完全融入国际体系。一方面，共建"一带一路"国家标准的差异性较大，互认有待升级。大部分国家对中国制造的设备和产品设有经认证方可进口的强制性要求，且施工方面只认可国际标准，因此中国企业进入当地市场遇到诸多矛盾和问题。另一方面，虽然我国在可再生能源领域已经形成了比较健全的技术标准体系，但在国际标准化组织中的影响力亦有待提高。光伏、水电、风电等产品产业要想在海外发展，必须得到相应的国际认证，而这一环节往往较为复杂，因为不同国家根据不同的要求会选取不同的认证标准，比如单单非洲一个国家内的英语区、法语区和葡萄牙语区所采用的认证标准都是相同的。

---

① 《IIGF观点｜中资银行参与"一带一路"可再生能源投融资现状及展望》，中央财经大学绿色金融国际研究院网站，http://iigf.cufe.edu.cn/info/1012/4383.htm。

4.建设运营风险控制较为困难

在与共建"一带一路"国家开展可再生能源合作过程中，中方会面临许多风险。比如，受市场供求关系及政策变动影响，电价可能产生较大波动；项目所在地的法律变动也有可能影响可再生能源项目的境外投资与合作，如涉及土地资源、水权、矿权问题等；海关的通关政策往往会对产品设备是否能按期交付造成影响。另外，政策法律风险较高。一方面，中国企业参与"一带一路"可再生能源项目受当地文化、社会和政策变动影响较大，国内企业直接参与海外项目建设和运营存在难度。另一方面，中国参与"一带一路"可再生能源项目时需注意项目所在地的众多法律问题，如土地资源征收、边境管理以及通关政策等，其生产运营存在较大的不确定性。

（二）相关建议

1.有针对性地支持共建"一带一路"国家的能源项目

能源转型潜力排名靠前的国家的发展阶段各异，各项新能源和可再生能源的发展路径也各不相同，因此，共建"一带一路"国家的新能源和可再生能源的投资需要分国别、分产业有针对性地进行，尤其需要进行政策上的细化引导。

如对于可再生能源发展政策较为友好的东道国，即印度、印度尼西亚、波兰、越南等国，可以通过税收优惠等鼓励政策吸引外资参与其可再生能源项目的投资，可以从国家层面积极推动双边可再生能源合作；对于资源禀赋各异的情况，哈萨克斯坦和蒙古国分别拥有丰富的太阳能和风能资源，可结合各资源的储量及不同发展阶段，从产业层面推动"一带一路"可再生能源投资；对电网覆盖率低、能源进口依赖程度高的国家，如斯里兰卡、柬埔寨、缅甸等国，可支持其可再生能源离网发电。

在不同的国情和地理环境背景下，可以有针对性地聚焦重点领域、重点地区、重点项目，积极探求涵盖绿色发展、惠民生、技术创新、能力建设、第三方合作等多个维度的国际能源合作模式。

2.加强中国与共建"一带一路"国家不同层面的交流

中国的新能源、可再生能源硬件技术已达到全球领先水平，可以与世界银行、亚洲开发银行等多边金融机构合作，构建多元、包容、可持续的"一带一路"可再生能源融资体系。帮助共建国家建立绿色金融标准，完善环境信息披露机制和激励机制，发展绿色贷款和绿色债券等金融产品。

与新能源、可再生能源发展潜力较大的国家加强交流，如促进政府间能源发展经验交流与召开相关研讨会。积极搭建具有地域性、多层次性的新能源和可再生能源国际合作体系，譬如逐步建立和完善相关新能源产品的标准体系和质量控制体系，并不断创新商业模式，加快构建检验检测互认格局。

推动中国学术界进行国际交流和深入的研究，鼓励中国高校、行业协会等更多地参与进来，促进产学研深度融合，集中优势科技资源围绕产业链进行创新。同时，加强中国新能源、可再生能源企业与共建"一带一路"国家相关企业的技术交流，增加对能源行业的人员的技术培训，进行项目规划后的经营支持等，从而搭建高校、企业、政府三方合作的人才培养平台。

3. 将数字化注入"一带一路"新能源和可再生能源合作

"十四五"及未来一段时间是加快数字技术与能源产业融合发展的重要机遇期。数字技术在助力共建"一带一路"国家新能源和可再生能源合作项目规划、设计、建设、投资及运营等方面起到重要的作用。数字技术已经成为中国加强与共建"一带一路"国家可再生能源与新能源项目合作的核心技术。

推进能源数字化智能化，是深入进行能源战略研究的重要部分。加强能源基础研究以及与大数据、人工智能等领域的交叉融合，推进能源数字化、智能化发展，实现能源产业价值链向高端化、现代化迈进。加强氢能、储能、核能、智慧能源等新兴领域的科技合作，与国外相关优势单位共建联合实验室或研发中心，通过技术合作与经验借鉴，主动融入全球清洁能源技术创新网络，推动我国自主优势清洁能源技术与产业输出。

4. 做好新能源和可再生能源合作的风险防范

充分利用共建"一带一路"国家的中国驻外使馆和地方商会等平台，协助中国能源企业获取跨境投资项目的信息，促进信息资源流动，为新能源和可再生能源项目技术需求和供给方更好地实现匹配创造条件。同时，避免企业因信息不对称在境外盲目投资和进行无序竞争。在涉外高端法律人才的培养方面，应积极通过理论和实践相结合的科学方针，为"一带一路"国际能源合作提供充分的智力支持和指导，从而规避境外合作过程中的法律仲裁和冲突。在构建全价值链项目管理模式方面，打造多方共商、共建、共赢的合作体系，形成风险分摊机制，从而增强项目适应市场和抵抗风险的能力。

参考文献

International Energy Agency, *Renewable Energy Market Update* 2021, https：∥www. iea. org/reports/renewable-energy-market-update-2021.

International Energy Agency, *Renewable Energy Market Update* 2022, https：∥www. iea. org/reports/renewable-energy-market-update-may-2022.

IRENA（International Renewable Energy Agency）, *Renewable Power Generation Costs in* 2021, https：∥www. irena. org/publications/2022/Jul/Renewable-Power-Generation-Costs-in-2021.

Raufhon Salahodjaev, *Economic Growth and Wellbeing*：*Evidence from the Belt and Road Initiative Countries*（Nova Science Publishers, Inc. , 2022）.

崔路路、袁国朝：《孟中印缅经济走廊建设的必要性分析》，《山西农经》2020 年第 15 期。

富景筠、钟飞腾：《对冲地缘政治风险：跨国公司战略联盟与俄欧天然气政治》，《欧洲研究》2021 年第 2 期。

李洪言等：《"碳中和"背景下 2020 年全球能源供需分析》，《天然气与石油》2021 年第 6 期。

《全国政协委员、中国工程院院士刘中民：依托"一带一路"深化能源国际合作》，《中国能源报》2023 年 3 月 13 日第 3 版。

莫神星：《论以科技创新推动能源技术革命的路径》，《上海节能》2018 年第 3 期。

庞昌伟：《绿色转型开创中国能源国际合作新格局》，《人民论坛》2022 年第 14 期。

《中国企业参与"一带一路"能源伙伴关系国家的可再生能源项目投资机会研究》，中国新能源电力投融资联盟，2021。

田璐璐：《中国能源 OFDI 区位选择的研究——基于"一带一路"国家距离视角分

析》，浙江工商大学硕士学位论文，2020。

王昭卿：《中国古巴电力领域合作发展研究》，《中外能源》2022 年第 2 期。

许勤华主编《中国能源国际合作报告——中国能源国际合作七十年：成就与展望
    2018/2019》，中国人民大学出版社，2021。

尹富杰等：《2002－2019 年中国境外水电站项目信息数据集》，《中国科学数据》（中
    英文网络版）2019 年第 4 期。

《BP 世界能源统计年鉴 2021》，英国石油公司，2021。

《BP 世界能源统计年鉴 2022》，英国石油公司，2022。

第十三章　基于"一带一路"背景和文化自信双重视角的中国文化品牌建设

于　潇

党的二十大报告指出，"增强文化自信，围绕举旗帜、聚民心、育新人、兴文化、展形象建设社会主义文化强国"。这凸显了时代主题下文化自信的重要性。"一带一路"倡议不但对我国经济发展起着巨大的推动作用，而且为我国文化品牌的发展创造了难得的机遇。对于我国文化品牌而言，想在新时代深度融入世界市场浪潮、参与激烈竞争，并获得更长足发展，就需要发掘新的对外开放领域和方向。作为"一带一路"的重要切入点，我国文化品牌的发展或将推动共建"一带一路"国家在政治、经济、文化等多个层面开展新一轮的合作。同时，我国与共建"一带一路"国家的密切合作有利于我国文化品牌走出去，并推动文化品牌发展。

目前，我国文化品牌发展迅速，仍具有较大的空间和潜力，这需要我国在提高文化品牌国际化水平的同时引导我国公民增强文化自信与认同，从而真正打造具有全球影响力的文化品牌。因此，"一带一路"倡议的提出不仅让中国有机会充分展示自己的文化，也为中国文化品牌发展提供了机遇，还能够以绝对的国家实力从共建"一带一路"国家中脱颖而出，扮演主动促进与其他国家合作的角色。综上所述，在这种现实状况下，分析和研究"一带一路"倡议下中国文化自信与国产品牌的相关性就显得尤为重要。

一　"一带一路"倡议背景下中国文化品牌建设意义

我国深远悠久的历史为提升民众的文化自信奠定了坚实的基础。随着经济实力的不断提升，中国在世界格局中的地位越来越重要，在文化自信的背景下，品牌自信开始凸显，并在近些年形成了"国潮热"。对于"国潮"品牌而言，其每一件产品都是在讲述中国故事、展现中国形象的绝佳机会，特别是很多产品的外包装和广告宣传中都包含与中国传统文化相关的故事，这些文化内涵为"国潮"品牌的发展注入了生机和活力。随着"国潮"品牌的覆盖范围不断扩大，我国民族品牌逐渐摆脱了效率低下、"山寨"产品横行、外观过时的刻板印象，转而逐步成为代表中国形象的文化符号。随着数字经济的发展，中国品牌在服装、汽车、餐饮、美妆、文化等领域崭露头角。伴随着数字信息技术的发展，中国品牌在服装、汽车、餐饮、美妆、文化等领域声名鹊起。例如，2018 年，以"中国李宁"为主题的复古秀亮相法国巴黎时装周，向外界传递了致敬过去、展望未来的文化品牌理念，展现了坚持自我、吐故纳新的全新蜕变；2019 年，天猫提出"国潮来了"的口号，与国内本土设计师、民族新潮先锋品牌齐聚意大利佛罗伦萨男装周，为全世界呈现了一场独具"中国风"的视觉盛宴。

中国文化品牌"走出去"，不仅是单纯跨国文化交流的"走出去"，还是经贸合作的"走出去"。文化品牌国际化发展的研究将赋予"丝绸之路"在当代社会新的内涵，也将为国内文化品牌的规划和发展提供案例支持：首先，在"一带一路"倡议的背景下，对文化自信的研究可以加深民众对我国文化品牌的认识，明确"一带一路"在推动我国及参与国文化品牌发展建设中的积极意义；其次，通过充分认识中国文化自信与"一带一路"的关系，可以引导民众重视文化品牌的优势，这有利于在推动中国实施"一带一路"倡议的过程中，让民众文化自信与凝聚力的结合更加紧密；最后，对文化自信的研究丰富了学术界对我国文化品牌的研究，拓展了文化品牌的研究领域，增强了"一带一路"倡议与中国文化自信的理论和实践联系。

具体而言，我国文化品牌的对外传播可以加快本土文化品牌的优化升级、促进文化与新技术的融合发展、大力发展文化新业态，最终使文化品牌成为我国产业经济的发展优势。我国文化品牌可以利用"一带一路"倡议的发展机遇，加强与其他共建国家的文化产品、技术和服务的交流与合作，扩大跨国投资和企业规模，使共建国家和人民深入了解当代中国的价值观和生活方式，增强对中国文化的认同，并进一步深化与共建国家合作伙伴的关系，增强共建国家民众对中国文化品牌的认同和接受。同时，仍需正视"一带一路"倡议背景下我国文化自信在推动品牌发展中的不足，这有助于我们从现实角度明确提升方向，从而加快中国文化品牌的优化升级，最终将文化产业打造为我国的优势产业。

二 中国文化品牌建设概况

我国拥有悠久的历史和深厚的文化，历久弥新的传统文化在当今时代衍生出来的文化产业迎来了快速发展的黄金时期。坚定文化自信，持续推动中国特色社会主义文化发展，各地政府对文化品牌建设给予高度重视和关注，文化品牌的数量呈现显著增长之势。截至 2022 年末，全国规模以上文化企业数量从 2011 年的 3.6 万家增长到约 6.9 万家。

《中国文化品牌发展报告（2018～2019)》收录了 30 个由各方推荐的具有典型意义的中国文化品牌，它们均具备现代化营销模式下推动民族品牌文化发展、引领中国文化品牌走向世界的潜力。主要文化品牌见表 13－1。本章选取其中三个具有代表性和广泛性的文化品牌进行详细阐述，分别是文化旅游品牌、民间工艺品牌、文化园区品牌。

表 13－1 主要文化品牌

品牌类型	品牌名称	品牌类型	品牌名称
电影品牌	《战狼 2》	博物馆品牌	湖南博物馆
电视剧品牌	《人民的名义》	直播品牌	斗鱼 TV
网络综艺品牌	《中国有嘻哈》	网游品牌	王者荣耀
演艺品牌	印象·西湖	广告公司品牌	索象策划集团
出版发行品牌	中文传媒	数字动漫品牌	若森数字
广播影视企业品牌	中国国际电视总公司	视频品牌	bilibili
新媒体品牌	东方明珠新媒体	文化旅游品牌	武夷山

续表

品牌类型	品牌名称	品牌类型	品牌名称
文化科技品牌	咪咕公司	民间工艺品牌	天津泥人张
内容产业品牌	爱奇艺	文化平台品牌	上海创图
网络传媒品牌	天娱传媒	网络大电影品牌	《灵魂摆渡·黄泉》
报纸品牌	《参考消息》	印刷业品牌	盛通印刷
期刊品牌	《财经》	拍卖业品牌	上海朵云轩
电子出版品牌	掌阅科技	文化园区品牌	白马湖生态创意城
传输品牌	杭州万隆	非遗品牌	昆曲
互联网品牌	美团网	展会品牌	广交会

资料来源：欧阳友权、禹建湘主编《中国文化品牌发展报告（2018～2019）》，社会科学文献出版社，2019。

（一）文化旅游品牌发展概况

文化旅游品牌以文化为核心，打造特色文化品牌，促进旅游业发展。民族特色文化项目能够为旅游业发展持续提供活力，已成为最具吸引力的旅游项目之一，是旅游业新的增长点，是推动地区经济发展的重要引擎。目前，在"一带一路"倡议的推动下，中国文化旅游品牌呈现快速发展的趋势。截至2022年底，全球有超过150个国家和地区加入"一带一路"倡议，这为文化旅游品牌发展提供了广阔的舞台。同时，随着我国综合实力和知名度不断提升，文化旅游品牌也逐渐走向国际化。例如，我国企业已经在世界上多个国家建立了旅游项目和设施，吸引了大量游客到访。此外，还有部分文化旅游品牌实现了"互联网＋"的转型和升级，通过利用数字技术和信息技术手段，提高了品牌推广的效率。"一带一路"倡议提供了一个历史机遇，能够让我国借助深厚的文化底蕴和丰富的旅游资源，推广和宣传中华文化，同时吸引全球游客前来参观和了解，因此中国文化旅游品牌逐渐成为各地区发展战略的重要组成部分。

1. "丝绸之路"文化旅游品牌

"丝绸之路"文化旅游品牌是围绕"一带一路"倡议提出的，以丝绸之路文化为核心，集丝绸之路历史文化、旅游资源和旅游产品于一体的综合性文化旅游品牌。自 2013 年"一带一路"倡议提出以来,我国在文化旅游方面的投入越来越多,其中"丝绸之路"文化旅游品牌是最具代表性的品牌之一。

"丝绸之路"文化旅游品牌主要覆盖的国家和地区包括中国、中亚、伊朗、土耳其等,这些国家和地区均有悠久的历史和文化底蕴。中国的"丝绸之路"主要分为南北线和西线两部分。南北线以长安(今天的西安)为起点,经过陕西、宁夏、甘肃、青海等各省区市,最终到达敦煌;西线则从新疆、甘肃等地出发,通过中亚地区到达欧洲。共建地区有着独特的文化和历史背景,如敦煌壁画、莫高窟、莎车古城等。除了旅游景点外,"丝绸之路"文化旅游品牌还涉及文化交流、文化创意、商贸等多个领域。如丝绸之路国际博览会是中国为推动"丝路经济带"建设举办的国际性大展,吸引了全球上百个国家和地区的专业参展商以及数十万名游客前来参观;此外,"丝绸之路"电影节、音乐季等也吸引了大批国内外文化人士和游客。

截至 2023 年 9 月,中国与共建"一带一路"国家和地区双向旅游交流规模超过 5000 万人次,且市场热度有望持续走高。[①] 可以预见,"丝绸之路"文化旅游品牌将迎来更快速的发展,未来几年,中国的"丝绸之路"文化旅游接待人数有望稳步增长。此外,中国与共建"一带一路"各国在文化旅游方面的合作,势必会带动其他相关产业发展,促进单个旅游目的地向城市带、经济群升级,产生"1 + 1 > 2"的效果。

2."大运河"文化旅游品牌

"大运河"文化旅游品牌以中国历史上最长、最古老的人工运河——大运河为主要元素,以文化旅游为主要目标,经过持续不断的发展和推广,已经成为"一带一路"国际合作的重要品牌之一。大运河是一条连接京杭大运河、山海关、青岛港等地的纵贯南北的干线水道,全长为 1794 公里,是我国文化遗产和人类文明的杰出代表。作为我国唯一一处水利工程方面的世界文化遗产,大运河具有重要的文化内涵和旅游价值。依托大运河这一历史文

---

① 《中国与共建"一带一路"国家旅游合作 10 年回顾与展望》,先晓书院,https://xianxiao.ssap.com.cn/catalog/7112097.html。

化遗产，"大运河"文化旅游品牌在共建城市的旅游业发展中占有重要地位。

目前，"大运河"文化旅游品牌逐渐成形，并形成了以北京南水北调中线调水工程、太湖航运文化景区、杭州西湖大运河文化景区、苏北灌河生态文化区等为代表的文化旅游线路。这些景区不仅展示了大运河的历史和文化，还涉及人工湿地、园林建筑等多个领域。在国家政策的支持下，一系列"大运河"旅游产品得到广泛推广；同时，许多企业和机构积极响应政策号召，投资兴建酒店、景区、游艇等项目，进一步促进"大运河"文化旅游品牌推广和发展。

"大运河"文化旅游品牌的核心理念是"文化、智慧、绿色、和谐、创新"。该品牌注重文化资源的挖掘和整合，努力弘扬大运河文化，体现其深厚的历史内涵和人文精神；同时，注重旅游产品的专业性、多样性、特色性，提供全方位的旅游服务，吸引更多的国内外游客前来参观、游览、体验和学习。"大运河"文化旅游品牌所带来的直接经济效益主要表现在旅游收入的增长上。近年来，每年都有数以百万计的游客前往大运河共建城市游览、观光和体验，旅游接待量呈现稳中有升的态势。2023 年 9 月在苏州举办的第五届大运河文化旅游博览会共吸引国内近 90 个城市、30 个国家和地区超千家单位参展。据不完全统计，累计近 12 万人次走进第五届大运河文化旅游博览会六大主题展，线上受众突破 4 亿人次。①

3. "黄河文明"文化旅游品牌

黄河文明是中国五千年文明史的重要组成部分，是中华民族的重要文化遗产。黄河文明的丰富内涵和广泛影响，吸引越来越多的游客前来探索、感受和体验。在"一带一路"倡议提出之后，"黄河文明"文化旅游品牌逐渐崭露头角，成为共建"一带一路"地区旅游业发展的重要方向和关键支撑。

"黄河文明"文化旅游品牌是围绕中国黄河文明和黄河流域旅游资源和旅游产品而提出的综合性文化旅游品牌。近年来，我国政府高度重视黄河文明，并全面推广这一文化旅游品牌。目前，"黄河文明"文化旅游品牌已经

---

① 《第五届大运河文化旅游博览会》，苏州市人民政府网站，https://www.suzhou.gov.cn/dyebl/index.shtml。

成为具有较高知名度和影响力的旅游品牌。该品牌包括黄河三角洲城市群、黄河漂流、黄河教育等多个旅游线路和大禹陵、兵马俑博物馆等旅游景点，吸引了来自不同国家和地区的游客。

黄河流域国家级文物保护单位数量众多，截至 2021 年，我国共批复5058 个国家级文物保护单位，黄河流域共有 2122 个，占全国国家级文物保护单位总量的比例高达 41.95%。此外，黄河流域分布着众多的历史文化名城、名镇、名村——有 45 个国家级历史文化名城、81 个国家级历史文化名镇、138 个国家级历史文化名村，占全国的比例分别为 33.58%、25.96%、28.33%。此外，在中国八大古都中，黄河流域有 4 个，分别为开封、洛阳、安阳、西安。截至 2021 年 8 月，全国乡村旅游重点村累计为 1199 个，其中，黄河流域拥有 327 个，所占比重为 27.27%。[①]

因此，"黄河文明"文化旅游品牌在"一带一路"倡议背景下的发展前景广阔。通过有效整合黄河文化旅游资源，延伸和开拓旅游产品和服务，不断提升旅游品质和体验，其有望成为共建"一带一路"地区文化旅游产业的重要支撑和推进力量。

（二）民间工艺品牌发展概况

民间工艺是人民群众文化底蕴和生活经验集合而成的艺术形式，经能人巧匠将其进行制作展示。自"一带一路"倡议提出以来，中国民间工艺品牌受到越来越多的关注和支持。各地政府和企业也都在积极扶持和发展传统手工艺产业，推广有特色的民间工艺品牌。

我国的民间工艺品以独具特色的艺术风格和文化内涵赢得了国内外市场的青睐，是我国的文化瑰宝和彩色名片。其中，陶瓷、丝绸、木雕、剪纸、民族服饰等工艺品有着深厚的历史文化底蕴和产业基础。例如，景德镇陶瓷、宜兴紫砂陶、汝窑、磁州窑等知名陶瓷品牌，在国内外市场拥有广泛的知名度和美誉度；苏州刺绣、湘绣、蜀锦、丽江蓝、四川锦绣等丝绸工艺品

---

① 《文旅报告丨李慧 程遂营 王伟：黄河流域文化和旅游资源分布现状》，CTA 文化旅游研究基地公众号，https://mp.weixin.qq.com/s/sFkLoxrDLaQBs45I7wpmAQ。

备受消费者喜爱；荆州漆器、福建木雕、河北剪纸、云南少数民族服饰等民间工艺品已经走出国门。以下是一些代表性的民间工艺品牌概况。

1. 景德镇陶瓷

景德镇陶瓷是产自江西省景德镇市的陶瓷制品，已有数千年历史。景德镇是世界陶瓷的发祥地，是陆上丝绸之路和海上陶瓷之路的重要货源地和重要起点之一，景德镇陶瓷是中国走向世界、世界认识中国的重要文化符号，更是丝路精神的历史见证。景德镇陶瓷是中国十大传统工艺品牌之一，也是国家非物质文化遗产保护的项目之一。如今，景德镇的陶瓷产业已形成了完整的产业链，涉及生产、销售、旅游等多个领域。

我国陶瓷市场规模为 800 亿元左右，而景德镇作为中国陶瓷行业的重要代表，其市场份额逐年扩大。景德镇陶瓷已经成为中国陶瓷一张璀璨夺目的名片，是中国陶瓷出口的主力品牌之一。目前，景德镇陶瓷已成功出口到 100 多个国家和地区，以亚洲、中东、欧洲和北美市场为主。在国内，景德镇陶瓷在各大电商平台上开设了自己的旗舰店，并且在一些大型商场和专卖店也有销售渠道。景德镇陶瓷在传承古老的陶瓷工艺的同时，也在不断创新，与时俱进。在国内外市场上，越来越多年轻人开始关注这个品牌，并将其视为潮流和文化的象征。其中，景德镇陶瓷的手绘艺术作品备受关注，其独特的艺术风格赢得了广泛的追捧。

景德镇陶瓷的发展离不开对市场的认真研究和开拓。如今，这个品牌正在积极进军更多领域，如酒店用品、文化礼品、陶瓷收藏品等。同时，景德镇陶瓷一直在加强自己的形象建设，通过各种方式提高知名度和影响力。

2. 苏州刺绣

苏州刺绣发源地在苏州吴县（现苏州市吴中区和相城区）一带，濒临太湖，气候温和，当地盛产丝绸，当地妇女素有擅长绣花的传统习惯，优越的地理环境、绚丽丰富的锦缎为苏州刺绣发展创造了有利条件。刺绣与养蚕、缫丝分不开，所以刺绣又称丝绣。苏州镇湖的刺绣最为有名。镇湖是苏州刺绣的主要发源地，苏州刺绣中的八成产品来自镇湖。随着"一带一路"倡议提出，苏州刺绣在海外市场上展现出不俗的魅力和竞争力。

目前，苏州刺绣产品的出口额正在逐步增加。2023 年 1~11 月，苏州市对共建"一带一路"国家的货物进出口额突破 8000 亿元，达到 8092.3 亿元，占全市进出口总额的 36.2%。① 其中，苏州刺绣产品是苏州市对共建"一带一路"国家和地区出口的重要品种之一。为了打开国际市场，苏州刺绣企业通过参加国际贸易展览、接待外商来苏考察等活动推介自己的品牌，产品已进军东南亚、欧洲、北美等地市场，受到了当地消费者和各界人士的高度评价和认可。同时，苏州刺绣在产品质量和设计方面不断提高，在竞争激烈的国际市场上占据一席之地。苏州刺绣以发扬传统、注重创新为宗旨，打造了一系列精美产品。这些产品不但融合了苏州刺绣文化的精髓，而且符合现代消费者的审美需求。此外，苏州刺绣还积极探索新的市场模式，如跨境电商、线下实体店、加强与海外客户的联系等，不断拓展出口渠道。

随着中国文化艺术走向世界，苏州刺绣将进一步得到国际社会的认同和好评。"一带一路"倡议为苏州刺绣走向国际市场提供了充足的机遇，但也面临前所未有的挑战。未来，苏州刺绣应进一步推陈出新，提高产品品质和设计水平，进行文化传承并与时俱进，努力成为我国文化品牌的重要代表。

（三）文化园区品牌发展概况

文化园区本质上是多种文化相关产业或企业在同一地域内形成的文化集群，其产生的文化园区品牌并不是独属某一企业的文化品牌，而是多方经营所形成的共同结果。在"一带一路"倡议的背景下，我国文化园区品牌的发展呈现快速增长的态势，中国文化园区正在成为展示我国文化软实力和加强共建"一带一路"国家文化交流的重要窗口。

自"一带一路"倡议提出以来，越来越多的中国文化园区因独特的设计和丰富的文化内涵而备受关注。目前，已有超过 70 个国家建有或正在筹建

---

① 《"四条丝路"成为最闪亮的开放名片》，苏州市人民政府网站，https://www.suzhou.gov.cn/szsrmzf/szyw/202312/9199f403d1244558b4a3df66bebee2e9.shtml。

中国文化园区，涵盖文化、艺术、教育、科技、旅游等领域，并具有较强的地域特色和文化影响力。

随着中国文化产业的不断发展和对外交流的日益增多，我国文化园区品牌的国际影响力正在不断上升。一方面，越来越多的国家开始在其境内建立与中国文化相关的园区，并希望借助这些园区促进本国文化艺术产业的发展和中国文化的传播。另一方面，中国文化园区积极参加各种国际性文化活动和展览，通过各种途径让世界更好地了解中国文化。本章列举几个具有代表性的中国文化园区品牌。

1. 摩温里江文化产业园

摩温里江文化产业园是"一带一路"倡议下的重要文化合作项目之一。该园区位于泰国清迈市，占地面积约为 40 万平方米，以文化艺术为主题，依托当地独特的文化背景和自然资源，建立起了一系列与中国文化相关的设施和项目。

2017 年，摩温里江文化产业园正式落成，总投资约为 4 亿元。该园区由中国华润集团有限公司投资兴建，是一座集文化、艺术、旅游、商业、教育等多种功能于一体的现代化文化产业园区。园区主要包括摩温里江艺术中心、蒙元皇家苑、国际学院、商业街、艺术酒店、蒙元文化村等多个功能区。其中，摩温里江艺术中心是园区的核心区域，建筑面积为 1.6 万平方米，分为展览区、影视演出区、培训交流区等多个功能区，是园区中最具代表性的建筑之一。摩温里江文化产业园的核心理念是"传承蒙元文化，弘扬中华文明"，该园区融合了大量中国文化和泰国本土文化元素。园区内融汇了丰富的文化资源，如蒙元文化、佛教文化、泰北少数民族文化等。在园区内，游客可以欣赏到各种形式的艺术作品，包括绘画、雕塑、陶瓷、书法等。此外，园区还配备高水平的音乐、舞蹈、戏剧等表演场地和设施，定期举办各类文化艺术活动和展览。

自开园以来，摩温里江文化产业园吸引了大量的游客和文化爱好者前来参观和体验。园区在海外拥有一定的知名度和影响力，曾在柬埔寨举办了以"承传蒙元文化，促进中柬友谊"为主题的文化交流活动。摩温里江文化产业园的未来发展前景较为广阔，其将继续引入更多的中国文化和泰国本土文化元素，丰富园区的文化内涵和旅游产品。同时，园区还将加强与当地企业和机构的合作，打造更多的文化艺术项目。

2. 成都东郊记忆园区

成都东郊记忆园区是成都文化创意产业的代表性品牌之一，也是"一带一路"倡议下文化交流与合作的重要项目。成都东郊记忆园区位于成都市中心城区东北部，总面积约为 22 平方公里。作为成都市文化创意产业的代表性品牌，该园区以工业遗存保护和文化创意为核心理念，依托成都市半数以上的工业遗存资源集群，从"工业"转向"文创艺术"，以世界文化名城建设为引领，以音乐艺术、数字文创主导产业为抓手，规划"两轴一核"，即府青路文化休闲带、跳蹬河文化创新带和二仙桥创意核心区。

成都东郊记忆园区汇聚了大量的文化创意企业、机构和人才，以多元化的文化艺术形式吸引游客。其中，园区内的红光电子文化产业园、硫磺湾影视文化产业园等是国内知名的电影、动漫、数字娱乐等文化创意企业的聚集地。此外，成都东郊记忆园区规划了多个公共文化艺术设施和场所，如音乐厅、剧院、博物馆、艺术馆、街头艺术空间等，为游客提供了丰富的文化体验和艺术交流机会。同时，园区定期举办各种形式的文化艺术节、展览、演出等活动，丰富了园区的文化内涵。

近年来，成都东郊记忆园区得到了全国和海外的广泛关注。2023 年，这里举办各项文旅活动超过 2000 次，接待游客近千万人次，多次登上央视、新华社、《人民日报》等权威媒体，在"小红书"平台曝光量超过 2 亿次，全平台总曝光量达 10 亿次。[①] 此外，园区还荣获了国内多项重要的文化创意产业奖项和荣誉，如"中国文化创意示范基地""成都市文化创意产业发展贡献奖"等。在国际上，成都东郊记忆园区积极开展文化交流和合作活动。2018 年，该园区与法国里昂签署了友好合作协议，双方将在城市文化交流、文化遗产保护等领域开展深度合作。除此之外，成都东郊记忆园区还定期组

---

① 《【记忆】成都东郊记忆：从红光到红火‖钟琦》，搜狐网，https://www.sohu.com/a/7835
37130_120158407。

织中国文化创意企业参加国际知名文化产业博览会和文艺节,向海外观众展示我国的文化创意和时尚风格。

成都东郊记忆园区已初步成为具有国际影响力的文化创意品牌,为成都市和我国文化产业的发展做出了积极贡献。随着"一带一路"倡议的深入实践,成都东郊记忆园区的影响力和功能定位将进一步得到增强和凸显。

3. 北京798艺术园区

北京798艺术园区作为我国当代艺术的代表地、文化创意产业的先锋区,在"一带一路"倡议下不断增强国际影响力。北京798艺术园区位于朝阳区,总占地面积超过5万平方米。该园区建立于20世纪50年代,原址是一家军工厂,至21世纪初才逐步发展成现今具有国际影响力的艺术区。作为北京市重点支持的文化产业区,北京798艺术园区被誉为中国当代艺术的发源地,也是我国文化创意产业的典型案例之一。

北京798艺术园区汇聚了大量的艺术机构、画廊、艺术家工作室等文化创意产业企业。园区内的院落和建筑物保留着20世纪50年代的文化遗存和建筑风貌,为这里注入了浓郁的文化历史气息。同时,园区内的画廊、艺术馆等设施也汇聚了各种形式的艺术作品,展示了多元化的文化内涵。除此之外,北京798艺术园区还规划了多个公共文化艺术设施和场所,如798艺术街、中央美术学院美术馆等,为游客提供丰富的文化体验和艺术交流机会,而北京798国际艺术节、798艺术区音乐节、798电影节等活动更成为每年备受瞩目的文化盛会。

近年来,北京798艺术园区在国内外的影响力不断扩大。园区先后有百余位国家元首和政要到访,每年举办各类文化艺术活动近4000场,吸引中外游客1000万人次,其中境外游客到访占比达30%。[①] 园区内的画廊、艺术家工作室等文化创意企业逐渐走向国际市场,与国际知名画廊、艺术基金等机构合作,扩大自身的国际影响力。此外,园区积极开展国际文化交流和合作活动。例如,以中国艺术家为主题的798红展曾在海外多个知名博物馆巡

---

① 《高质量发展调研行 | 给艺术留白的798这样感知和链接全球文化》,中国科技网,http://www. stdaily. com/index/kejixinwen/202307/6a312f21ef86401db15e01d5c65dafe8. shtml。

展，为全球观众呈现了我国当代艺术的独特风格。同时，园区还与多个国际艺术研究和交流机构有着深入的合作，这也大大促进了我国文化和艺术领域的国际交流。

三　中国典型文化产业发展状况

（一）文化产业

1. 文化及相关产业发展状况

国家统计局将文化产业细分为新闻信息服务、内容创作生产、创意设计服务、文化传播渠道、文化投资运营、文化娱乐休闲服务、文化辅助生产和中介服务、文化装备生产、文化消费终端生产九大类。

图 13 – 1、图 13 – 2 显示了 2017 ~ 2022 年文化及相关产业收益、各地区文化及相关产业收益，它们总体上呈现上升趋势，东部地区文化及相关产业年收益远高于东北地区。

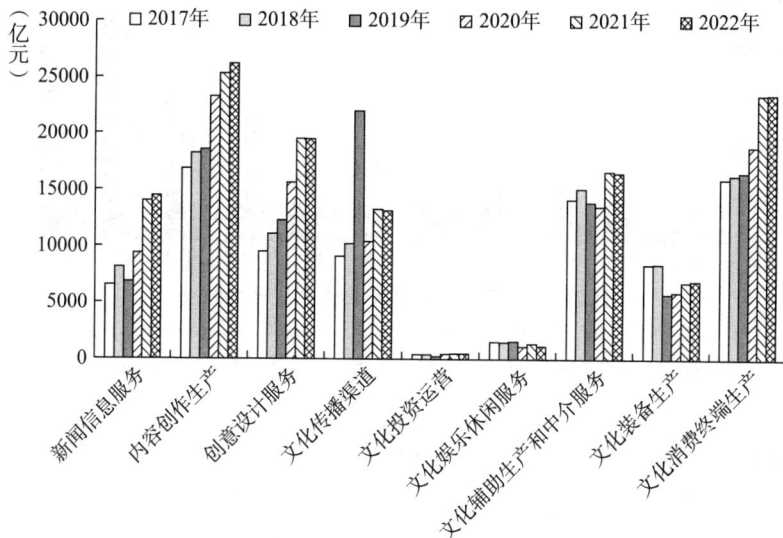

图 13 – 1　2017 ~ 2022 年文化及相关产业收益

资料来源：国家统计局。

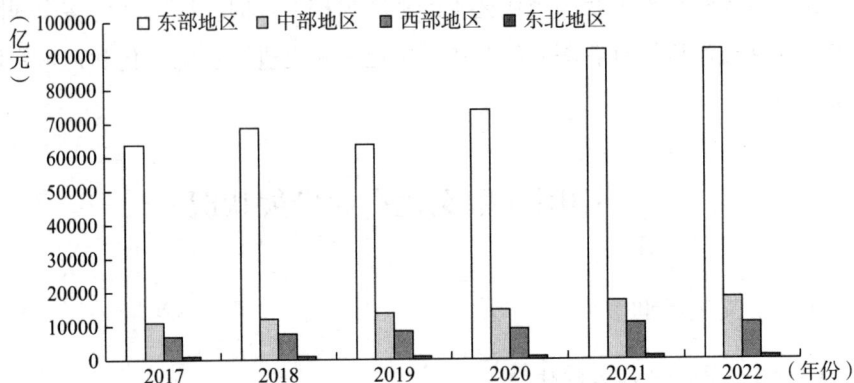

图 13 - 2　2017 ~ 2022 年各地区文化及相关产业收益

资料来源：国家统计局。

文化产业收益方面，图 13 - 3 显示，2012 ~ 2022 年，电视广播产业、电影、动漫、数字音乐、出版行业的收益总体上呈现上升趋势。

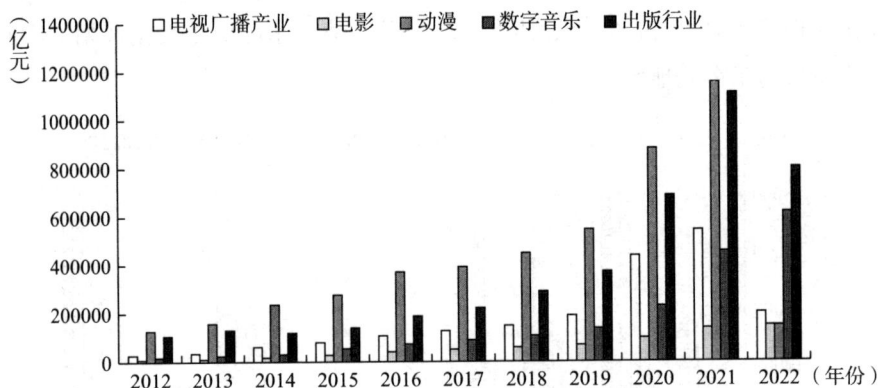

图 13 - 3　2012 ~ 2022 年具体文化产业收益

资料来源：前瞻经济学人百度公众号（网址：https://author.baidu.com/home? from = bjh_article&app_id = 1598514704362343）、国家广播电视总局网站（网址：https://www.nrta. gov.cn/）。

文化产业园区数量方面，图 13 - 4 显示，2022 年，我国文化产业园区较多的地区集中于经济发达地区，其中，江苏文化产业园区数量位居全国第一，接着是山东、广东、浙江、河北、北京、河南、上海。

在文化产业园区行业内容方面，以文化与文化创意为主的文化机构的占比为65%，以电子商务、互联网等为主的文化机构占9%。①

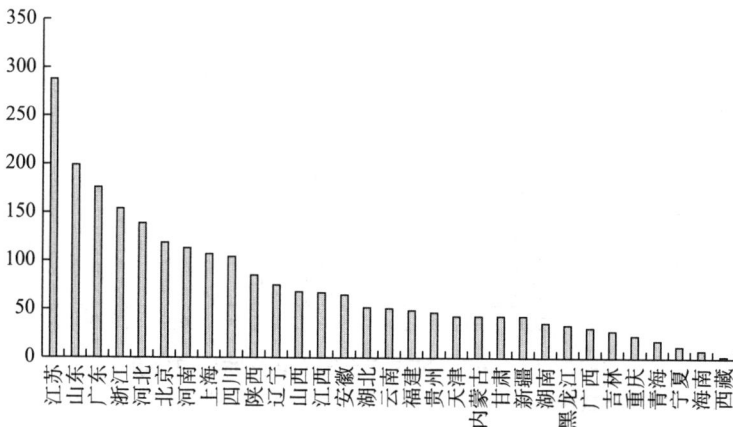

图13 – 4 2022 年 31 个省区市文化产业园区数量

资料来源：前瞻经济学人百度公众号（网址：https://author. baidu. com/home? from = bjh_article&app_id = 1598514704362343）。

2. 国内文化机构建设状况

2020 年 4 月，中央文化体制改革和发展工作领导小组办公室发布《关于做好国家文化大数据体系建设的通知》，旨在打通文化事业和文化产业，面向大众开放。国家文化大数据体系建设是新时代文化建设的重大基础性工程，有效贯彻国家大数据战略、推进文化和科技深度融合。国家在文化大数据建设方面的投资将推动国内文化机构的发展。在"十四五"期间，国家将大力支持旅游演艺、国家文化公园、博物馆、图书馆、版图馆等的发展。这些泛文化场馆的普及将成为未来五年文化产业发展的主要推动力。

从图 13 – 5 可以看出，我国文化文物机构数量整体上呈现增加的态势。2012～2014 年文化文物机构数量呈现下降趋势，2014～2017 年呈现上升趋势，2017～2019 年呈现下降趋势，2019～2021 年呈现上升趋势。

---

① 资料来源：前瞻经济学人百度公众号（网址：https://author. baidu. com/home? from = bjh_article&app_id = 1598514704362343）。

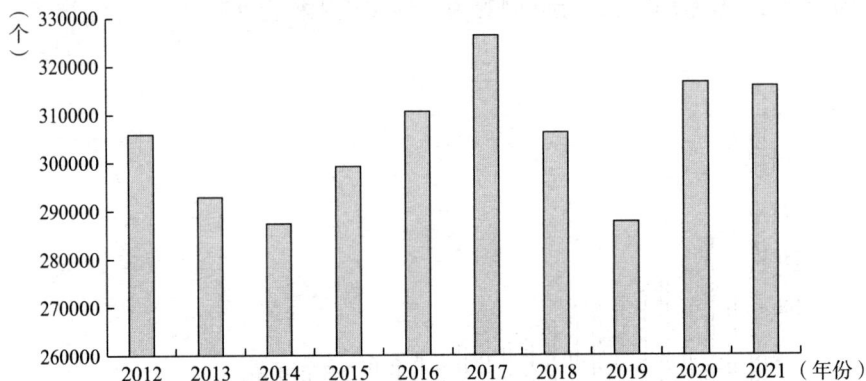

图 13 - 5　2012～2021 年全国文化文物机构数量

资料来源：EPS 数据平台。

图 13 - 6 至图 13 - 8 反映了省级、县市级和乡镇文化机构数量状况。其中，省级文化馆数量、县市级群众文化机构数量在 2012～2021 年整体上呈现上升趋势，而乡镇文化站数量自 2018 年逐年下降。总体而言，我国文化产业建设近些年较为稳定，很多指标稳中有升。

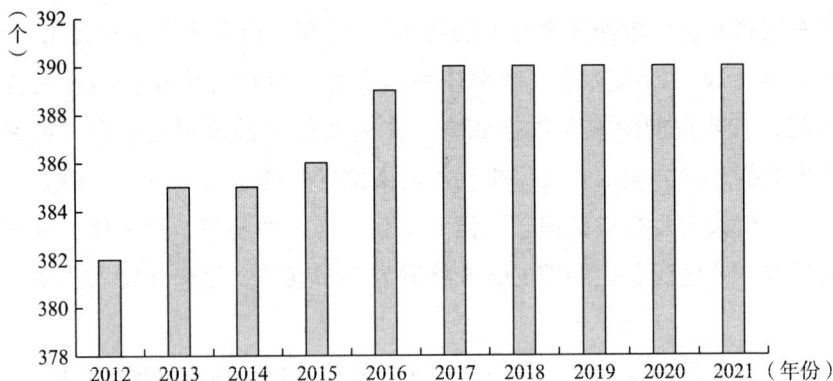

图 13 - 6　2012～2021 年省级文化馆数量

资料来源：EPS 数据平台。

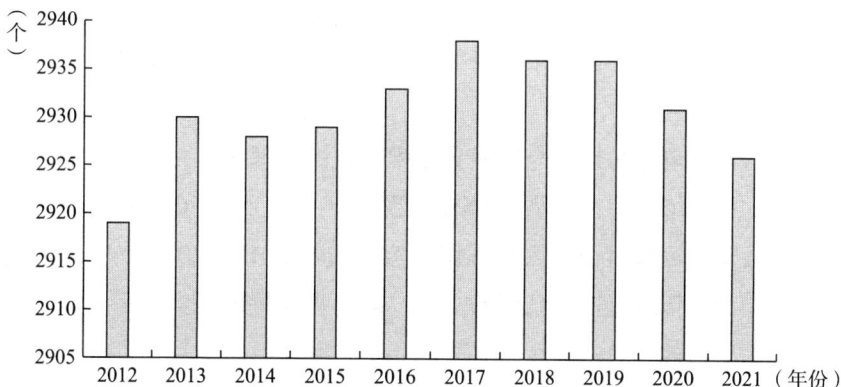

图 13 - 7 2012 ~ 2021 年县市级群众文化机构数量
资料来源：EPS 数据平台。

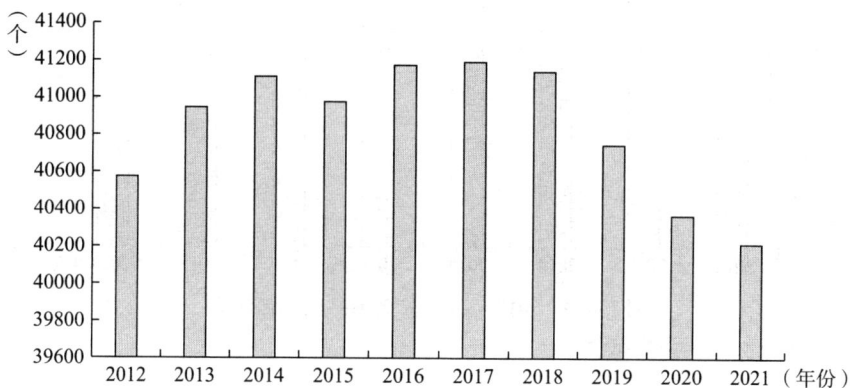

图 13 - 8 2012 ~ 2021 年乡镇文化站数量
资料来源：EPS 数据平台。

（二）文化与旅游

1. 中国对外文化旅游建设状况

2021 年，文化和旅游部与巴西、意大利、日本、俄罗斯、阿尔及利亚等 16 国举办双边会议；同期，文化和旅游部与秘鲁、圣马力诺、文莱、伊朗、尼日利亚等 9 国举办建交庆祝活动，与厄瓜多尔、柬埔寨、塞尔维亚、巴林、南非等 14 国签署文化合作协定、执行计划等文件，不断加强旨在促进文化交流、推动旅游复苏方面的政策沟通，广泛凝聚构建人类命运共同体的国际共识。此外，为了响应各国对共享发展机遇的诉求，文化和旅游部还举办对非洲、中东欧、中亚、东南亚国家的 8 期培训班，建成面向欧洲的"中国旅游培训"平台。

外国居民入境旅游地以与当地文化相融合的景区为主，其中以了解当地文化为目的的入境游客占比高达 95%。图 13 - 9 显示了 2012 ~ 2019 年入境外国游客数量。可以看出，入境外国游客数量在 2012 ~ 2019 年整体上是上升的。领略我国传统且博大精深的文化、品尝当地特色美食成为入境外国游客旅游的主要目的。

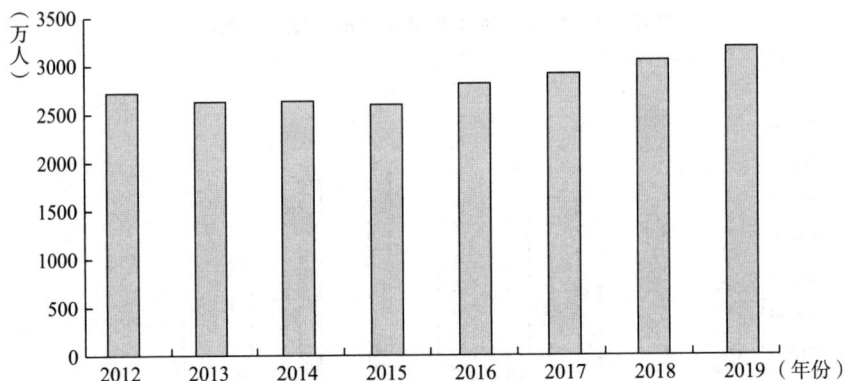

图 13 - 9　2012 ~ 2019 年入境外国游客数量

资料来源：EPS 数据平台。

2. 中国国内文化旅游建设状况

随着我国居民文化自信的不断上升，国内文化旅游在过去几年间出现了较为喜人的态势。图 13 - 10 显示了 2012 ~ 2021 年国内游客数量的变化。可以看出，2012 ~ 2019 年，国内游客数量逐年稳步攀升，虽然在 2020 年出现较大幅度的下降，但从 2021 年开始有所恢复。

图 13 - 11 显示的是 2012 ~ 2021 年国内游客旅游总花费。由于城乡收入差距的持续存在，城镇居民旅游消费一直占据国内旅游总消费的主体地位。2012 ~ 2019 年，国内旅游总花费逐年上升，城镇居民旅游总花费也出现类似的趋势，而农村居民旅游总花费却相对稳定且占国内旅游总花费的比例相对较低。

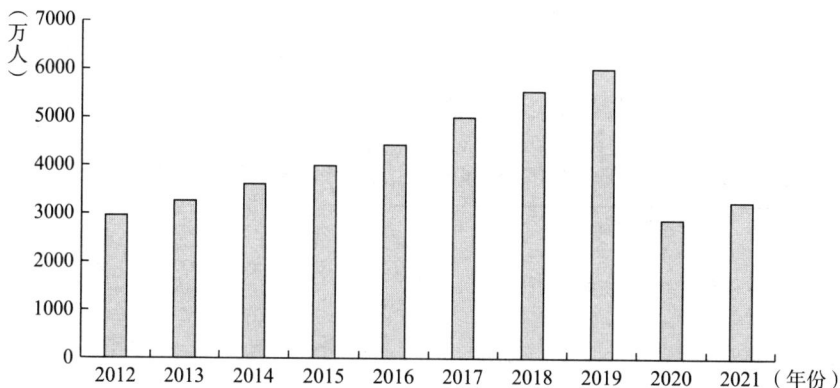

图 13 - 10　2012 ~ 2021 年国内游客数量

资料来源：EPS 数据平台。

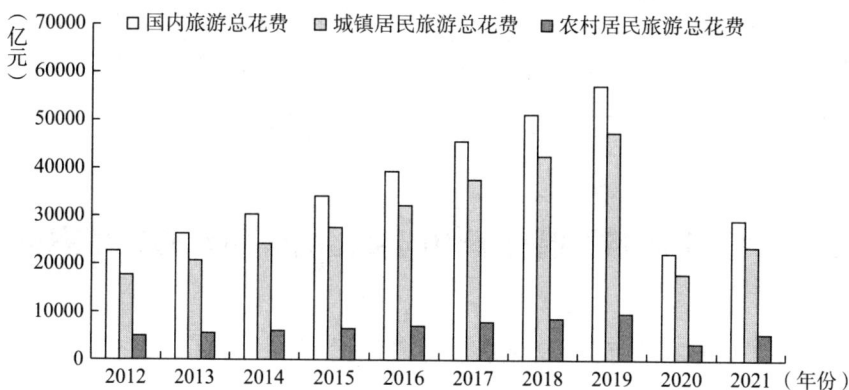

图 13 - 11　2012 ~ 2021 年国内游客旅游总花费

资料来源：EPS 数据平台。

（三）文化与数字化

2021 年 3 月，《文化和旅游部　国家发展改革委　财政部关于推动公共文化服务高质量发展的意见》发布，鼓励发展大众化数字文化，加强数字艺术、沉浸式体验等新型文化在公共文化场馆的应用。

随着数字经济的全面发展，基于文化底蕴的文化设施也会诞生新的业态，如网上博物馆、数据交易中心等，这会进一步推动我国文化事业发展。例如，全国文化大数据交易中心于 2022 年 8 月进行试运营，其中首批进场标的有国家图书馆出版社的《永乐大典》《天工开物》《草本图鉴》，中国长城学会的《中华长城》数据包。表 13 - 2 列举了 2022 年部分地方政府和重点企业文化及相关行业数字化实施情况。

表 13 - 2　2022 年部分地方政府和重点企业文化及相关行业数字化实施情况

企业和行业组织	政府机构
网易：网易苏州数字文化创新中心开园	山东省文化和旅游厅：黄河文化数字建设专题会议
新华智云：发布全国首个数字文化操作系统	江苏省文化和旅游厅：江苏文化旅游数字建设专题会议
北京国际版权交易中心：全国数字文化创新服务联盟成立	北京市推进全国文化中心建设领导小组办公室、北京市委宣传部：北京文化论坛
中国广电：《国家文化大数据体系暨文化专网建设规范白皮书》	文化和旅游部艺术发展中心：文化数字化战略新型基础设施暨文化艺术链生态建设发布会
中国数字出版博览会组委会：《全国出版业数字资源供需联合倡议书》	上海市委宣传部：上海文化产业数字化转型基金启动

资料来源：笔者根据新华网、光明网、澎湃新闻等网站内容整理。

四　"一带一路"倡议下中国文化品牌建设的典型案例

（一）"好客山东"　文化旅游品牌建设

随着我国旅游市场全面进入品牌竞争白热化时代，地方政府开始成为竞争的主体。山东作为陆上丝路的交汇点和海上丝路的起始点，把以孔子创立的儒家思想为代表的中华文化带向世界，谱写了文明交流互鉴的精彩篇章。山东省旅游资源丰富，且省内各地生态风格迥异。然而，山东旅游仍面临旅游宣传经费少、旅游宣传不集中、品牌形象不鲜明等问题。针对以上状况，2008 年，山东省旅游局构建创新合作机制，推出一条由政府主导的、具有山东特色的旅游文化品牌推广之路——"联合推介，捆绑营销"，即省旅游局牵头，整合省、市、县三级的财力资源、企业资源、旅游资源和媒体资源，调动各方面的积极性，形成集约机制，集中力量做集群式重点宣传与推广，形成集群规模效应，进而打造山东整体旅游形象，形成一系列相关产业集群。

基于以上背景,"好客山东"文化旅游品牌应运而生。"好客"这一概念是这一文旅品牌的主要核心,其落实由"以我为主"向"以客为主"的转变来实现,景点景区则将作为承载"好客"文化的实物支撑体,将"好客"的服务理念通过实体景点的服务理念表现出来。在理想状态下,在"好客"的基础上开展的旅游项目既能为游客提供沉浸式的旅游体验,又能体现"好客"山东人质朴、热情、豪迈的风土人情,让游客在真正体验"好客"的山东文化内涵、得到旅游精神满足的同时,也能为山东文化旅游业的后续发展提供持久的推动力。

在"好客山东"统一品牌的宣传下,山东省各地级市逐步建立了各自的子品牌,从而使"好客山东"成为著名的文旅系列品牌,并反过来支撑其所宣传的品牌形象和内涵。在2007年推出"好客山东"文旅品牌之后的短短几年内,参加推介的城市和单位已由开始的31家增加到近百家,涵盖全省16个地级市。全省大部分地级和部分县级旅游城市策划推出了自己的旅游品牌形象,部分重点旅游企业还策划推出了企业品牌形象,为提升山东整体文化旅游品牌知名度做出了贡献。

在"好客山东"品牌的推广过程中,推广媒介的选择直接关系到品牌价值的宣传效果。在山东省旅游业进行产业整合后,节余的资源和资金足以支持更大规模的文旅品牌宣传。2007年以来,山东省先后在央视、山东卫视、凤凰卫视、香港翡翠台、台湾东森台等电视媒体投入广告进行宣传,广告一经投放,效果十分显著。

"好客山东"品牌在全国范围内形成基本的知名度和影响力之后,山东省旅游局进一步对品牌进行全方位塑造,为更好地将品牌根植于齐鲁大地不断进行开拓创新。除电视媒体外,"好客山东"品牌在网络、报刊、广播、车载和机场媒体的旅游专栏、专版和专刊中均投放了一定版面的广告信息,还与山东航空公司联合推出"好客山东"号彩绘飞机,制作了独具特色、令人过目不忘的"空中名片";青啤集团与"好客山东"品牌开展合作,在啤酒瓶、罐上印上"好客山东"的标志等。可见,山东省尽可能利用一切渠道进行大范围的广泛宣传，力图使旅游受众加强对"好客山东"品牌的了解，并在反复的视觉和听觉冲击中深化人们对山东旅游的好奇心和向往。

在打造"好客山东"文化旅游品牌过程中，山东省旅游局还率先尝试发展智慧旅游，投资建立了山东旅游网，成立了数字化多媒体营销系统。在尝试利用网络信息实时更新的特点对"好客山东"的文旅品牌进行宣传的同时，还与携程网等国内知名旅游网络运营商达成合作，实现了"好客山东"旅游品牌和消费者的零距离接触与互动。目前，"好客山东"文旅品牌已被纳入央视品牌强国工程，成为"品牌强国工程"第一个文旅类项目；同名头条号、百家号、人民号等九大主流新闻客户端的总阅读量为 3.35 亿次；抖音、快手、微视、央视频、微信视频号等五大主流短视频平台和"好客山东"直播平台的总播放量为 24.2 亿次。① 网络已成为"好客山东"区域旅游品牌传播的重要渠道。

（二）洛阳博物馆文化旅游品牌建设

作为十三朝古都，洛阳历史文化积淀深厚，文物资源丰富，洛阳博物馆典藏了上至旧石器时代、下讫明清时期的历代文物，馆藏文物具有很强的时代连续性，是中国文明的缩影。2019 年 6 月，洛阳博物馆与乌兹别克斯坦国家历史博物馆合作举办"梦回布哈拉——唐定远将军安菩夫妇墓出土文物特展"，讲述唐王朝与中亚古国密切的商贸与人文交流情况，并在甘肃省博物馆、长沙市博物馆、鄂尔多斯青铜器博物馆进行巡展，让文物活起来，传播丝路精神，为共建"一带一路"国家和地区间的文化交流奠定了良好的基础。

在文化和旅游加速融合的时代背景下，消费群体年轻化和市场需求多元化是当今大众市场的发展趋势。为适应这一需求，2021 年"五一"期间，洛阳博物馆的洛阳礼物文创店推出"唐妞"系列文创产品，以人性化、具象化的形象将文旅品牌微缩到一个具有洛阳历史文化元素的 IP 形象之中，

---

① 《山东文旅成绩单｜交流合作篇："好客山东"品牌走出去》，新浪网，http：//k.sina.com.cn/article_5328858693_13d9fee45020012qmq.html。

并将以往观赏性大于实用性的旅游纪念产品改良成为更贴近生活的日常用品。其热销款式主要为鼠标垫、笔记本、冰箱贴等产品，为游客自用或送礼提供了更宽泛的选择空间。与此同时，洛阳博物馆还推出"博物盲盒"等主题鲜明、形式新颖的文创新品，将市场上的新潮产品"盲盒"与文创产品相结合，设计兼具趣味性和创新性的文创产品，激发了年轻人的消费热情，扩大了产品的受众范围，并进一步吸引更多游客对洛阳历史与文化的兴趣和热情。除此之外，故宫博物院、圆明园等其他历史文化景点推出的"联名款"雪糕，是对文创产品的全新尝试，为文旅品牌转型升级注入了新的活力。

实际上，这一类文创品牌的成功得益于近年来兴起的"国潮风"。新华网发布的《国潮品牌年轻消费洞察报告》指出，在全行业国潮品牌消费中，"90 后"和"00 后"已成为绝对主力，贡献了 74% 的国潮消费。买国货、晒国货成为一种潮流，年轻人强烈的民族自豪感是一个重要原因。在此基础上，不少"老字号"品牌把年轻人作为新品研发的参照坐标，通过开辟年轻潮流产品线、推出"跨界""联名"款式实现突破，打破品牌固有形象和边界，成功打入年轻圈层，成为时下正兴的"社交符号"。

（三）宁夏"智慧宫"文化品牌建设

宁夏"智慧宫"文化品牌以"为构建人类命运共同体，解译好中国智慧、中国方案、中国力量"为初心，以"讲好中国故事、传播好中国声音"为使命，以"一带一路"文化先行为发展定位，以"互联网＋文化"为发展模式，以中国文化进入共建"一带一路"国家寻常百姓家为目标，由国际中文教育及图书、影视、国际传播工作"一核三重"四大主营业务板块组成。主营业务面向共建"一带一路"国家，搭建了以"一带一路"阿拉伯国家文化交流、图书出版数字、动漫影视制作、国际中文教育、智能互译、数据库、信息交流和智能旅游为主的八大核心业务平台，逐步形成"文化＋"全产业链的国际性文化产业集团公司。

智慧宫面向 22 个阿拉伯国家和地区提供影视作品的译制、配音、发行、传播、推广等服务，在共建"一带一路"阿拉伯国家和地区有较高的知名度和美誉度，有达15亿人的受众和用户基础。同时，其自主开发了阿拉伯世界首个中阿影视动漫制作平台"智慧宫影视"，将国内优秀影视动漫产品译制成阿拉伯语产品，全面进入阿拉伯国家市场。其中电影海外译制、配音和发行35部（包括《中国机长》《红花绿叶》等），电视剧、专题片发行40部（包括《三生三世十里桃花》《山海情》等），动漫作品发行220部（包括《中国熊猫》《罗小黑战记》等）。

此外，智慧宫已向共建"一带一路"国家和地区翻译出版了涵盖阿拉伯语、波斯语等11个语种，涉及中国政治、经济、文学、儿童读物等多个类型的图书1360余种，销量近200万册，[①] 成为国内对阿图书输出的龙头企业，也是阿拉伯国家规模最大的中国图书出版机构。随着中阿合作交流的脚步持续加快，阿联酋、沙特、埃及已将中文教育纳入国民教育体系，中文成为第二外语必修课，从小学一年级至高中三年级需要完成K12教育。智慧宫已完成3个国家K1至K12纸质教材、数字化课件、游戏课堂等内容设计，制定所在国汉语教学的标准，积极开展国际中文教育师资派遣服务，全面推进阿联酋、沙特信息化校园、教育智能终端等软硬件设备建设，提升所在国智慧校园建设和在线教育水平。

五　中国文化品牌发展瓶颈

（一）文化品牌分布广泛但发展水平不均衡

由于各省区市经济和文化发展水平差异显著，文化品牌区域差异也比较明显。从地域来看，东部沿海省区市拥有的文化品牌数量较多，而中西部城市拥有的数量较少，尤其是我国民族地区，文化品牌数量有较大的提升潜力。截至2019年，浙江省文化品牌数量为1355个；而宁夏回族自治区文化

---

① 《宁夏智慧宫把"中国故事"传播到"一带一路"沿线国家》，中国新闻网，http://www.nx.chinanews.com.cn/sh/2022-04-24/doc-ihaxrutv2974963.shtml。

品牌数量为 167 个。[①] 由此可见，我国文化品牌存在地域分布及发展水平不均衡的状况。

从文化品牌具体所属的产业来看，文化产业具有明显的地域优势。例如，浙江省拥有相比全国其他地区更多的非遗文化品牌，而四川省在文旅品牌数量上占据绝对优势。这种不均衡的文化品牌分布意味着各地区的文化产业发展更加注重特定领域，并且对当地的自然禀赋有着较高的依赖性。

（二）对文化品牌的认识存在误区

如今，我国文化产业建设工程多由各地政府主导，不少地方政府对文化品牌仍存在一定的认知误区，易将文化品牌与文化资本混为一谈，对文化产业与其他产业融合形成的品牌缺乏清晰准确的定位和认知。因此，对于地方政府而言，单一文化品牌或文旅品牌的建设更受重视，而对文化产品和文化企业介入的支持力度则明显不足。

（三）文化品牌缺乏明确的定位和系统的发展

文化品牌的建设不能急于求成，必须在深厚文化底蕴的基础上做好文化品牌的定位。进入 21 世纪以来，全国范围内陆续涌现出了数量众多、同质性较强的文化品牌。也就是说，一个文化品牌在成功建立后，在短时间内就会有许多千篇一律的人造文化品牌"拔地而起"，这种模仿式重复建设的情况极容易在后续打造经典文化品牌过程中出现缺乏文化内涵、难以实现本土化的弊端。此外，由于我国文化产业的品牌化建设尚不成熟，各地方政府和居民对文化品牌的理解并不充分全面，除个别成功案例外，大部分品牌缺乏系统化的普适性建设与运行模式，这在一定程度上阻碍了我国文化品牌的发展。

---

① 《【长三角文化】中国文化品牌总体状况分析报告》，搜狐网，https://www.sohu.com/a/475488665_100156729。

六 中国文化品牌发展建议

随着"一带一路"倡议所带来的积极效应进一步凸显，我国文化品牌的建设步伐相继加快，我国在文化产业数字化发展、文化产业融合发展、文化产业国际合作等方面的相关政策相继发布，这加快了我国文化产业的国际化进程。尽管现阶段我国文化品牌建设存在一些瓶颈，但国际市场对具有中国传统文化底蕴的文化品牌有较大的需求。因此，我国特色文化品牌在国际舞台上的前景十分广阔。基于此，本章提出如下建议。

（一）加快文化产业数字化发展

互联网与文化产业的合作日益深入，基于移动互联网的新型传媒文化业态将成为文化产业快速发展的引擎，为我国文化品牌的发展提供了一个强有力的突破口。根据国家统计局发布的 2022 年全国规模以上文化及相关产业企业营业收入情况报告，与互联网相关的文化新业态特征较为明显的 16 个行业小类实现营业收入 43860 亿元，比上年增长 5.3%，快于全部规模以上文化企业 4.4 个百分点。[①]

文化和旅游部发布的《"十四五"文化产业发展规划》（以下简称《规划》）对推动文化产业数字化发展提出了相关要求。《规划》指出："顺应数字产业化和产业数字化发展趋势，深度应用 5G、大数据、云计算、人工智能、超高清、物联网、虚拟现实、增强现实等技术，推动数字文化产业高质量发展，培育壮大线上演播、数字创意、数字艺术、数字娱乐、沉浸式体验等新型文化业态"。

目前，拥有互联网基因的文化产业正在形成品牌化、旗舰化、集团化的集聚趋势。这有利于挖掘和延伸产业链，提升各个产业环节的价值，最终实现品牌效能的最大化。全产业链发展，即实现贯穿整个产业链上中下游的商

---

① 《文化新业态发展韧性持续增强 数字出版蓬勃发展》，荆楚网，http://news.cnhubei.com/content/2023－02/25/content_15529474.html。

业运作，是当前很多成功的文化品牌常用的发展模式。全产业链开发运营有助于文化企业实现品牌形象的统一和品牌资源的整合，实现影响力的乘数增长。20世纪，好莱坞就已开始注重产业链的全方位开发与运营，例如，环球影片公司、迪士尼公司经过多年对产业链的发展和完善，成为全球知名的拥有国际文化品牌的公司，其业务延展到了产业链的几乎每个角落，如媒体网络、主题乐园、影视游戏、特许经营、图书出版、周边产品，这些业务板块之间互相串联，以品牌为中心，在统一的框架下进行多领域的平行移动，品牌在自身较为完善的产业链滚动中实现了价值的提升。

因此，在数字经济飞速发展的今天，以"文化+互联网"为代表的要素融合模式已经成为文化产业发展的关键驱动力，互联网、信息技术、多媒体与文化资源的有机融合为文化企业提供了全新的创新路径。在市场经济中，文化企业是文化科技体系创新的主体。文化企业要认识到互联网技术发展带来的价值，利用产业的集聚效应形成文化产品的创新以及资本和规模经济的扩张，通过与互联网科技企业的合作，推动文化产业价值链上文化品牌的发展和衍生。尤其是传统文化企业，需要重新思考数字化与新媒体时代如何实现产业的转型。此外，政府应营造有利于科技创新与文化企业合作的社会氛围，推进文化产业数字化转型。

（二）着力促进文化产业与其他产业融合发展

文化产业与其他相关产业的融合是文化品牌形成的重要依据之一。《规划》提出，"十四五"期间"建设30个左右国家文旅产业和旅游产业融合发展示范区"的基本工作目标，即进一步建设集文旅资源、产业链于一体的国家级文旅融合示范专区，将文化资源转化为旅游产品。利用文化将普通商品转化为承载了文化价值的特殊商品并投入市场以实现区域经济发展。可见，文化和旅游的融合发展不仅仅拘泥于进行特色纪念品的设计创新，而且其应被赋予更高层次的意义。

在强调文旅产业融合带来旅游经济效益的同时，推动文化产业与其他领域的产业融合不应被忽视。例如，《规划》提出，"推动文化与农村一二三产业融合发展，提升农产品创意设计水平，合理开发农耕文化、农业文化遗产，支持发展富有文化创意含量的农耕体验、田园观光、阳台农艺等特色农业"。可见，保障人民的基本生活需求和满足人民多样化的文化需求并不冲突。地方政府应积极发掘当地文化特色，扶持地区文化品牌发展，鼓励文化企业参与文化品牌建设，适应市场，实现创新，利用多样化营销手段打开品牌知名度，助推其成为当地具有知名度及辨识度的文化标志，充分利用其品牌价值实现当地经济增长。同时，应避免对其他成熟的文化品牌发展模式进行照搬照套，走出一条独特且创新的文化产业发展道路才是各地文化品牌的最优发展策略。

此外，发展文化产业园区也能促进文化产业与其他产业融合。例如，江苏在苏南、沿江地区以及徐州、连云港等交通节点城市规划对外文化贸易基地建设，扩大江苏地方文化产品出口规模。抓住"大运河文化带""长江经济带"等机遇，充分利用古镇古村、街巷弄堂等空间资源，规划布局一批特色文化产业园区，加强居民与城市空间的互动，形成一批有机嵌入、特色鲜明的文化集聚区。

对于园区内文化产业的发展，《规划》根据当今科技发展趋势，做出相应要求：文化产业应进一步提升服务能力和创新水平，健全管理体系，找准自身定位，彼此间相互联合，在协同创新方面做出努力，为建造国家级文化产业创新示范区起到引领和带动作用。不难看出，对于我国文化产业园区的发展，仍然采用传统的头部企业辐射带动周边企业的联合共同体模式。在文化产业园区品牌的集群化模式下，文化品牌建设将推动多产业的发展。通过对文化产业园区的建设主体细化规定，增强文化企业主体意识，促进文化企业协同合作。尤其是在国家鼓励文化产业园区采用"文化＋"模式的基础上，以文化为核心的多产业融合能够打破产业壁垒，起到为产业发展前景注入活力的作用。例如，将文化产业与数字产业结合，扩大对当今备受瞩目的3D全景、智能AI、虚拟数字技术的应用范围；将文化产业与金融产业结合，对推动风险补偿和融资担保机制创新、进行有效金融投资具有正面的积极影响。

由于文化产业园区发展对人才、项目、交流、合作等方面均有较高水平的要求，本章认为，文化产业创新示范区应首先在东部发达地区进行实验性建设以积累经验，在形成规模后带动周边地区联动发展，为之后中西部地区进行模式复制提供参考价值。例如，对于北京朝阳国家文化产业创新实验区建设，首先在北京市内进行对文化产业新政策的探索与试运行，然后为京津冀地区文化产业园区的建设提供指导建议。

（三）进一步推动文化产业国际合作

在"一带一路"倡议背景下，为立足国内国外双循环的基本格局，文化产业不能仅在国内的单一环境中发展。为避免形成文化产业的"孤岛效应"，我国应充分利用国内国外两种市场资源，在保证具备足够国际竞争力的前提下"走出去"。共建"一带一路"国家和地区拥有丰富多样的文化遗产和创意产业，我们应该鼓励跨国合作，融合各种文化元素，创造具有包容性和多样性的文化产品和品牌，进而通过国际合作与国际文化产业有效接轨，探索在世界范围内我国文化产业的市场竞争优势。

制定战略性对外文化贸易政策，采取相关措施促进本国文化产品出口是世界各国的普遍做法，也是 WTO 和《保护和促进文化表现形式多样性公约》等国际组织和公约所允许和鼓励的。我国在此方面出台了诸多的规范性文件，但其针对性、专业化和战略性还不够。我国在 2007 年、2012 年出台和更新了《文化产品和服务出口指导目录》；2014 年，《国务院关于加快发展对外文化贸易的意见》发布。2022 年，《商务部等 27 部门关于推进对外文化贸易高质量发展的意见》发布，其中提出，"到 2025 年，建成若干覆盖全国的文化贸易专业服务平台，形成一批具有国际影响力的数字文化平台和行业领军企业"。我国的对外文化贸易存在较大逆差。因此，促进文化产业领域同周边国家，尤其是与共建"一带一路"国家建立务实的合作关系和多边机制，鼓励具有中国特色的文化企业走出国门，才能有效形成跨国界、跨领域的文化产业国际合作。

文化产业对外开放不仅促进我国文化产业"走出去"，也期待国际文化产业优秀品牌与人才来到我国进行交流或创业。我国拥有巨大的文化发展潜力，不过，在文化产业国际化品牌建设初期，我国缺乏成熟的管理经验和发展模式，急需与各国具有丰富经验的文化产业人士进行交流合作，以更合理、更高效的形式发展具有中国特色的对外文化品牌。建设国家级对外文化产业基地、推动文化产业国际合作，正是吸引国外相关人才来华发展的重要渠道。

我国在推动本国文化品牌走向世界的同时，也会为国际文化产业发展注入新的活力。如今，我国已诞生了一批拥有规范产业体系的知名文化品牌，其在国内甚至国际市场上均占有稳定的市场份额。因此，我国各地政府应进一步出台相关政策给予文化企业信心，具备一定能力的文化企业应积极响应国家号召，以寻求合作的姿态将本国优秀文化产业带到国际重要展会，在全力展现中国文化的魅力的同时应致力于搭建新型交流平台，提升我国文化的国际地位和影响力。

参考文献

陈柏福、刘莹：《我国对外文化贸易竞争力状况分析——基于"一带一路"沿线国家核心文化产品贸易的比较》，《湖湘论坛》2021 年第 1 期。

郭新茹等：《文旅融合背景下我国文化产业园区高质量发展路径研究——以江苏为例》，《艺术百家》2021 年第 5 期。

胡键：《"一带一路"国家品牌的打造与中国文化软实力建设》，《社会科学辑刊》2021 年第 3 期。

乔婕：《"一带一路"背景下的中国文化自信研究》，大连交通大学硕士学位论文，2019。

双传学：《"一带一路"视阈下的我国文化开放战略》，《东岳论丛》2016 年第 5 期。

杨涵：《"一带一路"背景下我国文化企业"走出去"对策研究》，湖南大学硕士学位论文，2018。

欧阳友权、禹建湘主编《中国文化品牌发展报告（2018～2019）》，社会科学文献出版社，2019。

张牧：《我国文化品牌创新发展路径探析》，《长白学刊》2019 年第 5 期。

甄云霞：《新时期加强和改进"一带一路"国际出版交流合作的意义和路径》，《出版科学》2021 年第 5 期。

第十四章　"碳中和"愿景下绿色"一带一路"发展的风险挑战及路径保障

刘　红

本章以全球"碳中和"愿景为背景，结合当前我国不断推动"一带一路"绿色发展的努力，总结、归纳当前"一带一路"绿色发展在绿色基建、绿色能源、绿色金融、绿色科技、绿色贸易等多个领域的合作成就，对未来"一带一路"绿色发展所面临的风险与挑战展开分析，进而针对"一带一路"绿色建设中的重点领域提出相关路径保障措施。

一　全球"碳中和"愿景与绿色"一带一路"

应对气候变化始终是全人类共同面临的一大挑战，在世界百年未有之大变局背景下，新冠疫情的冲击更是再一次为世界各国重新审视人与自然的关系敲响警钟。近年来，全球发展与应对气候变化问题已逐渐成为国际政治议程的重要议题之一。2015年，联合国将"采取紧急行动应对全球气候变化及影响"列为可持续发展目标之一。同年12月，第21届联合国气候变化大会通过《巴黎协定》，提出经济发展与控制温室气体排放并行，在21世纪中叶实现零排放，即"碳中和"。在此背景下，越来越多国家积极响应全球气候治理号召，加入国际"碳中和"行动。截至2023年8月，全球已有140个契约方提交了应对气候变化国家自主贡献文件，其覆盖98%的世界人口和95%的全球排放。其中约有140个国家提出净零排放或者"碳中和"目标，"碳中和"目标逐步成为全球各国共同的气候愿景①。

在全球"碳中和"愿景下，中国作为负责任的发展中大国始终将参与全球气候治理放在国家治理与建设的重要位置。2020年9月，中国首次提出力争碳排放在2030年前达到峰值，在2060年前全面实现"碳中和"。中国针对气候环境问题所进行的一系列制度建设与做出的国际承诺均体现了中国积极承担全球气候环境治理责任、建设人类命运共同体的大国风范。在全球气候治理问题日益严峻、国际气候合作亟待加强的背景下，推动绿色"一带一路"高质量发展，进一步实现共建国家共享绿色转型与可持续发展成果至关重要。早在2016年习近平主席便发出携手共建国家践行绿色发展理念、共建"绿色丝绸之路"的号召，中央各部门相继推出建设绿色"一带一路"的一系列政策文件，从政策层面为"一带一路"绿色化发展奠基，加快"一带一路"投资合作绿色转型，让绿色成为共建"一带一路"的底色，相关政策文件情况见表14-1。

表14-1 中国出台的绿色"一带一路"相关政策文件情况

时间	文件名称	发布单位	主要内容
2015年3月	《推动共建丝绸之路经济带和21世纪海上丝绸之路的愿景与行动》	国家发展改革委、外交部、商务部	在投资贸易中突出生态文明理念，加强生态环境、生物多样性和应对气候变化合作，共建"绿色丝绸之路"
2016年11月	《"十三五"生态环境保护规划》	国务院	设置推进"一带一路"绿色建设章节，统筹规划未来五年"一带一路"生态环境总体工作
2017年5月	《关于推进绿色"一带一路"建设的指导意见》《"一带一路"生态环境保护合作规划》	前者为环境保护部、外交部、国家发展改革委、商务部；后者为环境保护部	前者明确了"绿色丝绸之路"建设的总体思路；后者制定了具体规划目标与六大重点任务
2017年12月	《标准联通共建"一带一路"行动计划（2018-2020年)》	国家标准化管理委员会	紧扣提高与"一带一路"相关国家标准体系兼容性的主线，部署了九大重点任务，服务"绿色丝绸之路"建设

① 数据来源：《碳普惠自愿减排机制具有重要意义》，网易，https://www.163.com/dy/article/IBOTJ10C0512D71I.html。

续表

时间	文件名称	发布单位	主要内容
2019年4月	《共建"一带一路"倡议：进展、贡献与展望》	推进"一带一路"建设工作领导小组办公室	全方位回顾五年多来共建"一带一路"的历程，开展与共建国家的生态环境保护合作，倡导与更多国家签署"绿色丝绸之路"合作建设协议
2019年4月	《国家发展改革委 科技部关于构建市场导向的绿色技术创新体系的指导意见》	国家发展改革委、科技部	以二十国集团、"一带一路"、金砖国家等合作机制为依托，推进建立"一带一路"绿色技术创新联盟等合作机构，强化绿色技术创新国际交流
2022年1月	《国家发展改革委 国家能源局关于完善能源绿色低碳转型体制机制和政策措施的意见》	国家发展改革委、国家能源局	鼓励金融产品和服务创新，促进"一带一路"绿色能源合作；建设和运营好"一带一路"能源合作伙伴关系和国际能源变革论坛等，推动全球能源治理中绿色低碳转型发展合作
2022年3月	《国家发展改革委等部门关于推进共建"一带一路"绿色发展的意见》	国家发展改革委、外交部、生态环境部、商务部	推动共建"一带一路"生态环保与气候变化国际交流合作不断深化，扎实推进绿色基建、绿色能源、绿色交通、绿色金融等领域务实合作

资料来源：国家发展和改革委网站（https://www.ndrc.gov.cn/？code=&state=123）。

从共建"一带一路"国家的碳排放现状与经济发展模式来看，推动共建国家绿色发展转型、实现"一带一路"绿色发展目前仍面临较大挑战。2020年，65个"一带一路"沿线国家的碳排放量在全球总量中的占比达60.7%[①]，其碳减排压力较大；同时，许多共建"一带一路"国家拥有复杂的地理条件，生态环境比较脆弱，且多为发展中经济体，大多把低附加值、高能耗的开采加工制造业作为经济发展的动力，绿色转型压力大。

[①] 数据来源："Global Carbon Atlas," http://www.globalcarbonatlas.org/en/content/welcome-carbon-atlas。

二　中国与共建"一带一路"国家的绿色发展合作成就

绿色承载着人类命运共同体的价值观，绿色"一带一路"蕴含着各国相互合作的交汇点。尽管国际政治经济格局加速演变，全球产业链和供应链遭受重大冲击，但是中国通过建立更广泛的合作机制、更多元的交流渠道，共建绿色"一带一路"逆风前行，为构建人类命运共同体做出更大贡献。

（一）绿色基础设施互联互通

我国在高铁、电动车以及光伏、风力发电等绿色交通能源、绿色能源相关的一系列绿色基建领域的技术水平均在全球处于领先地位，具有较强的国际竞争力。近年来，绿色基建的互联互通在我国与共建"一带一路"国家的绿色发展合作中始终发挥关键性作用，为共建国家的绿色转型发展提供了更大的机遇。2022年3月，国家发展改革委、外交部、生态环境部及商务部联合发布的《关于推进共建"一带一路"绿色发展的意见》更是将"绿色基建互联互通"升级为绿色建设的重点合作领域之一。目前，我国与共建"一带一路"国家的绿色基建合作主要呈现如下特征。

1. 基建项目环保要求提高，逐步接轨国际绿色标准

中国在基建项目上始终充分尊重东道国的环保法规，同时主动对标国际绿色环保标准，在以更加绿色化的方式积极参与到共建国家基础设施建设的互联互通合作过程中，逐步赢得共建国家乃至国际社会对绿色"一带一路"的理解与认同。例如，以中国港湾承建的目前加纳规模最大的水工项目——加纳特码新集装箱码头项目为例，项目建设内容参照世界银行绿色标准，严格遵守加纳土壤、海水水质以及生物多样性等领域法律法规，符合联合国环境署《可持续基础设施十大原则》等国际规则标准的要求；中国企业承建的伊拉克哈法亚油田邀请专业机构对油田每季度地下水、土壤、空气质量进行监测，参照伊拉克法律法规与世界卫生组织等国际标准

进行建设[①]。

2. 绿色基建技术不断革新，项目低碳化水平有所提升

在基础设施项目建设合作中，中方单位充分发挥中国基建领域的绿色技术与先进设备优势，积极推广绿色技术在基建项目中的应用。例如，中国企业承建的哈萨克斯坦札纳塔斯风电站使用智能物联网技术，从而能够更加敏锐地感知实际风况，发电量比传统风机增加 10%；中国企业承建的伊拉克哈法亚油田所采用的电脱盐自循环掺水技术，不但提高了原油脱盐效率，还能够降低项目渗水消耗，减少地表水和地下水污染。此外，中阿（联酋）产能合作示范园、中埃·泰达苏伊士经贸合作区不断推动园区中不同行业企业的原料互供与资源共享，从而促进资源回收利用，实现循环生产[②]。

3. 逐步停止高碳高污项目建设，引导发展绿色环保项目

一方面，我国近年来收紧信贷部门对于高污、高碳项目的审批，合理引导资金流向可再生能源领域，逐步推动绿色清洁项目的开发。自 2015 年以来，境外煤炭投资在中国对"一带一路"沿线国家的能源投资所占比重呈现下降趋势；2020 年，可再生能源（光伏、风电、水电等）领域投资占比首次超过 50%，占海外能源总投资的 57%[③]。另一方面，我国已建成的绿色基建项目已取得明显的减碳效果。其中于 2016 年 6 月正式发电并投入商业运营的巴基斯坦旁遮普光伏电站已累计发电超过 25.5 亿千瓦时，每年可满足约 150 万人的用电需求，减少碳排放 254 万吨，有效推动巴基斯坦能源体系"去碳化"发展；连云港新亚欧陆海联运项目通过整合优化运营模式和组织流程，压缩中转作业时间 75%，年节约油耗 58 万吨，减少碳排放 183 万吨[④]。根据 2022 年国家发展改革委、外交部、生态环境部、商务部联合发布

---

① 资料来源：《共建"一带一路"绿色典型项目研讨会：凝聚绿色共识 共建绿色丝路 共享绿色成果》，中国一带一路网，https：//www. yidaiyilu. gov. cn/p/197779. html。

② 资料来源：《共建"一带一路"绿色典型项目研讨会：凝聚绿色共识 共建绿色丝路 共享绿色成果》，中国一带一路网，https：//www. yidaiyilu. gov. cn/p/197779. html。

③ 数据来源：《IIGF 观点 ｜ 中资银行参与"一带一路"可再生能源投融资现状及展望》，中央财经大学绿色金融国际研究院网站，http：//iigf. cufe. edu. cn/info/1012/4383. htm。

④ 资料来源：《共建"一带一路"绿色典型项目研讨会：凝聚绿色共识 共建绿色丝路 共享绿色成果》，中国一带一路网，https：//www. yidaiyilu. gov. cn/p/197779. html。

的《关于推进共建"一带一路"绿色发展的意见》，中国逐步停止境外煤电项目等高污、高碳基建项目的开发，着力于绿色基建互联互通的实践行动，充分展现了中国协同共建"一带一路"国家进行绿色低碳化发展的切实行动。

（二）绿色能源合作

在"碳中和"视角下，共建"一带一路"国家正在进行有史以来规模最大的绿色低碳能源的转变。各国政府、国际组织、国际企业等多个主体在绿色能源、新能源开发、高碳能源的低碳化三个方面进行协作，发展绿色低碳能源，以达成节能减排的目的。"一带一路"绿色能源合作不仅旨在解决全球气候和生态问题，而且对改变共建国家高碳经济发展模式、增强全球经济发展的可持续发展能力具有正面影响。根据 2020 年出版的《"一带一路"绿色发展报告（2019）》，38 个主要国家预计在 2020~2030 年将新增电力装机容量 644GW，风力发电和光伏发电装机规模最高可达到 706.24GW。目前，中国在绿色能源产业方面尤其是可再生能源这一领域已取得巨大成就，在技术、设备和基础建设方面为各个共建国家提供服务和支持。2014~2020 年，中国在"一带一路"项目中的可再生能源投资大幅提升了近 40%，已超过化石能源投资。① 如表 14-2 所示，截至 2019 年，"一带一路"清洁能源和可再生能源项目总价值达到了 1049.5 亿美元，项目数量为 102 个。

表 14-2　"一带一路"清洁能源和可再生能源项目价值、数量

单位：亿美元，个

	光伏项目		核能项目		风电项目		总项目	
	价值	数量	价值	数量	价值	数量	价值	数量
2013 年	5.1	5	250.0	1	24.3	9	279.4	15
2014 年	2.4	4	—	—	21.2	7	23.5	11
2015 年	15.7	4	—	—	34.7	10	50.4	14

---

① 数据来源：《宋清辉：推动共建一带一路高质量发展 绿色发展理念惠及沿线国家》，搜狐网，https://www.sohu.com/a/453627302_112589。

续表

	光伏项目		核能项目		风电项目		总项目	
	价值	数量	价值	数量	价值	数量	价值	数量
2016 年	22.0	11	—	—	14.3	6	36.3	17
2017 年	491.2	14	74.6	1	48.4	9	614.2	24
2018 年	23.3	6	—	—	5.8	2	29.1	8
2019 年	14.6	12	—	—	2.0	1	16.6	13
总计	574.3	56	324.6	2	150.6	44	1049.5	102

资料来源:《我们是路孚特》,路孚特网站,https://www.refinitiv.cn/zh/about-us。

1. 水力发电产业的合作与发展

中国在共建"一带一路"国家和地区的水电建设规模居世界首位,在水电装备、标准、施工技术等领域具有很强的竞争优势,特别是"小水电"和"乡村电气化"的发展方式引起了共建"一带一路"国家极大的重视。"一带一路"的水电开发重点在亚洲及非洲,尤其在东南亚和南亚等国家。柬埔寨甘再水、越南莱州、巴基斯坦尼鲁姆·杰卢姆、埃塞俄比亚的"复兴水坝"等水电工程,都是由中国承建、投资建成的大型水电工程。[1]

2. 太阳能发电产业的合作与发展

近几年,中国太阳能发电行业发展迅速,在多晶硅、硅片、电池片、组件等方面已具备较强的竞争力。国内公司通过海外收购、设备出口、海外建厂以及项目承包等方式,在东南亚、中亚、中东和非洲进行广泛的业务发展。如晶科、晶澳、天合光能、正太等光伏公司在欧洲、东南亚等多个国家投资光伏电池、硅片、组件建设领域,并不断进行技术革新,进一步开拓市场,为当地新能源开发提供新的产品。

3. 风力发电产业的合作与发展

中国风力发电能力已经连续多年居全球首位,并且拥有较为完善的产业链,在一些关键技术领域如轴承、变流器等,已达到国际领先地位。目前,

---

[1] 余晓钟等:《"一带一路"绿色低碳化能源合作内涵、困境与路径》,《亚太经济》2021年第3期。

在南亚、西亚、北非和中亚等国家，中国已经建立起风力发电合作投资－运营、设备出口、设备－工程等多种综合开发模式。

4. 清洁利用煤炭的合作与发展

共建"一带一路"国家和地区的煤炭资源分布广泛，开发费用比较少，很多国家的煤炭发电占比仍然高居不下。在"碳中和"目标下，洁净利用煤炭电力能源，是实现绿色低碳能源发展的重要方向。2020年5月，中企承建的阿联酋哈斯彦清洁燃煤电站项目并网发电。这是中东首个清洁燃煤电站，建成后将改变迪拜长期依赖进口天然气发电的历史，保障迪拜能源供应并实现能源结构多元化，助力实现迪拜政府提出的2030年能源战略规划目标。该项目不仅采用最先进的燃烧除尘技术，减少大气污染排放，还对施工区域内的2万余株珊瑚进行移植和培养，将周围海域的环境风险降至最低，彰显了中国企业关注环境、保护环境的意识。同时，共建"一带一路"地区能源合作机制不断深化。中国在东盟、阿拉伯国家联盟、东欧和非洲建立清洁能源能力建设项目、培训中心和可持续能源中心，并与各国在政策规划、技术应用、项目投资和人员培训等方面进行了广泛的交流。[①]

（三）绿色金融合作

绿色金融旨在为环境友好项目提供可持续发展的资金，推动资源配置向绿色产业倾斜，同时关注经济效益、社会效益和环境效益。为应对日益严峻的气候和环境风险，越来越多的发达经济体及发展中经济体通过推动绿色金融市场建设，构建绿色金融发展体系，为绿色项目拓宽融资渠道，以实现可持续发展的目标。为建立绿色可持续的"一带一路"投融资体系，在中国人民银行指导下，中国金融学会绿色金融专业委员会与伦敦金融城等多家机构共同起草了《"一带一路"绿色投资原则》，创新绿色信贷、绿色债券、绿色基金等绿色金融产品，推动共建"一带一路"国家构建以绿色金融为主的发展格局。该原则不仅得到了越来越多国家和地区机构的支持，还被写入国务院发布

---

① 屈小娥等：《我国对"一带一路"沿线国家 OFDI 是否促进了绿色发展——基于制度环境和吸收能力视角的实证检验》，《国际经贸探索》2022 年第 6 期。

的《2030年前碳达峰行动方案》，进一步助力"一带一路"绿色化发展。

1. 坚持绿色金融理念

绿色金融是对绿色能源、交通、科技、建筑等不同领域的项目进行投融资、风险管理所提供的金融服务。绿色金融可以调动资源以对接共建"一带一路"国家的绿色发展需求，从而有序引导资金、资源配置到绿色项目中。中国牵头起草的《"一带一路"绿色投资原则》共有七项内容，包括将可持续性纳入公司治理；充分了解环境、社会和公司治理（ESG）风险；充分披露环境信息；加强与利益相关方沟通；充分运用绿色金融工具；进行绿色供应链管理；通过多方合作进行能力建设。截至2019年8月，全球已经有30家大型金融机构签署了该原则。该原则强调"不损害其他可持续发展目标"，制定和完善绿色金融标准，强调符合其标准的经济活动不得损害其他可持续发展目标，即不能因为实现了一个目标而损害另一个目标。比如，煤炭清洁利用项目可以有效降低空气污染程度，但由于大幅增加碳排放，不符合可持续金融标准。该标准还建议企业和金融机构按此标准披露气候相关财务信息。该标准已得到全球数百家大型企业和金融机构的响应，也被一些发达国家的监管机构借鉴或采纳。

2. 注重绿色金融赋能

在投资方面充分发挥绿色金融赋能的作用，以解决项目建设中绿色投资不足的问题。绿色投资是指以提升企业环境绩效、发展绿色产业和减少环境风险为目标，采用系统性绿色投资策略，对能够产生环境效益、降低环境成本与风险的企业或项目进行的投资。一方面，自"构建绿色金融体系"成为国家战略以来，中国近年来在绿色金融领域迅猛发展，不断创造新的绿色金融产品和服务模式，有力支持中国以及共建"一带一路"国家在环境保护、绿色交通、新能源等绿色领域快速发展。截至2020年底，中国绿色贷款已经超过11万亿元；截至2022年底，全国碳市场碳排放配额累计成交量达2.23亿吨，累计成交额达101.21亿元；① 绿色基金、绿色保险、绿色股票指

---

① 数据来源：《截至目前，累计成交额突破百亿元——全国碳市场释放减排新动能》，《经济日报》2022年12月25日第5版。

数等方面均得到较快推进。另一方面，中国倡导成立的亚洲基础设施投资银行、金砖国家新开发银行、丝路基金等，亦在致力于推进绿色信贷项目，发展低碳环保项目。近年来，中国对可再生能源的投资整体上呈现上升趋势。2020 年，中国投资者对能源部门的投资总额约为 200 亿美元，其中，水电占35%，煤矿占 27%，太阳能占 23%；可再生能源（太阳能、风电、水电）第一次成为中国海外投资的重点，投资额占总投资额的 57%。2013～2021年，中国对共建"一带一路"国家的能源部门的投资额累计约为 125 万亿美元。①

3. 扩大绿色债券市场规模

国内和国际绿色债券的发行，既可以提高国内绿色经济发展的融资效率，也有助于吸引境外机构投资者，助推"一带一路"绿色融资发展。2018年，卢森堡证券交易所发布的中国绿色债券系列指数表明中国绿色债券在制度创新以及产品创新方面正在与国际逐步接轨。在与共建国家推进绿色"一带一路"建设过程中，中国工商银行、中国银行等大型金融机构作为中国绿色债券的主要发行人，不断丰富绿色债券备选项目库，以吸引国际金融机构的绿色投资。2021 年，中国境内绿色债券发行规模超过 6000 亿元，同比增长 180%，余额达 1.1 万亿元。中国绿色金融发展对支持共建国家实现绿色与可持续发展具有重要意义。②

截至 2021 年 7 月 8 日，中国已发行且未到期的绿色债券共有 1171 只，所覆盖的行业广泛，主要集中在工业和公共事业部门。其中隶属于工业部门的债券主要集中于工业机械、建筑工程和电气设备行业，而隶属于公共事业部门的债券主要集中于水电、燃气等能源行业，募集资金主要投向清洁交通、清洁能源、污染防治等领域。③ 中国发行的绿色债券带来了显著的环境效益，具体包括可每年减排 5260×10^4 吨二氧化碳等方面（见表 14-3）。

---

① 《IIGF 观点 | 中资银行参与"一带一路"可再生能源投融资现状及展望》，中央财经大学绿色金融国际研究院网站，http://iigf.cufe.edu.cn/info/1012/4383.htm。

② 《绿色金融合作如何助力"一带一路"绿色发展》，中国金融新闻网，https://www.financial-news.com.cn/ll/gdsj/202105/t20210531_219899.html。

③ 蓝庆新、唐琬：《绿色金融赋能"一带一路"高质量发展》，《油气与新能源》2022 年第 1 期。

表 14 – 3 中国绿色债券带来的环境效益

指标	气候		能源		污染防治	
	二氧化碳年减少量（10^4吨）	化石燃料使用年减少量/保护量（10^4吨）	装机容量（MW）	能源年产量（MW·h）	二氧化硫年减排量（10^4吨）	颗粒物年减排量（吨）
效益	5260	2020	11197	80903228	141.3	54653
指标	资源保护		清洁交通		废物处理	
	污水年处理量（10^4吨）	水资源年减少使用量/保护量（10^4吨）	年载容量（10^4人）	铁路及地铁修建长度（千米）	废物年处理量（10^4吨）	
效益	12806.8	25099	1930	3022	128068	

资料来源：中央结算公司（网址：http://www.ccdc.com.cn/）。

（四）绿色技术合作

习近平主席在 2021 年 10 月 11～15 日举行的《生物多样性公约》第十五次缔约方大会领导人峰会上的主旨讲话中提出"以生态文明建设为引领"、"以绿色转型为驱动"、"以人民福祉为中心"和"以国际法为基础"的四点主张，为全球气候和环境治理注入了新动能。中国和共建国家展开丰富多样的绿色科技合作，彰显了中国的大国责任担当。

1. 建立"一带一路"环保服务网络平台

第一，打造"一带一路"数据共享与决策平台，构建领先、公开、公正、联建、资源分享、安全可靠的生态环境信息大数据分析平台，推进基础设施、环保投融资开发数据支撑和合作平台工程建设，提升服务绿色"一带一路"的标准化管理水平。第二，设立生态环境合作服务网络平台，加强对世界科技生态环境的保障。2017 年首届中国"一带一路"国际合作高峰论坛首先提出设立全球生态环境保护大数据分析网络平台，其在第二次"一带一路"国际合作高峰论坛上宣布落成。第三，正式启动"一带一路"全球生态环境保护大数据分析服务网络平台，设立绿色"一带一路"全球经济发展协作共同体，通过"互联网＋"、人工智能、卫星遥感等信息技术，整理有关中国和共建"一带一路"国家的生态环境状况、环境保护政策和法规、经典绿色发展实践个案、"一带一路"国际可持续发展共同体有关管理工作发展进程及研究成果等的资料，进一步优化六个子网络平台和国外合作伙伴网络平台，重点提供中英文双语版资料，进一步建立完善的绿色化"一带一路"全球网络信息系统，并有效地解决在合作过程中出现的发展不平衡、市场发展规范管理机制不健全、工作秩序流程不合理等问题。第四，鼓励企业积极参与绿色"一带一路"合作网络。积极发挥中国在可再生能源行业的引领作用，向发展中国家提供技术支持，促进绿色发展、信息共享以及绿色技术在这些国家的应用，以解决共建"一带一路"国家工业化粗放型发展模式与绿色发展存在的矛盾。例如，上海宝武集团在 2021 年 11 月发布了低碳冶金技术路线图，宣布 2035 年实现减碳 30%，2050 年力争实现"碳中和"，[①]成立由来自 15 个国家的 62 家企业以及高等院校和科研机构组成的低碳冶金创新联盟，设立低碳冶金创新基金，并组建低碳冶金创新中心，积极探索和引领钢铁行业进行绿色低碳转型。[②]

2. 设立"一带一路"环保智库

"一带一路"智库的建设为解决共建"一带一路"各国环境治理和经济可持续发展问题，促进多国协作、组建专家学者队伍，破解地区间的复合型环境污染发展问题提供了巨大的智力支持。首先，借助国际组织平台，积极吸纳国内外杰出科技人才，强化同共建"一带一路"国家间的技术联系，加强共建"一带一路"国家间的绿色科学技术研发。其次，充分利用欧洲投资银行、联合国环境规划署、世界银行等国外机构的协作网络平台，积极进行"一带一路"环境领域的培训与探讨，将相应的基础设施建设投资活动与绿色环保工作紧密结合，形成全面立体化评估机制，促进环保合作的专业化与可操作化发展。最后，在资源共享方面，推出集刊物、互联网、展会于一体的信息共享系统，为共建国家解决问题提供有效的渠道，形成"一带一路"的相关信息资源共享机制，优化决策流程，以促进共建国家的社会环境可持续发展。

---

① 《中国宝武发起设立全球低碳冶金创新联盟 公布低碳冶金技术路线图》，网易，https://www.163.com/dy/article/GP3TBKID05199NPP.html。

② 王灵桂、杨美姣：《发展经济学视阈下的"一带一路"与可持续发展》，《中国工业经济》2022 年第 1 期。

3.完善绿色丝路交流机制

绿色丝绸之路使者项目源自中国－东盟绿色使者计划，伴随着绿色理念的提出与"一带一路"建设的推进，自 2016 年起，中国－东盟绿色使者计划成功转型为绿色丝绸之路使者项目，并于 2017 年进入《"一带一路"生态环境保护合作规划》的国家重点建设项目行列。绿色丝绸之路使者项目的开展是中国强化中南环保协作、塑造国家发展品牌、促进地区建设与可持续发展的重大举措。以绿色丝绸之路使者项目为平台，进行生态环境治理研究和宣传、环保科技交流和信息互动，积极推动与共建"一带一路"国家环境管理者和专业技术研究人员的沟通互动，为共建"一带一路"国家搭建环保交流新平台。一方面，绿色丝绸之路使者项目有助于传递中国的环境文明观念、介绍"十三五"生态建设环境治理经验、讲好"中国环境故事"、听取与参考共建"一带一路"各地政府部门的共同意见。另一方面，通过与海外的环境保护负责人交流、探讨，提升沟通效率，建立和完善企业"走出去"准则，为国际环境保护产能合作提供有力保证。绿色丝绸之路使者项目正逐渐成为中国生态环境保护合作的旗舰项目，并在 2019 年实现了推动 1500 多名共建"一带一路"各国环保官员与研发技术人员之间的交流与学习的目标。

（五）绿色贸易合作

"一带一路"绿色贸易将生态文明建设与"一带一路"建设有机融合，既拓宽了生态文明理念的应用领域，又突出了"一带一路"倡议的公共性质，不断拓展合作的广度和深度。通过"一带一路"倡议加强多方顶层设计合作，优化营商环境，完善产业布局，提升各国竞争力，追求改善各国贸易和经济增长方式，实现互利共赢。

1.绿色贸易环境不断优化

国家发展改革委、外交部、生态环境部、商务部于 2022 年 3 月联合发布的《关于推进绿色"一带一路"绿色发展的意见》等一系列文件指出，推动绿色贸易发展是绿色"一带一路"建设的重点工作之一，是我国重大经济战略政策文件中首次详细地提到有关绿色贸易发展的具体举措。首先，参与全球绿色交易规则的制定。截至 2019 年底，我国和其他发达国家联合签署的 14 个自贸协定中全部都有环保方面的规定。比如，《中韩自贸协定》设立了第十六章"环境与贸易"，主要条款涉及多边环境协定、包括环境法律法规在内的环境措施的执行以及环境影响等内容。其中，对于《中韩自贸协定》实施进行环境影响评估、为"环境与贸易"章节的实施设立资金机制，是中国首次在自贸协定中做出的规定。其次，促进国内外绿色贸易措施的执行。商务部印发的《对外贸易发展"十三五"规划》明确提出，控制出口重污染、高消耗量和重要资源类产品，支持进口稀缺型重要资源类产品，实现对外贸易绿色发展。同时，关于包括大豆、木材等对生态环境影响很大的重要原材料开发和大宗商品的购买，我国已明确提倡由国有企业和供应国之间达成长期的资源供应合同。最后，利用联合国环境规划署及其他全球绿色贸易会议，进行绿色交易的科技交流和协作，积极向全球社区共享我国环境保护成功经验，成立绿色交易科技协作中心，促进环境保护科技的研究和转化，推动政府之间进行绿色贸易与科技协作。目前，我国已在 APEC 框架下与德国、韩国、日本、东盟等开展了环保标识互认，共同推动国际绿色贸易发展。

2. 绿色贸易规模不断扩大

我国与共建"一带一路"沿线国家与地区的经贸往来日益密切。2013 ～ 2021 年，我国与"一带一路"沿线国家的进出口总额年均增长 7.5%，占同期我国外贸总额的比重从 25% 提升至 29.7%。2022 年，我国与"一带一路"沿线国家的进出口规模创历史新高，占我国外贸总额的比重达到 32.9%，较上年提升了 3.2 个百分点，较 2013 年提升了 7.9 个百分点。[①] 其中，中国与共建"一带一路"国家的绿色贸易规模较大，总体上保持一定的增长态势，2020 年，中国已经实现与 64 个"一带一路"沿线国家或地区的进出口贸易往来。从地区角度来看，进口以东南亚为主，出口以欧洲、东南亚为主（见图 14－1）。2020 年，中国与东南亚地区绿色贸易往来规模最大，贸易总额达

---

① 资料来源：《超 40 万亿元，我国外贸规模再创新高》，中国经济网，http://www.ce.cn/xwzx/gnsz/gdxw/202301/14/t20230114_38346509.shtml。

273.96 亿美元。2005~2020 年，中国和"一带一路"沿线的 64 个国家的绿色贸易额从 45 亿美元增加到 445 亿美元（见图 14-2），增长了约 8.8 倍，我国绿色贸易进出口规模不断扩大，进出口竞争力不断增强。

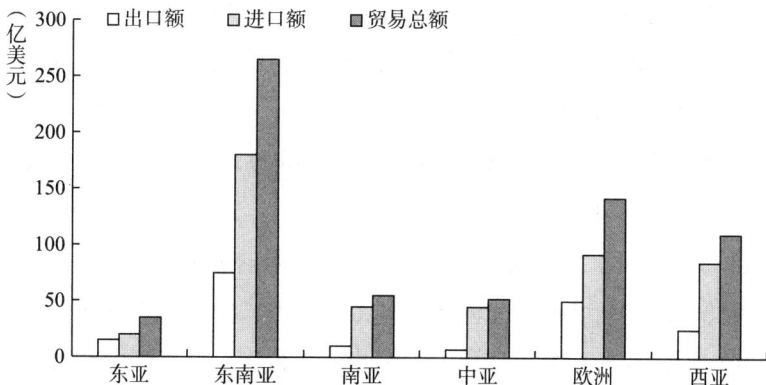

图 14-1 2020 年中国与"一带一路"沿线地区的绿色贸易额
资料来源：UN Comtrade。

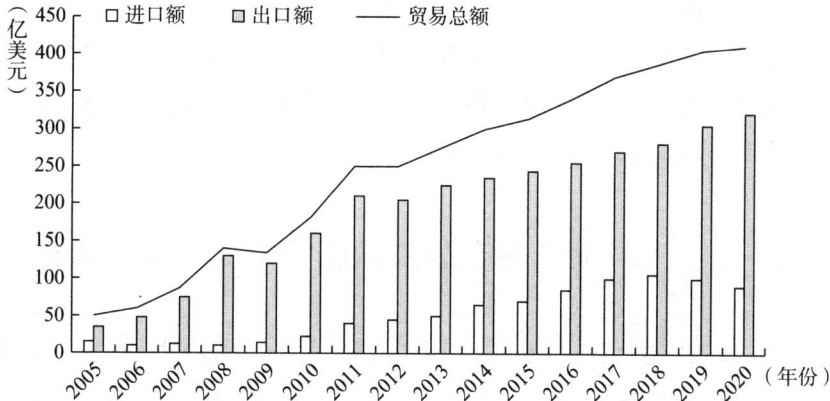

图 14-2 2005~2020 年中国和"一带一路"沿线的 64 个国家的绿色贸易额
资料来源：UN Comtrade。

3. 绿色供应链不断完善

目前，绿色供应链管理在"一带一路"的全球绿色化工作进程中起着重要作用。推动在全球产业链体系内采取绿色环保举措，积极推进全球产业链绿色生态一体化建设，已经成为共建国家企业进行绿色生态经济转型的有效途径和基本内容。中国生态环境部门和中国－东盟环境协调机构联合多个部门建立"一带一路"绿色供应链合作系统，通过共享可获取的绿色供应链的相关数据，促进共建各国互联互通和绿色健康发展。例如，万科、盒马鲜生、华为等企业均将供应商管理体系纳入企业的管理建设过程，通过优化供应商管理体系促进共建"一带一路"各国的经济绿色低碳发展。另外，中国在"一带一路"工程中的关键区域和部分国家开展绿色生态物流供应链试点，试点涉及孟中印缅经济廊道、中蒙俄经济廊道、澜沧江—湄公河等区域，涉及交通、电力、自然利用等关键领域。

共建"一带一路"国家大多处于能源、资源的集中生产区和消费区，绿色供应链建设的产业基础较为薄弱。作为全球最大的可再生资源市场和设备制造国，中国持续深化可再生资源领域的国际合作，业务遍及全球多个国家和地区。近年来，中国企业积极开拓共建"一带一路"国家市场，围绕在更高水平上融入和服务国内国际双循环，不断深入挖掘全产业链优势，通过现金出资、技术输出、合作经营、资源互换等方式进一步推动共建"一带一路"国家和地区对可再生资源的开发利用，为促进全球绿色低碳循环发展贡献中国力量。例如，鑫联科技建设的马来西亚地区重金属固危废绿色回收项目，是中国企业深度参与全球环境治理的实践。

三 "一带一路"绿色发展面临的主要风险与挑战

近年来，中国始终持续推进"一带一路"绿色发展建设，积极维系共建"一带一路"国家绿色发展伙伴关系，但在新冠疫情冲击、气候变化形势严峻以及加速演变的世界政治经济背景下，中国在与共建"一带一路"国家的绿色发展合作中的风险和挑战不容忽视。

（一）"一带一路"绿色发展面临的主要风险

1. 疫情冲击

新冠疫情在给人类生命健康带来严重威胁的同时，使后疫情时代的世界政治经济发展形势更加复杂,全球治理体系逐渐呈现暂停、崩塌与重组的态势。[1] 全球气候问题更加凸显,2020 年,全球主要温室气体浓度持续上升,全球平均气温比工业化前水平上升了 1.2 摄氏度。[2] 一方面,世界各国疲于应对本国疫情与进行经济复苏,使全球环境治理合作进程搁置,同时,疫情所引发的诸多后果使各国环境问题治理难度大大增加;[3] 另一方面,人类与自然关系的严重失衡,使绿色发展标准在全球经济恢复过程中不断提高,其中发达国家凭借经济规模、技术水平等方面的绝对优势率先发起建立更高水平的环保规制标准,[4] "一带一路"建设面临更加严格的国际化绿色标准及激烈的绿色竞争。

2. 逆全球化冲击

自 2016 年以来,"美国优先"政策、英国"脱欧"以及民粹主义盛行等,加剧了逆全球化的趋势,这不仅对绿色"一带一路"投融资产生巨大冲击,也在一定程度上削弱了绿色"一带一路"在国际社会的认同感。"一带一路"基础设施互联互通是中国与"一带一路"沿线国家开展合作的重要领域之一,而基础设施建设尤其是绿色基础设施建设需要投入大量资金,对相关绿色技术要求较高,但由于多数共建国家为新兴经济体和发展中国家,其自身的资金、技术均较为匮乏。根据亚洲开发银行的分析,2016~2030 年,在亚洲所需的应对气候变化总投资中,电力投资为 14.7 万亿美元,交通投资为 8.4 万亿美元,其对资金的需求量庞大。但在逆全球化冲击下,西方国家鼓励资本回流,大大降低了国际资本市场的流动性,[5] 从而使"一带一路"绿色基建项目面临更大的资金缺口。此外,以美国为首的部分西方发达国家企图利用逆全球化降低"一带一路"倡议的影响力,大肆宣扬"中国威胁论""中国新帝国主义"等,针对"一带一路"项目建设中出现的环

---

① 任琳:《后疫情时代的全球治理秩序与中国应对》,《国际问题研究》2021 年第 1 期。

② 《2021 年可持续发展目标报告》,联合国,2021。

③ 于宏源、汪万发:《绿色"一带一路"建设:进展、挑战与深化路径》,《国际问题研究》2021 年第 2 期。

④ 汪万发、张剑智:《疫情下国际绿色复苏政策动向与影响分析》,《环境保护》2020 年第 20 期。

⑤ 罗建兵、杨丽华:《"逆全球化"风险下的"一带一路"倡议发展展望与合作范式》,《河南社会科学》2020 年第 8 期。

保问题进行歪曲抹黑,[①] 使部分共建国家对绿色"一带一路"倡议产生怀疑，增加中国与共建"一带一路"国家在绿色发展领域展开深度合作的协商成本和不确定性。

3. 世界政治格局动荡

2022 年 2 月爆发的俄乌冲突以及由此引发的对俄经济制裁，不仅使俄乌双方出现巨大损耗，也使发展中国家面临全球性挑战。[②] 冲突的爆发使中国在乌克兰境内的部分项目陷入停滞状态。中资企业在乌的新签承包工程合同额达66.4 亿美元，居同期中方在欧亚地区国家的首位，并且中乌企业间合作多集中于风电、光伏等绿色基建领域，而冲突的爆发直接影响相关项目的建设运营。[③]此外，中国企业与俄乌双方的贸易选择问题也可能面临被打上政治性标签的风险,[④] 从而使中国与共建国家间展开绿色合作趋于复杂化。

（二）"一带一路" 绿色发展面临的主要挑战

1. 绿色基建互联互通面临的主要挑战

（1）绿色基建项目存在较大投融资缺口

实现共建国家绿色基建互联互通的前提条件之一是具有充足的资金。目前，从共建"一带一路"国家整体的基础设施建设投融资情况来看，融资主体及渠道都相对单一，投融资结构呈现不合理特征。[⑤] 同时，由于过去几年东道国及国际组织的参与力度并不大[⑥]，中国始终是"一带一路"基建项目

---

① 包广将、范宏伟：《"一带一路"在东南亚面临的挑战与机遇：美日联盟政治的视角》，《云南师范大学学报》（哲学社会科学版）2022 年第 1 期。

② 陈佳雯：《俄乌冲突下的经济制裁：措施、影响与不确定性》，《国际经济合作》2022 年第 3 期。

③ 《中诚信 - 俄乌冲突对"一带一路"倡议的影响与应对 - 中东欧篇 - 7 页》，豆丁网，https://www.docin.com/p -4662458864.html。

④ 蔡春林等：《新发展格局下广东共建"一带一路"新机遇新对策》，《广东经济》2022 年第 3 期。

⑤ 宋伟、贾惠涵：《高质量共建"一带一路"的成就、挑战与对策建议》，《河南社会科学》2022 年第 1 期。

⑥ Simen Djankov, Sean Miner, "China's Belt and Road Initiative: Motives, Scope, and Challenges," *PIIE Briefings* 16（2），2016, pp. 1 – 35.

庞大资金的主要承担者。另外，由于基建项目投资周期长但回报率低，尤其是面对如今经济下行压力增大以及复杂多变的国际环境中不确定性因素的增加，私人企业基于投资回报及风险管理等方面的考虑往往对此类项目的投资较为抵触，这使投融资压力多数落于中国政府上。因此，为推动"一带一路"绿色基建互联互通，要优化投融资结构，改善中国政府出资失衡的状况。

（2）共建国家法律法规体系尚待完善

由于"一带一路"绿色基础设施建设项目涉及政府、企业、公众等多方利益主体，能够明确各方权利与义务的法律法规体系是项目顺利建设运营的重要保障。[①] 但由于多数共建国家为欠发达国家，其法律制度体系等方面仍存在一定的空白，这一方面使绿色基建项目合作存在较大的法律盲区；另一方面由于部分东道国司法审判体系和程序的缺陷，中国在项目投资建设中发生纠纷时难以得到及时有效的保障而产生较大损失。[②]

（3）发达国家绿色竞争威胁加剧

为遏制中国"一带一路"倡议在国际上的影响力，美国等发达国家不断采取措施加强与共建"一带一路"国家在基础设施建设等重点领域的合作，企图挤占"一带一路"的合作空间。2019 年 11 月，美日澳在第 35 届"东盟峰会"发起以开放、包容的姿态推进高质量、可信赖的全球基础设施建设的"蓝点网络"计划。2021 年，拜登政府延续并强化了这一计划，利用 G7 峰会宣布了一项协助中低收入国家填补基建空白的计划——重建更美好的世界。此外，2020 年，日本重新调整高质量基建合作伙伴关系战略，与其在东南亚推行并取得较大影响力的"绿色联通"战略相呼应。这会给"一带一路"绿色基建带来一定挑战。

2.绿色能源合作面临的主要挑战

（1）可再生能源性质影响绿色能源国际合作的稳定性

共建"一带一路"国家和地区的特殊地理位置，使其在发展绿色、低碳

---

① 赵雪情、安然：《系列四十四："一带一路"基础设施融资面临的挑战及对策》，《〈IMI 研究动态〉2016 年合辑》，2016。

② 王玉跃：《"一带一路"视野下我国海外基础设施投资法律现状研究——以 S 国为例》，《广西质量监督导报》2021 年第 2 期。

项目等方面受到影响。共建"一带一路"国家的气候易受影响，这导致共建"一带一路"国家的电力生产存在间歇性、季节性、地域分散性和不稳定性。如水力发电、风力发电、太阳能发电等受季节、气候、昼夜等因素的制约较为明显，且发电能力波动比较大。因此，能源方面的不稳定性对共建国家与地区的决策产生了一定影响，继而对"一带一路"能源合作产生较大挑战。

（2）绿色能源国际合作依据与条件尚不完善

尽管绿色能源项目能够充分顺应共建"一带一路"国家与地区的资源禀赋优势，在当地具有较良好的开发前景，但其多为基础设施建设项目，工期周期较长，资金需求量大，而多数共建国家或地区存在资金匮乏、债务风险较高且缺乏国家层面的绿色发展顶层设计等问题，这给中国企业在该领域的投融资带来较大挑战。同时，大部分国家在环保方面的基础设施建设水平较低，国内电网、电站等设备的建造过于依靠外国，致使花费偏多，工业化速度较慢。此外，尽管中国在多个领域取得了较为明显的进步，但是在对清洁能源的认识、项目融资结构优化以及相关配套制度等方面还存在一些短板。

（3）国际环境多变为绿色能源国际合作带来不确定性

国际环境以及环境治理秩序等因素的不断变化和不确定性，对共建"一带一路"国家开展的绿色能源合作具有重大的影响。比如，美国政治格局的变化已经在某种程度上改变了美国的能源政策，影响国际能源格局。美国在2017年第一次成为原油净输出国，对世界能源需求格局产生了重大的冲击，特别是美国在前总统特朗普执政期间退出《巴黎协定》，对世界各国的环境管理产生很大的影响。另外，欧盟和亚太各国虽然达成了共同的环保共识，但其发展道路与战略不尽相同，从而对相关国际协定、区域乃至全球的环境治理产生重大的冲击。综上所述，上述因素使共建"一带一路"国家的国际能源合作项目具有更多的不确定性。①

---

① 孔祥荣、石庆芳：《"一带一路"绿色转型：合作机制、挑战与路径》，《城市与环境研究》2022年第1期。

3. 绿色金融合作面临的主要挑战

虽然中国与共建国家在绿色发展方面取得了一些成就，亚洲基础设施投资银行、国家开发银行等金融机构在绿色投融资体系建设中发挥重要作用，但是"一带一路"的绿色投融资体系尚不完善。第一，对于共建国家基础设施对绿色资金的巨大需求，尚无完善的解决方案。共建"一带一路"国家当前面临的环境和气候挑战较多，对绿色金融的需求更为急迫。绿色"一带一路"项目多为基础设施建设项目，需要长期稳定的投融资体系、强大的技术、专业的人才队伍、国际公认的环境和社会评价标准等的支持。根据亚洲社会政策研究所（ASPI）的研究，环境和社会评估不足是"一带一路"基础设施建设项目面临的巨大挑战之一。在项目建设过程中，由于资金实力、人力资本和技术水平有限，共建国家很难有足够的动力提供配套的环保方面的服务，进行国际公认的环境和社会评估，因此容易出现不合理占地、水污染、生物多样性丧失等一系列问题，这给项目开发区域的生态环境带来巨大压力。① 第二，绿色融资结构的不平衡导致"一带一路"绿色金融发展面临期限错配的问题。铁路、公路、航运物流中心、港口设施等"一带一路"绿色项目建设和维护周期较长，需要银行提供长期贷款，而银行的平均负债期限较短，期限错配问题严重，这意味着中国绿色金融具有进一步取得突破的潜力。

4. 绿色技术创新面临的主要挑战

近年来，中美地缘关系日益紧张、新冠疫情在全球蔓延、地缘政治风险加剧等，在一定程度上推动全球价值链出现"去中国化"趋势。全球价值链向全球或区域性低成本中心转移，或向发达国家回流，抑或进一步向消费市场分散，且发达国家对高技术环节的控制力度加大。这些动向增加了中国参与全球产业链的成本和风险，提高了中国整合实现产业升级的壁垒。虽然这不会威胁中国在全球产业链中的核心地位，但会使中国借助绿色技术创新实现制造业产业升级的目标变得非常困难。另外，新技术是绿色产业发展壮大的关键，同欧

---

① 于宏源、汪万发：《绿色"一带一路"建设：进展、挑战与深化路径》，《国际问题研究》2021年第2期。

美国家相比，我国绿色产业的整体竞争力不强，根本原因在于绿色技术创新转化较为低效。近年来，我国的绿色产品发明专利总量快速增长，我国已经成为世界节能环保产品的专利申请强国。如图 14－3 所示，2019 年，我国的绿色专利数量为 2.4 万件，实现了年度增长 35.37%，超过国际的年度增速 16.4%，①但绿色技术创新品质亟待进一步提高，这主要表现在以下两个方面。首先，中国绿色发明专利中拥有较高实用价值的国家发明专利少，呈现明显下滑态势。图 14－4 显示，截至 2019 年，中国绿色专利数量中国家发明专利的比例为42.24%，半数以上仍是实用新型和外部设计发明专利。中国绿色发明专利的技术成果转化率较低，仅 15% 左右可以进行大范围推广，并形成一定的规模经济效益。这与中国绿色发明专利的维护期限较短相关，中国环境发明专利的维护期限约为 6.1 年，其中，研究院校提交的环境发明专利中的 60% 左右的维护期限不足 6 年，且这些环境发明专利的商业价值普遍不高。

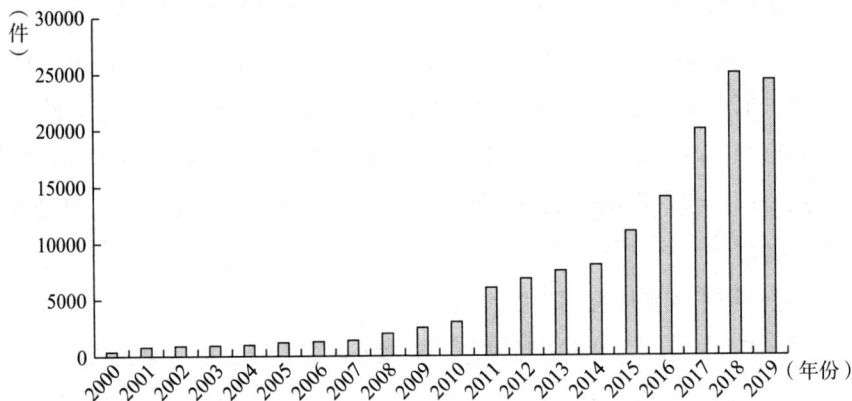

图 14－3　2000～2019 年中国绿色专利数量

资料来源：《专利统计年报汇编》（2000～2019 年），国家知识产权局网站。

5. 绿色贸易合作面临的主要挑战

近年来，环境治理与国际贸易之间的矛盾已成为国际经济合作的重点关注问题之一。绿色贸易壁垒作为一个新型的非关税性国际贸易壁垒出现，采用

---

① 《我国由知识产权大国向强国迈进：中国是全球绿色低碳技术创新的重要贡献者》，央广网，http://news.cnr.cn/dj/20230718/t20230718_526333656.shtml。

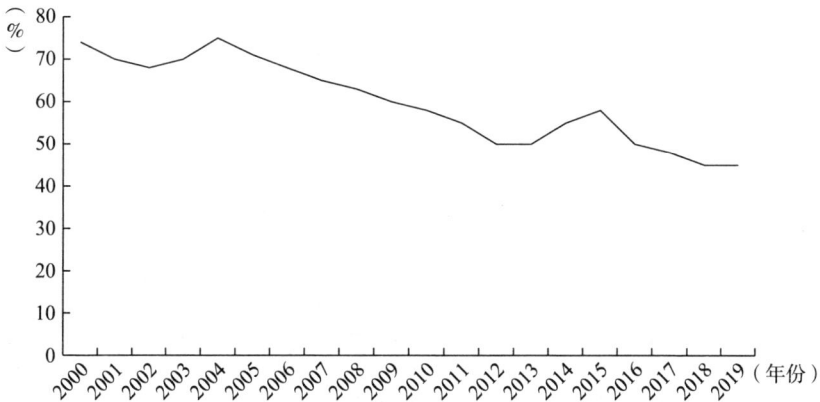

图 14-4 2000～2019 年中国绿色专利中国家发明专利的比例

资料来源:《专利统计年报汇编》(2000～2019 年),国家知识产权局。

较高技术水平的检验检疫标准和环境标准,被较多发达国家当作抑制外来商品进口的常用手段之一。近年来,中国和欧美等发达国家之间在海外市场上的贸易摩擦持续出现,随着新冠疫情的发生,欧美等发达国家为遏制中国经济发展,纷纷出台国际贸易保护措施,抵制中国商品进入。而共建"一带一路"国家多为经济实力较弱的国家,为避免本国产业受到冲击从而采取更高技术水平的绿色贸易壁垒抵制国外产品输入。实施绿色贸易壁垒已成为诸多国家进行贸易保护的主要措施。虽然中国经济平稳发展,但中国部分产品在国际市场处于贸易逆差状态,国际竞争力较弱。发达国家联合部分"一带一路"沿线国家通过提高部分产品的进口技术标准以达到将中国品牌的产品拒之门外的目的,因此提高中国应对绿色贸易壁垒挑战的检测技术水平迫在眉睫。共建"一带一路"各区域绿色贸易壁垒措施数量统计情况见表 14-4。2014～2020 年贸易国对中国发起绿色贸易壁垒所涉行业、理由及对应次数见表 14-5。

表 14-4 "一带一路"沿线各区域绿色贸易壁垒措施数量统计情况

单位:次

区域名称	2014～2020 年实施次数总和	代表国家	代表国家实施次数
西亚和北非	4178	沙特阿拉伯	1649
东亚	2546	中国	2710
东南亚	1342	泰国	1083

续表

区域名称	2014~2020年实施次数总和	代表国家	代表国家实施次数
中东欧	592	乌克兰	442
南亚	410	印度	441
东北亚	289	俄罗斯	373
中亚	198	哈萨克斯坦	110
总计	9555	—	—

注："一带一路"沿线地区绿色贸易壁垒统计时间仅更新至2020年8月18日。

资料来源：笔者根据中国WTO/TBT-SPS国家通报咨询网（http://www.tbt-sps.gov.cn/？sort_type = sort_pubdate_desc）资料整理得到，参见宋海英、JENSEN H. Helen《SPS措施对中国蜂蜜出口欧盟的影响——基于面板数据的实证分析》，《国际贸易问题》2014年第1期。

表14-5　2014~2020年贸易国对中国发起绿色贸易壁垒所涉行业、理由及对应次数

单位：次

行业	次数	理由	次数
食品技术	3551	食品安全	4846
电气工程	951	动物健康	1713
家用和商用设备、文娱、体育	892	植物保护	508
环保、保健与安全	797	保护国家免受有害生物的其他危害	309
医药卫生技术	768	保护人类受动植物有害生物的危害	115
农业	628	—	—
化工技术	527	—	—

资料来源：笔者根据中国WTO/TBT-SPS国家通报咨询网（http://www.tbt-sps.gov.cn/page/cw-toz/Indexquery.action）资料整理得到。

四　绿色"一带一路"发展的优化路径

面对国内外政治经济风险与挑战，深刻把握中国"一带一路"绿色发展政策方针、关注共建国家切实利益与发展形势，从绿色基建互联互通、绿色能源、绿色金融与贸易等政策方向出发探究绿色"一带一路"高质量发展的路径，能够为推动"一带一路"健康发展、向世界传达中国"人类命运共同体"的理念与生态文明理念提供坚实后盾与现实支撑。

（一）绿色基础设施建设优化路径

1. 多途径加强绿色金融合作，填补绿色基建投融资缺口

对于"一带一路"绿色基建项目所面临的资金缺口，中国政府必须清楚地认识到，在长期可持续的绿色基建项目中，应当充分利用国内外多方主体的资金，加强社会各方主体的绿色金融合作，为绿色基建项目注入强大动力。一方面，中国政府可以从拓宽投融资渠道、增加绿色基建投融资主体入手，通过创新绿色基建投融资合作机制、提供一定优惠激励与风险保障支持等手段，降低投融资主体的风险顾虑，提高其参与项目的投资回报率，从而吸引更多国家和私人部门参与到绿色基建投融资合作当中，促使"一带一路"绿色基建投融资渠道朝着高质量、多样化的方向发展。另一方面，可以通过优化创新当前绿色金融相关产品种类，充分发挥债券、股票等的作用，针对具有可观回报的绿色基础设施建设项目考虑推动股权投资、PPP项目融资，从而在促使资产证券化的同时建立相应的交易机制以为私人资本搭建进入渠道，[1] 逐步提高世界其他国家与私人企业在"一带一路"绿色基建投融资体系中的地位，推动"一带一路"绿色基建投融资合作便利化、多元化。此外，创新开发海外投融资相关保险产品，尤其针对俄乌冲突等背景下绿色基建投资企业所面临的政治、经济新风险，合理引导企业投资绿色基建领域。

2. 加强法律体系建设与联通，建立双方风险共担机制

针对"一带一路"绿色基建项目面临的地缘政治风险、东道国经济政治风险等，中国政府必须逐步完善对外投资相关法律法规，加快其与国际规则、共建国家法律体系的对接，从而更好地维护我国"一带一路"绿色基建投资企业的合法权益，降低投资风险，减少投资过程中的法律纠纷等。同时，注重提高企业对法律风险防范的重视程度与加强对相关法律观念的认识。企业在与东道国签订合约的过程中，应对当地居

---

[1] 宋伟、贾惠涵：《高质量共建"一带一路"的成就、挑战与对策建议》，《河南社会科学》2022 年第 1 期。

民的社会诉求以及该国政治局势等进行充分的掌握与评测，从而进一步明确项目投资、建设中存在的风险，并在合同中事先明确风险责任承担情况。此外，中国企业需要对东道国当地的法律法规以及审判程序等进行充分的了解，尤其是基础设施建设项目领域的环境标准与法规，在发达国家的绿色竞争与"舆论攻击"下，共建国家对于我国的绿色基建项目存疑，中国企业必须予以充分的重视并严格遵守东道国环境法规要求，确保绿色基建项目顺利实施。此外，鉴于绿色基建项目周期通常较长、资金投入量大且对绿色技术具有较高的要求，有必要建立更加合理有效的风险共担机制，从而降低我国企业的绿色基建投资风险。一方面，可由亚洲基础设施投资银行融资，使更多国家参与到绿色基建项目的风险分担之中；另一方面，投资企业可以通过购买保险进行风险转移，① 提高自身应对风险的抵御能力。

3. 转变思路谋求合作契机，进一步加强合作

无论是绿色"一带一路"倡议、"蓝点网络"计划还是日本的"新战略"，中国与美国、日本等发达国家在基础设施建设领域展开过度竞争，都不利于全球基础设施建设项目的高质量发展。尤其在疫情与全球气候危机的双重影响下，实现包括共建"一带一路"国家在内的众多新兴经济体和发展中国家的经济社会绿色复苏面临巨大挑战，而实现绿色基础设施的互联互通能够为上述国家的绿色转型升级提供新的契机。中、美、日等国作为在世界范围内具有强大影响力的经济体，尽管在贸易等诸多领域存在分歧，但认同气候环境治理问题始终是全球各国共同面对的威胁。若各国能够转变思路，在应对气候变化、绿色基础设施互联互通领域达成共识并积极展开合作，那么不仅能够帮助广大发展中经济体朝着绿色低碳发展方向迈进，也能够降低全球碳排放量，在气候治理层面实现合作共赢②，为加快实现《巴黎协定》的目标贡献力量。

---

① 钟准等：《国际基础设施建设的法律风险及应对——以"一带一路"代表性铁路项目为视角》，《法治论坛》2021 年第 4 期。
② 秦琳：《"蓝点网络"计划的影响、局限及中国应对》，《印度洋经济体研究》2021 年第 6 期。

（二）绿色能源合作优化路径

1.因地制宜，结合共建国家发展需求深化清洁能源合作

由于共建"一带一路"国家地理环境与天气条件的脆弱性，清洁能源开发利用存在一定的不稳定性，为中国推进"一带一路"绿色能源发展带来严峻挑战。因此，为实现共建"一带一路"国家在绿色能源领域的互利共赢，首先需要结合共建国家的区域特征与发展需求，明确与不同国家在清洁能源开发建设方面的优先合作领域，为绿色能源路径优化提供清晰的方向。一方面，对于蒙古国、中亚、西亚与北非等面临能源枯竭、经济转型问题、存在供电缺口的部分国家和地区，应充分调动中国在清洁能源开发领域的项目经验与技术优势，积极发展风能、光伏等清洁能源发电项目，推动能源多样化，从而降低其对煤炭资源以及进口能源的依赖程度。另一方面，对于如巴基斯坦等在绿色能源开发利用技术上存在短板的共建国家，应着力加强煤炭资源的清洁、高效、低碳利用方面的合作，通过积极引进人才、合力研发，攻克传统能源清洁化、清洁能源稳定化的技术难关，从而推进"一带一路"绿色能源全方位、多领域合作，加快实现共建国家能源开发利用的清洁化、低碳化和高效化。

2.政府扶持，引领企业积极参与绿色能源项目建设

绿色能源企业是推进"一带一路"绿色发展的主体力量之一。政府应支持其广泛参与世界能源电力和基础设施建设，打造一批"能源＋"示范项目，为全球用户提供绿色低碳融合发展的能源建设解决方案，支持国内能源企业深度融入全球价值链、产业链、供应链，从"走出去"到"走进去"，再到"融进去"，推进高质量共建"一带一路"。具体而言，充分发挥中国能源企业高端规划咨询研究优势，在"一带一路"绿色能源合作上贡献智慧；充分发挥绿色能源业务领域的领先优势，在推动共建国家能源电力低碳转型方面制定解决方案；充分发挥科技创新与数据集成优势，在支撑能源智能化、数字化发展方面采用中国技术；搭建绿色能源国际交流合作平台，在全面构建生命共同体、利益共同体中贡献中国企业力量。

此外,为降低企业面临的政治经济风险,政府应充分发挥指导、服务职能,从政策扶持、服务保障等方面入手全方位解决企业在绿色能源项目投融资、开发建设过程中所存在的信息不对称等问题。一方面,政府应当适时召开"一带一路"绿色能源项目座谈会等,为企业提供精准指导,打消企业对有关项目风险、利润等的疑虑;同时,政府可采用大数据手段深度挖掘共建国家绿色能源投融资项目的信息,从而逐步构建绿色能源项目投资数据库,帮助企业在共建国家绿色能源项目投融资过程中制定更加科学合理的方案。另一方面,政府应当为参与绿色能源开发建设项目的企业提供相关地区生态环境、资源状况、法律政策等方面的信息,进行指导,最大限度地降低企业由于对当地情况信息欠缺而在开发、建设、运营等环节的风险,增强企业"走出去"、积极参与"一带一路"绿色能源项目的信心。

(三)绿色金融合作优化路径

1.建设绿色项目信息共享平台,强化信息披露

绿色项目信息不对称、信息披露质量不高等问题始终是"一带一路"绿色项目开发建设面临的阻碍之一。对此,逐步建设完善的绿色项目信息共享平台、不断提高信息披露标准对于解决绿色项目资金问题、助力"一带一路"绿色发展具有战略意义。可在现有环境信息工作基础上,强化更多金融机构的环境信息披露工作。一方面,金融机构的环境信息披露可以倒逼各个行业的企业进行环境信息披露,提高其进行绿色发展、参与绿色项目的意识;另一方面,更加详细真实的企业环境信息能够助力金融机构进行环境风险分析,从而充分发挥金融杠杆作用,利用各类绿色金融产品引导更多资金流向绿色项目。此外,在企业与金融机构环境信息充分披露的基础上,运用金融科技建立绿色项目信息共享的大数据平台,实时更新企业、金融机构以及共建国家的绿色金融政策与产品。[①] 采用向企业、共建国家及时共享信息等方式,一方面,有助于企业在"走出去"的过程中在较大

---

① 中国工商银行与清华大学"绿色带路"项目联合课题组等:《推动绿色"一带一路"发展的绿色金融政策研究》,《金融论坛》2019 年第 6 期。

程度上解决信息不对称问题，从而降低企业绿色项目投融资风险；另一方面，通过将绿色项目参与主体的环境信息最大限度地披露给共建国家及公众，形成针对绿色项目全过程的社会监督网，减少"漂绿""洗绿"等问题，从而提高"一带一路"绿色项目的公信度，为"一带一路"绿色项目营造良好的国际社会舆论环境。

2. 推动绿色金融市场体系建设

作为"一带一路"绿色发展的重要组成部分，绿色金融的发展在极大程度上影响"一带一路"绿色项目的资金保障。随着绿色"一带一路"发展理念逐渐深入人心，区域内共建国家发展绿色金融的意愿与决心日益强烈。但由于其中多数国家仍为发展中国家，其经济发展水平相对较低且绿色金融基础设施建设尚不完善，而中国作为绿色金融市场发展速度较快、政策制度较完善的国家之一，应当在"一带一路"绿色金融发展过程中发挥引领作用，助力各国及地区内绿色金融市场体系的建立与完善，逐步推动各国绿色金融标准的统一化。目前，共建"一带一路"地区内多数国家仍未制定绿色金融相关标准，如果各国对本国绿色金融相关标准的界定不一致，就将影响各国在绿色金融方面的对话与合作。因此，在现有标准与规则基础上，共建各国应协商制定被一致认可的、可操作性较强且符合各国利益需求的绿色金融标准与原则。在制定过程中必须充分考虑各国国情，结合各国绿色金融实际发展情况，使绿色标准具有实践意义。在此基础上，中国可结合自身情况以及发达国家政府及立法机构在绿色金融领域的发展经验模式，如将绿色金融上升为国家发展战略，采取系统性监管措施等，以较成熟的绿色金融发展模式、技术在共建"一带一路"地区内发挥引导带动作用，宣传、推广绿色金融理念，推动绿色金融相关基础设施建设。此外，广泛的绿色能力建设为构建绿色"一带一路"提供了良好的智力支持。目前，包括中国在内的多个国家和国际组织都在积极开展绿色能力建设，不乏面向共建"一带一路"国家政府部门、监管机构、金融机构及其从业人员的绿色金融知识共享和能力建设平台。这有助于发挥共建"一带一路"国家和地区的后发优势，推进当地绿色金融以较高起点快速发展，助推构建、完善共建国家互利共赢的绿色金融市场体系。

3. 鼓励开发创新绿色金融产品，优化供给结构

目前，绿色金融产品种类比较单一，除信贷和债券外，其他融资渠道规模较小。从长远看，形成可持续的绿色金融供给体系，需要通过进行绿色金融产品创新来撬动更多的社会资本进入绿色金融体系，破解仅靠政策性资金支持绿色发展的困境。同时，金融机构需要积极践行绿色金融理念，在绿色股票、绿色基金、绿色保险、碳排放权市场等领域不断进行产品创新，提供类型多样的绿色金融产品与服务，拓宽融资渠道和融资来源，进一步缓解"一带一路"绿色项目"融资难"等问题，真正助推"一带一路"绿色发展。一方面，应着力助推广大银行、保险、基金等国内金融机构以及亚投行等国际金融机构逐步增加绿色金融产品服务的供给，通过设立绿色保险、绿色项目专项贷款与基金等方式打通绿色资金渠道，同时将气候环境要求等作为资金审核发放的标准之一，提高项目融资的绿色门槛。另一方面，应鼓励各国间金融机构交流合作，充分利用东道国金融机构对于当地气候环境、制度规则信息的掌握，构建绿色项目信息互联互通网络，共同开发符合地区实际情况的绿色金融产品，提高绿色资金流通与利用效率，为共建"一带一路"国家绿色项目建设、绿色科技研发等提供资金，全面促进其在"一带一路"建设中实现绿色转型。

（四）绿色科技合作优化路径

1. 推动实用性绿色技术的研发和应用

部分共建"一带一路"国家的经济科技发展程度不高、科研实力不强，对中国领先的绿色科技的接受能力不足、适应性不强，使用生产成本高，这给中国研发一般有效的低成本绿色科技创造了机会。[①] 为此，在认真借鉴发达国家领先绿色技术的基础上，研究开发适应"一带一路"各国现状和发展水平的绿色技术，根据所在国科技可承受能力和需求，进一步发展中等水平

---

① 张志新等：《贸易开放、经济增长与碳排放关系分析——基于"一带一路"沿线国家的实证研究》，《软科学》2021 年第 10 期。

的绿色应用型技术日益重要。应支持对共建"一带一路"国家的绿色科技出口,积极引导其对绿色技术的吸纳与转移;促进共建国家绿色环保节能低碳科技大规模运用,并借助产业之间的资源重新配置促进绿色化生产;积极建立与共建各国间彼此联通、共同认可的绿色环保技术标准体系,为实现绿色科技的广泛应用奠定基础。

2.积极参与绿色标准和规则的制定

绿色技术和绿色标准是相辅相成的,绿色发展领域的国际竞争不仅是绿色技术的竞争,还是绿色标准的竞争。基于此,一是加强与发达国家的交流合作,借鉴欧美发达国家绿色转型的成功经验和绿色技术,提高自身的科技水平。二是积极参与绿色标准制定,以高标准促进绿色技术突破,以先进的绿色技术引领绿色标准制定。[①] 三是推动绿色生活模式、绿色制造、绿色供应链、绿色消费、绿色产品等各个绿色维度标准规则的建立,形成系统的、可靠的认证制度,并在共建"一带一路"国家以及世界进行推广应用,增强中国在共建绿色"一带一路"中的话语权和竞争力。

3.加快构建绿色科技协调伙伴关系

应充分考虑部分共建"一带一路"国家科技水平相对滞后的现实,以中国为代表的拥有领先技术能力的国家,应积极促进各参与方在绿色科技开发利用方面建立框架式的合作关系,这涉及技术转让、技术交流、技术合作开发等领域。通过设立专业的绿色科技协调机构,使共建国家之间、地方政府组织之间构建绿色科技协调伙伴关系,降低绿色科技专利在共建地区的价格使用成本,追踪绿色技术转让和研发的情况,以判断绿色科技对不同共建国家的紧迫性和潜在作用,与各参与方的科技研究组织形成合作伙伴关系。

(五)绿色贸易合作优化路径

1.积极参与绿色贸易相关条约的制定

作为"一带一路"的主要倡导者和执行主体,中国在对各类绿色环保国

---

① 李芳芳等:《绿色"一带一路"建设对绿色贸易壁垒发展的影响路径研究》,《国际贸易》2021年第9期。

际贸易有关优惠政策、具体措施等相关内容进行研究的基础上，需要充分利用国际话语权，积极参与国际有关绿色贸易的条约的制定。这样不仅能够提升我国的绿色贸易竞争力，构建新型国内产业链和国际产业链，为促进国内国际双循环提供助力，也能切实发挥"一带一路"视域下绿色国际贸易的重要倡导者的作用，为共建"一带一路"国家发展绿色国际贸易提供必要保障。① 首先，针对共建"一带一路"国家，中国可以在同共建国家协商的基础上，适时提出并签订与绿色贸易有关的双边、多边协议，或者在签订有关自由贸易协定的过程中，把绿色贸易纳入其中，并制定相应的章节、规定。② 同时，需要借助相应的国际绿色贸易论坛等平台，与共建国家群策群力，研究出台相应的国际绿色经贸行动路线图、实施方案，从而使绿色经贸活动可以更为有序地进行，真正激发绿色"一带一路"的积极作用。其次，在 WTO、联合国等重要国际机构，中国必须善于、勇于运用在国际上的地位，积极参与相关条约的制定。通过参与绿色国际贸易有关条约的制定，将环境保护或生态学方面的原则渗透到全部贸易活动之中，构建绿色产业国际价值链，形成绿色"一带一路"独特的国际竞争优势。

2. 深化"一带一路"绿色贸易伙伴关系

后疫情时代，在资源约束条件下，共建"一带一路"国家进行绿色生产与贸易，构建新竞争优势，不断提高产品附加值。通过发展绿色基金、绿色贷款、绿色债券、绿色融资租赁等多种融资方式，激励绿色技术创新，有效减少、消除由于生产过程或者产品与服务本身对环境造成的不利影响，引导企业进行绿色生产，从而使共建"一带一路"国家绿色生态贸易取得良好的结果。③ 中国必须充分扮演"一带一路"倡议者的角色，主动搭建相应的国际绿色贸易科技交流平台，与共建国家进行更深入的科技交流、合作。这需要我们一方面向一些世界领先的发达国家学习先进的技术与方法；另一方面必须为部分发展中国家培养掌握绿色技术的人才，以进一步增强其在绿色贸

---

① 丁金光、王梦梦：《绿色"一带一路"建设的成就与挑战》，《青海社会科学》2020 年第 5 期。
② 黄群慧主编《"一带一路"沿线国家工业化进程报告》，社会科学文献出版社，2015。
③ 齐绍州、徐佳：《贸易开放对"一带一路"沿线国家绿色全要素生产率的影响》，《中国人口·资源与环境》2018 年第 4 期。

易等方面的综合实力。① 同时，为确保科技文化交流与贸易往来更加高效地进行，中国可积极加大与其他发达国家进行环保标识互认工作的实际力度，缩短中国发展绿色贸易的复杂程序，有效节省贸易时间成本，为"一带一路"视域下绿色经贸的良好发展提供保障。

　　绿色"一带一路"建设以包容性发展为核心理念，以开放自主为导向，不追求任何目的的地缘博弈，不搞封闭排他小圈子，始终坚持求同存异、兼容并蓄，强调开放合作、平等协商、共同发展和互利共赢。依托高质量共建绿色"一带一路"，中国积极探索建立绿色治理体系，致力于打造各国绿色文化共融、互利互惠的"人类命运共同体"。

参考文献

Simen Djankov, Sean Miner, "China's Belt and Road Initiative: Motives, Scope, and Challenges," *PIIE Briefings* 16 (2), 2016, pp. 1 - 35.

包广将、范宏伟：《"一带一路"在东南亚面临的挑战与机遇：美日联盟政治的视角》，《云南师范大学学报》（哲学社会科学版）2022 年第 1 期。

蔡春林等：《新发展格局下广东共建"一带一路"新机遇新对策》，《广东经济》2022 年第 3 期。

陈佳雯：《俄乌冲突下的经济制裁：措施、影响与不确定性》，《国际经济合作》2022 年第 3 期。

罗建兵、杨丽华：《"逆全球化"风险下的"一带一路"倡议发展展望与合作范式》，《河南社会科学》2020 年第 8 期。

丁金光、王梦梦：《绿色"一带一路"建设的成就与挑战》，《青海社会科学》2020 年第 5 期。

黄群慧主编《"一带一路"沿线国家工业化进程报告》，社会科学文献出版社，2015。

---

① 许勤华、王际杰：《推进绿色"一带一路"建设的现实需求与实现路径》，《教学与研究》2020 年第 5 期。

孔祥荣、石庆芳：《"一带一路"绿色转型：合作机制、挑战与路径》，《城市与环境研究》2022 年第 1 期。

蓝庆新、唐琬：《绿色金融赋能"一带一路"高质量发展》，《油气与新能源》2022年第 1 期。

李芳芳等：《绿色"一带一路"建设对绿色贸易壁垒发展的影响路径研究》，《国际贸易》2021 年第 9 期。

齐绍州、徐佳：《贸易开放对"一带一路"沿线国家绿色全要素生产率的影响》，《中国人口·资源与环境》2018 年第 4 期。

秦琳：《"蓝点网络"计划的影响、局限及中国应对》，《印度洋经济体研究》2021年第 6 期。

屈小娥等：《我国对"一带一路"沿线国家 OFDI 是否促进了绿色发展——基于制度环境和吸收能力视角的实证检验》，《国际经贸探索》2022 年第 6 期。

任琳：《后疫情时代的全球治理秩序与中国应对》，《国际问题研究》2021 年第 1 期。

宋伟、贾惠涵：《高质量共建"一带一路"的成就、挑战与对策建议》，《河南社会科学》2022 年第 1 期。

汪万发、张剑智：《疫情下国际绿色复苏政策动向与影响分析》，《环境保护》2020年第 20 期。

王灵桂、杨美姣：《发展经济学视阈下的"一带一路"与可持续发展》，《中国工业经济》2022 年第 1 期。

王玉跃：《"一带一路"视野下我国海外基础设施投资法律现状研究——以 S 国为例》，《广西质量监督导报》2021 年第 2 期。

邬彩霞等：《中国与"一带一路"国家的绿色低碳发展合作》，《海外投资与出口信贷》2022 年第 2 期。

许勤华、王际杰：《推进绿色"一带一路"建设的现实需求与实现路径》，《教学与研究》2020 年第 5 期。

于宏源、汪万发：《绿色"一带一路"建设：进展、挑战与深化路径》，《国际问题研究》2021 年第 2 期。

余晓钟等：《"一带一路"绿色低碳化能源合作内涵、困境与路径》，《亚太经济》2021 年第 3 期。

张志新等：《贸易开放、经济增长与碳排放关系分析——基于"一带一路"沿线国家的实证研究》，《软科学》2021 年第 10 期。

赵雪情、安然:《系列四十四:"一带一路"基础设施融资面临的挑战及对策》,《〈IMI 研究动态〉2016 年合辑》,2016。

钟准等:《国际基础设施建设的法律风险及应对——以"一带一路"代表性铁路项目为视角》,《法治论坛》2021 年第 4 期。

图书在版编目（CIP）数据

共建"一带一路"：实践与展望 / 周英等著. --
北京：社会科学文献出版社，2024.11
ISBN 978 - 7 - 5228 - 3476 - 4

Ⅰ. ①共… Ⅱ. ①周… Ⅲ. ①"一带一路" – 国际合
作 – 研究 Ⅳ. ①F125

中国国家版本馆 CIP 数据核字（2024）第 072895 号

共建"一带一路"：实践与展望

著　　者 / 周　英　喆　儒　王　飞　等

出 版 人 / 冀祥德
组稿编辑 / 恽　薇
责任编辑 / 孔庆梅
责任印制 / 王京美

出　　版 / 社会科学文献出版社·经济与管理分社（010）59367226
　　　　　　地址：北京市北三环中路甲 29 号院华龙大厦　邮编：100029
　　　　　　网址：www. ssap. com. cn
发　　行 / 社会科学文献出版社（010）59367028
印　　装 / 三河市尚艺印装有限公司

规　　格 / 开　本：787mm × 1092mm　1/16
　　　　　　印　张：27.5　字　数：415 千字
版　　次 / 2024 年 11 月第 1 版　2024 年 11 月第 1 次印刷
书　　号 / ISBN 978 - 7 - 5228 - 3476 - 4
定　　价 / 168.00 元

读者服务电话：4008918866